넷스마트
Net Smart

NET SMART
by Howard Rheingold

이 도서의 국립중앙도서관 출판시도서목록(CIP)은 서지정보유통지원시스템 홈페이지(seoji.nl.go.k)와
국가자료공동목록시스템(http://www.nl.go/koilsnet)에서 이용하실 수 있습니다.
(CIP제어번호: CIP2014024350)

넷스마트 Net Smart

구글, 페이스북, 위키, 그리고 그보다 스마트해야 할 당신

하워드 라인골드 지음 | 김광수 옮김

문학동네

일러두기

본문 중의 각주는 모두 옮긴이주입니다.

차례

감사의 글

이 책을 완성하기까지 그 어느 때보다 많은 동료와 조력자들로부터 큰 도움을 받았다. 먼저 소셜 미디어 리터러시를 주제로 책을 써보라고 권유해준 프레드 터너에게 감사한다. 나의 에이전트 리디아 윌스의 믿음과 후원, 조언, 그리고 부지런한 추진력이 없었다면 내 아이디어도 한낱 발상에 그쳤을 것이다. 이 프로젝트를 진행하며 리디아가 보여준 인내와 변함없는 믿음에 진심으로 감사한다.

저술가로 살아온 내 인생에서 밥 프라이어는 어떤 편집자보다도 오랫동안 나를 신뢰해주었고, 이 책 외에 다른 책 두 권의 출간까지 책임지고 있다. 고마워요, 밥. 더불어 교열을 맡아 책이 마무리될 때까지 나와 즐겁게 일해준 데버러 캔터 애덤스와 신디 밀스타인에게도 고마움을 전한다.

그동안 내 연구를 도와준 사람들은 헤아릴 수 없이 많다. 브라이언 에드거, 캐서린 파스, 제임스 제이콥스, 요한 제슨, 데이비드 커들러, 맥신

리트르, 조이 모닌, 크리스토퍼 닐, 박소은, 스테파니 파커, 키트 리처트, 제이슨 슐츠, 미셸 울버턴, 맨디 지바트 등, 그들 모두의 뛰어난 업적에 고개 숙여 감사의 인사를 전한다.

미래연구소Institute for the Future는 내 연구를 후원했을 뿐 아니라 파트너로서도 협력을 아끼지 않았다. 폴 사포, 앤드리아 새버리, 캐시 비앤, 마리나 고비스 등 많은 이들의 도움에 진심으로 감사한다.

미미 이토와 캐시 데이비슨 역시 변치 않는 후원과 조언으로 특별히 언급될 자격이 있는 사람들이다.

일러스트레이터 앤서니 위크스Anthony Weeks는 글만 가득하던 이 책에 심안心眼을 심어주었다. 앤서니, 고마워요!

평생을 그래왔듯이, 내 책의 첫번째 독자는 언제나 아내였다. 고맙다는 말로는 부족할 것 같소, 주디! 딸 메이미는 때로는 나의 타고난 길잡이가, 때로는 이상적인 독자가 되어주었으며 또 때로는 내게 필요한 비판적 시각을 제공해주었다. 그동안 네가 보여준 관심과 의견이 아빠에게는 정말 큰 힘이 되었단다, 메이미!

한국어판 서문

신기술로 세계를 이끄는 한국이라면 그 기술을 현명하게 사용하는 법도 가장 잘 알아야 한다

아직 한국을 방문해본 적은 없지만 한국의 첨단기술 산업과 한국인들의 일상적이고 보편화된 인터넷 활용에 대해서는 익히 잘 알고 있다. 나의 책 『참여군중Smart Mobs』을 출간하고서 얼마 되지 않았을 때, 나는 한국에 대한 흥미로운 기사를 접했다. 한국의 신세대들이 인터넷과 휴대전화 메시지를 활용해 당시 노무현 대통령의 당선에 영향을 끼쳤다는 소식이었다. 나는 〈오마이뉴스〉의 몇몇 시민기자들과 친분이 있었기에 노무현 대통령이 미국을 방문했을 때 직접 그 분을 만나 이야기를 나누는 영광을 누리기도 했다. 나는 한국이 세계적으로 초고속 인터넷 시장을 주도하고 있으며, 대통령 당선에 영향력을 행사한 신세대 네티즌이 컴퓨터와 인터넷, 각종 모바일 기기로 지원되는 커뮤니티를 형성하고 있다는 점도 알고 있다. 비록 한국인 여러분의 세세한 문화까지는 잘 모르지만, 지난 30년 가까이 전 세계의 사이버문화를 연구하면서 얻은 깨달음이 하나 있다. 그것은 리터러시literacy, 다른 말로 표현하자면 이렇게 유익한 새로운 도구들을 사용하는 이유와 그 방법에 관한 지식이 하드웨어나 소프트웨어, 새로운 기술에 대한 접근성만큼이나 중요하다는 것이다.

어떤 사람들은 스마트폰과 웹 퍼블리싱web publishing의 마력에 매료되어 이 놀라운 기술이 세상을 저절로 더 좋은 곳으로 바꿔줄 거라고 착각하기도 한다. 하지만 기술이 우리 손에 남겨진 과제까지 대신 해결해주지는 않는다. 물론 기술 덕분에 과거에는 엘리트들에게만 허락됐던 권력을 이제는 민중이 직접 행사할 수 있게 된 것은 큰 발전이다. 다자간 퍼블리싱, 모바일 위치 파악 서비스, 웹, 그리고 이 모든 도구를 활용해 정치행위를 조직하고 조정할 수 있는 역량은 민주화의 강력한 동력으로 작용했다. 하지만 장기적으로 바람직한 변화를 이끌어내는 정치운동 구축은, 시위를 조직하는 것과는 별개의 문제다. 이집트를 비롯해 세계 곳곳에서 일어났던 민중혁명을 생각해보라. 이들 민중혁명은 소셜 미디어에서 큰 힘을 받아 촉발되고 조직화됐지만 그들은 아직도 민주적 성과를 얻기 위해 싸우고 있다. 장기적인 정치 조직화는 자생적인 시위를 조직하는 것보다 훨씬 어려운 법이다.

온라인 집단행동의 힘은 평화적이고 민주적인 방식으로 발휘되어 우리에게 유익함을 선사할 수도 있지만 때로는 그와 정반대로 발현될 수도 있다. 최근 한국에서 불거진 국가정보원의 대통령선거 개입 의혹이 그러한 사례에 속한다.[1] 이 사건은 미국 중앙정보국이 시민들의 소셜 미디어 활동을 은밀하게 감시하다 폭로당한 사례와 같은 맥락이다.

'똑똑한 군중smart mobs'이 항상 현명한 군중이라는 보장은 없다. 온라인에 모인 군중은 때로는 지나치게 감정적으로 반응하거나 확인 없이 허위정보를 믿고 행동에 나서서 사회에 해악을 끼치기도 한다. 이는 유명인의 자살[2]이나 '개똥녀' 사건처럼 암울한 결과를 낳기도 했다. '개똥녀'가 사회규범에 위배되는 행동을 한 것은 분명하지만, 그녀가 온라인 군중으로부터 받은 징벌적 비난의 수위는 도가 지나치다는 의견도 많다.[3]

웹은 교육과 오락, 유익한 정보를 제공해줄 수도 있지만, 오보와 허위정보, 부정확한 정보의 원천이 될 수도 있다. 우리는 어떤 질문에 대해서든 언제 어디서나 단 몇 초 만에 다양한 해답을 얻을 수 있는 시대를 살아가고 있다. 하지만 검색엔진을 거쳐 돌아온 해답이 유익한지 아닌지를 판단하는 것은 오로지 질문을 던진 사람의 몫으로 남는다.

이성과 합당한 근거, 그리고 서로에 대한 예의는 우리가 딛고 있는 공간이 공론장public sphere인지 아닌지를 판가름하게 해주는 중요한 잣대다. 자유롭게 공개적으로 의견을 나누는 것이 공론장에서 이뤄지는 시민의 대화라면, 감정적으로 무례하게 자기주장만 늘어놓는 것은 온라인에서의 설전에 불과하다. 전자가 민주주의의 근간이라면, 후자는 정치판에서 흔히 발견되는 과열된 논쟁과 비슷하다. 웹과 검색엔진은 훌륭한 자원이자 강력한 도구다. 어떤 사안에 대한 주장을 하고 싶다면 잠시만 시간을 들여서 당신의 의견을 뒷받침해줄 관련 링크를 검색해보고 이를 같이 올려보라. 근거 자료에 의문을 제기할 수도 있다. 의심은 법과 과학의 기본이다. 중요한 것은 주장을 펼치고 그 주장을 올바른 근거로 뒷받침하는 것이지, 상대편의 인격을 공격하는 게 아니란 것을 잊어서는 안 된다.

나는 권고한다. 신중하게 생각하고, 자신이 하는 행동을 자각하고, 분명하게 주장을 펼치기를. 두려움 없이. 이른 승리와 멋진 기술에 도취되어 민주주의가 요청하는 절실한 과제를 못 본 채 지나쳐서는 안 된다.

소셜 미디어가 모두에게 유용하고 유익한 도구로 자리잡기 위해서는 우리 모두 자신의 주의력이 흩어지지 않도록 조절하는 방법을, 사실을 검증하고 소문에 현혹되지 않는 방법을, 온라인 기여자의 한 사람으로 참여하는 방법을, 다양한 방식으로 협력하는 방법을, 나아가 네트워크 사회에서 시민이 되는 것이 근원적으로 어떤 의미인지를 배우고 이해해야 한다. 『넷스마트』는 나만의 경험과 연구를 바탕으로 독자들에게 이 모든 리터러시를 제공하기 위해 쓴 책이다.

2014년 10월
하워드 라인골드

서문

우리 모두에게 디지털 노하우가 필요한 이유

당신과 나, 그리고 우리 모두의 디지털 문화는 미디어를 활용하는 방법을 얼마나 익히느냐에 따라 그 미래가 결정될 것이다. 미디어는 그동안 우리 삶에 스며들어 삶을 확장하고 풍요롭게 했지만 때로는 혼란을 안겨주기도 했다. 검색엔진을 사용하고, 휴대전화에 내장된 카메라로 찍은 동영상을 전송하고, 페이스북 상태status를 업데이트하는 요령은 당신을 비롯한 모든 사람들에게 아주 중요한 문제다. 새로운 커뮤니케이션 방식이 등장하고 사람들이 초창기에 뉴미디어를 활용하는 방식은, 이후 수십 년에 걸쳐 그 미디어가 제대로 활용되거나 혹은 잘못 활용되며 자취를 감추는 과정에 영향을 미치기 때문이다.[1] 구글이 우리를 바보로 만들고, 페이스북이 우리의 개인정보를 상품화하고, 트위터가 우리의 주의를 분산시킨다는 등의 의혹들(모두 좋은 지적이다) 때문에 내 연구를 제약하기보다, 나는 나 자신과 다른 사람들에게 어떻게 하면 소셜 미디어를 지성적이고 인간적이면서도 분별 있게 활용할 수 있을지 질문하곤 했다. 그런 질문 끝에 얻은 결과물이 바로 이 책이다.

분별 있게 사이버 문화를 향유하는 법을 배우는 것은 한 개인으로 살아가는 우리에게 없어서는 안 될 문명만큼이나 중요하다. 21세기의 첫 10년간 집적회로chip와 망net 덕분에 인간의 의식이 몇 곱절이나 확장되면서 수많은 사람들이 그 위력을 손에 거머쥐었다. 그러나 주머니 속에 넣을 수 있을 정도로 작아진 멀티미디어 저작 도구와 글로벌 무선 정보 네트워크도 아직은 태동기에 불과한 지금, 나 같은 기술 예찬론자들조차도 부인할 수 없는 사실이 한 가지 있다. 그동안 디지털 미디어를 생산하고 소비하는 능력이 크게 발전했지만, 24시간 온라인 채널로 사람들과 연결된 이런 환경에서 마음을 다스리고 자제하는 방법을 배우지 못한 사람들에게는 그것이 오히려 독이 될 게 분명하다는 사실 말이다.

디지털 미디어를 현명하게 사용하려면 노력을 기울여야 한다. 트위터에서 누군가를 팔로우follow하거나, 교실에서 랩톱컴퓨터를 덮어버리는 일, 회의시간에 휴대전화기를 쳐다보고 있다거나, 클릭을 '자제'할 링크를 의식적으로 판단하는 것 등 어떤 경우든 행동에 옮기기 전에 그 행동의 본질과 이유를 생각하는 것이 분별의 기본이다. 그동안 교육기관들에서는 아주 점진적으로나마 디지털 리터러시*를 교과목으로 채택해왔고, 여기에 관심 있는 사람들은 얼마든지 실질적인 노하우를 얻을 수 있다. 가상 커뮤니티에서 사회적 자본을 축적하는 기술부터 위키 협업**에 참여하는 방법까지, 이 노하우를 습득했는지의 여부에 따라 누군가는 온라인에서 정신만 산만해질 수도 있고 또 누군가는 시야를 더 넓게 확

* digital literacy. 디지털 활용능력.

** wiki collaboration. 자유롭게 내용을 수정하거나 편집할 수 있는 웹페이지 모음인 위키(wiki)에서 인터넷 사용자들이 공동으로 콘텐츠를 만들어가는 방식을 의미한다.

장할 수도 있다.

개인의 측면에서 디지털 문화를 어떻게 선용할 것인가의 문제는 철학적인 동시에 지극히 사적인 문제이기도 하다. 바꾸어 말하면, 너무 많은 정보 때문에 과부하가 걸리는 일 없이 온라인 도구를 활용하는 방법을 아는 것이야말로 좋든 싫든 21세기에 개인의 성공을 위해 반드시 필요한 요소다. 자동차 운전을 배우는 것(혹은, 적어도 보행자로서 안전하게 통행하는 방법을 배우는 것)이 20세기 시민에게 매우 중요한 과제였던 것처럼, 오늘날에는 적절한 미디어를 활용해 어떻게 주의를 끌 수 있는지 배우는 것이 교육과 비즈니스, 사회생활에서 성공을 거두기 위해 반드시 필요하다. 비슷한 맥락에서, 디지털 참여digital participation나 온라인 협업online collaboration, 정보의 신뢰성 검증, 네트워크 인지력network awareness 등의 기본을 이해하는 사람은 그렇지 못한 사람에 비해 예기치 않은 사건에 대처하는 능력이 더 뛰어나다.

나는 디지털 리터러시가 개인의 역량을 강화하는 것 말고도 사회적으로 중요한 또하나의 이슈를 제기한다고 본다. 즉 개인들의 노력을 현명하게 결합해 여러 가지 노하우를 널리 공유한다면 이미 디지털 네트워크 기능을 터득한 사람들에게도 유익할 뿐 아니라 더욱 성숙한 사회를 만들 수 있다. 웹 2.0의 창시자인 팀 오라일리Tim O'Reilly는 구글과 위키피디아, 나아가 웹의 성공 비법은 바로 '참여 아키텍처*'에 있으며, 그 덕분에 웹페이지를 제작하는 등 사익私益을 추구하는 수많은 작은 행위들이 활성화되는 동시에 공익을 목적으로 링크를 공유함으로써 모든 사람을 이롭게 한다고 주장했다. 사익 행위에서 출발했으나 소셜 미디어를

* architecture of participation. 개발자에서 사용자에 이르기까지 모든 참여자들이 기여할 수 있도록 설계된 구조를 뜻하며, 사익에서 시작되더라도 궁극적으로는 공익에 기여할 수 있다.

통해 공익적인 것으로 변모한 대표적인 사례로는 웹과 무료 온라인 검색엔진 등이 있다.[2]

특정 커뮤니케이션 매체가 채택되었을 때, 이를 누가 통제하고 또 누가 통제받을 것인지를 결정하는 것이 기술 그 자체라거나 인간의 본성 또는 권력 등 어느 한 가지 요소에 따라 전적으로 좌지우지된다는 견해에 나는 동의하지 않는다. 하지만 궁극적으로는 권력이 등장해 관문을 걸어잠그고, 자원을 재단하고, 자유를 제한하려 할 것이란 점은 인정한다. 실제로 세계 각국 정부와 기업이 통제의 손길을 뻗쳐오고 있지만, 그래도 나는 아직까지 최악의 상황은 실현되지 않았다고 긍정적으로 본다. 참여 아키텍처를 행사하는 일은 아직까지는 웹을 이용하는 우리 손에 달려 있으며 앞으로도 당분간은 그럴 것이다. 참여 아키텍처를 행사함으로써 우리는 우리가 세운 의제에 따라 자유롭게 디지털 미디어를 창조하고 소비할 수 있다. 바꾸어 말해, 우리 스스로 우리 자신을 위해 행동하지 않는다면, 이는 결국 다른 사람들이 미래를 주도하도록 내버려두는 것과 다를 바 없다.

나는 아직도 지식에 근거한 인간의 행동이 결과에 영향을 미친다고 믿는다. 그런 의미에서, 기술 사용으로 발생한 사회문제들을 기술 하나만으로 해결할 수 있다고 낙관하는 주장은 위험할 정도로 순진한 발상이다. 동시에 마이크로칩의 탄생으로 가능해진 모든 지적, 사회적 도구들을 무조건 도외시하는 것 역시 위험천만한 일이다. 지난 500여 년 동안 인간이 이룬 문화적 진화는 대부분 인쇄매체의 영향을 받았다.[3] 초창기 전화 사용자들은, 전화를 방송매체로서 이용할 것을 기대했던 당시 전화회사들의 바람과 달리 사람들과 친교를 나누는 데 전화를 활용했다.[4] 초창기의 인쇄기와 전화가 그 기술을 발명하고 상업화한 사람들이 전혀 예상치 못했던 방향으로 사용되었듯이, 최근 저렴하면서도 강력한 성능을 갖춘 컴퓨터와 이동통신 단말기, 글로벌 디지털 네트워크로 형성된 사회적, 경제적, 정치적, 의식적 디지털 정보사회infosphere는 아직 단단하게 다져지지 않은 상태이므로 디지털 세상에 눈뜬 사람들에 의해 얼마든지 달라질 수 있다. 지금 우리는 변화의 중심이 기술에서, 그 기술로 인해 형성될 수 있는 다양한 리터러시로 이동하는 시대에 살고 있다.

500년 전, 구텐베르크가 인쇄기를 발명하자마자 사람들이 곧장 그 영향을 받아서 곧바로 군주제를 무너뜨렸거나, 종교개혁을 주도했거나, 집단적인 노력을 기울여 과학을 발전시킨 것은 아니다. 인쇄기술이 발달하고 그 기술이 사회변혁을 유발하기까지는 리터러시가 확장될 만큼의 시간이 필요했다. 인쇄는 기록된 문서를 대량으로 배포하여 인간이 지닌 의식을 확장하는 기술이지만, 다수에 배포할 목적으로 만들어진 인쇄물을 해독하는 지적 능력을 갖추기까지는 많은 시간이 필요했다. 엄청난 공을 들여 힘들게 손으로 베껴쓴 필사본은 그 수효가 너무 적어 오랫동안 문해력 증진을 제약하는 요인으로 작용했다. 요하네스 구텐베르크가 죽기 전까지 유럽 전역에 펜과 잉크로 기록된 서적은 3만여 권이 있었지만, 그가 인쇄기를 발명한 후 단 50년 사이에 인쇄된 책의 수는 1000만 권도 더 된다.[5] 인쇄물이 이처럼 순식간에 폭증했다는 사실은, 1000년 가까운 시간 동안 엘리트의 전유물이던 지적 노하우가 읽기를 배우려고 애쓰던 모든 사람들에게 갑작스럽게 개방되었다는 뜻이다. 구텐베르크 이후 수백 년간 문해력을 습득한 새로운 인구층은 당대의 새로운 매체를 통해 할 수 있는 일들을 습득했고, 이를 통해 개혁을 선도하고 자치를 주창하며 지식의 발견을 조직화하는 등 다양한 움직임에

나섰다.

500년 전 읽기 능력의 확산으로 집단지성이 대폭 확장되었듯이 디지털 리터러시의 증대로 웹의 참여 아키텍처가 강화된다. 오늘날 디지털 리터러시는 사람들에게 권력을 부여할 수도 있고 사람들을 교묘하게 조종할 수도, 또 조용히 잠재우거나 열광하며 날뛰도록 만들 수도 있다. 무엇보다 중요한 것은 엄청난 규모로 빠르게 변화하며 누구도 통제할 수 없을 것 같은 오늘날 문명사회에서도 사람들과의 교류는 피할 수 없듯이, 디지털 리터러시는 우리 자신과 서로를 위해 배우고 활용할 수 있는 강력한 무기라는 사실이다.

이 책의 용도

나는 지난 30여 년을 온라인 세계에 종사하며 뉴미디어에 정통한 사람들로부터 많은 것을 배웠다. 그 결과 실용적인 노하우는 반드시 존재하며 이런 노하우가 다음과 같은 사람들에게 특히 유용하고 또 필요함을 깨닫게 됐다.

- 온라인 도구와 네트워크를 능숙하게 활용할 줄 알지만, 시간 관리와 주의력 관리에 서툴며 실제와 가상환경 사이의 균형을 추구하고자 하는 성인.
- 처음으로 온라인을 경험했거나 온라인에 점점 더 많은 시간을 허비하는 어린 자녀를 둔 부모로서, 지성인이지만 이 분야에 대한 지식이 부족하고 약간의 두려움을 갖고 있는 성인.

- 오늘날의 청년문화에서 중요한 비중을 차지하는 디지털 세계에 몰두해 사람들과 어울리고, 즐기고, 가끔은 괴짜 짓도 하지만 소셜 미디어를 생산적이고 협력적으로 이용하는 방법 또한 더 깊이 있게 배우고 싶은 젊은이.[6]
- 웹이 존재하기 이전의 세상을 분명히 기억할 정도로 나이가 많으며, 뉴미디어에 관심이 있으면서도 부담과 두려움을 느끼는 사람.
- 직원들이 소셜 미디어를 활용해 고객들을 능숙하게 응대하기를 바라는 동시에 사내에서도 직원들이 온라인으로 스마트하게 소통하기를 바라는 사업가(사내에서 네트워크를 스마트하게 활용하는 능력과 소셜 마케팅 역량은 별개 문제다).
- 학생들이 과거와 현재의 리터러시 개념을 이해하고 자신들의 미디어 활용 방식을 비판적으로 성찰할 수 있게 이끌려는 교육자.

나는 미디어 활용이 우리 생각의 확장과 사회관계 형성에 유익하다는 것을 입증해줄 수 있는 더 분명한 연구 결과가 나오기를 기다리고 있다. 그리고 이러한 시대에, 나는 분별 있게 디지털 미디어를 사용하는 사람들에게서 경험적으로 몇 가지 법칙을 발견했다. 그리고 이러한 법칙을 받아들이는 것만으로도 많은 도움을 얻을 수 있다고 생각한다. 여기서 내가 사용하는 리터러시라는 단어는 정확히 말해 '기술skill'을 의미한다. 그러나 요즘은 한 가지 기술만으로는 부족하다. 여기서의 리터러시는 기술뿐 아니라 그 기술을 협조적으로 발휘하는 사회적 능력까지 포함하는 의미다. 자전거를 타는 요령은 혼자 배워야 하는 기술이며, 이 세상에서 자전거를 탈 수 있는 사람이 당신 혼자뿐이라 하더라도 튼튼한 자전거 한 대와 이 자전거를 탈 줄 아는 요령만 갖추고 있으면 자전거로 이곳저곳을 빠르게 누비고 다닐 수 있다. 하지만 이와 대조적으로, 이 세상에서 읽고 쓰고 하이퍼링크로 연결할 수 있는 능력을 가진 사람이 오로지 당신뿐이라면 그 기술은 별로 쓸모가 없을 것이다. 오늘날 새로운 리터러시 개념에서 중요한 것은 문해자 공동체에 입문하기 위해 알아야 하는 부호화와 해독기술을 익히는 것뿐 아니라, 다른 사람들과 더불어 그 기능을 사회적으로 활용하는 능력을 갖추는 것이다.

이 책에서 나는 세상을 바꾸는 다섯 가지 리터러시, 즉 주의력, 참여, 협업, 정보의 비판적 소비(허위정보 간파), 네트워크 지성과 관련하여 그동안 내가 배운 것들을 나눔으로써 독자들에게 새로운 노하우를 소개하려 한다. 많은 사람들이 이러한 기술을 습득할 때 비로소 새로운 개념의 경제와 정치가 형성될 것이며 사회와 문화도 새롭게 태동할 것이다. 반대로 이 리터러시가 널리 확산되지 못하면 사람들은 허위정보와 오보, 광고, 스팸, 음란물, 소음, 온갖 잡동사니에 갇혀 허우적거릴 것이다. 정보과잉은 이메일 계정을 가진 사람이라면 누구나 직면하는 문제의 출발점에 불과하다. 다양한 디지털 기술에 힘입어 생산되는 방대한 정보를 적절히 활용하면 우리의 생활도 풍요로워진다. 하지만 그 정보를 받아들이고, 평가하여 선별하고, 참여나 협업의 자원으로 활용하는 방법을 배우지 못하면, 무엇보다 그 기술이나 정보와 거리를 두어야 할 경우와 그렇게 해야 하는 이유를 깨닫지 못하면, 개인에게도 해로울 뿐 아니라 업무적으로는 비생산성을 초래하고 사회에는 독이 된다.

급변하는 세상에 적응하려고 노력하는 기성세대든 아니면 새로운 규칙이 쓰이고 있는 이 시대에 사회생활을 시작한 젊은이든 간에, 홍수처럼 쏟아져나오는 새로운 지식과 미디어, 관심사 등을 건강하고 유연하게, 현실적으로 활용할 수 있어야 한다. 열여섯 살 청소년부터 예순 살

디지털 미디어
의
미래는
당신과
우리에게 달렸다.
개인적 역량 강화
전략적 온라인 참여
공유지 확대
인터넷이 나를 바보로 만드는가?
우리
어떻게 하면 소셜 미디어를 분별 있게 효과적으로 사용할 수 있을까
그리 중요치 않은 것...
훨씬 중요한 것
언제나 "ON"
어디서나 접속하여 지식을 얻는다!
허위 정보
스캠
스팸
잘못된 정보
최후의 무기
...그러나 좋은 것을 찾아내는 것은 당신에게 달렸다!

더 깊은 지식을
원하는 사람들을 위해
이 책을 썼다
생산성
실용적인 노하우
협업
현실과 가상의 결합
기술
리터러시를 갖춘 사람들의 커뮤니티
사회성
분별 있는.. 이해하는...
무엇을 하고 있는가?
이유는?
미디어를 어떻게 사용하는가?
확장 .. 증강
이웃들의 조언
온라인참여
전문가 인터뷰
조사
저술
뉴 미디어 전문가에게서 배우기!

어른까지, 갓 시작한 신생기업부터 다국적 대기업에 이르기까지, 우리 모두의 안녕은 바로 이 노하우를 어떻게 깨우치느냐에 달렸다.

무엇을 배울 것인가

이어지는 여러 장章에는 언제 어디서나 열려 있는 오늘의 미디어로부터 당신을 보호하고 또 여기서 이로움을 얻기 위한 나의 특별한 조언들이 담겨 있다. 근심 많은 부모, 기대와 열광에 찬 학생, 미디어를 알아야 하는 교사, 호기심 많은 피고용자, 신중한 기업가, 즉각적으로 반응하는 온라인 애호가, 혼란스러운 정책입안자, 미디어와 맞서려는 기술회의론자 등 모든 사람에게 나의 이야기를 들려줄 것이다. 온라인 활동에 대해 자녀에게 무언가를 이야기해주고 싶다면, 당신이 온라인 세계에서 살아남고 성공하고 싶다면, 또는 늘 온라인으로 연결되어 있는 미디어가 회사에 가져온 변화 때문에 고민하고 있다면, 내가 제시하는 사례, 조언, 주장, 근거, 도구, 실천과제가 유익한 길잡이가 되어줄 것이다. 디지털 문화 속에서 어떻게 자리를 잡아야 할지 고민하는 모든 사람을 위해 나는 이 책을 썼다.

또한 이 책을 통해 무언가를 습득하기 위해서는 스스로도 노력을 기울여야 한다는 사실을 기억하기 바란다. 당신이 누구이고 어떤 상황에 직면해 있는지 당신보다 더 잘 아는 사람은 없기 때문이다. 나는 그동안 내가 배운 것들과 다른 사람들이 발견한 것들을 제시하고 당신의 판단을 기다릴 뿐이며, 모든 선택은 오로지 당신의 가치관에 달렸다. 이 책에서 나는 기술지상주의자나 신新 기술저항주의자neo-Luddite 중 어느 한쪽에도 치우치지 않고 균형을 유지하려 애썼다. 다시 말해, 독자들의 서로 다른 상황과 입장을 감안해 최대한 현실적인 태도를 견지했다.

1985년, 내가 이름 붙인 '의식 증폭기mind amplifiers' 개념을 일찍이 도입한 사람들 중의 하나이며[7] 1987년 '가상 커뮤니티virtual communities'[8]라는 명칭을 만든 장본인이기도 한 나는, 지난 30여 년간 열정적으로 사용해온 미디어에도 단점이 적지 않다는 사실을 깨달았다. 수많은 나라와 단체를 돌아다니며 여러 미디어 전문가를 만나 폭넓은 조언을 구하기도 했지만, 이 책에서 소개하는 현실적인 조언의 대부분은 나의 경험에서 나온 것들이다. 하지만 그동안 내가 탐구를 거쳐 옳다고 생각한 온라인에서의 법칙들을 다른 사람들에게 설파하려니 조심스럽기도 했다. 그동안 내가 소셜 미디어에 대해 배운 것들이 어떤 사람에게는 생명줄이 될 수도 있지만 다른 누군가에게는 혼란스러운 강요가 될 수도 있기 때문이다. 디지털 미디어 세계에서 분별 있는 삶을 영위하기 위한 유일무이한 처방은 존재하지 않는다. 그래서 성찰이 필요하다.

그래도 누구에게나 말해주고 싶은 중요한 한 가지가 있다. 나는 어떤 방식으로 커뮤니케이션을 하고 있는지 항상 스스로에게 질문해야 한다는 것이다. 내가 꺼리는 미디어와 사회적 연계활동은 무엇인가? 내 관심을 끄는 것, 혹은 내 주의를 산만하게 만드는 것은 무엇인가? 나를 제대로 이끄는 것은 무엇이며 진실을 호도하는 것은 무엇인가? 그리고 본질적으로 내가 '왜' 이렇게 반응하는지 그 이유를 성찰해야 한다. 내가 수많은 실수와 시행착오를 통해 얻은 소중한 깨달음이 있다. 컴퓨터로 연결된 이 세상에서 가장 현명하게 살아가는 방법은, 특정 시점에 내가 하고 있는 행동이 인생에서 정말 중요한 행동인지 반복해서 되짚어보는 것이다. 시간을 어떻게 사용할지에 대한 생각이 없으면 어디에 주의를 집중해야 할지도 모르는 법이다. 내 머리는 사이버 공간을 헤매고 있는데 내 몸은 어디에 있는 걸까? 내가 지금 옳은 일을 하고 있는지 생각이라도 하고 있는가? 스스로에게 질문을 던지는 일은 그리 어렵지 않다. 그러나 질문에 대한 답을 얻기까지는 고민이 필요하다. 당신이 처한 상황에서 가장 적절한 의문을 제기하고 해결하는 과정도 디지털 세계에서 꼭 필요한 분별의 한 부분이다.

이 책에서 소개하는 다섯 가지 리터러시는 서로 연관되어 있으며 서로가 서로를 뒷받침하는 경우도 많다. 분별은 허위정보를 효과적으로 간파하기 위한 전제조건이다. 제대로 주의를 기울이지 않으면 신호와 잡음을 구별하기 어렵기 때문이다. 비슷한 경우로, 네트워크를 인지하지 못하고서는 위키 협업도 불가능하며 협업 없이는 온라인에서 참여하기도 쉽지 않다. 트위터는 주의력 관리, 협업 노하우, 네트워크 분별이라는 서로 연관된 세 가지 리터러시를 얼마나 갖추고 있는가에 따라 시간 낭비가 될 수도 있고, 이용자의 노력에 따라 큰 결실을 낳을 수도 있다. '팔로우'할 사람을 가려내는 방법, 트위터 사용자들과 더불어 사회자본을 형성할 수 있게끔 신뢰와 상호주의를 지키며 네트워크에 참여하는 방법, 내 메시지가 팔로워의 트위터를 타고 널리 전파될 수 있게 이를 가다듬는 방법 등을 알아야 한다. 주의력은 다른 모든 리터러시를 하나로 연결하는데 가장 토대가 되는 요소다. 따라서 이 책은 주의력에서 출발한다.

1장에서는 나의 경험과 다른 사람들이 추천한 방법들, 그리고 기본적인 신경과학 이론에 따라 주의를 조절하는 실용적인 리터러시에 이르기까지 여러 가지를 연계하여 소개한다. 여기서 우리는 먼저 인간의 주의가 작동하는 방식을 이해할 것이다. 또한 주의산만과 다중작업 multitasking이 현대 미디어를 통해 어떻게 사람을 어리석게 만들고 문화를 천박하게 만들었는지, 혹은 그렇지 않다면 그 이유는 무엇인지 알아볼 것이다. 나아가 과거에서 현재까지 '분별'의 의미는 무엇인지 탐구함으로써 주의산만의 위험 속에서 올바른 방향을 찾도록 돕는다. 이 책의 뒷부분에서는 '확장된 의식'의 가능성에 대한 논의의 토대도 제시한다. 즉 기술을 단순한 주의력 결핍의 치유책이 아니라 지적인 성과를 향상시킬 방편으로 활용한다는 의미다. 1장에서는 앞으로 설명할 리터러시 습득의 바탕이 되는 중요한 요소를 다루는데, 그중에서도 '주의력'을 제어하는 방법에 대한 설명은 큰 도움이 될 것이다.

2장에서는 당신과 나의 주의력을 개별적으로 가동하거나 연계하여 잡음과 허위정보를 걸러냄으로써 다가오는 정보의 홍수 시대에 작고 중요한 부분에 집중하는 요령을 설명한다. 의도를 상기하며 주의력을 활용하고 여기에 필요한 정보를 여과해내는 지식까지 덧붙여지면, 내가 '인포텐션*'이라 명명한 통합된 프로세스가 형성된다. 비판적 사고, 정보의 여과, 그리고 어니스트 헤밍웨이의 말에서 착안한 '내면의 허위정보 탐지기internal crap detector' 등, 이 모두는 미디어의 유입을 관리하기 위해 주의력을 활용하는 방법들이다. 검색기술을 배양하고 신뢰를 형성하는 법, 그리고 올바른 태도를 갖추는 것 등은 모두 우리의 지적 능력을 네트워크 기술 시대에 바르게 사용하게끔 안내하기 위한 방법이다. 고로 2장의 집필 의도는 1장의 그것과 일맥상통한다. 결과적으로 첫 두 장章은 내 동료이며 교육기술 개척자인 캐시 데이비슨Cathy Davidson이 지칭한 대로 '인터넷 속의 두뇌'에 초점을 맞추고 있다.[9]

3장에서는 참여 리터러시를 다룬다. 여기서는 온라인 생활에서 개인

* infotention. 정보주의력. 자신에게 필요한 정보에 선택적으로 꾸준한 주의를 기울이고 여러 가지 온라인 툴을 이용해 효과적으로 이를 구독할 줄 아는 기술. 자세한 내용은 2장 참조.

의 의식이 차지하는 측면을 벗어나, 소셜 미디어를 통한 디지털 문화와 개인의 덕목을 결합시킨다. 다시 말해, 3장은 디지털 미디어를 통해 스스로를 표현하고, 친목을 도모하고, 옹호하고, 조직화하고, 교육하고, 집단지성으로 확장하는 블로거와 비디오 블로거, 네티즌, 트위터 이용자, 온라인 커뮤니티 참여자들을 북돋우는 노하우를 주제로 한다. 다른 장에서도 언급되는 참여는 인간 내외면의 역동성을 의미하며, 개인의 내면에 존재하는 기술이자 전략인 동시에 이 같은 참여가 모여 웹 전반에서 이루어지는 참여의 집합체를 이룬다. 따라서 참여 리터러시는 자연스럽게 협업 리터러시로 연결된다. 미디어 분석가인 헨리 젠킨스Henry Jenkins와 미즈코 이토Mizuko Ito가 밝힌 대로, '참여문화'는 컴퓨터 게임에서 정보 큐레이션에 이르기까지 시민이 문화 생산의 능동적 주체가 되는 사회환경을 창조한다.[10] 반면에 사람들의 참여 리터러시가 특정 수준을 충족하지 못할 때, 미래 사회의 미디어 사용 환경은 방송 시대의 미디어 환경으로 되돌아가 부유하고 의욕적인 소수의 생산자들이 자기 방식의 문화를 창조하여 상대적으로 소극적이고 덜 부유하며 권력도 결여된 다수 대중에게 배포하게 된다.

4장에서는 개인과 대인관계의 차원을 넘어 사이버 사회관계로 이동한다. 이 리터러시의 핵심 노하우는 네트워크화된 미디어 덕분에 가능해진 협업의 서로 다른 다양한 영역을 포괄하는 것이 관건이다. 협업의 범위는 넓고 깊다. 따라서 4장에서는 온라인 협업의 전반적인 조망을 제시하는 동시에 유명한 협업형 기업collaborative enterprise을 설립하여 성공적으로 운영한 사람들과의 심층 대담도 담았다. 위키피디아 기여자, 플리커*의 태거tagger, 소셜 북마커**social bookmarker 등은 모든 사람에게 가치를 제공하는 참여 아키텍처 속에서 사익적 정보행위를 실행함으로써 새로운 지식을 새로운 방식으로 보급하는 구실을 한다. 가상 커뮤니티를 만드는 사람들은 미디어와 대인관계의 경계에서 활동한다. 이 지대에서는 기술적 지식이 있더라도 온라인 사회규범을 이해하지 못하는 사람에게는 그 지식이 무의미하며, 반대로 사이버 사회가 움직이는 새로운 작동 방식을 이해하는 사람은 돈으로도 살 수 없는 소중한 무언가를 얻을 수도 있다. 나는 일찍부터 사이버 사회성cybersociality을 주제로 견해를 피력해온 사람 중 한 명으로서, '매개 커뮤니티mediated communities'의 장점과 단점을 몸소 겪어보았으며, 이러한 경험을 바탕으로 자신 있게 말할 수 있다.

누구도 상상하지 못했을 형태의 집단행동과 대인관계 형성이 지금은 수많은 사람들의 일상으로 자리잡았다. 1985년, 나는 우리 가상 커뮤니티 회원 중 중증질환으로 생명이 위험하던 아들을 둔 회원을 후원하는 온라인 단체에 참여하고 있었다. 초창기 소셜 커뮤니케이션 네트워크의 사용자들이 늘어나던 때였고, 미래에는 이런 집단이 더욱 활성화되리라고 우리는 예상했다. 1987년에 내가 '가상 커뮤니티'를 주제로 글을 쓰기 전까지만 해도 다른 지역에 사는 사람들과 서로 공감하고, 의료 지식을 알려주고, 나아가 금전적으로 후원하는 사람들을 지칭하는 용어나 문화적 카테고리 같은 것이 전혀 없었다.[11] 그러나 지금은 페이션트라이크미patientslikeme.com나 엠디정션mdjunction.com 같은 사이트를 통해 수백만 명이 교류한다.[12]

과거에는 상상조차 할 수 없던 방식으로 많은 사람들이 교류하고 있으며, 지식창조와 정치행위, 의료지원 등은 그 같은 방식으로 이루어지

* Flickr. 야후의 온라인 사진 공유 사이트.

** social bookmarker. 웹서핑 중에 가치 있다고 판단되는 내용을 북마크하는 인터넷 사용자.

는 수많은 행위의 일부에 지나지 않는다. 온라인 협업은 시장과 기업을 살찌우는 제3의 경제적 생산으로 진화할 수도 있다. 하버드 대학의 요차이 벤클러Yochai Benkler 교수는 이렇게 말한다. "금전적 이익에 대한 기대도, 기업형 경영체제도 없이 무료 오픈소스open source 소프트웨어를 공동으로 개발해, 운영체제와 웹브라우저 시장에서 마이크로소프트를 긴장시킨 자원자들이 등장할 것을 누가 예상할 수 있었을까요?"[13] 웹이 널리 알려지기 시작한 1990년대 중반만 하더라도, 수많은 자원자들이 연합해 세계 각국의 언어로 수많은 글을 작성해 무료 백과사전을 만들리라고는 이 분야를 잘 아는 사람들조차도 전혀 상상하지 못했다. 오늘날의 온라인 세상에서 성공적으로 삶을 영위한다는 것은 사업과 사생활, 공적 영역에서 원하는 것을 찾고, 원하는 곳에 참여하며, 나만의 가상 커뮤니티를 형성하는 방법을 안다는 의미이기도 하다.

'집단지성'과 '크라우드소싱crowdsourcing'은 새로운 협업양식을 표현하기 위해 등장한 또다른 용어들이다. 가상 커뮤니티에서처럼 사람들이 직접 소통하는 형태가 아니더라도 개인들의 노력을 모아 공동의 이익을 창조할 수 있다. 유용한 정보가 담긴 웹사이트에 북마크하고 태그하는 것만으로 웹 이전 시대에는 불가능했던 '대중이 엄선한mass-curated 지식'을 생성할 수 있다. 미국 의회도서관에서는 미국인들의 생활상을 담은 사진들을 망라해 플리커에 올린 적이 있다. 수많은 사진에 일일이 설명을 붙일 재원이 부족했기 때문이다. 그러자 수많은 자원자들이 아무런 금전적 대가도 받지 않고 사진에 태그를 붙였다.[14] 미래 예측가들은 지구촌에서 벌어질 문제를 예측하고 해결하기 위해 온라인 게이머들의 자발적이고 열정적인 노력을 공익적으로 이용하기 시작했다. 사람들의 협력을 이끌어내는 새로운 방식은 특별한 사건에서 비롯되기도 한다. 한 예로, 컴퓨터공학자인 짐 그레이Jim Gray가 바다에서 실종되자 그의 지인들은 미국 항공우주국NASA과 구글에서 최신 해양 위성영상들을 입수했다. 마이크로소프트와 아마존의 공학자들이 그 영상들을 약 50만 개의 지역 사진으로 구분했고, 1만 2000명 이상의 자원자들이 그 사진들을 일일이 분석했다. 그레이의 위치는 끝내 밝히지 못했지만, 이 사건은 새로운 형태의 크라우드소싱이 대중의 의식을 자극한 좋은 사례였다.[15]

5장에서는 오늘날 유용하게 사용되는 네트워크에 대한 다면적인 지식을 다룬다. 네트워크에 대한 지식은 여러 학문 분야에서 다각적으로 접근해야 한다. 네트워크를 잘 알기 위해서는 사람들이 소셜 네트워크를 통해 서로 관계를 맺는 방식에 영향을 미치는 네트워크의 구조역학에 대해 사회학자들이 연구한 기본적인 지식부터 공부할 필요가 있다. '작은 세상 네트워크small-world network' 이론은 사람들이 타인과 교류하는 방법을 설명하는 유명한 이론이며, 이는 사회학의 한 영역이기도 하다. 작은 세상 네트워크 이론은 온라인 네트워크 형성에도 그대로 적용된다. 5억 명 이상이 페이스북 페이지를 갖고 있고 휴대전화 사용자가 수십억 명이나 되는 요즘, 사회학자들은 오늘날 디지털 시민에게 무엇이 가장 중요한 요소로 대두했는지 연구했다. 정치학자와 사회학자 등 전문가들은 사람들이 공식적인 법과 제도의 틀 밖에서 무언가를 쟁취하기 위해 사용하는 힘을 '사회자본social capital'이라는 용어로 설명한다. 오늘날 현명한 웹 사용자라면 온라인 행동이 어떻게 사회자본을 확장하는지, 반대로 어떻게 이를 축소하는지까지도 이해할 필요가 있다. 작은 세상, 네트워크로 연결된 개인들, 사회자본 등은 모두 부상하는 '디지털 대중digital publics' 문화의 일부다. 전문가들은 '투명성의 시대'에 프라이버시의 정치학과 심리학, 그리고 프라이버시 보호에 대한 지식이 차지하는 중요성을 10여 년 전부터 연구해왔으며, 이는 여전히 논쟁거리다. 하지만 이제 이러한 문제는 부모와 학생, 시민 모두에게 일상의 난제가 되고 있다. 어디로든 어렵지 않게 도달할 수 있는 21세기에는 마뉴엘 카스텔스Manuel Castells 사우스 캘리포니아 대학 교수의 단언처럼 "네트워크가 중요하다"는 사실도 놓쳐서는 안 된다.[16]

인간관계의 양상과 우리가 그것에 대해 알고 있는 것들은 네트워크라는 신과학을 발전시키는 주제일 뿐 아니라 그 자체로 기술적 네트워크를 통해 인간의 소셜 네트워크를 확장하고 확대하는 재료이기도 하다. 일반인의 기술 아키텍처와 미디어 사용방식은 개인적인 자유와 기회의 확장, 정의의 실현 가능성 면에서 매우 중요한 요소로 급부상했다.

5장을 다 읽고 나면 당신만의 경쟁력을 제고하고 타인에게도 도움이 될 의식체계와 사회적 도구를 갖추게 될 것이다. 그리고 소셜 미디어의 인식적, 사회적 의미에 대한 통찰도 얻게 될 것이다. 마지막 장에서는 이런 실용적 리터러시를 여러 가지 광범위한 논제와 연결지어 이야기할 것이다. 프라이버시와 리믹스 문화, 저작권 갈등, 오늘날 디지털 세계에서 시민이 맡은 역할 등은 모두 현대인이 갖춰야 할 리터러시와 연관된 영역이다. 아울러 부모들을 위한 조언과 함께 우리가 거쳐온 배움의 여정을 마무리하는 요점정리도 제시한다.

1장 미리 읽기: 주의력, 가장 기본적인 리터러시

지난달, 스물여섯 된 딸의 직장에 들러 딸을 차에 태우고 함께 저녁을 먹으러 갔다. 그때 우리가 나눈 대화의 내용은 이랬다.

나: 얘야, 오랜만에 아빠랑 함께 있는데 계속 그렇게 전화기만 만지작거려야겠니?

딸: 아빠, 오늘 업무 때문에 받은 이메일을 저녁 먹기 전에 처리하지 않으면 점점 경쟁에서 뒤처질 거예요.

나: 마침내 너도 아빠의 세계로 들어왔구나. 환영한다!

딸과 그런 이야기를 나누고 보니 문득 내가 항상 고민했던 문제가 다시금 생각났다. 그날 낮에도 나는 학교에서 수업 중 랩톱컴퓨터 사용이 일으키는 주의력 문제로 학생들과 논쟁했기 때문에다. "메일이 도착했습니다"라는 알림이 많은 사람들에게 유쾌하고 즐거운 소식이었던 시절도 분명히 있었다. 하지만 이제는 내 딸도 이미 온라인 쳇바퀴 생활에 익숙해진 시대이며, 나 또한 출장을 다녀올 때마다 수신함에 가득차 있을 수백 개의 이메일이 두려워지곤 한다. 퇴근해서 내가 현관에 들어서는 순간, 아내는 나를 맞이하느라 컴퓨터로 들여다보고 있던 온라인 메시지 서비스를 멈추고 자리에서 일어난다. 나 역시도 내 인생에서 가장 소중한 사람과 함께하는 시간에 소셜 미디어 때문에 방해받는 것이 싫어, 아내가 집에 들어설 때는 이메일과 인스턴트 메시지, 트위터, 텍스트, 북마크, 태그, 포스트 또는 어떤 종류의 댓글 작성이든 일단 멈추고 아내를 맞이한다. 우리의 일상이 손바닥만한 통신장치에 예속되기 훨씬 전이었을 때조차도, 나는 저녁식사 중에 울리는 전화벨 소리에 모두 득달같이 반응하곤 하던 식구들을 잘 이해할 수 없었다. 굳이 받지 않아도 그냥 내버려두면 음성메시지로 연결될 테고, 그러면 우리는 느긋하게 식사를 하며 대화에 방해를 받지 않았을 텐데 말이다.

이런 의문들은 모두 비슷한 맥락에서 비롯된다. 소셜 미디어와 관련된 온갖 행위들이 매일 새롭게 등장하는 것처럼 보여도, 넓게 보면 그리 새로울 게 없다. 우리는 오랫동안 새로운 통신 미디어에 반응하며 우리의 주의와 관심을 계속 재배치해왔을 뿐이다.

통신기술이 일상에서 우리의 주의에 어떤 영향을 미치는지를 관찰하게 되면서부터, 나는 주위에서 일어나는 무언가에 주의를 집중하는 행동과 그 기준에 매우 큰 변화가 생겼다는 사실을 발견했다. 오늘날 사무직 종사자 대부분이 그렇듯이, 우리 딸 역시 쏟아져들어오는 이메일에 두려움을 느끼리란 걸 나는 이해한다. 아내와 내가 대화를 나누는 동안에도 딸은 휴대전화기로 문자메시지를 주고받는다(혹은 그와 유사한 행동을 한다). 전 세계에서 전송된 문자메시지 건수는 올해에만 조 단위를 기록하며, 그 주체는 비단 화이트칼라 계층만이 아니다. 내 딸은 학교에 다닐 때에도 인스턴트 메시지 창을 여섯 개나 띄운 채로 숙제를 하며 친구와 전화로 수다를 떨곤 했다(딸의 학교 성적이 우수했기 때문에 나는 그냥 내버려두었다. 어쩌면 딸의 휴대전화 사용 습관에 멍석을 깔아준 사람은 나인지도 모른다). 대학에서 강의할 때도 그 많은 눈들이 나보다는 랩톱 화면에 더 오래 머문다는 사실을 나는 잘 안다. 나는 타인들이 무엇에 주의를 집중하는지 관찰하기 시작했다. 또한 타자기 대신 개인용 컴퓨터를 사용하고 모뎀을 연결하여 첫 온라인 네트워크를 경험하면서 나의 사고방식도 달라졌고, 그러면서 다른 사람들은 무엇에 어떻게 주의를 기울이는지 눈여겨보기 시작했다.

타이핑을 좀더 효과적으로 하기 위해 사용한 첫 디지털 도구일 뿐이었지만, 나는 전동타자기에서 워드프로세서로의 전환이 단순히 사무기기를 바꾼 것 이상의 의미가 있음을 깨달았다. 컴퓨터와 네트워크에 눈을 뜬 직후부터 나는 그것들을 사용할 때의 느낌을 글로 남기기 시작했다. 소셜 미디어를 활용하는 방식이 우리의 의식과 인간관계, 나아가 이 사회에 어떤 방식으로 영향을 미치느냐 하는 문제는 바로 내가 지난 25년에 걸쳐 집필한 책들의 근본적인 주제였다. 그리고 학생들이 디지털 미디어 활용과 관련해 파생된 자기만의 심리적, 사회적 문제들을 점검하도록 돕는 것이 아주 중요하다는 생각에 5년 전부터는 소셜 미디어를 주제로 강좌도 개설했다. 캘리포니아 대학 버클리 캠퍼스와 스탠퍼드 대학 강의실에서 학생들을 가르치면서 나는 주의력의 형태가 세대에 따라 달라진다는 사실을 내 두 눈으로 확인했으며, 그 시간들은 살아 숨쉬는 실험실을 체험한 것과도 같은 소중한 기회였다.

지난 수십 년에 걸친 나만의 온라인 경험을 바탕으로 당신에게 반드시 해주고 싶은 첫번째 조언은 이렇다. 정보는 넘쳐나지만 진실은 보장되지 않는데, 정보를 가려내고 사실을 확인하고 권위를 부여할 주체도 부족한 세상에서는, 한 개인이며 이 사회의 일원인 우리 모두가 흘러넘치는 정보로부터 무엇을 뽑아내고, 우리에게 주어진 정보를 얼마나 신뢰할 것이며, 그 정보에 얼마나 관심을 쏟을 것인지 냉철하게 판단하는 요령을 배워야 한다.

다중작업을 둘러싼 연구와 논쟁을 포함해 그동안 디지털 네트워크 미디어를 활용하는 데 따른 인지효과에 대해서는 나 역시 많은 내용을 전달하겠지만, 이 책은 다중작업이나 그에 대한 찬반 논란 또는 시간을 더 효과적으로 관리하는 방법에 관한 책은 아니다. 그런 정보는 이미 세상에 많이 나와 있다. 이 책은 주의력 결핍 장애와도 무관하다. 다중작업을 언제 하고 또 언제 하지 말아야 하는지를 아는 것도 디지털 리터러시의 중요한 한 부분이며, 특별한 문제가 없는 사람들이라도 급변하는 사회적, 기술적 변화에 반응하는 방식에 혼란을 느끼기 마련이다. 조금도 혼란스럽지 않다고 말하는 이가 있다면, 오늘날 우리를 둘러싼 상황에 대해 별로 크게 고민해본 적이 없어서일 것이다. 내 연구의 목적은 광범위한 의미의 리터러시를 밝혀내는 데 있기 때문에 다중작업의 위험성이라는 이슈에 지나치게 몰입해 다른 것들을 놓치는 우를 범하지 않으려 한다. 다중작업 문제가 중요하긴 하지만 이것이 전부는 아니기 때문이다. 그보다 내가 다루고자하는 것은 왔다갔다하는 주의력 습관과 관련된 포괄적인 문제들이다.

많은 사람들이 대화를 하거나 강의를 들을 때, 또는 길을 때조차도 우리의 주의를 끌거나 분산시키는 방식에 중대한 변화가 일어나고 있음을 깨닫고 있다. 이런 변화를 달갑지 않은 시선으로 보는 사람도 많다. 니콜라스 카Nicholas Carr는 「구글이 우리를 바보로 만드는가?Is Google Making Us Stupid」라는 글과 저서 『생각하지 않는 사람들*The Shallows*』에서 "사람들이 무언가에 깊이 집중하고 빠져드는 능력을 상실하고 있다"고 지적했다.[17] 그가 제기한 사회공학적 문제들은 이제 지구촌 인구의 상당수가 사용하는 디지털 기기 때문에 생겨난 것일 수도 있지만, 이런 변혁을 주도하는 근본적인 변화는 마이크로칩이 아니라 우리 인간의 머릿속에서 벌어지고 있음을 기억해야 한다. 오늘날의 커뮤니케이션 방식은 사람들이 주의를 기울이는 방식마저 바꾸고 있다. 우리의 주의력을 갈고닦는 방법을 이해하고 연구해야 하며, 그리하여 미래의 변혁은 기계가 아닌 우리가 주도해야 한다는 뜻이다.

운전 같은 몇몇 상황을 제외하면 다중작업이 항상 잘못된 것은 아니며, 통화를 하면서 인터넷 서핑을 하는 것처럼 지속적으로 주의를 분산시키는 행위 역시 꼭 무례하다거나 비효율적인 행동으로 받아들일 필요는 없다. 문제는 우리를 유혹하는 수많은 선택지가 넘쳐나는 상황에서 주의력을 효과적으로 가동하는 법을 배웠거나 남에게 가르칠 수 있는 사람들이 턱없이 적다는 사실이다. 언제 여러 곳으로 주의를 분산하는 것이 바람직하고 또 언제 한 곳으로만 집중해야 하는지를 판단하는 요령, 또는 주의력을 훈련하는 방법을 배운 사람들의 수가 안타깝게도 너무 적다. 단순히 에티켓에 관한 얘기가 아니라, 일과 사생활의 효율을 도모하는 측면에서 그렇다는 것이다. 그렇다고 누가 우리를 비난할 것인가? 그동안 우리는 컴퓨터와 월드와이드웹, 카메라폰이 바꿔놓은 삶에 적응하느라 바쁘게 살아오지 않았던가? (2010년에 시행된 한 조사를 보면, 성인 여섯 명 중 한 명은 휴대전화로 통화를 하거나 문자메시지를 주고받는 도중에 무언가와 부딪힌 경험이 있는 것으로 나타났다.)[18]

다행히 인간은 자신의 주의를 제어하는 기술을 오래전부터 완벽하게 길러왔고, 이 기술은 호흡에 주의를 기울이는 것 같은 단순한 방법에서부터 시작된다. 인간의 마음을 다스리는 전통적인 방법에서 21세기에 필요한 지혜를 구해야 할 때가 왔다. 전통적인 명상 수련이든 현대의 디지털 인포텐션이든 초보자들의 출발점은 동일하다. 즉 신체 호흡에 주의를 기울이는 초보적인 유념mindfulness 연습이 바로 그 출발점이다.

유념 훈련과 관련하여 꼭 알아야 할 것 중의 하나는, 아주 약간이라도 주의를 기울이는 것은 전혀 주의를 기울이지 않는 것과는 비교할 수 없을 만큼 유익하다는 사실이다. 주의조절 능력을 얻기 위한 첫번째 단계는 일단 지금 나의 주의가 어디에 집중돼 있는지를 스스로 인식하는 데서 시작된다. 이와 같은 성찰적 사고를 하기 시작한다는 것이 가장 어려운 부분이지만, 다른 한편으로는 아주 쉽게 시작해볼 수 있는 일이기도 하다. 가끔씩이라도 자기진단을 통해 무엇을 할 것인지 인식했다면 이제 주의조절 방법을 실천하여 필요한 때 필요한 정보를 획득하고, 무엇을 기억하고 무엇을 기억에서 지워버릴 것인지를 파악해야 한다. 또 한 가지, 무엇보다 중요한 것은 유해정보를 여과할 줄 아는 능력이다.

2장 미리 읽기: 허위정보 걸러내기

지식을 찾아내어 저장하고 분류하던 오래된 규칙이 하나의 발명으로 완전히 뒤집어졌다. 세상 어디서 어떤 질문을 하든, 단 몇 초 만에 답변이 쏟아진다. 바로 검색엔진 덕분이다. 사람들이 온라인 검색을 하는 이유는 과제물에 필요한 정보나 비즈니스 지식을 얻기 위해서만은 아니다. 요즘은 배관공을 찾거나 피자를 주문하는 것처럼 일상의 사소한 일을 해결할 때도 검색을 활용한다. 여기에 위치인식 장치까지 더해져 당신의 위치나 이동하는 데 걸리는 시간, 이동 경로 등에 대한 정보도 얻을 수 있다. 스마트폰으로는 가장 가까운 맛집의 위치뿐 아니라 그곳의 음식과 서비스에 대한 다른 사람들의 평가까지 확인할 수 있고, 현재 위치에서 그곳에 이르기까지의 경로를 눈으로 보고 귀로 들을 수도 있다. 요즘 아이들이 나중에 어른이 되었을 때는, 그들의 부모 세대가 과거에 길을 잃는 일이 심심찮았고, 아는 사람들과도 항상 연락할 수 있었던 게 아니며, 질문이 있으면 생각해서 떠올려야 했다는 사실에 놀라워할지도 모른다.

궁금증에 대한 해답을 시의적절하게 내놓던 생각의 역할을 이제는 장치가, 그것도 웹 같은 아주 거대한 장치가 대체할 수 있는 세상이다. 하지만 정작 중대한 문제는 검색 결과를 클릭할 때 발생한다. 이 순간 모든 것은 당신에게, 장치를 사용하는 당신에게 달렸다. 즉 엉터리 정보와 악의적인 정보로부터 당신에게 당장 중요하면서도 정확한 정보를 가려내야 하는 몫은 전적으로 당신 손에 달렸다. 19세기와 20세기에는 미국의 공립학교들이 취업을 준비하는 학생들에게 평등하게 기회를 부여하지 않았던 게 문제라면, 요즘은 온라인을 검색하고 정보의 신뢰성을 검증하는 요령을 대다수 학교에서 제대로 가르치지 않는 것이 문제다.

온라인의 허위정보를 간파하는 기본적인 지식조차 배우지 못한 상태에서 자신의 비판능력을 무작위로 동원하는 사람들이 많다는 것은 인터넷의 미래를 어둡게 만든다. 신뢰할 만한 정보를 제대로 가려내는 지식이 없다면 인터넷에 떠도는 수많은 뉴스와 의료조언, 금융정보, 교육자원, 나아가 과학 및 학술 연구 자료도 유용하게 쓰이기 힘들 것이다. 일부에서는 쓰레기 정보의 홍수로 웹은 이미 그 쓸모를 다했다고 비판한다. 나는 여기에 동의하지 않는다. 온라인의 소음공해가 극심한 것은 사실이지만 이 문제는 얼마든지 해결할 수 있다. 찾아내고 입증하는 방법만 안다면 해결책은 바로 코앞에 있다. 기초적인 정보 리터러시의 광범위한 보급은 공유지식을 보호하는 가장 좋은 방편이다. 즉 비판능력을 갖춘 온라인 사용자들이 충분히 많아야 인터넷의 소음공해에 강력하게 대처할 수 있다.

온라인 정보와 관련하여 첫번째로 갖춰야 할 것이 바로 허위정보 간파력이다. 여기서의 허위정보란 무지함이나 부적합한 커뮤니케이션, 고의적인 속임수 등에 의해 유포된 엉터리 정보를 말한다. 웹 정보를 비판적으로 이용하는 것은 결코 어려운 일이 아니다. 고도의 지성이 필요하지도 않다. 웹의 신뢰성을 검증하는 기본적인 요령을 익히는 것은 구구단을 외우는 것보다 쉽다. 다만 어떤 일이든 어려운 부분이 있듯이, 이 요령을 익히기 위해서는 독립적인 사고력을 키우려는 노력이 필요하다.

방대하고 무질서하며 끊임없이 그 모습을 바꾸며 흘러가는 정보의 물결에 휩쓸리지 않고 정보를 유익하게 활용하기 위해서는 어떤 사실적인 주장이나 의견에 대해 다음과 같이 단순한 의문부터 제기하는(약간의 훈련만으로도 습득할 수 있는) 주의력 기술부터 익혀야 한다. '이 정보가 정확한지 어떻게 확인할 수 있는가?' 정보의 신뢰성을 효과적으로 검증하는 방법은, 문제의 페이지 어딘가에 쓰여 있는 작성자의 이름을 찾아 검색엔진으로 확인하는 것처럼 간단할 수도 있고, 발전을 거듭하며 상용화되고 있는 다양한 자동화된 검증 시스템을 동원하여 약간 복잡하게 확인하는 방법도 있다. 학습된 주의력 기술과, 역시 학습된 정보기술 노하우의 특별한 조합이 바로 내가 인포텐션이라고 부르는 새롭고 중요한 디지털 리터러시를 의미한다.

2장에서는, 원하기만 하면 누구나 발행인이 될 수 있는 이 시대에 더욱 중요해지고 있는 '비판적 사고critical thinking'를 소개한다. 사람들이 온라인에서 발견한 정보의 신뢰성을 실제로 어떻게 판단하는지도 살펴본다. 또 검색과 신뢰성 판단 방면에 정통한 전문가들과 나눈 인터뷰를 소개하고, 당신의 정보 필터를 크라우드소싱할 때의 효용에 대해서도 논의하며, 지식의 본질과 정보 수집, 의미 부여의 개념이 어떻게 변화하고 있는지도 조명한다.

그리하여 당신이 온라인에서 수월하게 주의력을 발휘하게 되고 허위정보를 간파하는 데도 능숙해진다면, 이제 "당신은 인터넷을 똑똑하게 쓸 수 있다" 단계에서 "인터넷을 통해 사람들과 협력할 수 있다" 단계로 진화한다. 다시 말해 디지털 시민들이 집단협업에 참여하고 이를 북돋우기 위해 알아야 하는 기술인 '참여와 협업의 기술 및 사회성'을 다룰 것이다.

이 책에서 소개하는 다양한 온라인 협업 전략 사례를 접하고 그 장점을 이해함으로써, 독자들이 협력적 사고의 바탕에서 유용한 매체를 자유롭게 활용할 수 있게 되기를 바란다. 위키 싱킹Wiki thinking은 불과 최근 몇 년 사이에 가능해진 분산 인지*의 한 형태다. 소셜 북마킹에 몰두하는 사람들을 관찰해보면, 일반적인 디지털 시민이 정보를 찾거나 그 의미를 연결하고자 할 때 어떤 기술을 발휘해야 하는지 힌트를 얻을 수 있다. 저명한 비즈니스 리더들의 생각을 빌리면, 수많은 게이머 중 일부도 지식 기반 기업에 꼭 필요한 '재능협력'을 확장한다. 대기업은 고객이 원하는 상품이 어떤 것인지 직접 물어봄으로써 디자인의 크라우드소싱을 유도한다. 나는 이처럼 다각적인 환경에서 실용적인 교훈을 얻었고, 여기서 얻은 교훈은 웹의 참여 아키텍처로부터 우리에게 필요한 사회적 능력을 이끌어내는 데 유익하게 작용할 것이다. 이어지는 두 장에서는 참여와 협업을 요체로 하는 협업 리터러시의 개별적인 측면과 집단적인 측면을 살펴본다.

3장 미리 읽기: 참여문화에 참여하기 위해 필요한 것

인쇄문화가 창조한 환경을 발판으로 계몽주의가 꽃피고 산업혁명의 무대가 만들어졌다면, 참여 미디어는 21세기의 삶을 꽃피우기 위한 인식적, 사회적 환경을 조성할 것이다. 내 주머니 속의 인쇄소, 방송국, 마

* distributed cognition. 가용한 정보나 자원을 활용하여 개인의 지적 능력을 확장하는 것을 말하며, 컴퓨터 같은 인지 도구를 이용하는 '개인적 분산 인지'와 사회적 상호작용에 주로 의존하는 '사회적 분산 인지'로 나뉜다.

을회관, 시장, 학교, 도서관의 존재를 깨닫고 자신에게 유익하게 활용하는 방법을 안다는 것은 곧 단순한 전자기기 소비자에서 자율적인 시민으로 성장했음을 뜻한다.

참여 미디어에는 개인들이 온라인으로 다양한 콘텐츠를 소비하고 또 창조할 수 있도록 돕는 모든 형태의 온라인 서비스가 포함된다. 유튜브나 월드 오브 워크래프트처럼 완전히 다른 미디어들도 다음과 같은 세 가지 공통점을 지닌다.

- 최근 다대다many-to-many 미디어의 등장으로 누구든 네트워크에 접속하여 텍스트와 이미지, 음성, 영상, 소프트웨어, 데이터를 주고받을 수 있게 되었으며, 태그와 링크를 공유하는 것도 가능하다. 또한 다대다 미디어를 통한 토론과 거래, 계산도 가능해졌을 뿐 아니라 방송까지 할 수 있다. 디지털 기술이 상용화되기 이전에 존재하던 방송자와 시청자 사이의 비대칭성이 지금은 급격히 줄어들었다.
- 참여 미디어의 가치와 영향력은 그 미디어에 능동적으로 참여하는 수많은 사용자들에게서 나온다.
- 정보와 커뮤니케이션 네트워크로 무장한 소셜 네트워크 덕분에 더 폭넓고, 더 빠르며, 더 저렴한 행위 조정이 가능해졌다.

위키피디아의 철자 오류를 바로잡거나 사진 태그를 붙이는 등 지극히 단순한 행동을 하더라도, 참여하는 사람은 자신은 남들이 유포한 각종 자료를 그저 수동적으로 소비하는 사람들과는 차별화된 존재라는 느낌을 받는다. 참여는 능동이다. 단순 소비자는 온라인 사회자본 형성의 기반이 되는 기술을 전혀 실행하려 하지 않는다. 왜냐하면 기여란 것은 자주 '이 사람에게 관심을 기울이면 이득이 되고 뭔가 얻을 게 있을 것'이라는 신호로 비칠 수 있기 때문이다.

전 세계의 수많은 젊은이들이 이토록 열정적으로 웹 기반 미디어를 받아들이고 있다는 사실은 디지털 프로덕션 및 커뮤니케이션 기술을 배우려는 그들의 열망을 보여준다. '퓨 인터넷 앤드 아메리칸 라이프 프로젝트Pew Internet and American Life Project'의 2005년 조사에서는 "인터넷을 이용하는 10대 인구가 지난 4년 사이에 24퍼센트 늘어났고, 12세에서 17세 사이 인구의 87퍼센트가 온라인을 이용한다"고 밝혔다.[19] 미국뿐 아니라 한국, 브라질, 영국, 중국, 인도, 일본, 아랍 등의 젊은이들이 미디어 생산활동에 참여하면서 사회적 교류를 통해 그들의 정체성을 확인하고 새로운 시도를 하는 것은 어쩌면 당연해 보인다. 고도로 네트워크화된 환경에서 성장하는 젊은이들의 건강하고 능동적인 반응이라고도 할 수 있다.

10대 (또는 어떤 연령층이든) 블로거와 UCC 제작자 또는 마이스페이스나 페이스북, 구글플러스 같은 소셜 네트워크 서비스를 통해 자신의 페이지를 관리하는 수많은 사람들을 지칭하는 용어가 무엇이든, 그 사람들을 수동적인 미디어 소비자로 부르는 것은 적절치 않다. 그들은 문화 생산에 참여할 방법을 찾아 실행하고 다시 새로운 방법을 추구한다. 퓨 리서치 센터의 최근 또다른 조사에서는 오늘날 10대 중 디지털 미디어를 소비하는 것은 물론이고 창조까지 하는 10대의 비율이 50퍼센트 이상으로 나타났다.[20] 이 책의 서문은 젊고 열광적인 디지털 미디어 생산자들(그리고 그들의 부모와 교사)뿐 아니라, 웹이 창조한 세계를 더 깊이 탐사하고자 하는 나이든 웹서퍼까지 그 모두를 위해 쓴 셈이다. 더불어 나는 문화 생산에 참여할 능력이 없는 사람들, 즉 디지털 문화에 의해 분할된 나머지 절반의 욕구를 해결하는 것도 여전히 중요하다는 생각에서 이 글을 썼다. 경제적으로 여유롭지 못한 청소년과 성인들에게는 아직도 큰 장벽이 남아 있긴 하지만, 이 책에서 제시하는 지식과 조언은 연령과 국적, 사회경제적 계층에 상관없이 디지털 미디어와 네트워크에 접속할 수 있는 수많은 사람들의 배움의 욕구를 해결하고 기회를 제공하는 훌륭한 계기가 될 것이다.

상원의원 트렌트 로트Trent Lott는 미국 상원의 다수당 원내총무 지위를 상실했고, 조지 앨런George Allen은 상원의원 선거에서 낙선했으며, CBS 뉴스 앵커 댄 래더Dan Rather도 은퇴를 종용당했다. 정보로 무장한 참여자들이 이메일과 블로그, 기타 참여 미디어를 활용하여 조직적으로 그들의 실언을 세상에 알린 덕이다.[21*] 참여는 곧 권력이며, 인터넷 계정을 가진 20억 명 이상의 인구가 그 권력을 행사하는 방법을 터득할 수 있다. 이 장에서는 디지털 문화에서 적극적이고 박식한 참여자가 되어야 하는 이유와 방법을 살펴보고, 다음 단계의 리터러시인 온라인 협업의 미학을 공부할 준비로 마무리한다.

4장 미리 읽기: 가상 커뮤니티, 집단지성, 지식 네트워크와 협업

호모사피엔스의 본질을 집약하여 한 문장으로 표현하라면 나는 이렇게 하겠다. "새로운 소통방식을 창조하고, 복잡한 문제도 함께 해결하기

* 트렌트 로트는 흑인에 대한 인종차별적 발언으로 공화당 상원 원내총무를 사임했으며, 조지 앨런은 유색인종 비하 발언으로 상원의원 선거에서 낙선했다. 댄 래더는 2004년 미국 대통령 선거운동 당시, 공화당 후보로 재선에 도전한 조지 부시 대통령의 군 복무 경력을 보도하며 위조 자료를 잘못 인용한 것이 원인이 되어 앵커에서 물러났다.

위해 새로운 매체를 이용하는 인류." 사람들이 협력을 하는 이유는 여전히 밝히기 어려운 수수께끼다. 사람들이 무언가를 함께하는 이유는 매우 다양하며, 이런 점에서 웹 기반의 협업 툴tool이 특히 중요하다. 사람들은 위키Wiki와 전자게시판BBS을 통해 협력함으로써 현대 경제이론의 바탕을 이루는 기본 가정에 의심을 품고, 협력의 동기에 대한 기존의 획일적 관점들도 반박할 수 있게 되었기 때문이다.[22] 인간의 동기를 유발하는 요인으로는 사익私益이라는 매력적인 이끌림이 가장 큰 역할을 한다고들 말한다. 그래서 생존을 위해, 권력을 위해, 부와 명예와 이성의 사랑을 획득하기 위해 경쟁한다고 생각한다. 그러나 경쟁의 비중이 여전히 크긴 하지만, 사람들의 의식 속에서 경쟁이 차지하는 자리는 조금씩 줄어드는 반면에 협력적 조정과 복합적 상호의존에 대한 새로운 지식들이 그 자리를 대체해가고 있다.

웹(그 창시자는 특허를 거부하고 끝까지 대중에게 웹을 개방했다)의 발명으로 인해, 우리는 온라인에서 일어난 중요한 사회적 행동들은 단지 금전적 보상이나 이기적인 동기에 의해서 일어나는 것만은 아니며 사람들은 재미와 상호이익, 도전의 즐거움, 동정심과 같은 이유로도 얼마든지 서로 협력할 수 있다는 사실을 알게 되었다. 동남아시아 지진해일을 다룬 수많은 블로그에서 우리는 이를 확인했다. 가끔은 서로 힘을 모아 모두에게 이로운 무언가를 만들어가는 과정에서 희열을 느끼기도 한다.[23] 이 장에서는 웹의 참여 아키텍처가 새로운 형태의 집단행동을 만드는 과정을 설명하고, 위키 협업의 슈퍼스타들을 만나 그처럼 위대한 마법을 이룬 비결을 직접 들어보며, 지금은 '소셜 미디어'라고 불리는 온라인 현상에 대한 관찰과 함께 지난 25년간의 참여 경험에서 내가 직접 배운 것들을 이야기하겠다.

사회성의 힘은 기술이 아닌 인간에게서 나오며, 인간의 능력을 계발하는 도구를 창조하는 일도 얼마든지 가능하다. 사람들 사이의 장벽을 극복하고 서로 협력하게끔 도와주는 도구라면 그 도구가 무엇이든 사회에 유익하다. 이런 도구들은 설득, 교육, 협력과 같이 인간에게 꼭 필요한 기술과 능력을 강화하기 때문이다. 온라인 소셜 네트워크는 인간이 지닌 사회성의 힘을 강화한다는 점에서 집단행동의 강력한 증폭기 구실을 한다. 이 강화가 항상 건전한 방향으로 진행되는 것은 아니다. 인간의 능력을 확장하는 도구는 인간 본성의 어두운 측면마저 더 강화할 수 있다. 예컨대 험담, 갈등, 비방, 속임수, 탐욕이나 편협함에 근거를 둔 행동 같은 것들이 그렇다. 현실에서든 가상세계에서든, 이런 측면 역시 분명 인간이 지닌 사회성의 단면으로서 도구를 통해 강화될 수 있다. 반면에 이타주의, 즐거움, 공동체, 집단행동, 호기심 등도 인간 사회성의 영역들이며, 나는 이런 역량도 적극적으로 강화할 수 있음을 보여주는 증거가 바로 웹이라고 생각한다. 그리고 인간성의 핵심은 사회적 창조에 있다는 의견에 적극 동의한다.

이성과 추론 등 '고차원적' 사고를 담당하는 인간 두뇌의 영역은 가장 마지막 단계에서 진화했으며, 이 부분은 사회생활에서도 매우 중요하게 작용한다. 사람을 인지하고, 그 사람의 평판을 기억하며, 사람들과 공동체, 나아가 전 문명을 아울러 불신의 장벽을 무너뜨리고 집단을 하나로 묶는 방법을 배우는 데 필요한 신경계의 정보처리 프로세스에서는 포유류만의 독특한 두뇌구조인 '대뇌 신피질'의 역할이 중요하다.[24] 특히 인간의 두뇌는 다른 어떤 동물의 두뇌보다도 사회활동에 적합하게 진화해왔다. 그러니 우리가 현 시점에서 사회공학을 설계하는 것은 어쩌면 당연한 일이다.

우리의 선조 영장류들은 비교적 안전한 숲을 벗어나 탁 트인 초원에서 거대한 육식동물, 무시무시한 이빨을 가진 짐승과 경쟁하기 시작했다. 호모에렉투스는 빨리 달리지도, 날지도, 악취 나는 액체를 분비하지도 못했다. 그들에게는 날카로운 발톱도, 긴 송곳니도, 두꺼운 가죽도 없었다. 하지만 이 영장류는 이미 수십만 년 전에 집단으로 행동하는 방법을 고안하여 본능에 따라 움직이는 짐승떼를 사냥했다. 그들은 조직적으로 방어하고 식량채집하는 법을 고안했고, 이 기능을 더 적극적으로 활용하고 조직화한 존재들(아마도 그들은 말하기와 같은 새로운 규칙을 학습했을 것이다)의 유전자가 대대손손 이어졌다. 호모사피엔스는 한층 더 매력적으로 진화했다. 그들은 더 세련된 외모와 강인함, 소통하고 협력하는 능력, 조직력 등을 갖추었다. 위키 협업에 관한 최신 연구에서는 인간의 협력 동기, 즉 숱한 장애를 극복하면서까지 협력을 추구하는 역사적, 생물학적 뿌리가 바로 그러한 연원에서 비롯되었다고 본다.

1987년, 가상 커뮤니티를 주제로 처음 글을 쓰기 시작했을 때 나를 가장 매료시켰던 인간의 능력 중 하나는 집단적 지식 축적이었다. "정보의 바다를 떠돌아다니다가 나의 온라인 친구들이 좋아할 만한 무언가를 발견하면, 비록 내 관심사는 아니더라도 나는 그 주제에 가장 어울리는 친구를 찾아 핵심 데이터나 토론장으로 연결되는 루트를 소개한다."[25] 오늘날 모든 커뮤니티는 디고diigo.com, 딜리셔스delicious.com 등 소셜 북마킹 서비스에서 질의응답 포럼인 쿼라quora(모든 이용자들이 작성, 편집, 관리해 나감에 따라 지속적으로 개선되는 질문과 답의 모음집), 폼스프링Formspring* 에 이르기까지 지식의 공유와 체계화라는 목적 위에서 존재한다.[26] 초당

* 2013년 3월 서비스 중단 위기를 맞은 후 6월 'spring.me'라는 이름으로 서비스를 재개했다.

110비트 속도의 어쿠스틱 모뎀으로 도서관 소장 자료 리스트를 내려받던 시절을 돌이켜보면, 무료 검색엔진과 협업 툴, 자발적 지식형성 커뮤니티 같은 것들은 마치 공상과학 영화나 텔레비전 쇼에나 나오던 초공간 도약 엔진마냥 아직도 신기하다. 하지만 이제 이 모두는 수많은 사람들에게 떼려야 뗄 수 없는 도구들이다. 그리고 늘 그래왔듯이, 어떻게 도구를 사용하는지 아는 사람들이 경쟁에서 앞서기 마련이다.

사이버 공간과 현실세계를 넘나들며 전 세계에서 수천 명이 동시에 참여할 수 있고, 놀이하듯 집단지성을 발휘해 지구촌의 실제 문제들을 논의할 수도 있는 '대체현실게임ARG'의 창시자 제인 맥고니걸Jane McGonigal을 만나보자. 아니면 지미 웨일스Jimmy Wales는 어떤가? 위키피디아의 공동설립자인 지미 웨일스는 거의 모든 시간을 위키피디아 커뮤니티 허브 관리에 투자하며, 지극히 단순한 온라인 툴을 통해 무료 백과사전 형성에 기여하는 수많은 사람들과 교류한다. 프로그래머치고 리누스 토발즈Linus Torvalds를 모르는 사람은 없으리라. 그의 뜨거운 열정은 전 세계에서 사용되는 무료 오픈소스 소프트웨어의 개발로 이어졌다. 팀 버너스-리Tim Berners-Lee는 하이퍼링크와 웹서버의 코드를 배포하여 월드와이드웹의 폭발적인 성장을 이끌었지만, 사용자들에게 허가를 받도록 요구하거나 기술 제공업자들의 인터넷 보급을 제한하지 않았다. 또한 버너스-리 이전에 켄 톰슨Ken Thompson은 유닉스UNIX 운영체제를 무료로 보급하여 "사랑해요 켄!Love, Ken"이라는 첨부문자와 함께 코드를 전송하는 것만으로(당시에는 커다란 자기테이프 두루마리 형태였다) 인터넷을 이용할 수 있게 했다.[27] 사람들이 지닌 협력의 힘을 증진시키는 것이 자신의 의무라고 생각한 더글러스 엥겔바트Douglas Engelbart는 오늘날 우리가 PC, 멀티미디어, 하이퍼텍스트라 부르는 것들을 창조하기 위해

직접 고안도 하고 다른 사람들을 설득하기도 했다.[28]

이 모든 사이버 협업의 영웅들은 단순하면서도 중요한 몇 가지 지혜에 누구보다 밝은 사람들이었으며, 우리도 그런 지혜를 꼭 배워야 한다.

- 기여할 수 있는 여러 가지 방법을 창안하고, 자발적으로 참여하는 사람들에게 매력적인 역할을 부여할 줄 안다.
- 사람들이 무언가에 기여하고 싶어할 때 스스로 어디에 기여할지 선택할 수 있게 북돋운다.
- 사람들이 공동의 이익을 위해 협력하도록 참여 기반을 조성한다.
- 기여한 사람들에게 인정과 감사를 표한다.
- (꼭 민주적인 방법은 아니더라도) 의사결정의 투명성을 높인다.

그리고 이후에는 앞에서 말한 거장들이 보여준 협업의 모범 사례들을 소개할 예정이다.

방 안에 혼자 앉아서 주의력을 발휘하는 일이야 누구인들 못하겠는가? 하지만 참여하고 협업하고 허위정보를 가려내려 할 때는 사회적·기술적 네트워크를 동원하는 것이 필수적이다. 네트워크의 역할을 이해하는 것이야말로 21세기에 생존하기 위해 반드시 필요한 기술이다. 다음 장에서는 네트워크 과학과 사회학, 실용적으로 페이스북을 활용하는 법, 네트워크 세계에 적용할 수 있는 생각의 틀인 동시에 유용한 행동지침이 될 '온라인 자기표현' 등을 두루 살펴본다.

5장 미리 읽기: 네트워크 지성

오늘날을 살아가기 위해서는 네트워크의 본질에 대한 새로운 지식이 반드시 필요하다. 디지털 데이터와 커뮤니케이션 네트워크는 인간의 가장 강력한 무기인 사회성을 확장하게 해주며 이를 가로막고 있던 걸림돌을 극복하게 해주기 때문이다. 네트워크 과학이 처음 등장한 때는 1990년대였다. 다양한 사회현상에 대한 데이터가 넘쳐나고 이 정보들을 활용할 수 있는 컴퓨터가 등장하면서 여러 분야의 과학자들은 사회, 생태계, 언어, 온라인 소셜 미디어 등을 형성하는 네트워크의 공통된 특징을 포착할 수 있게 됐다. 이 장에서는 학문 간 경계를 거침없이 넘나들며 도출한 네트워크 연구의 사례를 소개하고, 이에 근거해 디지털 시민의 행동양식을 여러 측면에서 깊이 있게 분석한다.

일부 사회학자들은 인터넷이 태동하기 전에 이미 소셜 네트워크(사회연결망)를 연구하기도 했다. 스탠리 밀그램Stanley Milgram의 사회학 실험을 통해 세상에 널리 알려진 '6단계 분리 법칙*'이 좋은 예다. 밀그램은 미국에서 실시한 우편 실험을 통해 사람과 사람의 관계가 불과'몇 단계로 연결되어 있음을 입증했다.[29] 그로부터 수십 년 뒤, 이번에는 물리학자들과 사회학자들이 다양한 학문 분야에서도 이 법칙이 적용된다고 주장했다. 생태계의 관계 네트워크, 언어에서 단어 사이의 관계, 사람들이 창조하는 인간관계 네트워크 등, 이 모두가 구조적으로 비슷한 특성을 띤다.[30] 더욱 최근에는 소셜 네트워크 분석가들이 소셜 네트워크의 '전염성'을 입증하는 근거를 제시했다. 이에 따르면 사람들은 직접적으로

* six degrees of separation. 흔히 '여섯 다리 법칙'이라고 말한다.

잘 아는 사람뿐 아니라 잘 모르는 사람들의 행동에서도 영향을 받는다고 한다.[31]

전자공학자와 컴퓨터공학자의 기여도 컸다. 사노프, 멧칼프, 리드가 정립한 네트워크 법칙은 이베이와 페이스북 같은 기업의 가치가 급등하는 이유를 설명해줄 뿐 아니라, 집단을 형성하는 새로운 기반을 바탕으로 누구나 창업 기회를 모색할 수 있음을 시사한다.[32] 현명한 디지털 시민으로서 인간관계의 형성방식을 배우고자 할 때 이처럼 여러 분야를 아우르는 새로운 과학적 발견이 매우 유용한 현실적 지식이 되기도 한다.

마뉴엘 카스텔은 전 세계로 연결된 네트워크 미디어의 사회적 측면을 연구해온 학자로, 그는 신기술 네트워크 덕분에 사회성과 정치학, 경제학 등과 연관된 인류의 오래된 문화적 도구들의 위력이 단기간에 확장되기 때문에 네트워크가 그만큼 중요하다고 주장한다.[33] 우리는 카스텔의 이런 관점에 주목할 필요가 있다. 온라인 소셜 네트워크를 효과적으로 이용하려면 온라인의 기능을 어떻게 활용해야 인간의 사회행동social behavior을 발전시킬 수 있는지를 이해하는 것이 먼저이기 때문이다. 카스텔의 주장대로 사람 사이의 접촉 형태도 중요하다. 예컨대 기술적 네트워크가 발전하면서 우리는 경계를 뛰어넘어 과거 어느 때보다도 다양한 환경에서 더 빠르게 일을 처리할 수 있는 소셜 네트워크를 형성하게 되었다. 항공사의 서비스에 화가 난 여행객이 페이스북에 항의 글을 올려 의회에서 '승객 권리장전'을 제정하도록 촉구했다든지 어느 독재국가 정부에서 인터넷으로 반역자들을 추적해 체포했다는 뉴스를 접할 때, 우리는 네트워크의 정치력이 이미 평범한 사람들에게까지 미치고 있음을 실감한다.[34] 그래서 기술 아키텍처와 사람들의 네트워크 미디어 이용 관행은 자유와 기회, 정의 실현이라는 보편적 가치의 개인적인 영역에서도 급격히 큰 비중을 차지하게 되었다.

어떤 부모든 어린 자녀를 거리에 내보낼 때는 차를 조심하고 길 양쪽을 주의해서 살펴보라고 당부한다. 마찬가지로, 아무리 교육을 잘 받은 사람일지라도 디지털 문화 속에서 활동하려면 '작은 세상 네트워크'의 작동방식이나 느슨하면서도 다양한 인간관계의 중요성 등을 알아야 한다. 네트워크는 우리의 사생활과 공적 지식이 교차하거나 충돌하는 영역인 프라이버시와 평판에 특히 많은 영향을 미친다. 그 상황에 어떻게 대처해야 하는지 알든 모르든 말이다. 옛날에는 '무엇을 아느냐보다 누구를 아느냐'가 더 중요할 수도 있었다. 그러나 지금은 '누군가를 알게 되는 방법'이 '누구를 아느냐' 못지않게 중요한 시대이며, 21세기를 살아가는 사람에게 가장 소중한 자질 중 하나가 바로 '누가 무엇을 아는지 아는 사람'을 찾아내는 기술이다.

'네트워크 지성net smart'은 남보다 앞서나가기 위해서라기보다 뒤처지지 않기 위해 필요한 지식이며 자질이다. 우리의 기술 의존도가 통제 불능의 수준에 이르렀다고 반박하는 사람들도 간혹 있지만, 어쨌든 사람들이 기술에 지대한 관심을 기울이고 있다는 사실은 분명해 보인다. 그물처럼 이어진 세상은 타인이 제공하는 정보로 가득하다. 평판이 그 예다. 우리를 향한 타인의 생각, 거부하고 싶어도 피할 수 없는 그것을 우리는 평판이라고 한다. 평판은 개인이 삶을 이끌어나가는 방식에 지대한 영향을 미치며, 당사자가 그 평판을 완전히 제어하기는 어려운 것도 사실이다. 인간의 사회성은 늘 그렇게 형성돼왔다. 실제로 일부 사회학자들은 영장류의 털고르기가 언어의 탄생으로 이어지는 진화의 과정에서, 험담이 영향을 미쳤으리라고 추정한다.[35] 그러나 지금은 사교장에서 귓속말을 하거나 화장실 벽에 이름을 휘갈기는 대신에, 누군가에 대한 비방을 웹에 남김으로써 모두의 눈에 띄게 만들어 상대방에게 지울 수 없는 오점을 남길 수도 있다. 반대로 디지털 네트워크는 특별히 훌륭할 것도 없는 사회행동을 과도하게 포장하기도 한다. 그만큼 요즘은 다른 사람들로부터 자신의 평판을 지키기 위한 '자기표현'의 기술이 지극히 중요한 세상이다. 마이크로소프트 리서치MSR의 디지털 인류학자 다나 보이드Danah Boyd는 누군가 자기 이름을 검색했을 때 긍정적인 인상을 남기는 가장 좋은 방법을 이렇게 요약했다. "요즘 사람들은 자기만의 뉴스를 구성해서 긍정적인 삶의 모습을 웹에 창조할 필요가 있습니다."[36]

사회적 관점에서 사회자본이란 정부나 경제기관 없이도 사람들이 비공식적으로 교류하며 무언가를 완수하도록 돕는 사회적 합의와 커뮤니케이션 네트워크를 지칭하는 단어다. 하버드 대학의 로버트 퍼트넘Robert Putnam 같은 사회과학자들은 협력을 이끌어내는 전통적 합의와 평판정보를 퍼뜨려 사람들의 인간관계를 촉진하는 네트워크의 총체인 사회자본이 사회의 번영과 갈등에 영향을 미치는 중요 요소라고 강조한다.[37] 이제는 물리적 거리나 파벌 등에 기초한 전통적인 공동체의 유인에 의한 것뿐 아니라, 공동의 이익을 위해 온라인을 기반으로 만들어진 새로운 형태의 인적 네트워크가 태동했으며, 사회활동 또한 페이스북과 트위터, 유튜브, 플리커 등 사회자본을 형성하는 새로운 방식들을 통해 형성된다. 한 예로 2009년 빈곤지역에 맑은 물 공급하기 프로젝트를 후원하며 트위터 사용자들로부터 불과 2주 만에 25만 달러의 기금을 조성한 사람들도 있다.[38]

네트워크 지성은 과거에는 연계하기 어려웠던 다양한 분야(디지털 네트워크와 인간의 사회행동 등)에서 비롯되며, 그 지식에 기초한 기술들은 매우 광범위한 여러 가지 상황과 관련된다. 여기서 나는 '오늘날 분별 있는 온라인 생활을 영위하는 데 적용할 수 있는 지식'이라는 주제에 초점을 맞추어 여기에 도움이 될 만한 지식이라면 분야를 가리지 않고 논의를 전개한다. 소셜 네트워크 분석SNA의 기본을 익힌 사람이라면 요즘 확산되고 있는 다양한 개인 학습 네트워크PLN가, 폭은 넓지만 크게 차별화되지 않은 소셜 네트워크보다 유용할 때가 많다는 사실도 알게 된다. 다른 사람들이 당신이 디지털 세상에 남긴 흔적들을 어떻게 이용하고 또 추적하는지를 알아야 당신의 프라이버시와 평판을 보호할 힘도 갖출 수 있다. 조직에서 일하는 사람이라면 네트워크를 연결하는 '구조적 공백structural holes'에 대한 지식을 갖춤으로써 유익한 아이디어를 창조해낼 수 있다.

이러한 지식 중에서 특별히 이해하거나 실천하기에 어려운 것은 없다. 지금까지는 디지털 문화 속에서 네트워크 지성을 발휘하여 인간미를 잃지 않고서도 성공하고자 하는 사람들이 여러 가지 이론과 관행, 입에서 입으로 전해진 지식의 조각들을 이리저리 맞춰 적용해왔을 뿐이다. 이 책은 이처럼 서로 연결되면서도 뿔뿔이 흩어져 있는 지식의 조각들을 한데 모으려는 비교적 이른 시도이며, 물론 나의 이 시도가 마지막이 되리라고는 생각지 않는다. 그리고 앞으로는 기본적인 네트워크 리터러시가 교과과정에 포함되어야 한다고 믿는다.

나는 내 사적인 네트워크 활용방식과 나만의 생각, 나만의 관심사에서 눈을 돌려 지금까지 수십 년간 이어져온 생각의 도구들에 대해 그것들이 어떤 의미이고, 어떻게 작용하며, 어떻게 하면 그것들을 내 것으로 만들 수 있는지를 오래도록 고민했다. 21세기에 어울리는 역량을 갖추기 위해서는 오늘날의 PC와 네트워크 미디어가 20세기 중반에 어떤 과정을 거쳐 형성됐는지를 이해하는 것이 우선이다. 이 책을 집필하기 위해 활용한 여러 가지 도구, 그리고 어쩌면 당신이 이미 알고 있는 미디어도 어떤 꿈에서 비롯되었을지 모른다. 컴퓨터로 '인간의 지적 능력을 강화'하고 개인의 의식세계를 '드넓은 네트워크'로 연결하여 의식을 확장하는 도구로 활용하겠다는 꿈 말이다.[39] 그런 꿈을 꾼 사람들이 항상 컴퓨터산업이나 컴퓨터공학계의 주류에 있었던 것은 아니다. 당시 디지털컴퓨터는 급여 지급 같은 비즈니스 데이터 처리나 과학적 계산에 사용된다는 생각이 대체적인 통념이었다. 하지만 새로운 꿈을 꾼 사람들은 그런 일반적인 쓰임새뿐 아니라 개인적인 용도로도 디지털 도구를 사용하고자 했다.[40] 나 역시 저술가로, 또 교사로 살아가며 처음으로 PC를 만든 사람들, 그리고 컴퓨터로 연결되는 커뮤니케이션 네트워크를 창조한 사람들과의 만남에서 많은 영향을 받았다.

나는 독자들이 내가 배우고 경험한 것들을 실행해보기를 바란다. 하지만 그 이전에, 내가 알려주고 싶은 그 모든 것들을 어떻게 배웠는지 전해주는 것만으로도 독자들에게 큰 도움이 되리라고 생각한다.

6장 미리 읽기: 의식의 확장을 꿈꾸며

초창기 PC가 등장하기 전까지만 해도, 나는 거의 10년 가까이 타자기와 백지를 마주하고 살아왔다. 컴퓨터에 대해 딱히 아는 건 없었지만 미래에 어떤 미디어가 등장할지에 늘 관심이 많았다. 게다가 당시에는 내가 살아생전 당대에 전자공학의 힘을 빌려, 훗날 피터 드러커Peter Drucker가 지칭한 '지식노동knowledge work'을 하게 되리라는 기대도 충분히 가져볼 법했다.[41]

1970년대부터 나는 전화를 통해 컴퓨터에 접속할 수 있다는 사실이 무척 흥미로웠다. 그때만 해도 구멍 뚫린 종이카드로 컴퓨터를 프로그래밍했다. '전화로 도서관의 전자 데이터베이스에 접속해 하루에도 몇 번씩 들락거릴 수 있다면 얼마나 좋을까?' 이런 생각도 더러 했지만 당시에는 꿈같은 이야기였다. 그 무렵 나는 나이트-리더Knight-Ridder나 워너Warner처럼 방송을 겸영하는 거대 언론사들이 시험하고 있던 '비디오텍스트videotext'를 주시했다. 전화기와 텔레비전을 각각 입력장치와 출력장치로 활용하여 가정에 있는 사용자들에게 맞춤형 정보를 제공하는 비디오텍스트 서비스가 곧 실현될 터였다. 전체 시스템은 중앙제어식이었고, 사용자는 주어진 정보를 전화기 키패드의 번호를 눌러 입력하면 되었다. 그러나 비디오텍스트 시험에 수십억 달러를 쏟아부었지만, 콘텐츠는 말할 것도 없고 그 어느 것에도 미디어 사용자들이 서로 소통할 수 있는 기능은 들어 있지 않았다.

마이크로프로세서가 개발된 1971년에 와서야 사람들은 무언가 달라지고 있다는 느낌을 받았지만, 나 같은 공학자가 아닌 일반인이 다가오는 변혁의 가속도를 알아채기는 불가능했다. 최초의 가정용 컴퓨터였던 그 유명한 앨테어Altair는 1975년이 되어서야 등장했다(빌 게이츠가 하버드 대학을 중퇴하고 이 컴퓨터의 소프트웨어를 설계했다). 미래에서 온 시간여행자가 나타나 앞으로 펼쳐질 세상을 묘사해주었던들 PC가 등장한 이후 10년, 20년 동안은 누구도 그 설명을 이해하지 못했을 것이다. 초창기의 일반인들로서는 헤드라인 뉴스 사진을 휴대전화기로 받거나, 자기만의 온라인 오락물을 제작하여 자발적으로 전 세계 사람들에게 유포하는 등의 활동이 불가능했다. 이런 것들은 대형 신문사나 텔레비전 방송사, 출판사, 음반회사 같은 곳에서나 가능한 일이었다.

1974년에 나는 테드 넬슨Ted Nelson이 자비로 출간한 『컴퓨터 리브Computer Lib』라는 책을 만났다. 『컴퓨터 리브』는, 그보다 6년 전인 1968년에 출간되어 사이버 문화의 시조 격으로 평가받는 『지구대백과Whole Earth Catalog』의 영향을 많이 받은 책으로 두께도 엄청나고 풍부한 삽화에 설명이 붙어 있었으며 본문도 딱딱하지 않게 읽혔다.[42] 넬슨은 미래에는 누구든 소형 컴퓨터를 소유하게 되어 개인의 역량이 획기적으로 향상될 것으로 내다보았다. 또 하이퍼링크로 연결된 문서와 미디어의 광역 네트워크도 구축될 것으로 예측했다. 나는 이 책을 만난 지 족히 10년이 지나 넬슨이 예견한 혁명이 실제로 이행되고 있을 때에야 비로소 그를 만나 대화를 나누었다. 시간이 흐르면서 컴퓨터는 사용자들의 예상을 비웃으며 비약적으로 발전했다. 개인용 컴퓨터는 1970년대에 선을 보인 이후 1980년대 들어 더욱 빠른 속도로 발전했고, 1990년대 후반 장난감에 사용된 전자장치들은 그 성능이 1960년대 미국 국방부에서 사용하던 것들보다 거의 수십억 배나 향상되었다.

1974년, 나는 뉴욕정보은행New York Information Bank이라는 회사를 주목했다(그 무렵, 정보를 얻기 위해서 나는 보통 도서관을 직접 찾아가거나 전화를 이용했다).[43] 나는 샌프란시스코에 있던 정보은행 사무소를 찾아갔다. 이 지역에 처음 들어선 사무용 고층 복합건물에 자리한, 사무실이 두 개 딸린 곳이었다. 정보은행을 찾아온 법인고객이 내가 처음은 아니겠지만, 사무소 운영자는 내가 보여준 열정에 감명받은 듯했다. 그가 안내한 책상으로 갔더니 전자장비로 보이는 큼직한 상자 위에 망치로나 쓰면 딱 좋을 커다란 구형 AT&T 유선전화기가 놓여 있었다. 내 모뎀에서 장거리전화를 거쳐 뉴욕에 있는 컴퓨터로 코드를 보내는 소음이 들렸다. 예전 모뎀을 사용한 경험이 있는 사람이라면 누구나 기억할, 날

카롭게 삑삑거리는 전자신호 소리였다. 이 과정을 거쳐 나는 비교적 상세한 도서 목록 카드에 접속할 수 있었다. 덕분에 필요한 참고문헌을 찾아보고 요약본도 검토했다. 당시의 데이터 전송 속도는 초당 약 110비트로, 10쪽에서 20쪽 정도의 비교적 짧은 글이나 논문을 하나 내려받는 데에도 밖에서 커피 한잔 하고 와도 될 만큼의 시간이 걸렸다. 그래도 자유기고가인 나로서는 필요한 주제의 목록을 출력해 도서관에 들고 가서 자료를 확인할 수 있어 다행이었다. 인쇄해서 가져온 도서 목록을 공공도서관에서 훑어볼 때는 마치 내가 미래에서 온 사람 같은 느낌마저 들었다.

1970년대 후반에는 애플과 마이크로소프트라는 조그만 두 회사와 그들이 개척한 새로운 영역인 PC 부문이, 사람들이 잘 기억하지 못하는 일부 기업들과 함께 언론의 관심을 받기 시작했다(그때는 나도 애플 Ⅱ나 엑시디 소서러Exidy Sorcerer 같은 컴퓨터를 가질 수 있을까 하는 생각을 했던 기억이 난다). 나는 짐 워런Jim Warren이 샌프란시스코 시민회관에서 개최한 그 유명한 컴퓨터 페어Computer Faire에도 찾아갔다. 짐 워런은 롤러스케이트를 타고 드넓은 회의장 플로어를 누비며 바글바글 모인 너드nerd(요즘과 달리 그때만 해도 이 표현에는 찬사의 의미 같은 건 별로 포함돼 있지 않았다) 사이를 헤집고 돌아다니곤 했다. 나는 회의에 참석해서도 솔직히 무엇이 어떻게 돌아가는지 잘 이해하지도, 특별한 인상을 받지도 못했다. 초창기 컴퓨터로는 게임을 하거나 베이식BASIC 언어 프로그램을 만드는 것 외에 딱히 할 일도 없었다. 그러던 중에 컴퓨터를 사용해서 집필활동을 할 수 있다는 내용의 전단지 하나를 집어들면서 내 관심은 온통 거기로 쏠렸다.

1970년대 중반에 내가 주로 사용한 집필도구는 수정이 가능한 최신

식 전동타자기였다. 수정 버튼을 누르면 타자기가 자동으로 뒤로 돌아가 마지막 줄 위에 하얀 리본을 겹쳐 타이핑된 글자를 지우는 방식이었다. 커서를 본문 어디로든 자유자재로 움직일 수 있다는 개념은 중노동에 가까운 방식으로 글을 쓰던 내게는 정말 놀라운 사건이었다. 그전에는 타자기로 원고 한 페이지를 작성한 후 일일이 펜으로 교정했고, 가끔은 원고 일부를 아예 잘라내고 새 종이를 붙여 다시 타이핑하는 경우도 있었다. 그랬던 내게, 페이지를 다시 입력할 필요가 없다는 사실을 알려준 것만으로도 그 전단지는 유심히 살펴볼 만했다. 나는 컴퓨터광들의 글을 읽고 제대로 이해할 만큼 그 분야의 지식이 많았던 것도 아니고, PC를 활용한 집필활동을 주제로 글을 써보라며 돈을 쥐여주는 사람은 더더군다나 없었다. 그래도 나는 제프 라스킨Jef Raskin이라는 사람을 만나기 위해 샌프란시스코에 있는 집에서 자동차로 45분 거리인 쿠퍼티노까지 기꺼이 찾아갔다. 라스킨은 당시 애플 컴퓨터의 직원이었는데, 그때만 해도 애플 컴퓨터는 건물 두 채만을 보유한 작은 기업이었다. 라스킨은 훗날 '포인트 앤 클릭point-and-click' 인터페이스를 이용한 최초의 PC인 매킨토시의 개발 프로젝트를 주도했다.

라스킨은 애플의 초창기 PC에 적용하기 위해 '텍스트 편집기text editor'라는 자기만의 프로그램도 개발했다. 컴퓨터 프로그래머들도 스크린 기반의 텍스트 편집기에 대해 알고 있었다. 펀치카드 시대 이후로 그들은 텔레비전과 유사한 화면에서의 프로그램 편집에 이 편집기를 사용했기 때문이다. 이후 이 기술은 컴퓨터에 적용되었다. 그러나 라스킨이 전해준 이야기에 따르면, 야심만만하게 시작한 애플 설립자들은 불행히도 자기네 컴퓨터를 구입한 사람들 대부분이 게임과 베이식 프로그램 정도만을 이용할 것이란 사실을 받아들여야만 했다. 그래서 이 하드웨어에는 대문자만 지원했다.

1977년 말, 나는 공공도서관에서 수많은 잡지를 (옛날 방식으로) 꼼꼼히 살펴보다가 『사이언티픽 아메리칸Scientific American』에 실린 앨런 케이Alan Kay의 「미소전자학과 개인용 컴퓨터」라는 글을 발견했다. 몇 년 전에 쓰인 글이었지만 이 글을 발견하고서 첫 문단을 읽으면서부터 두 눈이 번쩍 뜨였다. "미래를 예측하는 가장 좋은 방법은 그것을 창조하는 것이다." 지금은 너무도 유명해진 이 말로 미루어 짐작할 때, 케이와 동료들은 내 사무실에서 차로 한 시간도 떨어지지 않은 어느 곳에서 이미 이 말을 실천하고 있었을 것이다.[44]

이 글에는 사람들이 마우스라는 장치를 이용해 화면상에서 문단 여기저기를 지시하는 모습이 담긴 연구소 사진들도 있었다. 훗날 내가 '아즈텍 모던Aztec modern'이라고 이름 지은 스타일로 설계된 이 제록스 팰러앨토 연구소PARC의 외형은 마치 원더랜드와 아틀란티스, 샹그릴라가 하나로 합쳐진 듯했다. 케이의 글을 읽다보니 어느 순간 시야가 환히 트였다. 당시 나와 여러 사람들, 그리고 신생기업들은 디지털 미디어에 고만고만한 수준의 기대를 걸었을 뿐이지만, 케이의 글을 읽고 나서는 개인의 디지털 미디어를 창조와 커뮤니케이션, 교육, 학습의 새로운 도구로 활용할 수 있겠다는 한층 진보한 비전을 갖게 된 것이다. 케이는 "미래에는 미소전자학microelectronics 장치의 성능은 향상되고 가격은 떨어져 작고 우수한 하드웨어가 크게 늘어날 뿐 아니라 인간과 컴퓨터의 상호작용에도 질적인 변화가 이루어질 것"이라며 이렇게 예견했다. "1980년대에는 성인뿐 아니라 어린이들도 큰 공책 크기에 정보와 관련된 거의 모든 욕구를 해결할 수 있는 성능을 지닌 컴퓨터를 사적으로 소유하게 될 것이다."[45]

나는 잘 몰랐지만, 케이를 비롯한 몇몇 사람들은 고도의 시각적 기능에 네트워크화된 PC 시스템을 개발하기 위해 1970년대 초부터 많은 연구를 해오고 있었다. 그 무렵 나는 프리랜서 작가로 치열하게 살고 있었다. 마우스를 이용하는point-and-click 컴퓨터에 손을 올려놓기 전에는, 인간의 의식을 탐구하는 싱크탱크인 지력과학연구소Institute of Notice Sciences에서 파트타임 작가로도 일했다. 이곳에서 나는 워드스타Wordstar라는 스크린 기반의 원시적인 PC 프로그램을 사용하기 시작했다. 그리고 팰러앨토 연구소에서도 일을 얻어보려 애쓴 적이 있다. 나는 연구소 공보팀 책임자의 전화번호를 알아냈다. 몇 년 뒤 그녀가 세상을 떠날 때까지, 나는 그녀와의 관계를 유지했다. 그만큼 내 인생에서 중대한 전환점을 제시한 사람이었기 때문이다. 나는 매주 금요일마다 그녀에게 전화를 걸어 프리랜서 작가에게 맡길 일이 없는지 물었다. 그렇게 서너 주가 지났을 때 마침내 그녀에게서 한 가지 제안을 받았다. 신제품 시연에 사용할 슬라이드 쇼 대본을 주말 동안 써줄 수 있느냐는 것이었다. 그후로 그녀는 기술과 관련된 무언가에 대해 서둘러 글을 써줄 마법사가 필요할 때마다 내게 전화를 걸었다.

그로부터 얼마 지나지 않아 밥 테일러Bob Taylor를 만나면서 새로운 길이 열렸다. 팰러앨토 연구소에서 그가 맡고 있던 컴퓨터 시스템 연구실에서는 최초의 PC로 인정받은 전설의 앨토Alto와 이더넷Ethernet 네트워크, 레이저프린터뿐 아니라 엥겔바트의 아이디어를 확장하여 그래픽 사용자 인터페이스GUI도 개발했다. 앨토 컴퓨터를 사용하고 테일러 같은 사람들을 만나기 위해 샌프란시스코에 있는 집에서 연구소까지 가려면 편도로만 40분씩 걸렸다. 하지만 나는 그 보상을 충분히 받았다. 내게 그곳은 천국이었다.

밥 테일러는 1960년대에 26세의 나이로 국방부 고등연구계획국 ARPA에서 연구팀장으로 일했다. 1960년대는 대화식 전산interactive computing(오퍼레이터에게 천공카드 데크를 주지 않고 프로그래머가 직접 컴퓨터에 명령어를 입력하고 결과를 받을 수 있는 체계를 뜻한다), 컴퓨터 그래픽(방공 시스템의 성장을 견인했다), 엥겔바트의 증강연구센터ARC 등이 막 태동할 무렵이었다. 베트남전쟁 시기에, 미국 의회에서는 ARPA에 무기류와 직접 관련이 없는 분야의 연구를 중지하도록 압력을 가했지만 테일러는 애당초 고등연구계획국에서 고용하려고 계획했던 젊은 인재들 전부를 제록스에서 새로 문을 연 캘리포니아의 연구실로 보냈다. 당시 제록스의 최고경영자였던 피터 맥컬로C. Peter McColough는 복사기 제조회사였던 제록스를 사무용 '정보 아키텍처'로 변신시키기 위해 연구소 개설에 과감하게 투자했다. 그럼에도 제록스는 스스로 만든 시장을 주도하지 못했고 애플과 마이크로소프트가 그 자리를 가로채고 말았다.[46]

매킨토시가 출시된 1984년, 테일러는 스티브 잡스와 빌 게이츠라는 이름들을 지겹도록 들어야 했다. 애플과 마이크로소프트는 팰러앨토 연구소의 수제작 워크스테이션에 필적할 장난감들을 개발했다. 제록스의 이 사무용 버전 워크스테이션은 가격이 너무 비싸 결국 상업화에 실패했다. 테일러는 잡스나 게이츠처럼 뉴스에 늘상 등장하는 10대 벼락부자들보다 훨씬 더 흥미로운 사람들에 대해 이야기하고 싶어했다. 이를테면 PC의 가능성을 실현했으면서도 별로 널리 소개되지 않은 엥겔바트 같은 사람 말이다. 테일러의 제안으로 나는 엥겔바트의 1962년 논문인 「인간지능의 확장Augmenting Humen Intellect」을 읽었는데, 읽고서는 전율을 느꼈다.[47] 내가 이 논문을 읽을 때 스무 살에 불과했던 엥겔바트는 컴퓨터가 왜, 어떻게 의식의 증폭기가 될 수 있는지를 상세하면서도 정확하게 설명했다. 그런데 테일러는 내게 그보다 더 흥미로운 이야기를 해주었다. 엥겔바트는 자기만의 꿈의 장치를 실현했고(테일러가 고등연구계획국에 근무할 때 재원을 지원했다고 했다) 더 큰 꿈을 이루기 위해 지금도 연구를 계속하고 있다는 소식이었다. 나는 엥겔바트의 증강연구센터를 찾아 순례길에 올랐다(이 연구소는 고등연구계획국의 지원이 끊어지자 스탠퍼드 연구소에 의해 지금은 사라지고 없는 타임셰어Tymshare라는 회사에 매각되었다). 엥겔바트의 사무실은 얄궂게도 점점 확장을 거듭하고 있던 애플의 회사 부지에 포위되어 있었다. 나는 차를 타고 그를 인터뷰하러 갔다. 내 인생을 바꿔놓은 만남은 그렇게 시작됐다.

엥겔바트가 1950년대에 차를 타고 과수원길(지금의 실리콘밸리 일대다)을 지나다니며 출퇴근하던 무렵 구상했던 아이디어를 실현하려면 자신을 도와줄 사람을 모집해야 했다. 아이디어를 실현하기 위한 과정은 생각했던 것보다 무척 힘들었다. 그는 컴퓨터 기술이 인간의 인식력을 확장할 수 있다는 주장을 컴퓨터공학계에서 10년 가까이 펼쳐왔고 마침내 그러한 자신의 생각을 담은 논문을 쓰기로 했다. 컴퓨터가 지닌 가능성을 제대로 알려줄 개념적 준거나 사고모형 개발에 해박한 사람이 아무도 없었기 때문이다. 하지만 나는 그의 비전을 정확히 이해했다. 나보다 앞서 그의 꿈에 동참했던 다른 공학자들처럼 말이다. 1968년 엥겔바트는 공학자들의 도움을 받아 자신의 첫 원형prototype을 제작하여 컴퓨터 사용방식에 대한 컴퓨터공학자들의 일반적인 생각을 완전히 뒤집었다. 이른바 '모든 시연의 어머니mother of all demos'라는 별명이 탄생하는 순간이었다. 이 세상의 컴퓨터공학자 대부분이 참석한 한 모임에서 그는 자신의 증강연구센터에서 개발한 '포인트 앤 클릭' 하이퍼미디어 시스템을 시연했다.[48]

처음 엥겔바트를 만나고 차를 몰아 집으로 돌아오던 때가 생각난다. 집으로 돌아오는 내내 흥분이 좀처럼 가시지 않았다. 엥겔바트는 자신의 지식을 활용해 세상을 바꿀 아이디어를 제시하고, 세상의 복잡한 문제들을 해결하기 위해 사람들이 서로 협력하는 데 기여해야 한다는 소명의식을 지니고 있었으며 그것을 실천하는 사람이었다. 내가 그런 사람에 대한 글을 쓰게 되었다는 생각에 마음이 두근거렸다.

그런데 엥겔바트의 그래픽 사용자 인터페이스와 하이퍼텍스트, 멀티미디어, 온라인 지식 커뮤니티의 프로토타입은 그의 생전에 글로벌 미디어로 발전한 데 반해, 아직까지 실현되지 못한 비전도 있다. 엥겔바트는 최초의 논문에서 '언어와 인공물, 방법론, 훈련을 활용하는 사람들'의 시스템에 대해 설명했다. 그런데 인공물의 발전 속도가 너무 빨라 증강 시스템의 인식적, 사회적 측면을 압도하게 되었다는 말을 최근까지 엥겔바트에게서 여러 번 들었다.[49] 다시 말해 마우스와 아이콘, 하이퍼링크 네트워크를 활용하는 가정용 컴퓨터의 발전 속도에 비해 이를 다루는 언어와 방법론, 훈련은 많은 사람에게 널리 확산되지 못했다는 뜻이다. 그래서 엥겔바트를 만난 이후로 내가 책을 쓸 때는 이 점을 감안하여 나만의 조심스러운 방식으로 이 결함을 보완하려 노력했다.

게이의 글을 읽고 테일러와 엥겔바트를 만나면서 나는 자연스럽게 '의식mind 강화 기술의 역사와 미래'를 주제로 글을 쓰게 되었다. 그리고 실제로 이 문구를 『생각의 도구*Tools of Thought*』라는 책의 부제로 붙였다. 이 책의 집필에 필요한 자료를 조사하기 위해 1983년에 500달러를 들여 초당 1200비트의 모뎀을 구입하고(최근의 광대역 속도는 이보다 수백만 배 빠르다), 초보자로서 컴퓨터의 전자게시판 시스템을 활용하기 시작했으며, 온라인 커뮤니티의 효시로 불리는 WELLWhole Earth 'Lectronic Link이 개설된 지 몇 개월 후인 1985년 여름에 나도 여기에 가입했다. 2년 뒤에는 가상 커뮤니티를 주제로 쓴 내 글이 『홀 어스 리뷰Whole Earth Review』에 실렸다. 이 글 덕분에 가상 커뮤니티란 말이 대중적인 용어로 자리잡았다.[50]

내가 나의 온라인 활동을 주제로 글을 쓰게 된 이유는, 1985년 당시에는 일부 애호가들의 하위문화로 여겨졌던 컴퓨터 매개 커뮤니케이션computer-mediated communication이 미래에는 매우 중요한 역할을 하리라고 확신했기 때문이기도 하지만, 다른 한편으로는 내가 온라인에서 얻는 즐거움을 아내에게 알려주고픈 마음도 적지 않았다. 과거에도 그랬고 지금도 마찬가지지만, 나는 소셜 미디어라면 종류를 가리지 않는 애호가다. 오늘도 나는 블로그와 비디오 블로그vlog, 위키, 소셜 네트워크 서비스SNS, 전자게시판 등에 접속하고 또 참여하고 있다. 하지만 세월이 흐른 만큼 내가 그 세상을 바라보는 눈도 더욱 냉철해졌다. 그동안 온라인 문화는 많이 변했다. 나 또한 마찬가지다. 아울러 온라인 친교의 중요성에 대한 생각도 달라졌다. 지금도 나는 온라인 공간의 열렬한 지지자이긴 하지만 의도적인 속임수와 지나친 편향, 건전하지 못한 인간관계, 화려함으로 포장한 기만 등 온라인 문화에 악영향을 미치는 요소들을 경계한다. 그러나 과도한 열정은 비판적 사고로 조율할 수 있으며, 절대적 지지와 무조건적 회의라는 이분법의 틀 속에서 어느 하나를 선택하는 것은 건전하지 못하다는 것이 내 오랜 믿음이다. 디지털 문화에 생산적으로 참여하는 방법에 대해 이 책에서 제시하는 나의 조언들은 열정적이면서도 맹종에 빠지지 않는 태도로 미디어를 사용해온 경험에서 비롯된 것임을 독자들이 기억했으면 한다.

사실 나는 무언가에 몰두하는 경향이 있다. 다른 사람들은 어떨지 모르지만, 우리집 정원 자두나무 아래에 앉아서 이 글을 또닥거릴 수 있었던 것도 곧잘 몰입에 빠져드는 나의 이런 성향 덕분이다. 아울러 나는 매개 커뮤니케이션의 발전을 다양한 각도에서 냉철하게 바라볼 필요가 있다고 생각한다. 타자기와 도서관 자료에 의존하던 30년 전과 비교할 때, 사색가이자 작가, 학생, 교사로서 내가 분명히 말할 수 있는 사실 하나는 나의 이해력과 커뮤니케이션 능력이 그때와는 비교할 수 없을 정도로 향상되었다는 점이다. 전동타자기에서 아이폰으로, 동네 도서관에서 세상에 떠도는 모든 지식으로, 도서 목록 카드에서 검색엔진으로 나의 지평은 무한히 넓어졌다. 하지만 다른 한편으로 생각하면, 단 몇 주라도 이 산더미 같은 메시지에 일일이 응답할 필요 없는 오프라인 세상에서 살 수 있다면 어떨까? 운전하면서 문자메시지 보내는 사람들을 어떻게 막아야 할까? 수업 시간에 웹서핑을 하는 서른 명의 학생을 가르칠 최선의 방법은 무엇일까?

랩톱컴퓨터와 스마트폰으로 무장한 채 디지털 인포스피어에서 살아가는 우리는 첫번째 디지털 리터러시로 '주의력attention'부터 배울 필요가 있다. 우리는 시민인 동시에 우리를 구성하는 문화의 공동생산자로서, 미디어에 참여하는 기술도 갖춰야 한다. 우리는 지구온난화부터 수지원 공유에서 비롯되는 갈등에 이르기까지 크고 심각한 문제들을 해결하기 위해 집단지성을 발휘해야 하는 협력자들이기에 협력과 위키 협업, 집단행동이라는 리터러시도 배워야 한다. 네트워크 사회를 이루는 구성원으로서 기술적이면서도 인간적인 소셜 네트워크의 본질 또한 이해해야 하며, 매개활동과 대면활동 모두 사회자본을 증가시킬 수도 혹은 소모시킬 수도 있음을 깨달아야 한다. 아울러 온라인에서 발견되는 글의 신뢰성을 누구도 담보할 수 없는 이 세상에서, 정보의 옳고 그름을 신속하게 평가하는 능력 또한 누구나 구비해야 하는 지성이다. 미디어 활용방식에 대한 비판적 사고는 이제 꼭 필요하면서도 학습 가능한 지적 기술로 자리잡았다.

주의력은 내가 개인적으로 경험하는 상징과 소리, 이미지 등을 통합하여 하나의 총체로 엮어주는 실과 같다. 주의력이 없다면 광랜 케이블과 네트워크 프로토콜, 심지어는 네트워크에서 떠도는 그 많은 정보를 이해하게 해주는 사고 프로세스마저도 제 힘을 발휘하지 못할 것이다. 주의력은 사람 사이에, 또 기술과 관련해 의식 속에서 동시다발적으로 일어나는 사건들을 이어준다. 인간의 사고 과정 자체는 뉴런과 상징, 검색엔진, 사회체제, 컴퓨터 클라우드 등을 모두 포함한 시스템의 한 부분, 즉 하나의 초점 렌즈에 불과할 뿐이다.

ATTENTION

1

주의력

끌려다니지 않고 집중하는 능력

지식의 전수에 있어서 미래의 선생님과 아이들이 책과 화면, 신문과 인터넷 요약 뉴스, 또는 인쇄매체와 다른 미디어 중에서 무엇을 선택할 것인지 고민해야 하는 상황에 직면하게 해서는 안 된다. 과도기를 살아가는 우리 세대에게는 성찰능력을 최대한 발휘하고 동원할 수 있는 모든 것을 활용해 다가올 세상에 대비할 기회가 있다. 독서하는 뇌는 분석하고 추론하며 남의 관점도 받아들일 수 있으며, 이는 인간의 의식이 지닌 모든 능력을 겸비한다. 여기에다 디지털 사고에서 비롯되는 민첩하고 다기능적이며 다양한 형태의 정보통합 능력까지 더해져 더이상 두 가지는 배타적 영역에 갇혀 있을 필요가 없다. 많은 아이들이 두 가지 또는 그 이상의 구어口語 사이에서 언어변환 방식을 배우며, 우리 역시 다양한 문어文語 표현과 다양한 분석방식 사이에서의 변환 요령을 아이들에게 가르칠 수 있다. 아카드인 서기書記 옆에서 고심하며 설형문자로 옮겨 쓰는 수메르인 서기의 모습을 표현한 기원전 600년경의 유물처럼, 우리도 두 가지 체계의 역량을 모두 유지하며 두 가지가 모두 다 소중한 이유도 깨닫게 될 것이다.(매리언

울프Maryanne Wolf, 『책 읽는 뇌*Proust and Squid*』, 2007)

매 학기 첫 강의 때마다 나는 학생들의 집중을 유도하기 위해 이렇게 말한다. "랩톱을 덮으세요." 그러고는 한마디 덧붙인다. "전화기도 끄세요." 거기까지만 해도 학생들은 놀라는 기색이 없다. 하지만 눈을 감으라고 말하는 순간부터 동요하는 빛이 역력해진다. 1분간 눈을 감고, 나는 자연스럽게 학생들의 주의가 이 생각에서 저 생각으로 저절로 옮겨 다니는 것을 느끼도록 한다. 그러고 나서 이렇게 말한다. "아무것도 하지 않았지만 여러분의 생각이 자유로이 돌아다니는 것을 느꼈을 겁니다. 저절로 말이에요."

페이스북이 미국 대다수 대학으로 확산된 2005년에는 학생들의 눈이 교수가 아니라 랩톱컴퓨터에 가 있는 것이 강의실의 일반적인 풍경이었다. 모르는 바는 아니었지만, 막상 내 눈으로 그 모습을 처음 목격했을 때는 상당히 혼란스러웠다. '학생들이 컴퓨터로 필기를 하는 걸까?' '내 강의에 대해 토론을 하나?' '저녁에 뭘 먹을지 친구들과 메시지를 주고받고 있나?' '유튜브를 보고 있을까?' 6년에 걸쳐 학생들에게 직접 묻기도 하고 그들의 행동을 비디오로 녹화까지 한 끝에 나는 해답을 얻었다. 거기에는 내가 짐작했던 전부가 들어 있었다. 한동안 학생들 사이에서만 일어나던 주의 이동attentional shift이 이제는 캠퍼스를 뛰어넘어 퍼져나가는 추세다. 시간과 장소, 사람과 미디어를 가리지 않고 언제든 원하는 모임에 접속하고 필요한 정보를 얻을 수 있지만, 정작 예의를 지키며 생산적으로 활동하는 사람은 드물어 보인다. 인터넷에 상시 접속된 온라인 미디어 때문에 이제 교수와 학생 간의 사회규범뿐 아니라 수많은 인간관계가 위협받고 있다.

학생들이 뭔가 자각을 하고 나면 나는 이렇게 말했다. "내가 여러분의 습관을 한 학기 만에 바꿀 수는 없습니다. 하지만 아주 간단하면서도 효과적인 아이디어 하나는 드릴 수 있습니다. 전화벨이 울리거나 랩톱 화면이 유혹할 때 여러분의 주의가 어디로 끌리는지를 인식하는 방법을 배울 수 있다는 점입니다." 나는 학생들이 전혀 인식하지 못한 영역에 약간의 분별력만 심어주면 누구도 이를 의식적으로 거부할 수 없다는 것을 깨달았다. 예컨대 내가 학생들에게 수업시간에 랩톱컴퓨터를 사용한다는 사실을 인식하도록 요구하는 것은 곧 그 장난감에 대한 생각을 지우도록 요구하는 것과 같다는 의미다.

나는 매주 강의 때마다 학생들을 대상으로 새로운 주의력 실험을 제시했다. 언젠가는 50명의 학생을 대상으로 동시에 다섯 명까지만 랩톱컴퓨터를 켤 수 있게끔 제한한 적이 있다. 나는 이렇게 당부했다. "누군가가 새로 랩톱을 켜려면 다섯 명 중에서 누군가는 보고 있던 랩톱을 닫아야 한다는 뜻이에요." 이 방식은 학생들의 주의력을 실험하는 것 외에 집단행동을 관찰하는 효과도 있었다. 즉 내 지시를 따르기 위해서는 이미 컴퓨터를 보고 있던 다섯 명의 학생들이 수시로 주위를 둘러보며, 내 강의와 연관된 자료를 인터넷으로 검색하기 위해 (혹은 RPG 게임에 접속해 괴물을 처치하려고) 기다리는 동료 학생이 있는지 살펴보아야 했다. 나는 강의 때마다 주의력 실험의 목적도 설명했다. "여러분의 주의가 어디로 이동하는지에 주의를 기울이는 것이 이 실험의 목적입니다."

학생들은 컴퓨터 화면에 집중하는 동시에 다른 학생들을 살펴보면서 받는 느낌을 제대로 표현하지 못했다. 그래서 나는 또 한 가지를 제안했다. 학생들의 동의를 얻어, 강의실의 학생들 모습을 내가 서 있는 교단에서 비디오로 녹화하여 보여주기로 했다.[1] 그리고 학생들의 컴퓨터 화면을 관찰할 수 있도록 또하나의 카메라를 강의실 뒤편에 설치했다. 나는 녹화된 영상을 살펴보다가 한 학생의 주의 이동 장면에 시선이 멈췄다. 그 학생이 가장 먼저 한 일은 컴퓨터로 내 개인 웹사이트를 둘러보는 것이었다. 그러고는 자신의 이메일을 확인했다. 그다음에는 강의실에서의 인지활동을 수행하면서도 여러 개의 웹사이트를 오갔는데, 그 전환이 눈 깜짝할 새에 이뤄졌다. 아마 지금 문단의 문장 몇 개를 읽는 시간보다도 짧게 걸렸을 것이다. 학생들이 강의시간에 웹서핑을 한다는 사실은 그리 놀라울 것도 없었다. 내가 정말로 당황스러웠던 것은 그 학생이 내 강의를 가장 집중해서 듣는 모범학생들 가운데 하나라는 사실이었다. 이메일을 확인하는 도중에 내가 질문을 던지더라도 분명히 정답을 내놓을 그런 학생이었다. 그렇다면 이 젊은이는 한 번에 여러 가지 정보 스트림information stream을 놓치지 않고 모두 포착해내는 능력을 타고난 것일까? 그렇지 않다면 다른 사람들도 충분히 '배울 수 있는' 어떤 능력을 의식적으로 익힌 것일까?

나는 당시 스탠퍼드 대학에 있던 내 연구실에서 두 칸 건너 이웃해 있던 저명한 사회심리학자 클리퍼드 나스Clifford Nass 교수에게 이 마지막 질문을 던졌다. 나스는 미디어 다중작업자multitasker 대부분의 작업효율이 자신들의 생각만큼 높지 않다는 사실을 입증한 연구로 널리 알려진 사람이다. 또한 그의 연구진은 다중작업을 시도할 때 개별 작업의 성과도 뒤처진다는 사실을 보고했다.[2] '매개된 주의mediated attention'에 대해 내가 나스에게서 배운 가장 중요한 것은, 미디어 다중작업의 대부분은 병렬처리*가 아니라 여러 작업을 빠르게 왔다갔다하며 전환하는 식으로

* 여러 가지 업무를 동시에 처리하는 것.

진행될 뿐이며, 이렇게 전환하는 과정에서 사람들은 생각 이상으로 많은 대가를 치른다는 사실이다. 사람들은 더 많은 것을 얻기 위해 다중작업을 하지만, 실제로 얻는 결과는 그 반대일 때가 많다는 확실한 증거를 나스는 제시한다. 나도 이 부분에 대해 꽤 많은 생각을 했다. 나 역시 한꺼번에 여러 가지 일을 하느라 주의가 분산될 때가 적지 않기 때문이다. 유명 학술지 상당수는 나스의 연구가 곧 다중작업의 비효율성을 의미한다고 해석했다. 하지만 나는 업무 전환의 비효율성을 주장하는 나스를 비롯한 몇몇 연구진의 연구 결과를 반박하는 다른 연구 사례들도 흥미롭게 지켜보았다. 그들 역시 많지는 않지만 다중작업의 성공적인 결과를 의미하는 명확한 증거를 제시했다.

유타 대학 연구원들은 연구에 참여한 대학생을 대상으로 한 실험에서 참여자 중 자동차 모의운전 장치를 평소와 다름없이 운전하면서 전화까지 할 수 있는 사람의 비율이 2.4퍼센트에 그쳤다는 연구 결과를 발표했다.[3] 이 글을 쓰고 있는 지금, 내가 촬영한 비디오 속의 그 학생과 유타 대학에서 발표한 2.4퍼센트에 속하는 대학생들 같은 '초인적인 능력자'들이 다양한 정보를 처리하는 능력을 타고난 것인지, 아니면 우연히 그런 비법을 터득한 덕분에 남보다 뛰어난 능력을 발휘하게 된 것인지 아직은 누구도 단언하지 못한다.[4] 능력을 충분히 발휘하면서 이 업무에서 저 업무로 신속하게 전환하는 능력이 꼭 필요한 직업으로는 항공기 조종사를 꼽을 수 있다. 실제로 최근의 한 연구 결과를 보면, 숙련된 조종사들은 비슷한 지적 능력을 가진 대조집단보다 운항 제어 시스템을 훨씬 능률적으로 조작했다고 한다. "조종사들은 부차적이고 주의를 산만하게 하는 정보에 상대적으로 더 예민하면서도, 인지업무에 놀랍도록 정확하게 반응하며 뛰어난 인지제어력을 보였다."[5] 전투기 조종사들에게는 몇 초 뒤에 큰 위협이 될 수 있는 지상의 작은 점('부차적이고 산만한 정보')에 대한 인식을 유지하면서도 시야에 포착된 표적에 집중하는 능력('뛰어난 인지제어력')이 필요하다. 내가 이 연구 내용의 링크를 트위터에 올리자마자 곧바로 이런 답글이 올라왔다. "항공기 조종사들은 운항과 조종, 통신을 동시에 처리해야 합니다." 주의력 훈련을 주제로 한 과학문헌들을 살펴보면서 나는 다양한 미디어 속에서 어떻게 하면 주의력을 향상시킬 수 있는지 그 실마리를 찾아냈다.

내가 발견한 첫번째는, '주의력 훈련'이 너무 복잡할 거라고 생각하는 사람들에게 특히 좋은 소식이다. 온라인에서 주의를 집중하는 연습을 가볍게 시작하기만 해도 당장 효과를 얻을 수 있다. 생각 없이 수동적으로 끌려다니기보다 조금이라도 주의를 제어하려는 노력이 필요하다. 지속적인 연습을 통해 주의력의 자기조절 능력을 강화할 수 있다는 사실은 여러 연구에서 속속 입증되고 있다.[6]

이 책에서 나는 주의력이 어떻게 작용하는지를 살펴봄으로써 독자 여러분이 스스로 주의를 제어하는 방법을 배우도록 도울 것이다. 그리고 웹이 우리를 바보로 만든다는 주장을 살펴보면서 소셜 미디어가 유발하는 주의산만의 위험성을 짚어보고, 반대로 디지털 미디어를 통해 지성을 확장하는 방법을 배울 수 있다는 반론도 무게감 있게 고찰한다. 다중작업에 대해서도 꼼꼼히 진단할 것이다. 다중작업은 어떻게 실현되며 그 장단점은 무엇인지, 그리고 다중작업이 제대로 이뤄지지 못하는 경우와 그 이유도 설명한다. '신경가소성neuroplasticity, neural plasticity'으로 알려져 있는 두뇌의 리와이어링rewiring 능력에 대한 최신 지식을 학습함으로써, 두뇌의 영향을 수동적으로 따르기보다 두뇌가 스스로 진화하도록 유도하는 능력을 키울 수 있다.

주의력의 작동 원리를 간단하게 설명하기는 불가능하나, 여기서는 불가피하게 단순화해서 얘기하겠다. 이 책에서는 두뇌과학을 전면적으로 이해하는 것이 아니라 집중하려고 하는 미디어를 향한 당신의 주의를 제어하기에 충분할 정도의 기본 지식을 제공하는 것이 목표라는 것도 기억하기 바란다. 간단하게 설명하면 이렇다. 사고의 기본 요소는 주의력과 기억력, 실행제어력이며, 특히 실행제어력은 소셜 미디어를 이용할 때 통제력을 발휘하기 위해 꼭 필요한 능력이다. 이 세 요소가 서로 어떻게 조화롭게 작용하는지 체험하고 싶다면, 최근에 열쇠를 찾지 못해 애를 먹었을 때 머릿속에서 어떤 일이 벌어졌는지를 돌이켜보면 된다. 열쇠를 찾기 위해 아마 당신은 열쇠를 마지막으로 본 장소를 기억해내려 했을 것이다. 그래서 '의식의 한편'에 자리하던 기억으로부터 인지력이 주목하는 기억에 이르기까지 여러 개의 장면을 스냅사진처럼 떠올렸을 것이다. 즉 열쇠가 놓인 공간을 머릿속에서 검색하기 위해 두뇌의 어딘가에서 인지력과 기억력을 통합하여 활용한 것이다.

잃어버린 열쇠를 의식적으로 탐색하기 위해 우리의 두뇌는 기억된 인식을 인지력의 후방에서 최전방에 이르기까지, 즉 인지과학자들이 '작업기억working memory'이라고 부르는 영역으로 이동시켰다. 작업기억이라는 용어는 1956년에 조지 밀러George Miller가 「마법의 수, 7±2The Magical Number Seven, Plus or Minus Two」라는 흥미로운 제목의 연구논문을 발간하면서 심리학자들 사이에서 유명해졌다.[7] 밀러는 사람들은 대부분 한 번에 일곱(±2) 단위의 정보를 작업기억에 저장할 수 있다고 주장했다. 또한 일곱 가지 이상을 기억하기 위해서는 인지력이 주목하고 있는 기존 정보를 새로운 정보로 대체하도록 두뇌 메커니즘의 일부를 가동해야 한다고 했다.

작업기억 속의 기억을 수정하고 정보를 저장하기 위해 사용되는 두뇌작용을 '실행제어' 또는 '인지제어' 기능이라고 부른다. 과학자들은 실행제어를, 인지력과 기억을 조합하는 인지 프로세스의 최고경영자에 비유하기도 한다. 나는 실행제어 기능이란, 스스로 지휘하는 오케스트라와 비슷하다고 생각한다. 또한 실행제어는 우리의 사고 과정 자체를 사고하는 데에도 도움이 된다. 이 과정은 기술적 용어로 '초인지 metacognition*'라고 하며, 바로 이 기능 덕분에 우리는 온라인에서도 제어력을 발휘할 수 있다.

독주자를 지정하는 지휘자처럼, 실행제어는 마치 지휘자가 악보에 표기해둔 것과 같은 이미 정해진 목표를 바탕으로 어떤 기억이나 생각, 인식을 앞세우고 또 어떤 것을 뒤로 돌릴 것인지를 그때그때 선택한다. 또 다른 목표와 관련된 인식 프로세스를 활성화하려면 기존 목표와 연계된 기억과 생각, 인식에 대한 선택 여부를 중앙관리 기능을 통해 종결해야 한다. 예컨대 열쇠가 있을 만한 장소를 생각하고 있을 때 아기가 마룻바닥을 기어다닌다고 가정해보자. 이때는 아기의 안전(전략적 목표)이 최우선이므로 열쇠 찾는 생각(기존의 전략적 목표)은 잠시 미뤄두고 아기 주변에 위험한 물건이 있지는 않은지 살펴야 한다. 이처럼 주의력의 경로 변경은 다중작업을 생각할 때 두뇌에서 수시로 일어나는 현상이다. 이처럼 다른 작업을 위해 기존에 주의를 집중하던 작업을 미룰 때마다 두뇌에서는 시간과 에너지를 소비하게 된다.

잃어버린 열쇠를 찾다가 아이의 안전을 생각한다든지 과제물을 작성하다가 이메일을 확인하는 등, 주의를 이동시킬 때는 기존의 안정

* '상위인지'라고도 한다.

적인 대상에서 새로운 무언가로 옮겨가 다시 적응하고, 집중하고, 여러 정보를 여과하는 과정에서 필연적으로 짧은 시간의 간격이 생길 수밖에 없다. 이런 경우에 야기되는 짧은 혼란을 인지과학자들은 주의 과실attentional blink*이라고 부른다.[8] 지금 집중하고 있는 대상의 범위를 넘어서는 주의 이동으로 인해 원래의 작업에 시간 손실('전환비용switching cost')이 발생하는 것을 감수하면서까지 충분히 그럴 만한 가치가 있는지에 대한 판단은 전적으로 당신에게 달렸다. 실험 결과를 살펴보면 대부분의 주의 이동 사례에서 사람들은 엄연한 비용을 지불하는 현실에 직면하게 된다고 한다. 캘리포니아 대학 어바인 캠퍼스의 정보학 교수 글로리아 마크Gloria Mark는 직장에서 일어나는 작업방해 행동을 연구했는데, 그는 업무에 방해를 받았다가 다시 원래의 업무에 집중하려면 30분 정도가 소요된다는 연구 결과를 발표했다.[9]

마룻바닥을 기어가는 아이처럼 관심을 기울이고 있는 대상이 속해 있는 환경을 꼼꼼하게 살펴보기 위해서는, 일단 위험요소를 한눈에 살펴보기 위해 우리가 불을 켜는 것처럼 주의를 집중할 대상을 넓혀야 한다. 그러다가 아이 손에 들린 쇠꼬챙이가 보이고 바로 옆에 전기 콘센트가 있어 위험하다고 판단될 때는 집중의 대상을 좁히게 된다. 누구나 이처럼 상황에 따라 대응 방식을 달리한다. 그렇지 않다면 누구도 복잡한 차량들 사이를 헤쳐나갈 수도, 정밀한 뇌 수술을 시술할 수도 없을 것이다. 이처럼 우리가 주의를 기울이는 범위는 대체로 특정 영역에 한정되어 있지만 그와 동시에 대강의 전체 상황을 얕으면서도 폭넓게 인지하고 있다는 것 또한 사실이다. 인간의 감각이 받아들이는 정보의 양은 초당 1100만 비

* '주의 깜빡임'이라고도 한다.

트로 추정되며, 이중에서 제대로 인식하는 양은 40비트 정도에 불과하다.[10] 주의력에 대해 말할 때, 우리 대부분은 주의가 직접적으로 조명받는 이 40비트를 언급한다. 그렇지만 나머지 1000만 비트 이상이 잠재의식 속에 도사리고 있다가 우리의 생각과 행동에 영향을 미친다는 사실을 입증한 연구 사례도 있다.

인간은 다른 인간에 대해서도 많은 주의를 기울인다. 페이스북과 트위터 같은 소셜 미디어가 인간의 관심을 사로잡아 성공할 수 있었던 이유도 여기에 있다. 영장류에게서 '거울신경세포mirror neuron'가 발견되었다는 것은 타인을 향한 관심이 인간의 중요한 인지능력 중 하나이며 신경계에도 '내장되어 있다는' 확실한 증거다. 거울신경세포는 우리가 무언가를 할 때뿐 아니라 같은 행동을 타인이 하는 장면을 바라보는 것만으로도 작동한다. 이 세포를 발견한 과학자들은 사회행동의 바탕에 바로 이 세포가 작용한다고 믿는다. "살아남고 싶다면 타인의 행동을 이해해야 한다. 또한 타인의 행동을 이해하지 못하고서는 사회조직도 있을 수 없다. 인간에게는 타인의 행동을 관찰하는 데서 비롯되는 특별한 재능인 모방학습imitation learning 능력이 있다. 다른 종種과는 달리 인간은 모방을 통해 배울 수 있으며 인간 문화의 바탕을 이루는 것이 바로 이 능력이다."[11]

신경학자이며 독서 전문가인 스타니슬라스 드엔Stanislas Dehaene 역시 타인에게 주의를 기울이는 능력을 훈련으로 키울 수 있다는 것이 인간 사회성의 핵심이라고 믿는다.

인류의 문화적 선택※은 의도성 형질에 의해 더욱 강화된다. 영장류 동물학자 데이비드 프랫 맥David Pratt Mac이 역설한 대로, 호모사피엔스는 교육의 개념을 가진 유일한 영장류였다. 오직 인간만이 타인을 가르치기 위해 상대방의 지식과 지적 수준을 파악하려 애쓴다. 인간은 매우 유익하다고 판명된 문화적 객체를 능동적으로 후대에 전할 뿐 아니라, 특히 글을 써서 남기는 행위 같은 데서도 엿볼 수 있듯이 그 객체를 더 완전한 것으로 발전시킨다. 5000여 년 전, 원시 필경사들은 우리의 두뇌 회로 깊숙이 자리잡은 놀라운 가능성에 눈을 떴다. 시각을 통해 언어를 전달할 수 있다는 가능성을 발견한 것이다. 이 원시적 발상은 후대의 필경사들을 통해 완벽하게 실현됐다. 인류가 오래도록 교육이라는 전통을 이어올 수 있었던 것은, 자신이 알아낸 것을 우리의 시각계를 통해 세상에 더 쉽게 융화시키려고 세대를 거쳐 부지런히 노력한 이들 원시 저술가들이 있었기 때문이다.[12]

거울신경세포는 사회행동과 학습뿐 아니라 자아성찰의 바탕이기도 하다. 앞으로 일어날 일을 머릿속으로 예측할 때는 과거에 누군가의 행동을 보고 배운 것이 우리의 인식을 제어하는 도구로 활용된다. 즉 다른 말로 '서사 조직narrative network'이라는 인지 프로세스가 작동하는데 이에 대해서는 나중에 더 자세히 언급할 것이다.

늘 정보로 넘쳐나는 이 세상과 상호작용하기 위해서는 꼭 필요한 정보를 놓치지 않으면서도 주의가 산만해지지 않게 대처하는 기술을 필수적으로 익혀야 하며, 이러한 기술이야말로 다른 모든 기술의 바탕이 된다.

* cultural selection. 다윈의 선택 이론이 생물학적 진화를 설명하듯이 이와 동일한 방식으로 사회적 및 문화적 진화를 탐구하는 과학 이론.

디지털 자극이 낳은 '주의산만'이라는 병

선전propaganda에 관하여, 일찍이 보편적 문해력과 자유언론을 옹호했던 사람들은 오직 두 가지 가능성만을 생각했다. 그 선전이 옳을 수도, 혹은 거짓일 수도 있다는 점 말이다. 그들은 특히 서방의 민주자본주의 사회에서 실제로 어떤 일이 벌어질지 내다보지 못했다. 예컨대 대중매체 산업이 크게 발달하면서 주된 관심사는 진실이냐 아니냐의 문제가 아니라, 비현실적이고 그다지 적절치도 않은 것들에 집중되었다. 요컨대 그들은 산란한 소란을 향한 인간의 무한한 욕구를 계산에 넣는 걸 빠뜨렸다.(올더스 헉슬리, 『다시 가본 멋진 신세계』, 1958)

내가 이 책을 쓰는 동안, 듀크 대학 교수이자 내 동료인 캐시 데이비슨도 주의력을 주제로 책을 집필하고 있었다.[13] 그런데 그녀가 블로그에 자세히 서술해 올린 사건이 하나 있다. 사건은 데이비슨이 편집자들의 요청에 따라 각주의 참고문헌을 일일이 정리하고 있을 때 일어났다. 그녀는 책상에 앉아 일을 하다가 자리에서 일어나 찻주전자를 난로 위에 올려두고선 다시 책상에 앉았다. 얼마쯤 지났을까, 밖에서 쓰레기 수거차량의 소리가 들렸다. 데이비슨은 조금 전부터 나기 시작한 고무 타는 냄새의 진원지가 당연히 쓰레기 수거차량일 것이라고 여겼다. 하지만 곧 집 안에서 피어오르는 연기를 발견했고 그녀는 찻주전자의 물이 모두 증발해 플라스틱 손잡이까지 녹아내리고 있는 광경을 목격했다. 책에 집중하느라 난로 위의 주전자를 까맣게 잊고 있었던 것이다. 이런 일을 겪고서 그녀는 이따가 자동차를 운전할 때는 특별히 주의를 기울여야겠다고 다짐했다. 또다시 각주에 생각이 몰릴 수도 있었기 때문이다.

자동차에 올라타면서 데이비슨은 평소보다 더욱 조심해서 운전해야겠다고 다시 한번 마음을 다잡았다. 운전대를 잡고서 얼마 지나지 않아 달리는 차 앞으로 개 두 마리가 뛰어들었다. 하지만 그녀는 제때 브레이크를 힘껏 밟았다.[14]

데이비슨은 이 이야기를 소개하며, 불타는 찻주전자와 차에 뛰어든 개, 또는 온라인으로 인한 주의산만 현상을 피하려면 의식적으로 의사결정하는 연습을 할 필요가 있다고 강조했다.

인터넷이 우리의 주의를 움직이는 방식을 깊이 고려하지 않고서는 찻주전자와 도로로 뛰어든 개의 상관관계를 제대로 파악할 수 없다. 주의력에 관한 최근의 신경학 연구에서도 주의력만을 따로 떼어 생각하는 것은 잘못이라고 말한다. 모두가 연결되어 있다는 뜻이다. 벌겋게 달아오른 찻주전자 덕분에 나는 의식적으로 내 주의력 수준을 높여 생활에 적용했다. 이 책을 쓰기 전에도 그랬는지는 나로서도 분명치 않다. 왜냐하면 사람들은 주의라는 것이 우리의 통제 범위를 벗어나 있거나 우리 외부의 세상에 의해 통제되는 수동적인 개념이라고 생각하는 경향이 있기 때문이다. 하지만 사실은 그렇지 않다. 우리는 우리의 주의가 향하는 경로를 추적하여 그로부터 교훈을 얻을 수도 있다.[15]

온라인을 이용할 때 당신은 집중력을 얼마나 제어할 수 있는가? 그리고 주변 자극으로 집중력이 분산되는 것을 얼마나 자주 내버려두는 편인가? 가끔은 외부의 어떤 힘에 의해 당신의 주의력이 휘둘릴 때도 있다. 예컨대 도로로 뛰어든 개를 발견하고 크게 소리를 지르거나 급히 브레이크를 밟는 행동 등은 심사숙고에 따른 결과가 아니다. 반면에 의도적이고 지속적으로 주의를 기울이기 위해서는 사전에 깊이 생각해야 한다. 예컨대 이 책을 쓰는 것과 같은 목표가 머릿속에 세워지면 나는 그 구체적인 목표에만 온 주의를 쏟으며, 그 대상과 무관한 내용은 여과하려 노력한다. 그래서 책을 쓰는 도중에 새로운 이메일이 도착했다고 알리는 작은 팝업창이 화면 한구석에 뜨더라도 신경쓰지 않는다. 정보의 내용을 확인하기 전에 그것을 걸러내는 기술은 소셜 미디어에서 자체적으로 사람들에게 제공하기 어렵다. 자동 필터링 시스템이 도움이 되기도 하지만, 가장 중요한 필터는 컴퓨터가 아니라 내 두뇌의 기능이다. 당신의 목표를 아는 사람은 '당신뿐'이며, 그때그때 주변의 자극이 이로운지를 판단할 수 있는 사람도 당신이다.

하나의 업무에 집중할 때 발휘되는 실행제어력의 효과를 제대로 거두기 위해서는 주의력에 대한 이해를 넘어 그것을 통제할 줄 알아야 한다. 일부 인지심리학자들은 주의력을 발휘하여 원치 않는 자극을 걸러냄으로써 부분적으로 집중력을 향상시키는 과정을 연구했다.[16] 사람들이 붐비는 곳에서 당신이 누군가의 말을 듣고 있다고 가정하자. 한 사람의 목소리에 귀 기울이고 주변의 다른 소리들을 배제하기 위해 당신은 주의를 제어한다. 전형적인 예로 '칵테일파티 효과*'를 꼽을 수 있다.[17] 실행제어력이 어떻게 발휘되는지 직접 경험하고 싶다면, 파티에서 오가는 수많은 대화에서 주의를 옮기는 간단한 실험을 해보자. 여러 정보들이 오가는 와중에 굳이 의식적으로 노력하지 않더라도 당신의 필터가 자연스럽게 대상을 옮겨가며 작동하는 모습을 관찰할 수 있을 것이다. 주의 깊게 듣고 있던 목소리에서 갑자기 다른 대화로 이끌리는 현상을 경험하게 된다. 이렇게 주의를 전환할 때 당신이 가동한 것은 무엇인가? 데

* 여러 사람이 동시에 대화하고 있더라도 자신이 관심을 쏟는 이야기만 골라 들을 수 있는 현상.

이비슨이 자리에서 벌떡 일어나 주전자가 다 녹아내리기 전에 서둘러 난로에서 이를 내릴 수 있었던 이유, 또는 그날 아침 자동차에 오르면서 각별히 운전에 주의해야겠다고 다짐한 이유는 무엇일까?

온라인에 접속한 상태에서 주의를 제어하는 데 무엇보다 중요한 것은 바로 당신의 의도intention다. 구체적인 목표를 세웠다면 그것을 달성하기 위해 '의도적으로' 노력해야 한다. 목표와 의도는 당신에게 가장 중요한 정보환경으로 실행제어력을 집중시키는 동시에 목표와 관련이 적은 정보는 배제한다. 그런데 간혹 필요한 대상에 효과적으로 집중하고 있다고 생각될 때, 목표와 직접적인 관련은 적지만 다른 전략적 목표에는 꼭 필요한 중요한 정보를, 무시해도 될 만한 다른 정보와 함께 도매금으로 묶어 차단하는 경우도 있다.

'선택적 부주의selective inattention'로 불리는 이 현상은 일리노이 대학 어배너-샘페인 캠퍼스의 대니얼 사이먼스Daniel Simons 교수와 하버드 대학의 크리스토퍼 차브리스Christopher Chabris 교수가 시행한 인지실험에서 잘 드러난다.[18] 두 교수는 검은색과 흰색 티셔츠를 입은 두 무리의 사람들이 농구공을 패스하는 장면이 담긴 짧은 영상을 피실험자들에게 보여주면서, 한 팀의 패스 횟수 및 바운드 패스와 공중 패스 횟수도 살펴보도록 했다. 농구공이 한창 오갈 때 고릴라 복장을 한 사람이 화면에 등장하여 잠시 카메라를 응시하다가 지나가도록 했다. 비디오 상영이 끝난 후 피실험자들에게 농구와 무관한 특별한 장면을 본 게 있느냐고 물었더니 절반 정도가 고릴라를 발견하지 못했다고 답했다. 피실험자들은 주어진 임무와 관련된 장면에만 주의를 집중했을 뿐 농구장에 고릴라가 어슬렁거리는 것처럼 임무와 무관한 장면은 걸러낸 때문이었다.

외부 자극이 의도적으로 집중하고 있는 대상으로부터 주의를 빼앗으려 할 때, 이 외부 자극을 일반적으로 주의산만(이 용어에는 시간낭비의 의미도 함축되어 있다) 요인으로 간주한다. 주의산만이란 단어는 왠지 죄책감(또는 나태함) 같은 감정을 동반한다. 인간의 의식을 꾸준히 연구해온 어느 비평가는 『집중력의 탄생*Distracted: The Erosion of Attention and the Coming Dark Age*』이라는 책을 출간했다(이 책에 대해서는 나중에 잠시 살펴본다).[19] 니콜라스 카도 "인터넷이 우리를 바보로 만든다"고 주장한 바 있듯,[20] 나는 이 시대의 논란거리를 다루기에 앞서 주의산만의 일반적인 위험성에 대해 먼저 살펴볼 것이다. 아울러 논의의 범위도 분명히 밝혀두려 한다. 즉 주의력을 둘러싼 지나친 논쟁은 도리어 우리에게 해가 될 수 있다는 점을 경계해두고 싶다. 주의산만 현상은 현실적인 논란거리지만 그 어두운 측면에 지나치게 몰입하다가는 선택적 부주의에 빠질 수도 있다. 캘리포니아 대학 버클리 캠퍼스의 심리학 교수 앨리슨 고프닉Alison Gopnik은 이렇게 경고한다.

성인으로 살아가는 우리에게 주의력은 한정된 자원이며, 주의를 기울이는 방식을 바꾸기는 무척 어렵다는 말도 분명한 사실이다. 그러나 마치 오늘날 강의실에서 응당 그러는 것과 같은 고도의 주의집중은 최근에 생겨난 문화적 발명품이며, 거기에는 장점뿐 아니라 치러야 할 대가 또한 동시에 존재한다. 서방의 어머니들이 자기 일에 집중하도록 자녀를 가르치는 반면, 과테말라 마야 부족의 어머니들은 자녀가 주의를 분산할 수 있게 함으로써 더욱 훌륭하게 자식들을 훈육한다.[21]

주의를 분산시키는 능력이 없으면 (휴대전화 같은 것에 빠져) 차도로 들어섰을 때 울리는 자동차 경적도 들을 수 없다. 또한 삶의 기로에 섰을 때 찾아드는 인생의 복잡다단한 국면조차 간단히 무시해버리는 사람이 되고픈 이는 아마 아무도 없을 것이다. 그러나 미디어를 분별 있게 활용하려면 현재 의도하는 목표와 무관한 활동에 투여되는 주의를 회수하여 목표에 집중시키는 훈련도 필요하다.

미디어가 유발하는 주의산만의 부작용으로는 다음과 같은 것들이 있다.

- 목표 달성이 생산적이지 못하다.
- 건전하지 못하다.
- 증가하는 수치에 지나치게 연연한다.
- 무언가에 중독된다.
- 그릇된 육아방식을 부추긴다.
- 사회적으로 소외된다.
- 고독으로 인한 상실감의 위험을 유발한다.

주의산만 같은 '비생산성'의 의미에는 목표 자체의 달성뿐 아니라 그 과정과 상황도 포함된다. (배움이라는 내면적 결과물과 달리) 특정량의 가시적 결과물을 생산하는 것이 목표일 때는 디지털 미디어에서 비롯된 재미나 흥미, 산만함 등이 목표 달성의 방해물이 될 뿐 아니라 위험을 초래할 수도 있다. 반면에 더 많은 것을 배우고, 커뮤니티 구축을 지원하고, 새로운 것을 탐구하는 것 등이 목표일 때는 이야기가 조금 복잡해진다. 이 부분에 대해서는 '전략적 목표 수립' 편에서 다시 논의한다.

내가 주의력과 상시 접속 가능한 온라인 미디어, 건강 사이의 상관관계를 연구하기 시작하면서 주목할 수밖에 없었던 사람이 바로 린다 스톤Linda Stone이다. 그녀는 인지심리학자도 신경학자도 아니다. 스톤은 나와 알고 지낸 지난 25년 동안 줄곧 온라인 미디어의 창조에 헌신해온 사람이다. 스톤이 애플의 멀티미디어 연구원으로 일하던 1980년대에 나는 그녀와 처음 만났다. 그리고 그녀는 마이크로소프트의 버추얼 월드 그룹VWG의 책임자로 일하던 1990년대 당시 우리집 정원에서 가상 커뮤니티를 주제로 나와 토론을 벌이기도 했다. 마이크로소프트를 퇴직한 후로 스톤은 소셜 미디어가 우리의 의식과 신체에 영향을 미치는 과정에 대해 심도 있게 연구했다. 지난여름에도 그녀는 주의력과 관련한 서로의 관심사를 주제로 우리집 정원에서 이야기하면 어떻겠냐는 내 제의에 친절히 응해주었다.

자두나무 아래에 앉자마자 그녀는 무언가 생각난 듯 입을 열었다. 어느 날 컴퓨터 앞에 앉아 온라인에 접속해 있었는데 자신에게 일어나고 있는 중요한 변화를 발견했다는 것이다. "이메일을 살펴보고 있었는데 가만 보니 제가 이따금씩 숨을 죽이고 있더라고요." 그녀는 어느 지면에 쓴 글에서 당시 상황을 이렇게 돌이켰다.

나는 늘 하던 대로 이메일에 접속했으며 특별히 평소와 다른 점은 없었다. 언제나처럼 온갖 일정과 프로젝트, 출장, 정보 등에 관한 이메일과 광고 메일이 잔뜩 와 있었다. 그러다가 나는 깨달았다. 숨을 죽이고 있는 나를 발견한 것이다. 이메일이 넘쳐나는 편지함을 보며 내 머릿속에서는 온갖 생각들이 달음질치고 있었다. '어느 것에 먼저 답장을 할까?' '어느 것을 나중에 처리할까?' '누구에게 바로 전화해야 하나?' '이건 이틀 전에 진작 답장을 했어야 했는데……' 불과 몇 분 전인 아침 명상시간 때만 해도 나는 고른 숨을 쉬고 있었지만, 지금은 그게 깨졌다. 지금 나는 숨을 죽이고 있다.[22]

그후로 스톤은 이메일을 읽거나 쓸 때 이따금씩 숨죽이고 긴장할 때가 있다는 다른 사람들의 사례도 관심을 기울여 살펴보았다. 이 현상에 대해 그녀는 '이메일 무호흡증email apnea'이라는 용어를 붙였다. 스톤은 "호흡은 주의를 조절하는 도구"라고 말했다. 그리고 숨을 죽인다는 것은 '싸움 혹은 도주*' 반응과 직접적인 관련이 있다는 말도 덧붙였다. 우리의 선조들은 큰 소음을 들었을 때 도망갈지, 맞서 싸울지, 무시할지를 결정할 때까지 숨을 죽였고, 그동안 신체의 분비샘에서는 에너지를 활성화하는 호르몬을 혈류로 공급한다. 호흡을 정지하면 산소와 이산화탄소, 질소산화물의 균형에도 영향을 미친다. 그리고 교감신경계를 활성화하여 혈류의 포도당과 콜레스테롤 수치를 늘리는 동시에 심장박동수를 높이고 공복감을 느끼게 한다. 반면에 정상적인 호흡 상태에서는 부교감신경계가 활성화되어 신체가 안정되고, 소화효소가 활발히 분비되며, 포만감을 느끼게 된다고 그녀는 말했다. 이른바 '안정과 소화' 상태의 징후를 보이는 것이다. 스톤은 이렇게 지적했다. "우리는 우리 자신을 '싸움 혹은 도주'에 가까운 상태로 계속해서 몰아갑니다. 이런 신체 상태는 호랑이에게 쫓길 때 아주 적합하지요. 그런데 하루에 받는 수많은 이메일 중에 몇 통이나 '호랑이'와 같을까요? 모두가 긴급한 내용일까요? 첨단기술을 사용하는 사람들의 태도에 따라 그 대답도 달라집니다."[23] 스톤은 명상 훈련의 핵심인 호흡에 주의를 기울이는 것이 온라인에 대한 반응을 조율하는 첫걸음이라고 말한다. 이 내용도 나중에 다시 살펴본다. 여기서 나는 스스로의 호흡에 귀 기울이는 것이 온라인 자극에 대한 무의식적이고 건강하지 못한 반응을 조율하는 중요한 도구라는

* fight or flight. 상황에 대처하는 교감신경계의 두 가지 반응.

스톤의 생각에 전적으로 동의한다.

일상생활에서 무언가에 주의를 빼앗기면 자칫 치명적인 사건으로 이어질 수도 있다. 고속도로에서 바로 옆 차선을 달리고 있는 운전자가 문자메시지를 보내느라 휴대전화만 보고 있는 오싹한 광경을 목격한 적이 있는가? 2003년 하버드 대학이 실시한 조사에 따르면 매년 휴대전화 때문에 33만 건의 교통사고가 발생하고 2600명이 사망한다고 한다.[24] 2009년의 한 조사에서 장거리 트럭운전사들의 차량 운전대에 비디오카메라를 설치하여 18개월 동안 관찰한 결과, 운전사들이 문자메시지를 보낼 때 충돌위험이 23배나 높아지는 것으로 나타났다.[25] 유타 대학 연구원들이 발견한 사실도 이와 다르지 않다. 모의운전 실험 결과, 운전자들이 휴대전화로 문자메시지는 이용하지 않고 단지 통화만 해도 혈중 알코올 농도가 법적 허용치에 근접한 피실험자들만큼이나 위태로운 모습을 보였다.[26] 운전중 문자메시지를 보내는 행위가 초래하는 위험으로는 여러 가지가 있겠지만 가장 무서운 결과는 이것이 사람의 목숨을 앗아가는 사고로까지 이어진다는 점이다. 그러니 그 위험천만함에 대해서는 더이상 말할 필요도 없다. 또 한 가지 덧붙이자면, 생명을 잃고 사지를 절단하는 위험한 상황이 닥칠지 모르는데도 문자메시지 보내기를 포기하지 않는 현상은 재미를 추구하는 행동이 강박 상태에 이를 때까지 반복될 수 있다는 인간의 충동적 성향을 증명한다.

온라인에 누가 접속했는지 강박에 가까울 정도로 자주 확인하는 버릇을 중독증상이라고 할 수 있을까? 생리학적으로 심각한 의존증상을 나타낼 때 쓰는 이 '중독'이라는 표현을 나는 매우 조심스럽게 사용하고 싶다. 그렇지만 안타깝게도 많은 사람들이 경험하는 소셜 미디어 행위 중의 일부는 심한 강박증상과 매우 닮은 것이 사실이다. 토니 슈워츠Tony

Schwartz는 『하버드 비즈니스 리뷰』의 지면을 빌려, 일상적으로 다량의 정보와 소셜 네트워킹, 메시지 등에 익숙해지면서 정보과잉 현상을 자초한다고 주장했다. 아울러 한 번에 한 가지 일만 해야 하는 필요성을 역설하면서, 끊임없이 흘러들어오는 이메일과 인스턴트 메시지, 문자 메시지 때문에 업무에 방해를 받지 않는 방법도 소개했다. 그러나 그는 언젠가 금융업에 종사하는 어느 젊은이의 말을 듣고서 다시금 현실을 절감한 적도 있다. "선생님 말씀에 저도 동의합니다만, 솔직히 실천하기는 어렵습니다. 이메일이 도착하면 저는 꼭 봐야 하거든요." 젊은이의 말에 슈워츠는 이렇게 물었다. "하루 중 얼마간이라도 꺼놓는 건 생각해보지 않았나요?" 그러자 젊은이가 곧바로 응수했다. "그럴 수 없습니다. 접속을 끊는 순간 무언가를 잃어버린 듯한 조바심이 시작되거든요." [27] 이 젊은이의 심정을 당신은 이해하겠는가? 나는 알 수 있다. 스물여섯 된 내 딸이 꼭 그렇다.

그렇다고 그 조바심에 매번 두 손 들고 항복하라는 얘기는 아니다. 그리고 업무를 전환한다고 해서 매번 집중력이 흐트러지는 것도 아니다. 『코그니션*Cognition*』에 실린 최근 연구 사례에서는 집중하던 업무에서 잠시 주의를 돌렸다가 되돌아왔을 때 오히려 집중력이 더 오래 유지될 수도 있다는 근거를 제시했다. "목표에서 벗어났다가 복귀했을 때 집중력이 더 강해질 수 있습니다." 연구진의 말이다. "실용적인 측면에서 볼 때, 우리 연구는 기말고사를 앞두고 시험공부를 하거나 세금을 계산하는 일과 같이 장시간에 걸쳐 할 일이 있다면 자발적으로 잠시 휴식을 갖는 편이 효율적이라는 근거를 제시합니다. 머리를 잠시 쉬게 하는 것이 실제로 일에 대한 집중력을 더 오래 유지하는 데 도움이 됩니다."[28]

디지털 자극을 갈구하는 것은 음식이나 성관계를 탐닉하는 것과 비슷하다. 즉 이는 건강한 행동이 강박으로 비뚤어질 때 일어나는 현상들이며, 결국 그 사람의 정상적인 기능을 어렵게 만든다.[29] 그렇다면 소셜 미디어에 중독되는 과정은 어떨까? 에밀리 샐버테라Emily Salvaterra와 동료 연구진은 인터넷 사용을 부추기고 강박적인 '확인행동'을 유발하는 정신생리학적 과정을 소개했다.[30] 유마수 시우Youmasu J. Siewe는 중독의 개요와 그 행동 단계를 이렇게 설명했다. 먼저 중독행동이나 중독대상을 탐닉하는 데서 쾌락이 유발되고, 한번 쾌락을 느끼면 더 큰 쾌락을 찾게 되며, 그 횟수가 너무 많아져 금단증상이 생기면 중독행동에 대한 통제력을 상실한다. 그래서 중독행동이나 중독대상을 더 많이 더 자주 찾게 되어 결국에는 중독이 부정적인 결과를 낳게 된다.[31]

이 책은 온라인 행동을 통제하지 못할 정도로 심각한 문제를 지닌 사람들을 위해 쓴 것이 아니다. 물론 매일 적지 않은 시간을 온라인과 함께 보내는 대부분의 사람들에게 조금씩은 중독의 역학이 작용하는 것도 사실이다. '기분전환'을 위해 이메일 우편함이나 트위터를 잠시라도 (혹은 조금 더 자주) 찾는 사람들은, 거부할 수 없는 쾌락으로 빠져들게 하는 강박적 요소가 소셜 미디어에 존재한다는 사실을 부정하지 못할 것이다. 〈뉴욕타임스〉의 매트 리치텔Matt Richtel은 이렇게 분석한다. "소셜 미디어를 강박에 가까울 정도로 자꾸만 확인하려는 충동은 눈앞의 기회나 위협에 반응하려는 근원적 욕구에 연원을 두고 있다. 이 자극이 흥미를 유발하여(도파민을 분비하여) 연구진이 지적한 것처럼 중독에 빠질 수 있다. 반대로, 흥미를 느끼지 못할 때 사람들은 금방 지루함을 느낀다."[32] 호르몬이 행동을 좌우하는 과정을 간단히 설명하기는 어려우며, 세상 모든 사람들이 소셜 미디어에 중독될 것을 우려하는 사람들이 단골로 써먹는 용어 중 하나가 '도파민 분비'다. 몇몇 실험 사례의 결과를 보면, 도파민 호르몬은 '추구seeking' 행위의 보상 역할과 밀접한 관련이 있어 보인다.

호르몬이 전적으로 우리의 행동을 통제하는 것은 아니지만, 초원에서의 수렵과 채집 활동이 온라인에서의 수렵과 채집 활동으로 진화한 오늘날에도 여전히 생화학적 반사작용이 우리에게 영향을 미친다는 사실은 의심의 여지가 없다. 자극제인 도파민 외에도 옥시토신이라는 화학물질이 있다. 옥시토신은 친구나 연인, 부모와 자식 사이의 유대관계를 촉진하는 구실도 하는 호르몬으로, 특히 소셜 미디어가 생활의 일부로 자리잡은 사람에게 영향을 미친다. 원래 옥시토신은 유아와 부모의 애착관계를 촉진하는 호르몬으로 알려졌지만, 최근에는 '공감, 관용, 신뢰 등의 감정을 자극하는' 기능으로 더 주목받고 있다.[33]

저술가 생활을 시작하던 무렵, 매일 배달되는 우편물을 가슴 졸이며 기다리던 기억이 난다. 내 꿈을 담은 봉투에 우표를 붙이고 주소를 써서 발송하면, 한두 달 뒤에 거절이나 승낙의 답신을 받곤 했다. 아래층 우편함에서 소리가 들리면 조용하던 머릿속이 활발하게 돌아가기 시작하던 현상은 아마도 옥시토신이 다량으로 분비되어서 그랬던 것 같다. 그때 나는 자주 거절 통보를 받았지만 한 번씩 도착하던 출판계약서가 이를 만회하고도 남을 만큼 큰 보상을 주었으므로 우편물이 도착할 때마다 기대치가 한껏 고조되었다. 슬롯머신에 중독되게 만드는 '간헐적 강화intermittent reinforcement'와 유사한 경우였다. 인터넷을 처음 사용하던 때는 컴퓨터 하단에 "메일이 도착했습니다"라고 알림창이 뜰 때마다(이건 하루에도 여러 번씩 울렸다) 가슴을 졸이던 기억이 있다. 내 답장을 기다리고 있을 사람의 메시지를 확인하려면 잠시 집필작업을 중단해야 했기에 일에 방해가 된다는 생각도 했던 것 같다. 생각해보면 호르몬의 역할도 이해가 간다. 최근 그 위상이 부각되고 있는 신경경제학의 개척자인 폴 재크Paul J. Zak 클레어몬트 대학원 교수는 사례 연구를 통해 트위터에 10분간 집중했을 때 옥시토신이 분비된다는 사실을 발견했다.[34] 이 발견은, 선호하는 소셜 네트워크를 자주 확인하는 행동이 '탐구' 추구 행위에 대한 화학적 보상(도파민)으로서뿐 아니라 화학적으로 유발되는 유대감에 의해 더욱 강화된다는 사실을 암시하는 것이기도 하다.

당신이 부모라면 미디어가 간접흡연과 유사하다는 사실도 유념해야 한다. 자녀가 보는 곳에서 미디어를 이용하는 방식이 훗날 자녀에게도 영향을 미치기 때문이다. 엘렌 리건Ellen Reagan은 '미디어에 빠진 부모 때문에 방치된 느낌을 받는' 젊은이들을 주제로 한 기사에서, 휴대전화 없이는 살 수 없는 어느 광고대행사 최고경영자의 사례를 소개했다. 어느 날 그가 한창 문자메시지를 작성하고 있는데 딸이 종이를 접어 만든 골무 두 개를 들고 와서 훼방을 놓았다. 그게 뭐냐고 묻자 딸은 싱긋 웃더니 종이 골무를 아빠의 양쪽 엄지손가락에 살며시 끼워넣으며 말했다. "휴대폰 수갑이야, 아빠!"[35]

캘리포니아 대학 로스앤젤레스 캠퍼스의 정신의학 임상교수인 대니얼 시겔Daniel J. Siegel('분별mindfulness'을 주제로 한 그의 연구는 내게 많은 영향을 주었다)은 리건에게 이렇게 말했다. "아이들은 자기를 돌봐주는 사람이 자신을 아낀다는 느낌을 받고 싶어합니다. 그 느낌이 깊은 애착을 만들어내지요."[36] 시겔에 따르면 자녀에게 정성을 쏟는다는 것은 단지 양육을 잘한다는 의미가 아니다. 부모의 관심이 다른 곳에 가 있으면 애착이라는 정서에 균열이 생길 뿐 아니라 자녀의 두뇌계발에 악영향을 줄 수도 있다. 시겔은 저서 『깨어 있는 두뇌*The Mindful Brain*』에서 부모와 자식 간의 애착과 개인의 주의제어력 사이의 직접적인 관계에 대해 언급했다.

우리에게는 '두뇌의 사회적 회로'가 있는데, 이는 곧 다른 사람들의 생각과 감정, 의도, 마음가짐을 먼저 이해하려는 성향을 뜻한다. 그렇다면 분별 있는 의식의 초점을 의식 그 자체로 돌려 의식을 이해하기 위한 도구로 활용했을 때, 고유의 신경 메커니즘을 이용하여 다른 생각을 읽어내는 것도 가능해 보인다. 우리 자신의 의도와 주의 대상을 인식하면, 원래 다른 사람들의 의도와 주의를 파악하는 데 활용되던 바로 그 두뇌의 회로를 이용할 수도 있다. (…) 그러므로 부모와 자식 사이의 애착을 상호 간에interpersonal 조율하는 것은 결국 개인의 내면에서intrapersonal 분별 있는 의식을 조율하는 것과 동일한 의미라고 할 수 있다.[37]

부모가 미디어 강박증에 걸리면 청소년의 자기통제력을 훈육해야 하는 부모로서의 책임을 제대로 수행하지 못할 수도 있다. 캘리포니아 주에 사는 어느 10대 소녀의 일화를 다룬 기사가 〈뉴욕타임스〉에 실린 적이 있다. 이 소녀는 한 달에 무려 2만 4000건도 넘게 문자메시지를 남발하곤 했는데 엄마가 그건 나쁜 습관이라며 나무라자 이렇게 말했다. "엄마는 나를 좀더 이해해야 해요. 만날 휴대폰을 들고 사는 사람은 바로 엄마라고요."[38] 리건은 셰리 터클Sherry Turkle MIT 교수의 말을 인용한다. "정말 안타까운 것은 아이들이 부모를 '휴대전화 영역'에서 빼내려고 애쓴다는 사실입니다. 부모가 스포츠 경기를 볼 때도, 텔레비전에서 방영하는 영화를 볼 때도, 심지어 캠핑을 가서도 손에서 휴대전화를 놓지 않는다며 내게 불만을 털어놓는 아이들이 있습니다. 어떤 남자애는 아빠가 밤에 해리 포터 책을 읽어줄 때도 침대 옆 탁자에 늘 휴대전화를 올려놓는다고 했습니다."[39] 터클은 2011년에 한 인터뷰에서 내게 이런 이야기도 들려주었다.

자녀를 데리러 차를 몰고 학교에 가서도 스마트폰에서 눈을 떼지 못하는 부모들이 종종 있습니다. 그러면 차에 올라탄 아이는 무시당한다는 느낌을 받습니다. 그 순간이 바로 눈맞춤을 해야 하는 시간이거든요. 열셋, 열넷, 혹은 열다섯 살이 되어 부모에게 무관심한 척해도 그 또래의 아이들은 아직 눈맞춤을 원합니다. 자녀를 데리고 박물관을 찾는 부모들도 있습니다. 언젠가 나는 청소년 박물관에 앉아, 자녀와 함께 온 부모들을 몇 시간 동안 관찰한 적이 있었지요. 부모들은 아이들에게 박물관을 다 둘러보라고 해놓고는 벽에 기대 스마트폰을 계속 스크롤하거나 터치하고 있었습니다. 자녀와 함께 박물관에 왔다는 사실을 잊은 것처럼요. 아이들도 좋아하고 자신들도 조그만 장치 때문에 즐거우니 서로 좋은 거 아니냐는 거겠지요. 내가 책 이름을 『외로워지는 사람들*Alone Together*』로 지은 것도 그런 이유에서입니다.[40]

나는 소셜 네트워크 리터러시를 고민할 때마다 사회학자들의 오랜 논란거리를 떠올린다. 규모가 큰 사회집단이나 전체 '사회' 속에서 열차와 전화, 텔레비전 등이 사람들이 맺는 사회관계의 질에 어떤 영향을 미치는지에 대한 논란 말이다. 캘리포니아 대학교 버클리 캠퍼스 교수이며 『아메리카 콜링*America Calling*』(1991)이란 걸작을 쓴 사회학자 클로드 피셔Claude Fischer가 최근에 쓴 글의 한 대목을 보자. "100년 전에 당시 사람들이 전화에 대해 남긴 글과 요즘 사람들이 이런 기술에 대해 쓰는 글은 다를 게 별로 없다. 새로운 기술이 세상을 확 바꿔놓을 거란 통찰은 그 당시에도 이미 나와 있었다."[41] 성장하면서 우리의 인간관계는 확장되는 데 반해 예전보다 방대해진 사회집단들은 오히려 서로 멀어지고 있다는 주장의 옳고 그름을 떠나, 내가 존중하는 일부 비평가들은 가장 근원적인 차원의 상호작용이 이뤄지는 가족과 친구들과의 관계에 대해 우려의 목소리를 내고 있다.

이와 유사한 맥락에서, 터클은 앞에서 언급한 책『외로워지는 사람들』에서 위기에 처한 대인관계 문제를 탐구한다.[42] "지속적인 연결을 실제 인간관계와 혼동하는 일이 많아졌습니다. 요즘은 원하는 사람과 '상시 연락'이 가능합니다. 하지만 조금 더 냉정하게 생각해보면, 가장 중요한 대화의 시간은 어떤 식으로든 줄어들고 있지요." 〈USA투데이〉와의 인터뷰에서 터클이 한 말이다.[43] 내가 진행한 인터뷰에서 그녀는 이렇게 목소리를 높였다.

우리의 가치관에 대해 숙고할 하나의 기회로서 기술을 활용해야 합니다. 기술은 지금까지 크나큰 축복을 안겨주었습니다. 기술 덕분에 새롭고 환상적인 것들을 추구할 새로운 기회가 생겨났기 때문이지요. 하지만 아이들이 혼자 다니게 내버려둔 채 박물관 구석에 앉아 있는 것을 기회라고 할 수는 없습니다. 공원을 둘러보세요. 아이들과 부모들로 가득할 겁니다. 하지만 의자에 앉아 있는 부모들 중 상당수에게 아이들은 안중에도 없습니다. 둘러앉아 저녁을 같이 먹으면서도 가족들이 각자 문자메시지를 보내느라 대화는 거의 하지 않지요. 도대체 우리가 기술을 통해 추구하는 것이 무엇일까요? 이런 게 정말 우리가 추구하는 걸까요?[44]

기술에 대한 분별력을 갖춰야 하며 가정에서도 이에 대한 논의가 필요하다는 사실은 나 역시 절실하게 동감한다. 하지만 많은 사람들과 교류하는 온라인에서의 인간관계를 마치 악마의 소행처럼 바라보는 시각에는 공감할 수 없다. 생각하고 교류하는 방식은 사람마다 다르며, 이런 차이를 꼭 과거의 가치관과 결부해 판단할 필요는 없다.

타인으로부터 혹은 우리 자신으로부터 소외되었을 때의 위험에 대해 생각해보자. 디지털 주의산만 현상의 위험성에 대해서는 충분히 논의할 가치가 있다. 사회관계의 문이 항상 열려 있고 무언가를 알리거나 즐길 거리를 제공해주는 정보에 '상시' 접근할 수 있기 때문에, 오히려 인간에게 꼭 필요한 무언가를 박탈당할 수도 있기 때문이다. 고독이 그 예다. 2011년 터클은 내게 이런 말을 했다. "혼자 지내는 방법을 모르면 언제나 외로울 수밖에 없습니다. 여덟 살 때부터 지금껏 어울려서만 살아왔다면, 그렇게 살아가는 법 외에는 잘 모르겠지요. 그러면 고독이라는 회복의 미덕도 배울 수 없습니다."[45]

나도 그 생각에 깊이 공감한다. 몇 년 전 내 작업실의 문 하나를 헐었다. 덕분에 지금은 세 걸음이면 정원에 나갈 수 있다. 나는 다양한 것들에 내가 곧잘 주의를 돌리게 된다는 걸 인지하지만 그렇다고 무조건 '지속적 연계의 충동'에 굴복하지는 않는다. 줄을 서서 기다리는 동안 스마트폰을 들여다보지만 잠시 접속을 끊고 눈을 들어 주변을 둘러보지 못할 이유는 없다. 개를 데리고 동네를 산책할 때도 스마트폰을 집에 두고 나오는 의지를 발휘할 수 있다. 항상 내 주의를 요구하는 기계를, 나는 필요하면 얼마든지 거부할 수 있다.

주의산만이란 단순히 집중하는 대상에서 벗어난다는 의미가 아니다. 분별 있는 디지털 시민이라면 이 물음에 해답을 고민해야 한다. "나의 미디어 활용 습관이 내 두뇌에 어떤 영향을 끼치고 있는가?"

인터넷이 우리를 바보로 만드는가?

문자의 순서가 되자 테우스는 말했다. "왕이여, 이 작품은 이집트인들을 더욱 지혜롭게 하고 기억력도 높여줄 것입니다. 내가 만든 것은 기억력과 지혜 모두를 위한 묘약이지요." 그러나 왕은 말했다. "기술이 뛰어난 테우스여, 누군가는 기술에 속하는 것들을 만들어내겠지만, 다른 누군가는 훗날 그것을 사용할 사람들에게 미칠 해로움과 이로움을 판단할 것이오. 그리고 이제, 당신은 문자의 아버지로서, 그것들에 대해 따뜻한 호의를 품고 있기 때문에 그것이 실제로 미칠 효과와 완전히 반대되는 말을 했소. 실제로는 문자의 발명이 그것을 배운 사람들의 영혼에 망각을 낳을 것이니, 무언가를 기억하려 애쓸 필요도 없을 것이오. 그저 쓰인 것에 의지하면 되고, 내면의 독자적인 힘이 아니라 스스로도 생소한 외부 기호의 자극으로 무언가를 상기하면 될 테니까 말이오. 그러므로 당신이 발명한 것은 기억이 아니라 상기의 묘약일 뿐이지요. 그리고 당신이 제자들에게 가르치는 것도 진정한 지혜가 아니라 그 껍데기일 뿐이라오. 당신과 그 발명 덕분에 제자들은 스승의 가르침 없이도 많은 것들을 읽게 되겠지요. 그리하여 실제로는 제대로 판단을 내리지 못하면서도 자신들의 지식이 많다는 환상을 만끽할 것이오."(플라톤, 『파이드로스』, 기원전 5세기)

최근 몇몇 비평가들이 디지털 미디어가 사람들에게 이로운지 혹은 해로운지를 주제로 공개토론회를 열어 열띤 공방을 벌였다. 소셜 미디어의 유해성을 피하고 디지털 증강력을 이용하기 위한 출발점으로 이 비평가들의 논점부터 이해할 필요가 있다. 이 논쟁을 주도한 사람은 바로 니콜라스 카로, 그는 『애틀랜틱 먼슬리*Atlantic Monthly*』에 「구글이 우리를 바보로 만드는가?」라는 글을 싣고 이와 관련된 저서 『생각하지 않는 사람들』을 출간하여 논쟁에 불을 붙였다. 카뿐만이 아니다. 아메리칸 대학의 언어학자 나오미 배런Naomi Baron, 기술비평가 매기 잭슨Maggie Jackson, 애플과 마이크로소프트에서 연구원으로 일한 린다 스톤, 아동

발달 전문가 매리언 울프Maryanne Wolf 등이 같은 사안에 대해 각자 다른 각도에서 접근한다. 소셜 미디어 애호가로서 비판적 사고를 하는 사람이라면 그들의 경고에 귀를 기울여볼 필요가 있다. 그중에는 내가 동의하는 의견도 반대하는 의견도 있으며, 그 정도나 이유도 제각기 다르다. 하지만 한 가지 내가 분명히 말할 수 있는 것은, 정보를 습득하고 사람들과 교제하기 위한 도구로 새롭게 부상한 소셜 미디어가 파괴적인 결과를 초래하기 쉽다는 사실이다. 나는 그런 부정적인 면모를 자세히 고찰함으로써 나의 소셜 미디어 리터러시 이론을 정립할 수 있었다. 이 책에서 나는 여러 전문가들의 주장과 반론이 담긴 글을 요약하여 소개할 것이다. 여기에 간략히 소개된 것 이상의 상세한 내용을 원하는 독자는 뒤에 달린 주석을 살펴보기 바란다.

니콜라스 카는 디지털 네트워크 때문에 사람들이 두뇌에 해로우며 문화에도 악영향을 끼치는 습관을 얻었다고 믿는다. 생각을 글로 구성하고 표현하게 된 변화는 문학과 과학의 태동에 결정적인 영향을 미쳤다. 글을 읽고 쓸 줄 아는 문해력 덕분에 시간의 제약을 벗어나 깊고 관조적이며 분석적인 사고를 펼치는 일이 가능해졌기 때문이다. 카의 주장 중 상당 부분은 주의력도 훈련이 가능하다고 주장하는 사람들이 최근에 시행한 신경학 연구를 기반으로 한다. 즉 두뇌는 '신경가소성'이라고 불리는 자체 리와이어링rewiring(회로 재구성) 능력을 갖고 있다는 전제가 그것이며, 카의 주장은 이러한 두뇌의 능력에 대한 신뢰를 기반으로 한다. 그렇지만 그는 '신경학적으로 원치 않는 적응'을 우려한다. 문제는 주의산만이 아니라 수많은 인터넷 사용자들이 당연시하는 '지적 윤리intellectual ethic', 즉 인간의 의식이 어떻게 작용하는지 또는 어떻게 작용해야 하는지에 대한 가정이라고 그는 주장한다. 카는 인터넷 사용자들이 이런 가정에 집착하기 때문에 개인과 사회의 집중력이 훼손된다고 말한다. 덧붙이자면 웹의 본질적이고 광적이며 천박한 감수성을 인간 본연의 두뇌 회로에 적용한 탓이다. 그는 인터넷 윤리가 여러 방면에서 인간의 깊은 사고력을 훼손하며, 그 시작이 바로 웹의 근간이 되는 하이퍼링크hyperlink라고 주장했다. 그가 쓴 글의 한 대목을 살펴보자. "하이퍼링크는 사람들이 하나의 문서에 주의를 집중하기보다 여러 문서를 넘나들도록 부추긴다. 하이퍼링크는 사람들의 이목을 사로잡기 위해 설계되었다. 검색 툴로서의 가치는 그것이 유발하는 집중력 훼손에서 자유로울 수 없다." 카는 하이퍼링크식 사고체계 때문에 독서를 통한 사고방식이 종말을 맞이하지는 않을까 우려한다. 그것이야말로 개인과 문화에는 최악의 재앙이 될 것이다.[46]

니콜라스 카가 상기시키는 또하나의 피상적인 힘이 바로 웹 검색이다. 이것은 「구글이 우리를 바보로 만드는가?」의 주제이기도 하다. "검색엔진은 스니펫*에서 특정 텍스트를 보여주며 우리의 관심을 유도할 때가 있다. 몇 개의 단어나 문장으로 된 이 스니펫은, 검색 당시에 우리가 원하는 내용과 긴밀하게 연관된 무언가를 보여줄 수 있을지는 몰라도 그 내용을 포괄적으로 이해할 수 있게 도와주지는 못한다"고 그는 말했다.[47] 카의 관점에서 보면, 멀티미디어와 어지럽게 뜨는 창으로 늘 사용자의 주의를 산만하게 만드는 그래픽 사용자 인터페이스도 또다른 형태의 집중력 훼손 요인이다. 그는 가소성을 지닌 두뇌가 이런 미디어를 탐닉하는 일이 습관화되면 인지효과가 서서히 사라진다고 주장한다. '인터넷이 우리의 주의를 사로잡아 산산조각내기' 때문에 예전처럼 지속

* snippet. 검색 결과 페이지에 나타나는 표제 아래의 짤막한 요약 설명을 말하며, 이 짧은 내용에서 원하는 정보를 얻기도 하고 더 심층적인 검색에 필요한 단어나 문구를 얻을 수도 있다.

적이고 집중적으로 주의력을 발휘하기 힘들다. 또 '스크린에 기초한 읽기'에 익숙해져 깊이와 집중은 사라지고 여기저기를 오락가락하며 끊임없이 살피기만 한다. 우리의 기억력을 웹으로 대체하려면 '머리를 완전히 비울 각오를 해야 한다'. 웹은 기억하는 일을 더 어렵게 만들어 점점 더 웹에 종속되도록 강요한다. 다시 카의 주장을 들어보자. "지금 우리가 경험하는 것을 은유하자면 '문명발달 궤적의 역전'이라고 할 수 있다. 다시 말해 우리는 개인적 지식의 경작자에서 전자 데이터 숲의 사냥꾼과 채집꾼으로 진화하고 있다."[48]

나는 니콜라스 카가 가정하는 필연성에 이의를 제기한다. 구텐베르크 이후에 유럽과 전 세계에서 그랬듯이, 어떤 문화든 비생산적인 커뮤니케이션 방식과 내용에 대응하여 합리적인 교육방식을 선택한다. 학술 분야에서 카를 비롯한 일부 비평가들의 태도는 '기술결정론'에 가까우며, 나는 이런 태도가 기술의 함정을 깨닫지 못하는 것만큼이나 위험하다고 본다. 인간에게는 주체성이 존재한다. 이 주체성이 없다면 설사 인터넷이라는 기술 미디어가 있다 하더라도 웹은 계속 존재하기 어려울 것이다.

그러나 나는 디지털 네트워크 미디어의 (무분별한 사용으로 인한) 잠재적 유해성을 경고했다는 점에서 니콜라스 카의 생각도 옳다고 믿는다. 모든 일이 너무 빠르게 일어나고 있다. 하지만 문화제도는 기술이 야기하는 혼란에 곧바로 대처할 수 있을 만큼 빠르게 만들어지지 않는다. 특히 검색의 폐해를 간파한 카의 통찰은 내가 나 자신과 딸, 나의 학생들을 가르치는 방식에 대해 많은 것을 생각하게 했다. 카의 통찰 덕분에 나는 검색 결과에서 보이는 단편적인 정보에 연연하지 말고 그 이상을 생각하도록 조언할 수 있었다. 위키피디아 검색은, 거기 나온 결과만으로는 궁금증을 완벽히 해결하기에 부족할 수도 있지만, 시작 단계에서는 상당히 유용하다. 검색으로 원하는 답만 빨리 찾아볼 수도 있겠지만 그보다 온라인 지식 검색은 지식을 형성하는 하나의 과정이어야 한다. 가끔은 답변이 필요할 때도 있고(이를테면 "르네 데카르트는 어느 해에 태어났는가?"와 같은 질문), 또 가끔은 지식이 필요할 수도 있다("초인지는 어떤 의미인가?" 등). 생각해보면 내가 검색과 관련된 탐구에서 주로 활용하는 것은 카가 그토록 혐오하는 바로 그 하이퍼링크다. 그가 불완전한 단편으로 여기는 것을 나는 지식의 일부로 인식하며, 그 단편들이 모이고 모여 훌륭한 네트워크와 시스템으로 발전할 수 있다고 생각한다. 니콜라스 카가 클릭 자체를 거부하는 곳에서, 나는 기꺼이 클릭하여 주제에 대해 조금 더 감을 잡으려 노력한다.

엔진의 지원을 받는 검색 자체를 단편적이고 추상적이며 피상적이라고 할 수는 없다. 다시 말하지만, 나는 우리가 메커니즘을 이용하는 방식을 그 시스템이 통제할 수밖에 없다는 결정론적 견해에 동의하지 않는다. 빠른 답변을 얻기 위해 많은 사람들이 검색엔진을 피상적으로 사용하는 방식이 더 심각한 문제이며, 이 문제는 문화적으로 개선될 수도 있다. 고대 수사학은 사람들에게 논거를 형성하고 고찰하는 방법을 가르쳤다. 이처럼, 오늘날 디지털 검색 기능을 분별 있게 활용하기 위해서는 질문 과정에서 좀더 주의를 기울여야 할 것이다. 즉 검색 첫 단계부터 적합한 검색어를 골라야 하며 그렇게 해서 나온 결과를 바탕으로 더 심층적인 후속 검색을 해나가는 기술이 필요하다. 검색에는 단편적인 생각도 포함된다. 미디어 자체는 깊이 있는 해답을 얻을 만한 유인誘引이 되지 않는다는 카의 견해도 타당하지만, 그렇다고 미디어가 피상적이고 게으른 사고를 강요하는 것도 아니다. 검색과 검색어에 대해서는 '주의력' 편에서 '허위정보 간파' 편으로 넘어갈 때 다시 상세하게 다룬다. 그 이유는 꼭 알아야 할 것을 찾아내고 그릇된 정보 사이에서 좋은 정보를 가려내는 방법을 아는 것이 오늘날 정보사회에서 살아가기 위해 꼭 필요한 기술이기 때문이다.

니콜라스 카의 과장된 서술은 재미있긴 하지만, 그의 극단적인 견해는 미디어가 야기하는 산만함을 다스리기 위해 문화의 힘마저 함께 거부한 자신의 행동조차도 제대로 설명하지 못한다. 책을 쓰기 위해 그는 놀라울 정도의 자기관리를 실천했다. 인간관계가 긴밀한 보스턴 근교에서 콜로라도의 산악지대로 이사했고, 자신의 트위터 계정과 블로그를 폐쇄했으며, 페이스북에서도 탈퇴하고 이메일 사용조차 제한했다. 놀랍지 않은가? 하지만 그럴 필요까지 있었을까? 그 판단은 나로서도 쉽지 않다. 그는 자신의 "신경세포가 인터넷에 고착될까봐 경계한다"고 했다. 인터넷이 등장하기 오래전부터 세상에는 작가들을 유혹하는 많은 것들이 곳곳에 도사리고 있었고, 마음을 사로잡는 세상의 온갖 것들에 대처하기 위해 작가는 금욕적 움츠림보다 내면의 자기관리에 열중해야 한다는 것은 나뿐 아니라 그도 잘 아는 사실일 것이다. 그는 "갈망이 잦아들 때까지 남몰래 인터넷을 클릭하고 가끔은 하루종일 웹과 잔치를 벌이는" 자신의 모습을 깨달았다. 그렇다. 그때 그가 어떤 느낌이었을지 나도 잘 알겠다. 다들 적절한 때가 아니라는 것을 알면서도 자신도 모르게 소셜 미디어의 마력에 빠져들어본 적이 한 번쯤은 있을 것이다. 하지만 음주나 성관계처럼 다른 수많은 유혹적인 유희도 마찬가지 아닐까? 책의 끝부분에서 그는 과거의 습관으로 "회귀하고 있다"는 표현을 쓴다.[49] 그의 방법론은 독자들의 관심을 끄는 동시에 자신의 주장을 생생하게 펼치는 데는 성공했지만, 자신이 거부한 소셜 미디어라는 것이 대인관계를 강화하고 창조적 기회를 창출한다는 사실은 무시한다.

극단적인 이야기는 언제나 흥미를 유발하기 마련이지만, 소셜 미디어가 사람에게 미치는 영향을 중독의 논리로만 몰아가는 것은 자칫 소셜 미디어의 중요한 측면을 간과하게 만드는 결과를 낳을 수도 있다. 플라톤이 알파벳 문화를 경계했지만, 사람들은 교육과 규범을 통해 효과적으로 이를 수용하는 방식을 터득했다. 그처럼 우리도 새로운 사고방식을 통해 인터넷을 얼마든지 긍정적으로 수용할 수 있지 않을까? 게다가 카 자신도 온라인 세계가 유발하는 주의산만을 극복할 힘이 인간에게 있다고 인정한 바 있다. "우리의 두뇌는 매우 유연하고 적응력이 뛰어나다. 습관을 바꾼다면 두뇌는 기꺼이 바뀐 환경에 동조한다. 문제는 습관을 바꾸기가 쉽지 않다는 점이다."[50] 나는 카가 내세우는 가능성에 귀 기울이고 이를 자기반성의 도구로 삼기를 권장한다. 그렇지만 나는 금욕적이고 조금의 관용도 허용하지 않는 그의 해법으로 이런 문제들을 해결할 수 있다고는 생각지 않는다.

구텐베르크 활자가 등장했을 때도, 알파벳이 등장했을 때도 그랬듯이 인터넷에 기반한 사고방식의 위력을 활용하는 것 역시 사람들 각자의 손에 달렸다. 그 잠재력에 대해 뉴욕 대학의 클레이 셔키Clay Shirky 교수는 「풍요가 좋은 이유Why Abundance Is Good: 니콜라스 카의 견해에 대하여」라는 글에서 이렇게 적었다.

나는 미디어 메커니즘이 사고에 본질적인 영향을 미친다는 니콜라스 카의 전제가 옳다고 생각한다. 웹은 전례가 없을 정도의 풍요를 우리에게 선사한다. 그 때문에 작업이 수시로 방해받고 단편적인 정보에 익숙해져 하나의 대상에 느긋하게 집중할 능력과 시간을 빼앗길 수도 있다. 또한 이러한 획기적인 변화를 바탕으로 새로운 무언가를 모색할 수도 있겠지만, 실제로 무엇을 해야 하는지에 대해서는 그와 생각이 다르다. (…) 우리 앞에 도래한 이 커다란 변화는 선택의 여지 없이 마주해야 하는 것이며, 그 양상이 바위 위에 그린 그림처럼 분명하지도 않다. 네트워크라는 양식의 본질을 알고 완벽하게 대응하기 위해서는, 즉 롤랑 바르트의 표현대로 미디어에 특화된 하나의 '사조思潮'를 완성하려면 아직도 가야 할 길이 멀다. 그곳에 이르기 위해 우리는 새로운 지적 풍요 속에서도 집중력을 발휘할 방법을 찾아야 하지만, 이것이 비단 우리 시대에만 전적으로 새롭게 부과된 과제는 아니다. 인쇄기의 등장으로 한 사람이 평생 읽을 수 있는 것보다 많은 책이 쏟아져나왔을 때, 학자들은 학문 분야를 세분화하고 출판업자들은 장르를 구분하는 방식으로 대응했다. 그럼으로써 16세기의 정보과잉에 대처할 수 있었다. 비록 200여 년이란 시간이 걸리기는 했어도 과도기를 거치며 사회는 한층 발전했다. 그리고 지금 우리는 그때와 비슷하게 다시 풍요로 인한 도전에 직면했고, 그 짐을 짊어졌다는 것은 교양 있는 삶의 '최고선最高善'을 향해 역사 모형을 바꿔야 한다는 뜻이기도 하다. 그 길은 어렵고 복잡할 것이다. 결핍보다 풍요가 사회의 더 큰 변화를 촉구하기 때문이다. 그러나 과거 우리의 소비 습관은 미덕과는 거리가 멀었다. 그것은 그저 가난한 환경의 삶에서 비롯되는 부작용일 뿐이었다. 최근에 와서 우연히 일기 시작한 결핍에 대한 향수는 하나의 촌극에 지나지 않는다. 중요한 건 역사상 유례가 없는 폭발적인 표현력의 확장을 제대로 형성해나가는 일이다.[51]

클레이 셔키가 언급한 표현력의 확장 그 자체는 전혀 새로운 현상이 아니다. 나중에 다시 설명하겠지만 상징적 표현을 향한 인간의 재능과 성향은 생물학적, 문화적 진화의 견인차였다. "우리의 언어에서 벌어지는 일"은 "우리의 머리에서 벌어지는 일"이나 "우리의 사회적 관계에서 벌어지는 일"만큼이나 중요하다.

아메리칸 대학의 언어학자 나오미 배런은 저서 『올웨이즈 온*Always On*』에서 빠르게 변하는 언어환경 탓에 LOL(laugh out loud. '웃겨 죽겠네'), SMS(Short Message Service. '단문 메시지 서비스') 같은 이상한 줄임말이 속속 등장하는 현실을 비판적으로 주시했다. 그녀는 '이메일과 그 아류들'이 두 가지 근본적인 변화를 유발했다고 말한다. 첫째, 새로운 커뮤니케이션 기술이 등장한 덕분에 사람들의 교류 방식과 시기, 대상에 대한 통제력이 더욱 향상되었는데 이를 가리켜 배런은 '양적 조절volume control' 능력이 향상되었다고 말했다. 둘째, 그러나 배런은 대화를 통한 소통이 문자 교류로 대체되는 바람에 교류의 양은 늘었지만 질은 떨어진다고 우려한다.[52] (배런의 주장에서 한 걸음 더 나아가, 앤드루 킨Andrew Keen은 『아마추어 컬트*The Cult of the Amateur*』라는 저서에서 누구나 출판을 할 수 있게끔 접근성이 강화되면서 허위정보가 난무하고 그 때문에 문화가 훼손된다고 역설했다.[53] 나는 인쇄물의 시대에는 독자들이 좋은 글에 대한 감식안을 갖도록 교육하는 것이 군주의 전제적인 해결책보다 효과적이라고 생각하며, 그래서 출판에도 면허가 필요하다는 식의 주장에 반대한다. 그동안 엄청난 양의 졸작들이 인쇄기에서 대량으로 찍혀 나왔지만, 그것이 찰스 디킨스나 오노레 드 발자크 같은 위대한 문인들의 작품을 찾는 수많은 독자들의 행렬을 방해했다는 소리는 듣지 못했다.)

나는 소셜 미디어가 전통적인 사회성sociality의 개념에 변화를 가하는 구체적인 방식들을 제기했다는 점에서 배런을 높이 평가한다. 어떤 만남이든 냉철한 시각으로 바라보고 자신의 의지에 따라 맺고 끊을 수 있게 되었다는 그의 주장에 나도 동의한다. 내 인생에서는 '양적 조절'이 대부분 좋은 결과를 가져왔지만 그 이면에는 어두운 측면도 분명히 있다. 저술가로서의 역량을 발휘하려면 나는 대부분의 시간을 방에서 나

혼자 보내야 한다. 이미 혼자인 환경에서는 가상 커뮤니티에 접속하는 것으로 사회적 교류를 늘릴 수 있다. 그러나 25년간 온라인 인간관계를 계속하다보니, 언제든 클릭으로 들어가고 또 나올 수 있는 커뮤니티 속에 스스로 갇힐 수 있다는 위험도 충분히 알게 되었다(다른 사람들도 유의해야 할 부분이다). 지금 나는 더 건강해졌고, 이 사회도 그렇다. 내 주변에 가족과 이웃과 고향, 그리고 사회적 사이버 공간이 있는 덕분이다. 내가 온라인으로 만난 사람들, 대부분 가상의 도구로 소통하는 사람들조차도 내가 위험에 처했을 때 기꺼이 달려와주었고, 암스테르담과 이스탄불에서 점심을 대접해주었으며, 커뮤니티의 종류와 상관없이 나를 배려하고 즐거움도 나누어주었다. 그 과정에서 내가 깨달은 것도 있다. 사람들과의 직접적인 만남도 유지해야 한다는 사실 말이다.

셰리 터클 MIT 교수는 배런이 말한 양적 조절 같은 요소가 소셜 미디어에서 소외를 부추기는 근본 원인이라고 생각한다.

사람들은 말하는 것보다 글로 쓰는 걸 더 좋아하는 듯하다. 글은 쓰는 시간을 조절할 수 있기 때문이다. 상황에 따라 언제가 좋을지 정할 수도 있다. 우리가 살면서 행하는 커뮤니케이션의 속도와 양을 결정할 수 있게 되면서, 우리는 이 커뮤니케이션을 매우 드라마틱하게 조율하게 됐다. 따라서 디지털 커뮤니케이션에서는 '제어할 수 있는 인간관계'가 중요한 화두로 부상했다. 그 때문에 가끔씩 우리는 함께 있지만 외로워지기도 한다. 제어할 수 있는 인간관계에서는 굳이 혈연관계에서 느끼는 애착이 필요 없기 때문이다.[54]

양적 조절의 장점을 극대화하기 위해서는 양적 조절에는 장점과 위험이 모두 따른다는 사실을 먼저 이해해야 한다. 내가 디지털 미디어를 통해 만나는 사회는 물리적이지는 않지만 충분히 현실적이다. 하지만 그 사회를 나의 유일한 현실로 받아들여서는 안 된다는 것을 깨달았다. 배런은 언어와 사고, 사회의 변화는 그것이 옳든 그르든 결국 개인의 선택에 달렸다고 결론지었다. 나는 배런의 우려와 경고에 동의한다. 미디어 리터러시에 대한 나의 견해는 배런이 도달한 바로 그 결론과 맥을 같이하며, 그것이 이 책을 쓴 이유이기도 하다. 즉 단순한 기술이 아니라 인간의 주체성이 핵심이다. 그러므로 기술에서 비롯되었지만 여전히 인간을 중심으로 변화하는 이 시대에는 당신과 내가 무엇을 알고, 무엇을 생각하고, 어떻게 행동하는지가 중요하다.

매기 잭슨의 저서『집중력의 탄생』의 한 구절이다. "지금 우리가 살아가는 방식은 우리가 사려 깊게 지속적인 통찰력을 발휘할 수 있게 해주는 주의력을 갉아먹고 있다. 주의력, 곧 우리가 친밀감을 쌓고 지혜를 발휘하며 문화적 진보를 이룰 수 있게 해준 토대가 무너져가고 있는 것이다. 더 큰 문제는 주의력의 침식이 우리 자신과 이 사회에 더욱 엄청난 대가를 요구할지도 모른다는 사실이다." 그냥 흘려들을 말이 아니다. 그 이유를 잭슨은 이렇게 설명한다. "침식 수준이 임계점에 이르렀기 때문이다. 우리 사회는 깊이 있게 지속적으로 집중력을 유지하는 능력을 상실해가고 있다. 요컨대 우리는 새로운 암흑기로 미끄러지고 있다." 그녀는 전보에서 시작된 커뮤니케이션 기술이 "동시성과 주의력 분산"을 조장하는, "주의력 결핍 문화"의 역사가 펼쳐지고 있다고 역설한다. 그리고 기술이 "인간관계의 이상향"을 꿈꾸는 사람들의 욕구를 충족시켜주면서 우리를 물리적 현실에서 더 멀리멀리 떨어진 가상세계로 인도한다고 했다. "처음, 그것은 보이지 않는 세계로의 탐험이요 침공이었으나, 이제는 이 새로운 차원의 세상에 아예 거주하고자 하는 열망이 급속히 자라나고 있다."[55] 구성원 대부분이 읽고 쓸 수 있는 사회가 한때는 이상향으로 간주되었고, 우리가 처음으로 상징을 다루는 방법을 깨우쳤을 때 가상세계는 우리 종족에게 중요한 의미였다. 오늘날의 기술은 전혀 새롭게 느껴지지만, 인간의 의식을 변화시킨 (혹자들의 표현으로는 '확장한') 미디어 이용의 역사는 4만 년 전의 동굴벽화로 거슬러올라간다.

매기 잭슨의 저술에는 주의력 결핍 문화에서 유발된 위협이 사회의 여러 방면으로 확산되는 모습이 잘 묘사되어 있다. 디지털 등 주의를 산만하게 만드는 첨단기술이 초래한 다중작업 습관은 주의력의 지속성을 훼손한다. 스스로 깨닫지도 못하는 사이에 우리는 신뢰가 아닌 감시와 감독이란 바탕 위에서 사적인 인간관계를 형성하는 일이 점점 더 많아지고 있다. 책이 사라지고 있다(머잖아 더욱 그럴 것이다). 글과 싸우며 '힘들게 얻은' 능력을 희생하고 있는 것이다. 주의력 결핍 문화의 종착역이자 잭슨이 우려했던 암흑기가, 문명의 급작스러운 붕괴를 동반하지는 않더라도 천천히, 피할 수 없는 퇴조의 형태로 다가오리란 사실은 자명해 보인다. "초반 전성기에는 반짝이는 매력과 섬광 같은 변화에 매혹되어, 우리 가까이 살금살금 다가오는 희미한 그림자와 쇠락의 황혼을 제대로 알아채지 못한다."[56] 나도 잭슨의 예언과 비슷한 느낌으로 수렁을 바라본다. 하지만 나는 반전의 길을 찾는다. 잭슨의 논리에 맞설 생각은 없다. 오히려 나는 그녀의 고민에 대한 해답을 제시하려 애쓰고 있다.

잭슨과 나는 이런 재앙도 '주의에 또 주의를 기울임으로써' 극복할 수 있으리라고 본다. 종말론에 가까운 예언과 달리 그녀의 마지막 말은 희망적이다. "그럼에도 '주의력의 부흥기'가 바로 코앞에 와 있는지도 모른다. 유행병처럼 번지는 주의산만에 대한 해결책은 바로 우리의 깨달음에서, 즉 주의력 개념을 이해하고, 강화하며, 교육해야 할 필요성을 깨닫는 데서 비롯된다. 진보란 무엇인지, 지금 그 의미를 깨달을 수도 있고 나중에 가서야 알게 될 수도 있겠지만 그런 고민을 하는 순간 이미 희망의 불꽃은 피어오른다."[57] 만일 매기 잭슨의 생각이 옳은 것이라면 과연 우리가 할 일은 무엇인지를 나는 고민했다. 그렇게 해서 내가 얻은 최선의 실용적인 처방은 사람들이 매개 커뮤니케이션을 더 분별 있게 사용할 수 있도록 돕는 교육을 제공하는 것이었다. 그녀가 주의력을 주제로 보스턴boston.com에 올린 글에서 제기한 문제에도 나는 공감한다. "연구 결과에서도 짐작할 수 있듯이, 집중하는 능력을 훈련시킬 수 있다면 그다음 과제는 주의력을 교육과정에 넣느냐 마느냐, 넣는다면 어떤 방식으로 하느냐이다. 과연 주의력이 21세기의 부모와 교육자, 나아가 고용주들이 가르치는 하나의 기술이자 '교과목'이 될 수 있을까? 점점 더 많은 교육자들이 주의력 훈련에 관심을 기울이고 있으며, 주로 교실에서 명상을 통해 이를 훈련시키고 있다."[58] 나도 그녀와 같은 생각이다. 소셜 미디어를 사용할 때 필요한 자기조절 능력과 함께 주의력, 참여, 허위정보 간파, 협업, 네트워크 지성 등을 미래의 네티즌에게 가능한 한 일찍 가르쳐야 한다.

린다 스톤은 이메일 무호흡증 개념을 정립한 것 외에도, 과거 미디어에 비해 디지털 미디어에서 훨씬 효과적인 또다른 행동 개념을 찾아냈다. 즉 동시에 많은 사람들과 소통하며 다양한 소스로부터 정보를 얻는 방식이다. 지금 통화하고 있는 상대방이 웹서핑을 하거나 이메일을 확인하고 있다면, 통화 목소리에서 느껴지는 머뭇거림을 누군들 눈치채지 못하겠는가? 이런 비사교적인 다중작업 형태는 강의실의 랩톱 사용에서부터 회의실의 휴대전화 이용에 이르기까지 곳곳에서 벌어지는 현상이다. 〈뉴욕타임스〉의 한 기사에 구글의 최고경영자 에릭 슈미트Eric

Schmidt의 일화가 실렸다. "구글에 합류하여 세르게이 브린Sergey Brin과 래리 페이지Larry Page 같은 젊은 설립자들과 일하게 된 슈미트는 회의실에서 자신이 발언하는 사이에 사람들이 랩톱으로 이메일에 답하는 모습을 보며 무척 당황했다고 한다. '그런 행동을 바꿔보려다가 포기했어요.' 그가 말했다. '이메일에 답장을 안 하면 안 되니까요. 빨리 안 보내면 큰일나는 줄 아니까요.'"[59]

"만들어진 지속적인 위기감 속에서, 언제 어느 곳에서든 온라인 환경에서 상시적으로 부분적인 주의를 분산시키는 행동." 스톤은 그들의 행동을 이렇게 묘사했다. 그녀는 스마트폰과 랩톱으로 움직이는 세상이 새로운 '우성優性 주의력 패러다임'에 사로잡혀 있다고 본다. 친한 친구와의 전화통화, 친구 한 명 또는 단체로 여러 명과 나누는 문자메시지 대화, 더 넓은 범위의 소셜 네트워크 등 다양한 사회적 상황에서 교류의 시점에 따라 동시성과 비동시성 사이의 어딘가에서 이루어지는, 스톤이 명명한 '부분 동시성' 커뮤니케이션이 우성 주의력 패러다임의 특징이라고 했다.[60]

이메일 무호흡증에서도 그랬듯이 스톤의 이번 접근법도 다분히 규범적이다. 지속적인 주의 분산continuous partial attention은 개인의 건강과 안녕을 위협할 뿐 아니라 자기성찰과 진실한 사회적 교류를 방해한다. 이 문제에 대해 그녀는 이중의 해법을 제시한다. 첫째는 '숨쉬기'다. 이메일 무호흡증은 지속적인 주의 분산 상태에서 나타나는 '증상'인데 이에 대한 치유책도 결국은 호흡에 있다. 둘째, 사람과 계속 교류하고픈 충동을 조절하고 주의를 관리하는 방법을 배울 필요가 있다. 우리 주의력이 마구잡이로 날뛰도록 방치하기보다는 이를 신중히 조절할 때 몰입도가 훨씬 높아진다고 스톤은 말한다. 적어도 나는 그녀에게 이론異論의 여지가 없을 듯하다. 내가 스톤에게 주의력을 발휘하고 제어하는 구체적인 방법을 물어보자 스톤은 "주의력의 연료는 의도"라고 대답했다. 의도와 목표는 다르다는 말도 했다. "목표가 외부의 것이고 미래의 일이라면, 의도는 내부의 것이며 현재와 직접 관련되기 때문입니다. 그러면 언제부터 행동이 바뀔 수 있을까요? 변화는 바로 지금 일어납니다." 스톤은 다중작업이나 지속적 주의 분산을 상대로 성전聖戰을 벌이려는 게 아니다. 그녀는 이렇게 말했다. "인간의 의식에서 내가 가장 놀랍게 여기는 부분은 탄력성과 유연함입니다. 이런 의식이 발달된 사람들은 주의 전략을 융통성 있게 채택할 수 있을 뿐 아니라 현재의 상황에서 어떻게 주의를 기울이면 좋을지를 판단하는 감각도 뛰어납니다."[61]

한편 나는 인터넷이 정말로 우리를 바보로 만드는지를 이론적이고 철학적으로 뒷받침할 수 있는 과학적 근거를 찾다가 알게 된 터프츠 대학의 아동발달학 교수 매리언 울프의 통찰에 전율을 느꼈다. 울프는 독서의 신경학적, 인지적, 문화적 측면을 연구해온 전문가로, 책이나 컴퓨터 네트워크 같은 미디어가 두뇌에 영향을 미치는 과정을 밝혀야 하는 난제에 직면하여 저서『책 읽는 뇌』에서 이렇게 서술했다.

독서는 타고나는 능력이 아니다. 인류가 독서를 발명한 지는 고작 몇천 년밖에 되지 않았다. 이 발명으로 인류는 두뇌구조를 재구성했고, 그 덕분에 사고 능력과 방식이 확장되어 인류는 비약적인 지적 진화를 이뤘다. 독서는 인류 역사상 가장 위대한 발명품의 하나이며, 그 소중한 결과물 중의 하나가 바로 역사를 기록하는 능력이다. 우리 선조들의 창조능력은 기존의 구조 속에서 새로운 회로를 만들어내는 두뇌의 놀라운 능력이 있기에 가능했다. 즉 경험에 따라 두뇌의 구조를 달리하는 능력이 있기에 가능한 과정이었다. 이 두뇌구조의 핵심이 가소성plasticity이며, 이것은 지금의 우

리와 미래의 우리를 창조하는 데 중요한 기반으로 작용한다.[62]

인간의 사고 프로세스는 사실 와이어링wiring(회로 구축)이나 리와이어링rewiring(회로 재구축) 개념과는 거리가 멀다. 이해를 돕기 위해 편의상 그런 식의 비유를 사용할 뿐이다. 동기화 과정에서 특정 뇌세포 체제가 자극받는 현상이 고정회로와 비슷한 점이 있을지라도, 인간의 두뇌는 리와이어링의 은유가 암시하는 것보다 훨씬 역동적으로 작동한다. 울프는 뉴런 다발이 새로운 회로들을 창조하고, 사람이 새로운 기술을 습득할 때 특정 네트워크 속에서 각 회로들의 경로가 활성화된다고 주장한다. "이런 구조 덕분에 우리는 태생적으로 타고난 것들을 바꾸고 극복하는 능력을 획득하게 되었다"고 그녀는 말했다.[63] 이것이 바로 카가 우려하던 신경가소성이다.

시각적 패턴을 인식하여 의미를 추출해내는 인간의 생물학적 능력은 타고난 것이지만, 지식을 전달하기 위해 언어와 시각적 장면, 주의를 조합하는 과정은 창조된 것이다. 따라서 독서는 의식적인 기술이다. 시각적 요소들을 동반하는 독서 행위는, 육식동물의 발자국을 판독하고 추적하여 사냥하던 인간의 내면 깊이 자리한 지각 메커니즘을 이용하는 듯하다.[64] 독서를 위해 두뇌가 가동시키는 각각의 선천적 능력들은 일부의 생존요건과 반응하며 진화한다. 이 과정을 울프는 이렇게 설명한다.

독서할 때의 두뇌는 원래의 시각과 그 시각을 개념적, 언어적 기능으로 연결하기 위해 설계된 신경 경로를 이용하는 것으로 보인다. 예컨대 발자국 형태에 대한 인식을 그 발자국이 위험신호일 수도 있다는 추정으로 재빨리 연결하거나, 이미 인식된 도구와 육식동물 또는 적 등을 단어와 연결하여 기억을 재생할 수도 있다. 그러므로 문해력과 계산력 같은 창조적 능력과 관련된 일에 부딪혔을 때 우리의 두뇌는 세 가지의 창의적 설계 원리를 따라 움직인다. 기존의 두뇌구조 속에서 새로운 회로를 형성하는 능력이 첫째이고, 정보의 유형을 인식하기 위해 정확한 전문 영역을 형성하는 능력이 둘째이며, 이들 영역에서 자동으로 정보를 취득하고 연결하는 방법을 학습하는 능력이 세번째다. 두뇌 조직의 이 세 가지 원리는 독서의 진화와 발전, 실패 등 모든 과정에서 어떤 식으로든 바탕으로 작용한다.[65]

독서를 위해서는 이 세 가지의 지각 및 인식 기능들이 고도의 조화를 이루어야 한다. 문자 형태의 시각적 인식, 문자의 배열, 단어 표현으로서의 배열 인식 등 이 모두가 우리의 두뇌가 생물학적 진화를 통해서는 습득할 수 없는 방식으로 동시에 작동해야 한다. 하버드 대학의 심리학자 스티븐 핑커Steven Pinker 교수는 이렇게 묘사한다. "아이들은 천성적으로 소리에 이끌리지만, 활자도 노력으로 반드시 익혀야 하는 선택적 부속물이다."[66] 사람들에게 읽는 법을 가르치면, 선천적으로는 통합될 수 없는 프로세스들을 활용하여 새롭고도 중요한 다음 단계의 프로세스를 창조할 수 있다. 이는 곧 지식을 문자 기호로 기록하고, 이 기호를 시간과 공간에 구애받지 않고 전승하며, 아주 먼 곳에 떨어져 있거나 혹은 미래의 훈련받은 누군가가 그 지식을 해독하도록 하는 능력과 과정을 말한다. 표지판에 표시한 문자나 학생들의 기계적인 알파벳 암송 등 문명의 태동기에나 어울릴 법한 방식들도 활용하기에 따라서는 두뇌를 변화시켜 완전히 새로운 의식 메커니즘을 창조하는 계기가 될 수도 있다.

또 한 명의 독서 전문가인 스타니슬라스 드엔은 새로운 작업에 반응하기 위해 이미 진화한 이 두뇌 메커니즘의 활용을 '신경세포 재활용neuronal recycling'이라고 명명했다.[67] 신경 및 문화 가소성의 단계별 수준에 따라 문해력의 수준도 점점 더 활성화된다. 즉 사람들에게 읽기 훈련을 시키면 두뇌의 기능을 연결하는 방식에 영구적인 변화가 일어나고, 기존의 두뇌 기능도 읽기나 쓰기, 계산 같은 새로운 작업을 수행하기 위해 조정과정을 거치며, 문해력이 증강된 사람들은 더 훌륭한 글과 인쇄기, 무선전신기를 개발할 수도 있게 되는 것이다. 두뇌와 웹의 만남을 둘러싼 폭넓은 역학을 이해하는 것이야말로 필수적인 메타지식metaknowledge이다. 메타지식은 매개 주의mediated attention에 대한 조절능력을 높이려는 당신의 노력에 힘을 실어준다.

울프는 2500년 전 소크라테스가 알파벳과 관련하여 제기한 우려를 언급한다. 그녀는 문해력을 역사적인 측면에서 이해할 수 있다고 추론하지만, 한편으로는 소크라테스의 반감에 공감하며 그의 견해에도 충분히 설득력이 있다고 생각한다.

소크라테스는 문어文語에 대해 사람들이 의아하게 여길 법한 진단을 내놓곤 했다. 그는 문어가 사회에 심각한 위협을 끼친다며 무척 흥분했기 때문이다. (…) 그리고 이제 정보를 새로운 방식으로 취득하게 된 지적 변천을 앞둔 우리는 이런 반감의 본질을 이해하려는 노력을 아끼지 말아야 한다. 첫째, 소크라테스는 구어와 문어가 개인의 지적 인생에 매우 다른 영향을 미친다고 판단했다. 둘째, 그는 문어가 기억과 지식 내면화 모든 측면에서 작용한다는 이 새로운(설득력은 떨어지더라도) 요건을 재앙의 관점에서 바라보았다. 셋째, 소크라테스는 구어가 사회의 도덕성과 미덕 함양에 특별한 역할을 한다며 이를 강하게 옹호했다. 이렇게 여러 가지 면에서 소크라테스는 문어가 구어에 비해 조악하다고 판단했고, 그 근거들에 담긴 강력한 경고는 지금까지도 여전히 유효하다. (…) 결과적으로 소크라테스는 독서를 기피하지 않았다. 그가 우려했던 것은 과도한 지식과 그에 따른 결과물, 즉 '피상적 이해'였다. 배우지 못한 사람이 독서를 한다면 지식에 대한 통제력을 부지불식간에 돌이킬 수 없는 수준까지 상실한다는 의미였다. 소크라테스는 이렇게 표현했다. "무언가가 일단 글로 쓰이기 시작하면, 내용이 무엇이든 그 글은 곳곳을 떠돌아다니며 그 내용을 이해하는 사람들뿐 아니라 그와 전혀 무관한 사람들의 손에도 똑같이 들어간다. 글은 그 내용에 맞는 사람을 선택할 수도, 그렇지 않은 사람을 배제할 수도 없다. 그리고 글이 학대받거나 불공정한 대우를 받더라도 스스로 방어하거나 도움을 줄 수도 없으므로 주인의 도움이 필요하다." 그의 해학과 노련한 풍자의 이면에는 교사나 사회의 지도 없이 문해력을 습득한 사람들이 도리어 그 문해력 때문에 지식을 잘못 받아들이는 위험에 노출될 수 있다는 깊은 우려가 담겨 있다. 소크라테스에게 독서는 새로운 판도라의 상자였다. 다시 말해 문어가 일단 배포된 후에는 그 글에 담긴 내용과 그 글을 읽을 사람들, 그 글을 해석하는 방식에 대해 그 어떤 것도 책임질 수 없다는 의미다.[68]

뛰어난 기술에는 항상 거래가 따른다. 이 새로운 도구의 효용이야 일찌감치 밝혀져 있었지만, 우리가 오래도록 치러야 할 대가는 시간이 흐르면서 비로소 차차 그 윤곽이 드러날 것이다. 소크라테스는 배우지 못한 사람들이 지식을 손에 쥘까봐 걱정했다. 소크라테스가 살던 시대에 아테네의 자유인들에게 예속되었던 노예들은 '교양' 학습에서 배제되었다. 아테네 시민들이 민주주의 체제에서 자유를 존속시키기 위해 필수적인 소통기술로 습득한 것이 바로 교양이었기 때문이다. 처음에는 알파벳의 등장으로, 나중에는 인쇄기의 발명으로 많은 사람들이 글을 읽고 쓸 줄 알게 되고 또 교육도 받으면서 오늘날 우리가 알고 있는 지식의 형성과 통치가 가능해졌다. 대중 문해력mass literacy의 한 가지 허점을 들라면, 읽기 교육을 받은 사람들 모두가 소크라테스의 작품을 혼자 이해할 수 있는 건 아니라는 사실이다. 자유와 독립을 쟁취하기 위해 엘리트보다 많이 배우고 싶은 사람이 있어도 모든 것의 의미를 충실히 가르쳐줄 교육자들이 부족하다는 문제에 부딪힌다. 또 문해력의 범위를 급하게 확장하려는 사람은 깊이의 희생이라는 또다른 대가를 고려해야 한다. 문제는 깊이의 희생을 피할 수 있는지, 아니면 이것이 지식을 민주화하는 기술에서 비롯되는 불가피한 결과인지 하는 점이다.

민주화는 세속화를 유발한다. 문화적 행위는 흔해질수록 천박해지고 잘못 해석되는 경향이 있다. 20세기 초, 젊은 저널리스트였던 월터 리프먼Walter Lippmann은 근대적이고 복잡한 사회를 통치하기에는 미국 시민들이 지나치게 순진하고 아는 것이 없다고 주장했다. 이에 대한 화답으로 철학자이자 교육학자였던 존 듀이는, 민주주의 체제에서는 통치의 주체를 엘리트로 한정할 게 아니라 국민 모두가 공교육을 통해 더 똑똑해지고, 발전된 언론을 통해 더 많은 정보를 얻도록 해야 한다는 해법을 제시했다.[69]

나는 카의 주장에서 리프먼의 공명음을 듣고 울프의 제안에서 듀이의 화답을 본다. 울프는 독서를 어렵게 만드는 지각이상인 난독증 인구가 사라지지 않는 현상을 "사람마다 두뇌의 서로 다른 조직이 작동한다는 사실을 상기시키는 진화론적 사례"로 본다. 그의 설명은 이렇다. "일부 조직은 독서할 때는 제대로 작동하지 않지만 건축이나 예술적 창조 작업, 패턴 인식 같은 영역에서는 중요한 기능을 한다. 고대 전쟁터에서든, 현미경 슬라이드 위에서든 말이다. 일부 뇌조직의 역할이 이렇게 다른 이유는 눈앞에 닥친 커뮤니케이션 상황에서의 요구조건이 다르기 때문일 수도 있다." 동시에 울프는 정보가 탄생하고 처리되며 소비되는 속도가 점점 빨라지는 데 따르는 인지효과도 주시한다. 지적知的 기술이 꽃필 수 있는 이유는 "독서 뇌구조의 핵심인 '생각하는 시간'이라는 보이지 않는 선물 덕분"이라고 그녀는 책에서 적고 있다.[70]

난독증에 걸린 아들에게 읽기 훈련을 시키며 난독증을 과학적으로 연구한 울프는 교육과 학습의 효과를 누구보다 신봉하는 사람인 듯하다. 그녀는 알파벳 문해력 교육의 효과를 정보와 미디어 리터러시와 관련된 문제들에도 적용할 수 있다고 주장한다.

> 문서의 종류에 따라 필요한 요건을 바탕으로, 아이들이 문서를 다양한 측면에서 유연하게 읽고 해석할 수 있는 '중의적 해석' 또는 '다중해석' 능력을 갖추도록 해야 한다. 이는 아이들을 발달 단계에 맞게 치밀하게 교육함으로써 성취할 수 있을 것이다. (…) 독서능력 계발에 대해 연구한 결과, 나는 한 가지 고민을 얻게 됐다. 아이들이 이미 소크라테스가 경고한 바 있는 위험에 노출되어가고 있는 듯하다는 점이다. 소크라테스는 사회 구성원들이 정보를 잘못 독해하고 그릇되게 판단할 때 그 사회의 심오한 지적 잠재력은 발달이 위축될 수 있음을 경고했다. 교육만 제대로 한다면 그런 상황까지 이르지는 않겠지만, 난독증이 있는 아이들에게도 이런 위험이 동일하게 존재하는 것은 사실이다.[71]

나는 주의력 교육법을 계발하는 것이 울프가 지향하는 교육의 근간이라고 믿고 있다.

자제심과 분별력

분별mindfulness의 가장 일반적인 의미는 기계적으로 굴러가는 세상에서 깨어 있는 것이며, 우리의 일상 경험 속에서 새로운 무언가를 찾아내는 감각이라고 할 수 있다. 의식의 분별이 있는 사람의 머리에서는 에너지와 정보의 흐름이 자각적 주의로 향하며, 그 흐름의 내용을 진단하고 이를 새로운 방향으로 이끄는 것 모두가 가능하다. 분별 있는 의식이란 단순히 안다는 것 이상의 의미를 담고 있다. 즉 의식 자체의 다양한 측면들을 이해하고 있다는 뜻이다. 분별은 기계적이고 부주의한 환경에서 우리가 깨어 있도록 도우며, 성찰을 통해 더 나은 선택과 변화를 가능하게 한다.

지금 당장의 경험과 의식 자체의 본질에 대해 특정한 방식의 주의력을 계발할 때, 주의를 집중하는 방식이 의식의 형태에 직접적인 영향을 미친다. 여기서 의식의 특별한 형태인 분별도 만들어진다.(대니얼 시겔, 『깨어 있는 두뇌』, 2007)

과학자들과 명상가들 모두 간단한 연습만으로도 민첩한 주의력을 기를 수 있다고 주장한다. 시카고 불스와 LA 레이커스 팀이 명상 지도자를 활용하는 이유도 그 때문이다. 근육과 마찬가지로, 주의를 집중하는 과정도 연습을 통해 강화함으로써 뇌기능의 상당한 변화를 유도할 수 있다.[72] 실제로 어떤 효과가 있고 또 그 방법은 무엇인지 지금부터 살펴본다.

나는 1968년 리드 대학에 다니면서 캘리포니아 대학 샌프란시스코 캠퍼스의 조 카미야Joe Kamiya 박사의 연구를 토대로 학부 논문을 쓰던 때부터 주의력 훈련과 관련된 신경학에 관심을 갖기 시작했다.[73] 카미야 박사는 불교 승려들의 뇌파 전위 기록(보통 뇌파로 불린다) 패턴을 연구한 결과, 일반인들의 알파파가 초당 8~10헤르츠인 데 비해 명상에 익숙한 승려들의 수치는 더 높게 나타났다고 주장했다. 두피 전극으로 탐지하는 전기 리듬으로는 두뇌활동의 미세한 영상을 포착하기 어려우며, 뇌파 전위 기록술은 절벽 위에 서서 해안으로 밀려드는 물결을 보며 해저海底를 분석하는 것과 비슷하다. 그리고 뇌파는 의식 상태에서 신경계의 연관성을 들여다볼 수 있는 창과 같은 구실을 한다. 1968년, 이 흥미로운 개념이 연구에 활력을 불어넣기 시작했다. 즉 자신의 뇌파 형태를 알 수 있게 된 사람들이 그 뇌파를 조절하여 결과물에도 영향을 미치는 방법에 관심을 갖게 된 것이다. 카미야는 명상가가 아닌 일반 피실험자들도 알파파가 탐지될 때마다 청취 가능한 소리를 들려주고 그 소리를 최대한 오래 생각하도록 지도함으로써 알파파의 가동 비율을 높일 수 있다고 강조했다. 바로 '브레인 바이오피드백brain biofeedback' 또는 '뉴로피드백neurofeedback'으로 알려진 기법이다.[74]

나는 리드 대학을 졸업하고 나서는, 당시 스토니브룩의 뉴욕 주립대학에서 카미야의 연구 성과를 현실에 적용할 방법을 연구하던 레스터 페미Lester Fehmi 교수의 연구팀과 함께했다. 그의 연구는 지금까지 계속되고 있지만 나는 1970년부터 신경학 분야에서 손을 뗐다. 페미 교수가 2007년에 공동저자 짐 로빈스Jim Robbins와 함께 출간한 최근작 『오픈 포커스*Open Focus*』는 뇌파 조절과 연관된 의식 상태를 서술적 명칭descriptive name으로 표현한 것이다.[75] 당시의 기억을 돌이켜보면, 알파파가 지배하는 의식 상태에서는 실제로 집중력이 강화되고, 꿈을 꾸거나 생각이 많거나 주의가 산만할 때와는 상반된 느낌을 받는다. 그럼에도 의식은 열려 있어서 반드시 한 가지 대상에만 집중하는 것은 아니다. 이를테면 일정한 어조의 소리를 통해 더 많은 알파파를 생성시킬 수도 있다. 나는 그 학교의 전자기 차폐실에서 오래도록 생활하며, 피실험자들(간혹 나도 포함되었다)의 두피에 전극을 설치하고 그들(혹은 나)의 뇌파신호를 선이 그어진 두루마리 종이 위에 파동 형태로 바꾸는 작업을 했다. 당시에는 그 작업과 관련된 디지털 기술이 없었기 때문에 모든 과정을 아날로그 방식으로 처리했다. 기계에서 빠져나오는 두루마리 종이를 관찰하며 어떤 모양이 알파파 패턴인지 구분하는 방법도 배웠다.

그때 나는 특별히 노력하지 않고서도, 청취 가능한 피드백 소리의 어조를 머릿속에서 유지함으로써 두루마리 위에 원하는 모양의 패턴이 기록되도록 했던 기억이 난다. 그렇다고 해서 그냥 '내버려뒀다'는 뜻은 아니다. 의식적인 노력을 완전히 멈춰버리면 피드백 소리와 패턴도 요동치곤 했다. 페미의 '오픈 포커스'는 하나의 과제에만 몰입하지 않는 집중 상태, 또는 다양한 인식과 생각, 계획, 목표, 기억 등과의 연결을 유지하는 상태를 효과적으로 서술하는 표현이지만, 이때도 의식은 지속적으로 깨어 있고 현재의 상황을 스스로 경계한다. 뉴욕 주립대학을 떠난 후로 나는 전자제품 방면에서는 도가 튼 친구를 도와 작은 상자에 쏙 들어가는 두뇌 바이오피드백 세트를 개발하기 위한 자금을 마련해야 했다. 한번은 그 친구가 몇 달에 걸쳐 작업한 회로 설계를 버리고 싶다는 말을 했을 때, 나는 속으로 말도 안 되는 소리라며 웃고 넘겼던 적도 있다. "이게 내가 장치 속에 장착하려 한 증폭회로일세." 친구는 연필 지우개만 한 작은 금속장치를 들어 보이며 말했다. 그것은 연산증폭기operational amplifier였는데, 최근에 개발된 통합회로 중에서 가장 널리 사용되는 것으로 실리콘칩을 기반으로 하는 소형 복합회로였다.

레스터 페미를 비롯한 뉴로피드백 연구자들이 반복적으로 입증해왔듯이, 뇌파와 다른 신체신호를 조절하는 방법을 배우면 명상과 통증 조절, 심지어 컴퓨터를 제어하는 데에도 유용하다(앞으로 언론에서 '생각으로 컴퓨터를 제어하는' 과학자들의 이야기가 나오면 뉴로피드백과 관련된 기사라고 생각하면 된다). 소수의 인지과학자와 임상의 및 일부 광신자들로 구성된 뉴 에이지New Agey 집단의 끊임없는 관심에도 불구하고 지난 40년간 뉴로피드백 분야는 소형 디지털 회로처럼 비약적인 발전을 이루지는 못했다.[76] 반면에 소형 디지털 회로는 의식 프로세스와 연관된 두뇌의 미세한 부분을 촬영할 수 있는 기능성 자기공명영상장치fMRI 같은 한층 정교한 두뇌영상장치의 탄생에 기여했다. 주의력 프로세스의 기반이 되는 두뇌 메커니즘은 매우 복잡하지만, 신경계와 관련된 주의력 프로세스를 이해한다면 그 과정을 조절하는 방법도 배울 수 있다는 카미야의 연구 결과를 강력하게 뒷받침하는 연구 사례도 속속 등장했다. 1968년에 나를 사로잡았던 바로 그것이 지금까지도 주의력 연구자들을 매료시키고 있다. 의식을 변화시키면 두뇌를 변화시킬 수도 있다는 근거 말이다.

신경과학계와 명상사유 학파는 모두 '주의력 훈련'이라는 공통의 과제를 안고 있으며, 이들이 자율적으로 두뇌의 변화를 이끌어내는 기법을 지칭하는 용어는 동일하다. 바로 '분별mindfulness'이다. 분별의 권위자인 존 카밧진Jon Kabat-Zinn은 이 분별*을 '의도적으로 주의를 기울임으로써 분명해지는 의식'이라고 표현한다.[77] 약간의 직접적인 훈련만으로도 상당한 수준에 이를 수 있는 이 의식은 다른 모든 리터러시의 도대를 형성하는 강력한 도구다. 분별은 디지털 참여, 협업, 허위정보 간파, 네트워크 지성 등 이 모든 기술을 주의력과 연결하는 고리다. 분별이야말로 정보의 물결에 휩쓸리지 않고 이를 올바르게 활용하려는 사람 모두에게 가장 중요한 도구다. 분별을 통해 우리는 지각 있는 행동을 실행하고,

* 카밧진의 '분별'은 명상 분야에서 '마음챙김'이라는 표현으로 많이 번역된다.

계속해서 이를 강화하고, 현명한 판단을 내릴 수 있다.

소렌 고드해머Soren Gordhamer는 저서 『위즈덤 2.0*Wisdom 2.0*』에서 분별에 대해 이렇게 기술했다.

내 스승님께서는 늘 이렇게 말씀하셨다. "평소 하던 대로 하되, 뭘 하는지는 알고 하거라." 어떤 행동이든 제대로 인식해야 그 경험을 더 좋은 방향으로 변화시킬 수 있다는 뜻이다. 대화에서도 그 내용을 충분히 인식해야 상대방의 말을 더 잘 이해하고 귀 기울일 수 있다. 과제를 수행할 때도 핵심을 꿰뚫고 있어야 발전 방향을 더 쉽게 찾을 수 있고, 나쁜 버릇도 제대로만 인식한다면 왜 그런 버릇이 들었으며 어떻게 하면 버릇을 바로잡을 수 있는지 깨우칠 수 있다. 어떤 행동이든 정확한 인식이 뒷받침될 때 그 행동의 본질이 달라지고 창조적으로 발전할 수 있다.[78]

고드해머는 시카고 불스와 LA 레이커스 선수들에게 '분별력을 향상시키기 위해' 명상을 가르친 스포츠심리학자 조지 멈퍼드George Mumford를 인터뷰한 적이 있다. 그때 멈퍼드의 대답 중에서 매우 인상적인 한 대목을 소개한다.

스포츠 분야에서 사람들의 관심을 끄는 것은 '구역zone 안에 자리하고 활동하는 것', 다시 말해 그 대상에 집중하는 것입니다. 최선을 다하는 사람을 나무라는 경우는 없으며, 이런 사람들은 언제나 남보다 한 걸음 더 빨리, 더 앞으로 나아갑니다. 무엇이 어떻게 진행되고 있는지를 정확히 분별하고 있을 때 가능한 일이지요. 가끔은 자의식이 결여되고, 집중력이 흐트러지고, 별다른 노력 없이 그저 흐름에 몸을 맡기는 경우도 있습니다. 살아가면서 하는 이런 경험들을 자주 스포츠에 빗대어 생각하는 이유는, 스포츠는 규정과 지침이 있고 또 신속한 피드백을 얻어야 하는 환경에서 진행되기 때문입니다. 그런 환경 속에서 활동에 몰입할 때 최선의 노력을 기울이게 됩니다. 이처럼 최선을 다하는 상황이 실제로는 그렇게 많지 않지만, 상황을 파악하고 분별하는 요령을 익힌다면 이런 상황을 더 자주 만들 수도 있습니다. 분별할 수 있을 때, 즉 현실을 정확히 인식할 때 지금 이 순간에 몰입할 수 있습니다. 분별이 필요한 이유는 이 분별을 통해서만 상황을 제대로 파악할 수 있기 때문입니다. 무엇이 필요한지를 파악하고 실행하는 것, 이것이 분별의 참뜻입니다.[79]

의식을 활용해서 두뇌에 영향을 미치려면 분별이 실제로 효과적인 이유부터 이해해야 한다. 여기서 간략히 언급한 사례들 외에도 이미 많은 연구에서 분별력이 주의력에 끊임없이 영향을 미친다는 사실이 입증되었다. 이 책에서는 실험적 근거를 간단히 살펴본 후 이를 바탕으로 도출한 실용적인 실천법들을 알려줄 것이다. 나는 많은 연구원들과 함께 우리가 분별 있는 디지털 시민으로 성장하기 위해 필요한 가장 성공적인 접근법들을 밝혀냈다. 여기서 제시하는 조언을 무작정 받아들이라고 강요하지는 않겠다. 설령 그것이 실험을 통해 입증된 데이터라고 해도 말이다. 최고의 증거는 당신의 실천을 통해 확인할 수 있어야 한다. 당신은 이미 여러 가지를 생각하고 있으며, 앞에서도 언급했듯이 일부 학습 이론가들이 '초인지'라고 부르는 것들을 통해 당신의 주의력은 영향력을 행사하기 시작했다.

초인지metacognition란 생각 그 이상을 생각하는 행위를 말한다. 이 '초인지 전략'을 통해 사람들은 주의력 조절에 대해 배운 지식을 새로운 학습 과제에 적용할 수 있다. 즉 "초인지란 학습에 연계된 인식 프로세스를 효과적으로 조절하는 고차원적인 사고를 뜻한다."[80] 위키피디아에서도 이 용어를 꽤 상세하게 설명해놓았는데, 위키피디아에 따르면 초인지는 세 가지로 구분된다.

1. **초인지 지식**metacognitive knowledge, 상위인지이란 사람들이 인식처리자cognitive processor로서 자신과 타인에 대해 알고 있는 것을 말한다.
2. **초인지 규제**metacognitive regulation란 사람들의 학습 조절을 돕는 일련의 행동을 통한 인식과 학습 경험의 규제를 말한다.
3. **초인지 경험**metacognitive experience이란 현재의 지속적인 인식 노력에 영향을 미치는 경험들을 말한다.[81]

이 시점에서 초인지를 설명하는 이유는 초인지 개념을 알아야 인식활동의 효율을 높일 수 있다는 교육이론가들의 주장이 있기 때문이다. 따라서 개념을 이해하고 스스로 적용하는 두 과정이 모두 필요하다. 뉴욕주립대학 버펄로 캠퍼스의 제니퍼 리빙스턴Jennifer A. Livingston 교수가 쓴 글을 보자.

초인지 교육법에는 여러 가지가 있지만 가장 효과적인 방법은 학습자에게 인지 프로세스와 전략(이를 초인지 지식으로 활용할 수 있다) 모두에 대한 지식을 제공하고, 인지와 초인지 모두를 이용하는 경험이나 기법을 부여하며, 그 노력의 결과를 평가하도록(인지규제 능력을 향상시키도록) 하는 것이다. 경험 같은 것 없이 단순히 지식만 전달해서는 초인지 조절능력을 향상시키기에 충분치 않다.[82]

'지식'은 추상抽象이다. 그 내용이 무엇이든 지식의 뿌리는 두뇌활동이다. 신경학자들은 주의와 사고, 지식의 신경기질을 파악하기 위해 새로운 도구들을 활용한다. 주의력 훈련이 실제로 주의력의 민첩성을 향상시킬 수 있는지를 연구하는 사람들에게는 명상기법도 매우 매력적인 실험변인인 것으로 확인되었다.

토론토 대학의 노먼 파브Norman Farb 교수와 과학자 여섯 명은 초보 피실험자들에게 관명상* 기법을 시행한 후에 기능성 자기공명영상장치로 두뇌의 변화를 관찰했다. (관명상법을 간단하게 설명하면 이렇다. 마음 상태에 연연하지 말고 호흡에 집중한다. 그러다가 마음이 혼란스러워지면 다시 호흡에 집중하고 이 과정을 계속 반복한다.) 연구진은 실험 결과, 피실험자군에서 서로 다른 두뇌 조직과 연관되는 두 가지의 주의 유형을 발견했다고 발표했다. 연구원들이 처음에 '휴지休止 조직default network'이라고 했다가 '서사 조직narrative network'이라는 더 적절한 표현으로 명명한 이 두뇌 조직은 자신에 대해 생각하거나 상상에 빠져 있을 때, 기억을 환기하거나 계획을 세울 때 특히 활성화되었다.[83]

『사이콜로지 투데이』에 「분별의 신경학」이란 글을 실은 데이비드 록David Rock의 설명이다.

서사 조직이 활성화되면 당신의 과거와 미래, 자신을 포함하여 당신이 아는 모든 사람들, 이 거대한 정보의 그물들이 서로 어떻게 얽혀 있는지 등에 생각이 미친다. (…) 이 서사 조직을 통해 세상을 경험할 때는 외부 세계에서 정보를 받아들이고, 필터를 통해 각각의 의미를 처리한 다음, 여기에 당신의 해석을 덧붙인다. 서사 회로를 활성화한 상태에서 바닷가에 앉아 있는 사람에게는 시원한 바람이 단지 시원한 바람이 아니라 곧 여름이 끝난다는 신호다. 그래서 오는 겨울에는 어디서 스키를 탈 것인지, 스키복의 드라이클리닝은 어디에 맡길 것인지 등을 생각하게 된다. 서사 조직은 깨어 있는 동안 대부분 활성화되며, 이 조직을 가동하기 위해 특별한 노력이 필요하

* mindfulness meditation. 호흡에 집중하는 명상법의 일종.

지는 않다. 이 조직에는 아무런 문제도 없다. 다만 기억할 것은 이 조직을 거쳐 세상을 경험하겠다고 스스로를 제한할 필요는 없다는 점이다.[84]

파브의 연구진이 구명한 또하나의 조직이며, 주의가 깨어 있는 상태를 동반하는 이 조직을 그들은 '직접 경험 조직direct experience network'이라고 했다. 이때는 서사 조직과는 완전히 다른 두뇌 영역이 활성화된다. 서사 조직은 계획과정에 꼭 필요하며, 계획이 있어야 집중할 수 있고 또 중요하지 않은 정보를 여과할 수 있는 인식틀perceptual frame도 만들어진다. 그러나 직접 경험이 있으면 현재로부터 더욱 감각적인 정보를 받아들일 수 있으므로 반응도 훨씬 유연해진다(습관적이고 강제적인 반응과 상반된다). 서사 조직은 명상중에 계획과 기억으로 의식이 집중될 때 가장 활성화된다. 반면에 직접 경험 조직은 호흡에 집중할 때 활성화되며, 운동선수가 운동에 집중할 때 활발히 움직이는 조직 중의 하나이기도 하다.

파브의 연구진 외에도 여러 연구팀이 주의력과 관련한 관명상의 효과를 시험했다. 펜실베이니아 대학 심리학부의 아미샤 자Amisha Jha, 제이슨 크롬핑거Jason Krompinger, 마이클 베임Michael Baime은 분별 훈련 이전과 이후의 주의력과 관련된 신경 및 인지 하위체계를 실험한 결과 이런 결론을 얻었다. "분별 훈련은 주의력의 특정 하위요소들의 기능을 강화함으로써 주의력과 관련된 행동반응을 향상시키는 것으로 보인다."[85] 〈뉴욕타임스〉에는 세 사람이 미국 해병대의 훈련에도 참가했다는 기사가 실렸다. 무인항공기를 비롯해 수많은 곳에서 보내온, 생사를 가르는 정보가 스크린에 실시간으로 넘쳐나는 군대에서 주의력 훈련은 매우 중요한 문제다. "연구원들은 하와이 주 오아후 섬의 육군기지 군인들에게

'분별력 함양 훈련'이라는 이름의 두뇌계발 프로그램을 시행하고 있다. 이 훈련에서는 바닥에 서 있거나 의자에 앉아 있는 군인들에게 발과 같은 신체의 일부에 의식을 집중하게 한 다음, 에어컨의 소음이나 지나가는 자동차 같은 다른 대상으로 집중의 대상을 옮길 것을 요구한다."[86]

심리학자 마이클 포스너Michael I. Posner와 과학저술가 브렌다 패토인Brenda Patoine이 쓴 글을 보자. "나와 동료들은 그토록 중요한 실행 주의 조직executive attention network의 효과를 향상시키는 것이 무엇인지 궁금했다. 그 해답을 구하기 위해 우리는 본래 원숭이들의 우주여행을 훈련시키기 위해 설계된 일련의 실험방식을 개조해 4~6세 아이들의 주의력 훈련에 적용하고 그 효과를 조사했다." 그리하여 그들이 밝혀낸 내용은 이렇다. "(두뇌의) 기초 조직을 훈련시키기 위해 특별히 고안한 프로그램으로 실제로 주의력을 향상시킬 수 있고, 이런 유형의 훈련으로 일반적인 인지력도 개선할 수 있다."[87] 베리 대학 심리학부 조교수 파멜라 홀Pamela D. Hall은 명상을 배운 대학생들의 평균 학점이 대조집단에 비해 월등히 높았다는 연구 결과를 제시했다.[88]

명상, 분별, 주의력 훈련과 신경학의 관계를 연구한 사례는 이 책에 소개한 것보다 훨씬 많다. 내가 인용한 사례들이 수록된 주석을 살펴보면 이 새로운 분야에 대해 당신 혼자서도 많은 지식을 갖출 수 있을 것이다. 여기서 꼭 언급할 가치가 있는 연구 사례 하나만 덧붙인다. 1960년대 후반, 스탠퍼드 대학의 심리학 교수 월터 미셸Walter Mischel이 4세 아동을 대상으로 간단한 실험을 진행했다. 아이들 앞에 놓인 탁자에 마시멜로를 하나씩 놓고는 먹어도 좋다고 이야기한 후, 실험자가 몇 분간 나갔다 돌아올 때까지 먹지 않고 기다리는 사람에게는 마시멜로를 하나씩 더 주겠다고 했다. 미셸은 아이들이 혼자 유혹에 사로잡힌 장면을 촬영했다. 몇몇은 곧바로 마시멜로를 먹어치웠고, 다른 일부는 실험자가 돌아올 때까지 기다린 덕분에 보상을 얻었다. 이 연구의 진짜 흥미로운 점은 훗날 미셸이 피실험자들의 생활을 추적하면서 드러났다. 실험자가 돌아올 때까지 그 잠시를 참지 못하고 마시멜로를 먹어버린 아이들에게서는 기다린 아이들에 비해 더 많은 행동문제가 나타났을 뿐 아니라 수학능력시험SAT 점수도 평균 210점이나 차이가 났다. 미셸은 "지적 능력은 자제력과 깊은 관련이 있다"고 결론지었다. 조금 더 구체적으로 말하면, 주의를 스스로 얼마나 조절할 수 있느냐가 관건이다.[89]

저술가 조나 레러Jonah Lehrer는 『뉴요커』에 기고한 글에서 미셸의 연구를 언급했다.

오랜 관찰 끝에 미셸이 내린 결론은 결국 '전략적 주의 배분' 기술이 중요하다는 것이다. 참을성을 보였던 아이들은 마시멜로라는 '유혹적인 자극'에 휩쓸리지 않았다. 두 눈을 아예 감아버리거나, 탁자 아래서 숨바꼭질을 하는 척하거나, 〈세서미 스트리트〉의 노래를 부르는 식으로 주의를 분산했다. 먹고 싶은 욕구가 사라진 것이 아니라 스스로 잠시 잊게 만든 것이다. "마시멜로의 달콤한 맛을 생각하면 결국 손이 가기 마련입니다." 미셸은 말한다. "중요한 것은, 그런 생각을 일단 접어두는 것이지요." 어른들은 이 기술을 일컬어 '초인지'나 '생각 위의 생각' 같은 용어를 사용하며, 이 기술을 발휘할 수 있는 사람은 자신의 단점을 덮을 수 있다. (오디세우스가 돛대에 자신을 묶은 것도 바로 이 초인지 기술을 발휘한 것이다. 사이렌의 노래를 버텨내기 어렵다고 판단한 그는 아예 몸을 묶어 유혹이 통하지 않게 만든 것이다.)[90]

미셸은 선천적인 어떤 능력보다도 자제력이 중요하지만, 이 능력을 제대로 발휘하기 위해서는 환경과 개인적인 변수, 즉 보상을 극대화하고 문제를 최소화하는 개인적인 동기, 관점, 경험학(의식적 기교) 등도 감안해야 한다고 믿는다. 그는 이렇게 말했다. "우리가 세상을 통제할 수는 없습니다. 하지만 세상에 대한 우리의 생각을 조절할 수는 있습니다."[91] 네 살배기 꼬마가 작은 보상만으로 만족의 유보라는 놀라운 결과를 거두었다면, 우리도 우리의 의식을 공부함으로써 커다란 보상을 거머쥘 수 있다. 즉 '눈을 돌리는' 것처럼 단순한 기교만으로도 우리의 주의력이 지닌 가능성을 극대화할 수 있다.

이제 당신의 주의력 훈련 과정을 스스로 시험할 방법으로 눈을 돌려보자. 나는 먼저 명상의 신비로움을 파헤치는 것에서부터 시작하려 한다. 명상을 체험하지 못한 사람들은 (적어도 처음에는) 명상을 실제보다 훨씬 어려운 것으로 생각하는 경향이 있지만 말이다. 여기서는 관명상 같은 실용적인 훈련법뿐 아니라 내가 오랫동안 많은 전문가들에게서 수집한 전략적 목표 달성 요령 몇 가지도 함께 소개한다.

문득 멈추고 호흡에 집중하라

호흡은 삶과 의식을 연결하며, 몸과 생각을 하나로 만들어주는 다리다. 마음이 흐트러질 때마다 그 마음을 다시 붙잡는 수단으로 호흡을 활용하자.(틱낫한, 『틱낫한 명상*The Miracle of Mindfulness*』, 1975)

숨을 들이쉰다. 숨을 내뱉는다. (이 자세를 유지하려니 발목이 욱신거리기 시작한다-몸의 사유) 숨을 들이쉰다. (이 단계를 어떻게 설명할까?-계획) 숨을 내뱉는다. 숨을 들이쉰다. (어제 이것을 할 때는 생각과 생각 사이

분별...
초인지 프로세스
의도에 주의하면 의식이 두뇌를 계발한다
의도!
나는 아는 것을 알고 있다!
호흡은 두뇌와 의식, 몸과 이어진다...
당신의 주의는 어디로 향하고 있는가?

를 그렇게 빨리 넘나들지 못했다-기억) 숨을 내뱉는다. 숨을 들이쉰다. 숨을 내뱉는다.

이런 식으로 몇 장을 계속 써내려간다면 명상하는 동안 내 의식 속에서 펼쳐지는 한 편의 영화를 당신도 관람할 수 있을 것이다. 좀이 쑤시고, 안달이 나며, 별생각이 다 나고, 생각에 생각을 거듭한다. 등을 똑바로 세우고, 다리는 가부좌를 틀고, 눈은 반쯤 감고, 한 손으로 다른 손을 감싸 배꼽 앞에 둔 채로 내 주의는 호흡에만 집중한다. 몸속으로 숨이 가득 들어왔다 나가기를 반복하는 사이에 내 의식은 호흡으로 향했다가 나도 모르게 찾아드는 이런저런 생각들로 옮겨가곤 한다. 호흡에 집중하려는 내 의도가 갑작스레 떠오르는 생각이나 감정 때문에 흩어질 때마다 그 상황에 ('몸의 사유' '계획' '기억' 등의) 이름표를 붙이고는, 그 생각이나 감정이 저절로 찾아왔듯이 떠날 때도 저절로 떠나게 내버려둔다. 그렇게 내 주의는 다시 호흡으로 향한다. '아무것도 생각하지 않으려고' 일부러 애쓰지도 않는다. 어제 혹은 작년보다 더 잘하려고 노력하지도 않는다. 내 의식적인 의도에서 비롯되었든 아니든, 생각들이 들어왔다 나가는 모습을 그저 조용히 지켜볼 뿐이다.

직접 해보지 않은 사람들에게는 눈을 지그시 감은 채로 호흡을 응시하고 머릿속에 떠오르는 생각들에 이름표를 붙이라는 소리가 터무니없는 시간낭비처럼 여겨질지도 모른다. 나 역시 처음에는 너무 좀이 쑤셔서 그전에 하던 일이나 놀이로 되돌아가고픈 마음이 간절했다. 나는 명상에 대해 '재미fun'라는 수식어를 쓰지는 않는다. 그렇지만 이 간단한 수련 덕분에 웹서핑을 할 때도 주의가 흐트러지지 않는 소중한 경험을 했다(더 정확히 말하면, 주의가 '지나치게' 산만해지지는 않았다. 내 경우에는 온라인에서 주의가 분산되어 오히려 새로운 것을 발견하는 경우도 있다. 문제는 주의가 산만해지는 바람에 중요한 일에 쓰일 시간을 강제로 뺏기는 상황이다). 나는 주의를 조절하는 한 가지 수단으로 호흡에 집중하는 연습을 계속해왔다. 매일 점심을 먹기 전에 10분에서 15분 정도 명상을 한다. 이 명상 수련을 시작한 지도 벌써 10년이 넘었다. 비록 긴 시간을 투자하지는 못하지만 내 의식을 관조하는 수련을 매일 조금씩 실천하다보니 가시적인 효과가 있었다. 알파벳이나 구구단을 외우는 것처럼 다른 내면적 학습법과 별 차이가 없어 보이지만, 이 수련을 통해 나는 내 속을 관조하는, 예전에는 없던 능력을 얻게 되었다. 생각의 고리에 지나치게 사로잡혀 있다가 문득 정신을 차리고 스스로 경계하는 능력 같은 것 말이다.

아직도 기억하는 사건이 하나 있다. 내 안에 있는 내면의 관조자를 처음으로 발견한 사건이었다. 카약 수업을 받을 때였다. 카약을 타고 탐사에 나서기 전에 나는 먼저 이틀 동안 물에서 기초 훈련부터 받았다. 카약이 전복됐을 때 다시 균형을 잡기 위해서는 '에스키모 롤*'을 배워야 했는데 그러기에는 내 상반신이 상대적으로 너무 무거운데다 상체 근력도 많이 부족했다. 강사는 나를 향해 안타까운 표정을 짓더니, 나처럼 '덩치 큰 사람'들은 흔히 이런 문제를 겪기 때문에 공기를 주입하는 인플래터블 카약inflatable kayak을 사용해야 한다고 말했다. 나는 고민스러웠다. 덩치 큰 사람이라는 한마디가 머리에서 떠나지 않았다. 그런데 생각의 고리에 사로잡혔을 때 내 안의 관조자가 나타났다. 그 순간 나는 깨달았다. 유쾌하지 않은 감정을 만들어낸 그것이 자칫하면 멋진 경치를 즐길 기회를 빼앗을 수도 있음을 알게 된 것이다. 어떤 식으로든 나는

* eskimo roll. 카약이 전복된 상태에서 카야커가 카약을 회전해 수면 위로 부상하는 기술.

강을 따라 내려갈 것이고, 내가 어떤 카약을 타든 아무도 신경쓰지 않을 터였다. 나 자신이 괜히 주눅만 들지 않는다면 말이다. 가장 중요한 것은 남은 시간을 즐겁게 보내는 것이었다. 그렇게 집에 돌아온 나는 몸무게 15킬로그램 감량 작전에 돌입했다.

그뒤로 카약을 다시 배울 기회는 없었지만, 그때의 불쾌했던 경험 덕분에 나는 내면의 관조자와 마주하는 소중한 기회를 얻었다. 게다가 그때 얻은 교훈은 내 온라인 생활에서도 이따금씩 써먹는다.

학습(내면의 관조자와 만나는 것도 분명히 학습의 일종이다)은 신경망 사이의 연결을 강화하여 신경계를 변화시킨다. 이것은 원래 프로이트가 가설을 세우고 캐나다의 행동심리학자 도널드 헤브Donald O. Hebb가 공식화한 개념이다. 1949년 도널드 헤브는 학습과 관련된 신경세포(뉴런)에 대해 새로운 의견을 내놓았다. 두 개의 뉴런이 동시에 반복적으로 활성화되면(아니면 하나가 먼저 활성화되고 그 자극으로 다른 것도 활성화되면) 두 뉴런 모두에서 화학적 변화가 일어나 둘의 관계가 더 긴밀해진다는 것이었다. 신경학자 카를라 샤츠Carla Shatz는 (사실은 60년 전에 프로이트가 먼저 제안한) 헤브의 견해를 한마디로 깔끔하게 정리했다. "함께 활성화되는 뉴런들은 함께 회로를 이룬다."[92] 또 헤브는 특정 유형의 연상 학습이 특정 신경망 사이의 연합 활성화를 강화한다는 사실도 입증했다. 1000년간 이어져온 명상 수련의 과학적 근거가 최근 밝혀졌듯이, 심리기술의 반복적 훈련으로 뇌기능의 변화를 유도하는 이 신경가소성 학습 역시 사람들의 지지를 받고 있다.[93]

나는 호흡에 집중하는 내 자의식의 파장을 의식적으로 지향함으로써 뇌세포망을 한층 강화하여, 지금은 일부러 명상을 하지 않아도 두뇌의 여러 기능을 동시에 가동시킬 수 있게 되었다. 자신이 하고 있는 생각을 자각하는 것도 끊임없는 반복을 통해서만 터득할 수 있는 기술이라는 것을 나 역시 오랜 훈련을 통해 깨달았다. 몇몇 명상 전문가들은 이 모든 과정이 강아지가 카펫 위에 일을 보지 않도록 훈련시키는 것과 비슷하다고 말한다. 강아지에게 배변 훈련을 시킬 때, 주인은 강아지가 카펫 위에 무언가를 배설할 때마다 그 내용물을 집어들어 출입문 옆에 놓인 신문지 위에 갖다놓는다. 인내심을 가지고 이 과정을 계속 반복하다 보면 어느 순간부터 강아지가 신문지를 찾아가 일을 보기 시작한다. 이때 주인이 신문지를 밖으로 옮겨놓으면 강아지는 계속 그 자리를 찾아가 배변을 한다. 적어도 명상을 처음 시작하는 사람들에게는 이 비유가 정확히 들어맞는다. 전문가들의 말처럼 명상 수련의 상당 부분이 강아지 훈련과 닮아 있다. 명상 수련을 매일같이 오래도록 반복하다보니, 굳이 의자에 앉아 명상을 하지 않더라도 내 의식 패턴은 항상 내면의 관조자를 인식할 수 있을 정도로 변화했다.

대니얼 시겔은 호흡을 의식하는 것은 일종의 '의식-신경 동기화'를 실행하는 것이라고 본다.

> 호흡은 생명의 근본이다. 호흡을 제어하는 곳은 뇌간 조직이며, 호흡은 감정 상태에 직접적인 영향을 받는다. 또한 호흡에도 의도가 반영된다. 이런 이유에서, 호흡을 의식하는 것은 곧 우리 생명의 중심으로 향하는 길이기도 하다. 호흡은 의식과 무의식, 정신과 신체의 경계로 우리를 안내한다. 이런 여러 가지 근거를 감안할 때, 호흡에 의식적으로 집중하는 것은 건강을 유지하는 방법이자 그 여정의 출발점이기도 하다.[94]

20년 전 나는 수면과 꿈을 연구하는 과학자와 공동으로 책을 펴냈다(이 과학자는 '자각몽lucid dreaming' 분야를 연구했는데, 자각몽이란 자신이 꿈꾸고 있다는 사실을 자각하고 꿈을 주도하려는 상태를 말한다).[95] 이 책을 쓰는 동안 나도 내 꿈을 인식하고 그 내용을 통제하려 노력한 적이 있다. 공동저자였던 스티븐 라버지Stephen LaBerge가 알려준 방법이 효과적이었다. 나는 "내가 꿈을 꾸고 있나?"라고 적어둔 작은 카드를 주머니에 집어넣고 다녔다. 그러고는 하루 중 눈을 뜨고 있을 때 이따금씩 그 카드를 꺼내 읽어보고 질문에 답을 구하곤 했다. 연습을 시작한 지 3주가 지난 어느 날, 여느 때와 다름없이 카드를 꺼내 읽는데 글자가 주머니로 다시 들어가려는 듯 꾸물거리고 있었다. 의식이 깨어 있을 때 늘 연습을 해온 덕분에 나는 이것이 꿈인지 아닌지를 자연스럽게 시험하기 시작했다. 주변의 모든 것, 모든 사람이 실제처럼 느껴졌지만 발끝으로 땅을 박차오르는 시험을 하면서 그것이 아님을 깨달았다. 풍선처럼 허공에 둥둥 떠오르는 내 몸을 보며 이것이 꿈이라는 것을 안 것이다. 강아지를 훈련시키는 것처럼, 자각몽 훈련도 '의도-주의 인식' 훈련의 일종이므로 온라인에도 그대로 적용할 수 있다. "내가 꿈을 꾸고 있나?"라는 질문을 "내가 정보의 물결에 휩쓸려 떠내려가고 있나?"로 바꾸면 된다.

워싱턴 대학의 데이비드 레비David Levy 교수는 주의력과 정보의 접점에 대해 오랫동안 연구해왔다. 그는 과거에 그 유명한 펠러앨토 연구소에서 일할 때, 그래픽 사용자 인터페이스GUI의 시연을 고민하던 한 연구원이 이메일에 답하느라 연구에 방해를 받던 모습에서 처음으로 '이메일 간섭'을 목격했다고 한다.[96] 이후 레비는 '정보와 사색'이라는 이름의 대학 강좌를 개설했다.[97] 이 강의에서 그는 호흡을 살피는 법을 가르쳤을 뿐 아니라 학생들로 하여금 일주일 동안 이메일에 어떻게 대처했는지 그 자세를 기록하게 하기도 했다. 이를테면 이메일을 읽고 답장을 할 때 몸과 마음이 어떤 느낌을 받는지, 온라인에 접속했을 때 호흡이 어떻게 변하는지 등을 리스트에 기록하게 했다. 학생들은 일주일 동안 온라인에 접속하며 관찰한 내면의 움직임을 모두 기록했고, 레비는 그 리스트 중에서 '규칙적인 패턴'을 찾아보라고 다시 요구했다. "일종의 분별력 수련인 이 방법을 통해 모든 학생들이 공통적으로 발견한 것이 있습니다." 그가 구글 직원을 대상으로 강의했을 때 한 말은 이렇다. "이메일과 관련해서 학생들에게는 저마다 전혀 원치 않았던 반응들이 나타난다는 점이었지요."[98]

형태와 적용방식을 떠나 분별은 그 자체로 하나의 결과를 의미하지만, 온라인 주의력을 향상시키기 위해서는 분별 훈련이 전략적으로 특별한 목표가 되기도 한다. 이런 맥락에서 볼 때, 주의력을 조절하는 것뿐 아니라 주의력을 관리하는 것도 목표에 포함된다. '지속적 주의 분산'에 대해 린다 스톤이 쓴 글에도 이 점이 잘 기술되어 있다.

> 우리는 그동안 시간 관리에 초점을 맞춰왔다. 앞으로는 주의 관리에 집중할 필요가 있다. 지금 우리는 상시적인 온라인 접속 시대를 뛰어넘는 새로운 라이프스타일로 진화하고 있다. 기술의 전원을 끄고, 교류중인 사람들에게 온전히 주의를 기울이고, 방해받지 않는 시간을 설계하고, 모든 소통의 수단들을 더 효과적으로 활용함으로써 우리의 여정을 새로운 방향으로 이끌어야 한다. 대상에 완전히 집중하고, 더 충만한 인간관계를 형성하고, 혁신의 촉매인 성찰의 기회가 가득한 세상으로 말이다.[99]

스톤은 〈허핑턴포스트〉에 기고한 글에서 '시간 관리에서 주의 관리로 전환하는 방법'에 대해 소중한 조언을 했다.

1. 매일 아침이나 저녁 등 어느 때라도 하루 일과를 시작하기 전에 그날의 목적(또는 원하는 결과나 감정이어도 좋다)을 짧은 목록으로 정리하고, 그 목적을 달성하기 위해 할 일들을 기록한다. 목적은 다섯 가지 정도 적는 것이 좋다. 그리고 그날 할 일과 하지 말아야 할 일들을 신중히 선택한다. 되도록 다양한 내용으로 정리하며 변화를 주고, 나중에 이를 참고할 수도 있다.

2. 그날 꼭 달성할 수 있을 것으로 예상되는 일만 목록에 정리해야 한다. 목록을 만든 후에 다른 생각이 나면 별도의 목록에 기록한다. 이렇게 별도의 목록을 만들어야 그날의 우선순위부터 챙길 여유를 가질 수 있다. 다음날의 계획을 세울 때도 이 목록을 참고하면 계획의 타당성을 판단하는 데 도움이 된다. 하루를 마무리할 때는 목표 완수를 자축하며 스스로에게 약간의 휴식을 주는 것이 좋다.

3. 목적을 생각할 때는 방해받지 않는 상태에서 오직 그것에만 의식을 집중해야 한다. 매일 이 시간에는 모든 기계의 전원을 끄고 오직 의도에만 집중해야 한다.

4. 가정에서는 어떤 기술을 어디서 사용할 것인지도 분명히 해야 한다. 부엌에서 컴퓨터를? 좋은 생각이 아니다.[100]

이 책을 쓰는 동안 나는 항상 30인치 컴퓨터 화면에 윈도우 창을 띄워 놓고 작업했지만, 내 주의가 이따금씩 가닿는 책상에도 또다른 무언가가 늘 놓여 있었다. 바로 두 장의 메모지였다. 첫번째 메모지에는 달력을 그려서 원고 마감시한에 맞춘 각 장별 집필 일정을 간략히 정리했고, 두번째 메모지에는 그날의 세부적인 목표를 펜으로 대강 휘갈겨 써놓았다. 그날의 목표는 20초 정도만 시간을 들여 재빨리 기록했다. 원고를 집필할 때는 내 주의력의 주변부에 놓인 두 장의 메모지가 큰 역할을 했다. 특히 첫번째 메모지에 적힌 집필 일정은 일종의 초인지 지식과도 같아서 내 주의를 온라인에 분별 있게 배치하도록 도와주었다.

목적을 달성하려면 첫번째로 목표 설정을 해야 한다. 전략 컨설턴트인 피터 브레그먼Peter Bregman은 '하루를 경영하는 18분 계획'을 세움으로써 주의력이 목표에 집중되게끔 할 수 있으며 이를 헌신적인 몰입 단계로까지 끌어올릴 수 있다고 조언한다. 브레그먼은 그날의 목표를 수립한 뒤에는 그 목표에 초점을 유지하고, 가끔씩은 심호흡을 유도하며, 목표에 맞게 행동했는지 평가할 수 있도록 일깨워줄 장치를 만드는 것이 좋다고 말한다. 또한 하루를 마감할 때는 그날 하루를 재점검할 필요가 있으며, "습관의 힘은 예측성"임을 그는 상기시킨다.[101]

스톤과 브레그먼 같은 전문가들이 추천하는 목표 설정 습관에는 두 가지 상호보완적 요소가 있다. 하나는 목표 설정 그 자체이며, 또다른 하나는 목표를 설정하는 과정에서 생겨나는 '의식적인 창조'다. 스탠퍼드 대학 설득기술연구소의 B. J. 포그B. J. Fogg가 내놓은 설명을 보자. "'결정'은 의미가 없다. 습관이란 전략(현명한 계획)과 반복(이를 통해 행동은 단순하고 무의식적인 수준으로까지 정착된다)을 뜻한다. 새로운 습관을 형성하는 세 가지 단계는 이렇다. 먼저 목표하는 습관을 작게 쪼개서 여러 개의 작은 습관으로 나누고, 그것을 실행할 최적의 시기를 결정하고, 그 습관을 자꾸 되풀이하는 것이다."[102]

예컨대 온라인을 이용하기 전에 그날의 목표를 한 문장으로 만들고 한두 번 검토하는 정도면 충분히 실행할 수 있는 작은 습관이라고 할 수 있지 않을까? 그리고 소셜 미디어에 접속하기 전에 이를 실행한다면 이는 포그가 말한 최적 시기를 찾아낸 것이며, 남은 일은 동일한 과정을 반복해서 습관화하는 것뿐이다. 나는 당신이 '호흡에 주의를 기울이는' 기본적인 명상법을 배워볼 것을 권하며, 또한 소셜 미디어를 분별 있게 이용하는 방법을 배워, 처음에는 작은 것일지라도 당신의 목표들을 그때그때 주의력의 흐름과 연결하는 새로운 습관을 형성하기를 바란다. 아울러 이따금 의식적으로 스스로의 호흡을 되돌아봐야 한다는 것도 잊어서는 안 된다.

클리퍼드 나스는 나와의 인터뷰에서 하루종일 다중작업을 고집하는 것보다 훨씬 효과적인 방법을 제안했다. 하나의 작업에 15분에서 30분 정도 집중한 후에 다중작업에 5분에서 10분 정도씩 투자하는 방식이 효율적이라고 그는 강조했다. 나스의 이 개념은 '포모도로 기법*'이라고 알려진 단순한 주의 훈련 기법의 기본 원리이기도 하다.[103] 포모도로 기법은 매우 간단하다. 먼저 그날 달성해야 하는 중요 과제들을 종이에 적는다. 타이머(타이머가 토마토를 닮았다고 해서 포모도로 기법이라고 불렀다)를 준비해서 25분을 맞추고, 필요한 도구를 활용하여 알람소리가 들릴 때까지 한 가지 작업에만 몰두한다. 그러고 5분 동안은 원하는 방식으로 쉰다. 이 과정을 반복하다가 포모도로가 네번째로 울릴 때마다 조금 더 길게 휴식한다. 지금 온라인으로 하는 일이 목표 달성에 도움이 되는지 아닌지를 깨달을 수 있게 스스로를 채근해야 한다. 이것이 습관화되면 더는 알람이 필요 없게 된다.

주의가 올바른 방향으로 향하는지 스스로 점검하는 게 가능해지고 주의력을 자재롭게 부리는 것이 몸에 익게 되면, 이제 당신의 주의를 주의 집중하는 대상의 내용으로 돌릴 필요가 있다. "내가 발견한 정보가 사실인지, 거짓인지, 그럴듯한지, 터무니없는지 어떻게 판단할 것인가?"에 집중할 차례인 것이다. 이것이 바로 우리의 다음 과제인 허위정보 간파력 계발이다. 이는 오늘날 디지털 시대를 살아가는 사람들이 분별 있는

* pomodoro technique. 25분 일하고 5분 휴식하는 것이 능률적이라는 시간관리 기법. '포모도로(pomodoro)'는 이탈리아어로 토마토라는 뜻이다.

시민의 역할을 다하기 위해 갖추지 않으면 안 될 기술이자, 평생을 갈고 닦아 지속적으로 함양해야 할 자질이다.

CRAP DETECTION

2

허위정보 간파

원하는 정보를 찾아내고 진위를 가려내는 방법

인간 내면에 자동으로 허튼소리를 걸러내는 장치가 있다면 얼마나 좋을까.(어니스트 헤밍웨이, 1965)

주의력과 마찬가지로, 이 장에서 설명하는 몇 가지 기법을 익히고 실행하면 허위정보를 간파하는 방법도 배울 수 있다. 이것 역시 습관화해야 한다. 디지털 미디어 때문에 주의가 산만해지고 귀가 얇아질 위험도 있지만, 주의를 조절하지 못하거나 헛소문에 휘둘리는 나쁜 습관 같은 위험에 대해서는 우리가 무언가 조치를 취할 수도 있다. 주의력 리터러시의 첫번째 원칙이 애초에 의도한 목적에 주의를 기울이는 것이었다면, 허위정보 간파를 위한 제1강령은 항상 의심하는 태도를 지녀야 한다는 것이다. 무조건 믿지 말라는 뜻이 아니다. 그러나 처음부터 믿고 시작하는 것은 곤란하다. 해답을 얻은 뒤에도 조사는 계속되어야 한다. 처음 획득한 증거를 무작정 받아들이기보다는 그 사례를 계속 추적해야 한다.

딸이 숙제를 하느라 검색엔진을 사용하는 모습을 처음 보았을 때 나는 이런 말을 들려주었다. "예전에는 정보를 찾으려면 도서관에 가서 책이나 정기간행물을 뒤적거려야 했단다. 도서관 책이 맘에 안 들 수도 있지만, 그 책이 출간되기 전에 저자의 주장이 타당한지 누군가 어느 정도는 확인했다고 믿어도 되었지. 하지만 인터넷 검색엔진이나 링크에 접속하여 얻는 정보가 정확한지, 부분적으로만 부정확한지, 또는 새빨간 거짓말인지는 확인할 방법이 없지."

"누가 그런 걸 일일이 얘기해주겠어요?" 딸의 반문에는 문서가 지녀온 오랜 권위에 도전하는 인터넷 시대의 본질이 고스란히 담겨 있었다.

"지금 아빠가 걱정하는 건 웹에 정보를 올리는 사람들이 아니라 거기에서 정보를 찾아 사용하는 사람들이란다." 내 대답에 딸은 어리둥절한 표정을 지었다. "좋은 것과 나쁜 것의 차이를 구분하지 못하는 사람들은 엉터리를 진짜라고 믿는 바보짓을 할 수도 있단다."

내 뜻을 딸에게 이해시키기 위해 나는 민권운동 지도자 마틴 루서 킹 주니어 목사의 이름을 컴퓨터 자판에 쳤다. 대다수 검색엔진에서 그 이름을 치면 첫 페이지에 '마틴 루서 킹 주니어: 올바른 역사 검증Martin Luther King Jr.: A True Historical Examination'이라고 쓰인 링크가 나온다는 것을 나는 알고 있었다.[1] 누구든 잠깐만 생각해도 느낄 수 있듯이, 이 '올바른 역사 검증'이라는 표현이 오히려 킹 목사의 이미지에 부정적인 영향을 미치기도 한다. 나는 딸에게 물었다.

"이 내용이 진실인지 아닌지 어떻게 알 수 있을까?"

"웹에 있는 다른 링크들이랑 크게 다른 것 같지 않은데요?"

"작성자에 대해 한번 찾아봐."

내가 권유하자 딸은 사이트에 글을 올린 사람들을 여러 명 찾아보더니 검색 결과에 '인종차별주의자'라는 단어가 자주 등장한다는 사실을 발견했다. 나는 '후이즈*'라는 무료 인터넷 서비스를 통해 그 웹사이트들 대부분의 도메인 소유자가 누구인지 딸에게 직접 보여주었다. 올바르게 역사를 검증한다던 사이트는 스톰프런트Stormfront라는 단체의 소유였고, 자판을 몇 번 더 두드렸더니 스톰프런트는 백인우월주의자 단체라는 사실도 알 수 있었다. (딸과 이런 대화를 나누고서 몇 년 뒤에 스톰프런트는 자체 홈페이지에 본격적으로 글을 올리기 시작했다.)

온라인에서도 보이는 것이 전부가 아니라는 사실을 처음 딸에게 알려주고 또 최근에는 대학생들을 가르치면서, 나는 진짜처럼 보이지만 자세히 보면 사람들을 현혹하는 웹사이트나 '위장'해서 의도적으로 대중을 호도하는 웹사이트의 주소를 수집하기 시작했다. 속임수가 끼치는 유해함은 천차만별이다. '멸종 위기 임박 나무 문어tree octopus 보호 캠페인'에 후원을 촉구하는 정도의 사이트는 그저 웃고 넘길 정도다(내용을 잘 읽어보면 나무 문어라는 생물은 애초에 존재하지 않는다는 사실을 금방 알 수 있다). 하지만 온라인으로 임신 진단을 할 수 있다고 주장하는 사이트는 한마디로 기가 막힐 노릇이다("이름을 입력하고 '진단 시작' 버튼을 누르시오"라고 적혀 있다).[2,3] (나는 이 사이트를 구글의 '저장된 페이지cached copy' 서비스를 이용해서 알아냈고, 이 사이트는 내가 발견한 이후 몇 개월이 지나서 사라졌다. 그리고 앞으로는 '인터넷 아카이브 웨이백 머신Internet Archive's Wayback Machine'을 이용하여 사이트가 사라지기 전의 모습을 스냅샷으로 확보할 수 있을 것이다. 이제 한번 발행된 것은 영원히 남는다. 그것이 무엇을

* Whois. 인터넷 인물검색 시스템. 초기에는 내부 네트워크에서 사용자 정보를 보기 위한 명령어였으나 인터넷 용어로는 웹사이트 도메인 소유자 정보를 찾을 수 있는 서비스로 주로 사용한다.

뜻하는지는 6장에서 살펴볼 것이다).[4] 제노초이스닷컴genochoice.com은 대단히 전문적인 사이트처럼 보이지만 자기복제처럼 턱도 없는 서비스를 내세운다.[5] 헤트래실닷컴hetracil.com은 겉보기에는 제약회사에서 제작한 깔끔한 광고 사이트 같지만 세상에 '항여성화 의약품' 같은 것은 없다.[6] 이처럼 나는 '허위정보 간파'라는 폴더에 위장 사이트 링크를 수집해두었다.[7]

"웹에서 찾은 것이 사실인지 아닌지 어떻게 구별할 수 있어요?" 딸의 물음에 나는 이렇게 대답했다. "의심하고, 작성자를 찾아보고, 그 사람에 대해 다른 사람들은 어떻게 말하는지 살펴보렴." 존 맥매너스John McManus라는 저널리스트는 최근 「엉터리 탐지하기Detecting Bull: 활자매체, 방송, 인터넷 사이트에 숨겨진 선정적 보도와 편향을 간파하는 법」이란 글을 썼는데 이 글은 허위정보 간파 요령을 담은 훌륭한 지침이 되어줄 것이다. 이 글에서 맥매너스는 "수사관처럼 생각하라"고 조언한다.[8] 신뢰성 검증은 단답식 해답을 도출하는 것이 아니라 하나의 과정으로 이해해야 하며, 이는 웹 검색에서도 똑같이 적용된다. 검색 질문을 둘 이상으로 늘리고, 여러 개의 검색엔진을 이용하며, 검색 결과도 첫 페이지뿐 아니라 다음 페이지들까지 꼼꼼히 살피는 것이 중요 정보의 소비기술을 향상시키는 첫걸음이다. 미디어를 분별 있게 활용하려면 자신의 주의를 관찰하는 법부터 배워야 하듯이 말이다.

내 딸도, 검색엔진 기술도 모두 1990년대에 탄생했다. 그때도 그랬지만 지금도 웹페이지의 신뢰성을 평가하는 기본 질문은 동일하다. "작성자가 누구인가?" 그리고 "작성자의 정보 출처는 어디인가?" 앞서 언급한 웹사이트 마틴루서킹martinlutherking.org의 일차 출처에서는 의식적 편향을 의심하지 않을 수 없는 징조들이 엿보였다. 그리고 출처가 잘 확인되지 않는 경우도 편향된 출처만큼이나 의심스럽다. 작성자에 관한 정보가 없을 때는 '이지후이즈Easywhois'나 '후이즈' 서비스를 이용하여 사이트 소유자를 찾아보거나, 알렉사alexa.com 등을 통해 그 사이트의 트래픽을 알아보는 것도 좋은 방법이다.[9, 10] URL을 알고 있다면 네트워크-툴스network-tools.com의 여러 가지 도구 중 하나에 붙여넣어 검색해보는 것이 좋다.[11] 작성자가 댓글이나 여타 방식으로 소통할 수 있는 방법을 제공하고 있다면 이를 바탕으로 신뢰성을 판단할 수 있다. 작성자가 사람들이 남긴 의견에 댓글을 달았으면 그것들을 읽어보라. 혹시 그 사이트가 '.gov'나 '.edu'로 끝나는가? 그렇다면 어느 정도 믿을 만한 사이트라고 생각해도 된다.

절대적 요소는 아니지만 웹사이트의 디자인도 눈여겨볼 만하다. 전문적인 디자인이 내용의 신뢰성을 보증하지는 않지만, 확연히 유치한 디자인은 '그렇고 그런 단체'의 엉뚱한 정보가 담겨 있다는 신호일 때도 더러 있다. 그러므로 사이트 디자인을 신뢰의 지표로 간주해서는 안 되지만, (문법 오류, 출처 불명, 접속자들의 부정적인 평가 등과 더불어) 그 사이트의 신뢰성을 평가하는 단서의 하나로 활용할 수는 있다. 작성자가 출처를 밝혔을 때는 그 작성자의 이름을 검색해보는 것이 좋다. 이 사이트에 다른 웹사이트들이 링크되어 있는가? 그렇다면 그 링크의 주체는 누구인가? 검색 용어 'link: http://……'(생략 부분에 주소를 입력하면 된다)를 이용하여 특정 페이지에 연결된 모든 링크를 확인하자. 『샌프란시스코 이그재미너*San Francisco Examiner*』를 떠나 『살롱*Salon*』의 창간 발행인이 된 저널리스트 스콧 로젠버그Scott Rosenberg는 뉴스를 비롯한 모든 온라인 정보 소비자들을 위해 「웹 콘텍스트 환경에서In the Context of Web Context」라는 유익한 지침을 내놓았다.[12]

위에서 언급한 검증법들은 클릭하고, 복사해서 붙이고, 검색하고, 판단을 내리는 전 과정에서 누구나 마음먹고 조금만 시간을 투자하면 쉽게 실행할 수 있다. 그중에서도 비판적 접근이 가장 중요한 부분은 바로 제대로 판단하는 방법을 배우는 것이다.

저널리스트들은 서로 이질적이면서 신뢰할 수 있는 세 가지 소스를 대조하는 이른바 '삼각검증triangulating' 방식을 자주 활용한다. 2011년 1월, 이집트에서 자국의 인터넷을 차단했다는 트위터 글이 내 눈에 띄었다. 이 급박한 소식을 트위터로 전한 사람이 누구인지는 몰랐지만 저널리스트 댄 길모어Dan Gillmor의 표현처럼 "사실이라면 관심이 있었다". 그래서 CNN과 알자지라, ABC, BBC의 웹사이트를 몽땅 뒤졌지만 아무것도 발견하지 못했다. 이 시점에서 나는 의심할 필요가 있다는 느낌을 받았고, 트위터로 다른 사람들에게도 그 사실을 알렸다. 그러자 몇몇 사람들이 독립 소스로 연결되는 몇 가지 링크를 보내주며 즉각 답을 해왔다. 하지만 그 소스 중 세 개는 내가 모르는 그 작성자가 몇 분 전에 만든 동일 블로그 포스트와 연결되어 있었다. 또 얼마 뒤 이집트에서 인터넷 차단이 시작된 직후에 내가 잘 알고 있으며 신뢰할 수 있는 어떤 사람이 카이로에 있는 저널리스트와 통화해서 그 사실을 확인했다는 소식을 누군가가 트위터로 내게 알려왔다. 그래서 나는 그 믿을 만한 출처의 트위터 스트림을 보고서 그가 실제로 카이로의 기자와 통화했다는 사실을 확인했다. 이것으로 삼각검증 중 하나가 완성되었다. 트위터에서 누군가가 '트레이스라우트traceroute'를 이용하면 어떻겠냐고 내게 권유했다. 트레이스라우트란 웹사이트의 유효성을 파악할 수 있는 인터넷 서비스를 말한다. 그리고 역시나, 이집트의 인터넷은 불통인 듯했다. 내가 있는 곳에서 접속을 시도해봤는데 이집트 어느 곳으로도 연결되는 곳이 없었다. 그게 위장된 상황인지 아니면 일시적으로 일어나는 현상인지까지 확인하기에는 내가 가진 기술적 지식이 많지 않았지만, 삼각검증의 두 번째로는 충분했다. 그리고 내가 첫 트윗을 본 지 한 시간쯤 지났을 때 AP통신에서 이집트의 인터넷 차단 소식을 전하면서 비로소 삼각검증이 모두 완성되었고, 이때부터 나도 제보자들이 올린 관련 소식을 리트윗하기 시작했다.

이 사건은 삼각검증 기법만 알면 트위터가 기존의 뉴스 네트워크보다 한 시간 이상 빠를 수 있음을 입증하는 실제 사례였다. 2009년, "이 숫자를 입력하면 아메리칸 항공에서 아이티로의 의료지원 항공편을 제공할 것입니다"라는 글이 여기저기 떠돌았을 때, 삼각검증 없이 이를 믿은 사람들은 골탕을 먹어야 했다. 2011년 시리아 내전 때 '다마스쿠스의 게이 걸'이라는 별명으로 블로그를 운영하며 큰 인기를 끌었던 사람도 사실은 미국인 남성인 것으로 밝혀졌다.[13]

이제 의심하는 습관은 편집증 환자만의 것일 수 없다. 어떤 사이트들은 의도적으로 교묘하게 사람을 속이게끔 만들어졌기 때문이다. 이를테면 괴짜들이 'gatt.org' 도메인을 입수해서 국제무역기구WTO 웹사이트인 것처럼 꾸민 일이 있다. 얼마 후 국제법률연구센터CILS가 걸려들었나. 이 패러디 사이트를 진짜 WTO 사이트로 착각한 CILS는 연례회의에서 강연할 연사를 파견해달라는 요청을 보내왔다. 그 결과, 회의에는 예스맨Yes Men으로 알려진 사회운동단체에서 파견한 가짜가 참석하게 됐다. 그는 WTO의 대변인을 자처하며 노골적인 인종차별주의 발언을 일삼았다. 그러다가 연단에서 한바탕 소란이 일자 죽은 척 연기도 했다.

엉터리 정보도 얼마든지 그럴듯하게 포장할 수 있다. '머큐리팩트

mercuryfacts.org'에 한번 들어가서 둘러보라. 이 사이트가 어획업자들의 입장을 대변해주는 것 같다는 점을 혼자 힘으로 간파해낼 수 있겠는가?[14*] 이 사이트의 배후에 누가 있는지 검색해봤다. 그랬더니 검색 결과 상단에 어느 홍보 전문가에 대해 서술해놓은 위키피디아 페이지가 등장했다. 알고 보니 이 사람은 담배산업을 비롯한 각종 산업체의 의뢰를 받아 사실을 호도하는 웹사이트를 만들어주는 사람이었다.[15] 홍보 전문단체라고 알려진 '소비자 자유센터Center for Consumer Freedom'라는 곳도 검색해봤더니 '소스워치sourcewatch.org'로 연결되었다. 소스워치는 위장된 유령 단체를 온라인으로 추적하려는 사람들을 위한 일종의 위키피디아다.[16] 이처럼 허위정보에 현혹되지 않으려면, 특히 잘 모르는 사이트에서 컴퓨터에 무언가를 내려받도록 부추길 때는 '누군가 나를 속이려는 것이 아닌지' 반드시 의심해야 한다.

요즘은 주로 웹에 의존해 뉴스나 학술 연구, 의료 또는 투자 자문 등의 중요한 정보를 얻는 경우가 많은데, 아직까지 공교육 영역에서 온라인 리소스의 비판적 소비 요령을 가르치지 않는다는 것도 공공의 위험으로 대두되고 있다. 행운의 편지 이메일을 퍼뜨린다고 빌 게이츠가 돈을 보내주지는 않는다. 대화방에서 얻은 의료정보가 의사와의 상담보다 유익하다는 보장도 없다. 사망한 아프리카 독재자의 미망인이 당신의 은행계좌로 수백만 달러를 보내주는 일은 결코 일어나지 않는다. 정치 입후보자에 대한 상스러운 소문이 이메일이나 블로그에 떠도는데도 주요 미디어에는 언급조차 되지 않는다면 사실이 아닐 개연성이 높다. 당신의 메모지나 학기말 보고서에 적어넣는 데이터가 완전히 날조된 것일 수도

* '머큐리팩트'라는 사이트에는 "생선에는 우려할 만큼의 수은이 함유되어 있지 않다"고 믿게끔 유도하는 글이 올라와 있었다.

있으며, 전문 표절 검색기를 이용하여 확인할 필요도 있다. 최소한의 검증이 필요하다. 자신도 모르게 허위정보를 퍼뜨려 소셜 미디어를 감염시키기 전에, 1995년 만들어진 온라인 괴담 검증 사이트인 '스놉스snopes.com' 같은 사이트를 통해 사실 여부를 확인해야 한다.

앞 장에서 주의력 훈련과 관련하여 스탠퍼드 대학의 B. J. 포그를 언급한 바 있다. 그는 소셜미디어를 통해 이뤄지는 설득의 활용, 자기확신, 그리고 이와 관련된 변화를 연구했다. (이 책에서 나는 사람들이 내놓은 과학적 논거를 종종 인용했다. 독자 여러분은 내가 인용한 출처를 직접 찾아보고 그것이 신뢰할 만한지 스스로 판단하기 바란다.) 또한 그는 사람들이 웹페이지의 신뢰성을 검증하는 방식을 누구보다 일찍 연구하여 공동논문을 작성했다. 포그와 시앙 쳉Hsiang Tseng은, 공동집필한 논문 「컴퓨터 신뢰성의 요소The Elements of Computer Credibility」에서 신뢰성이란 사람이 인지할 수 있는 우수성perceived quality에서 비롯되는 것이지, 특정 인물이나 전산 자료와 같은 자산 그 자체에서 나오는 것이 아님을 강조했다.[17] 신뢰성이란 당신이 접하는 정보가 정확하다고 믿는 수준을 나타내는 지표다. 2001년 포그와 동료 연구원들은 미국과 유럽에서 1400명의 참여자들을 대상으로 온라인에서의 신뢰성 판단과정을 연구했다. 그리하여 현실적인 검증 수단(브랜드 이름, 연락처, 인증서, 아마존 리뷰 같은 사용사후기 등)과 사이트 디자인의 유용성 및 우수성, 부실한 링크와 잦은 사이트 끊김 현상 같은 기술적 오류, 평판과 신빙성(최신 업데이트 여부, 일관성, 검증 가능성) 등이 온라인 신뢰성 판단에 많은 영향을 미친다고 주장했다.[18]

자격을 인정받았다거나 저명한 브랜드라는 이유만으로 정보의 신뢰성을 검증하려는 노력을 중단해서는 안 된다. 하버드 대학이나 〈뉴욕타임스〉처럼 유명하고 이미 신뢰성이 입증된 기관이라 하더라도 모든 정보를 100퍼센트 믿을 수는 없다.[19, 20] 또한 웹서핑 경험이 풍부한 사람들은 웹사이트의 디자인이 허술하거나 연결이 자주 끊길 때 이상한 낌새를 채기 마련이며, 한동안 업데이트가 되지 않은 사이트도 일단 의심하게 된다. 포그의 연구진이 내놓은 결과는 상식을 재확인해주는 듯하다. 하지만 여기서 끝이 아니다. 또다른 연구에서는, 누구나 흔히 이용하지만 자칫 위험한 결과로 이어질 수 있는 방식에 경종을 울린다. 바로 검색엔진이다. 대다수 사람들이 검색엔진은 당연히 신뢰할 수 있다고 생각한다. 2010년 에스터 하기타이Eszter Hargittai, 린지 풀러턴Lindsay Fullerton, 에리카 멘헨-트레비노Ericka Menchen-Trevino, 크리스틴 예이츠 토머스Kristin Yates Thomas는 대학생들이 검색엔진을 신뢰의 척도처럼 생각한다는 사실을 발견했다. 이 연구의 피실험자 상당수는 검색 결과 페이지 상단에 나오는 사이트일수록 더욱 믿을 만하다고 생각하는 경향이 있었다.[21]

몇몇 연구 사례를 보면, 웹서핑에 능숙한 사람들은 정보의 신뢰성을 확인하기 위해 몇 가지 방법을 적용하는 일종의 삼각검증법을 이용하는 것으로 나타났다. 데이비드 랭키스R. David Lankes의 연구에 따르면 숙련된 웹 사용자들은 마치 탐정처럼 검색엔진과 자동 추천, 통합 서비스, 소셜 미디어를 통한 '네트워크 추천' 등 다양한 소스에서 정보를 얻어 종합적인 판단을 내린다고 한다. 랭키스의 설명을 들어보자. "신임도credibility란 역사적으로 권위와 계급 개념과 연관되었지만, 최근의 웹 사용자들은 신뢰할 수 있는 방식으로 신임도를 판단할 수 있는 다양한 소스를 종합하여 이 신임도를 판단한다. 다양한 출처에서 최대한 많은 정보를 확보해 이를 통합하려는 욕구는, 네트워크로 연결된 디지털 미디어 시대에 누구나 참여하는 것이 가능해지면서 생겨난 결과물이다."[22]

하버드 대학의 린지 페팅일Lindsay Pettingill이 제시한 연구 사례를 소개한다.

학생들은 '신뢰성' 여부를 판단하기 위해 여러 가지 단서를 활용한다. 사이트는 얼마나 유명한지, 전문가들 사이에서나 오프라인에서 그 사이트의 평판은 어떠한지, 사이트 관리자 가운데 명확하고 믿을 만한 정보를 수집할 수 있는 전문 인력은 있는지, 그 사이트를 이용해본 사람들은 뭐라고 하는지, '중립성(비영리성)'을 보장하는 근거(정부 사이트를 의미하는 .gov, 교육기관의 .edu, 비영리단체의 .org 등)가 있는지, 서술 방식이 중립적인지 아니면 어떤 의견을 주장하는지, 인용·그림·작성자 표시·레이아웃 등 어떤 요소가 어떻게 구성되어 있는지 등을 고려한다.[23]

많은 사람은 웹 검색으로 얻은 결과가 정확한지 확인하기 위해 탐정처럼 이를 조사하는 것이 과연 그렇게 시간을 투자할 만큼 가치가 있는 일일지 의심스러워한다. 이수영Soo Young Rieh과 브라이언 힐리고스Brian Hilligoss 두 연구원이 24명의 학생들을 인터뷰한 결과, 속도와 편의를 위해 신뢰성에 대한 확신쯤은 양보할 수 있다는 대답이 나왔다.[24] 이런 식의 타협은 나이든 웹 사용자들에게도 익숙하다. 나 또한 시간을 더 투자하기에 앞서, 과연 그럴 만한 가치가 있는 일인지 따져볼 때가 있다. 뉴욕 대학 클레이 셔키 교수의 말처럼, "권위의 스펙트럼은 '술집에서 하는 내기를 판가름해줄 수준'에서 '논문 발표의 근거'에 이르기까지 범위가 넓다".[25] 그러니 편의를 위해 확신을 타협하는 결정이 합리적일 때도 많지만 항상 그런 것은 아니다. 그러므로 필요에 따라 주어진 것 이상의 의문을 제기하고 따져볼 여유가 있는지 스스로 생각해보고 그때그때 상황에 맞는 전략을 택하는 것이 현명하다.

미리엄 메츠거Miriam Metzger, 앤드루 플래나긴Andrew Flanagin, 라이언 메더스Ryan Medders는 사람들이 웹페이지의 신뢰성을 판단하는 방식을 주제로 매우 주도면밀한 연구를 시행했다. 그들은 인구학적 특성과 인터넷 지식수준이 제각기 다른 109명의 참여자로 구성한 표적집단의 데이터를 분석했다. 그 결과, 연구진은 "디지털 미디어와 다량의 정보 때문에 누가 권위 있는 사람인지 판단하기가 혼란스러워진다"고 주장했다. 또한 연구진은 이렇게 덧붙였다. "전자 네트워크와 SNS 애플리케이션 덕분에 개인들은 온라인 정보와 출처를 판단하고 평가하는 데 필요한 집단지성을 더 수월하게 형성할 수 있다."[26] 조금 뒤에 나는 신뢰성 검증 측면에서 이 '집단지성'을 파헤칠 것이다. 비판적 평가는 사회적으로 매우 유익하지만, 한편으로는 판단을 현혹할 수도 있다. 따라서 평가의 효과를 극대화하기 위해서는 집단지성의 질을 평가하는 기술부터 반드시 익혀야 한다.

메츠거를 포함한 연구진에 다르면, 사람들의 판단과 평가를 도와주는 집단지성을 제대로 잘 활용하려면 '신뢰성 검증'이 수반되어야 한다. 그런데 신뢰성 검증의 사회적 요인을 자세히 살펴보기에 앞서, 요즘은 검색엔진을 사용할 때 인기도가 큰 비중을 차지한다는 사실도 고려해야 한다. 구글의 유명한 '페이지랭크PageRank(페이지 순위. 대학 시절에 구글을 만든 공동설립자인 페이지의 이름에서 따왔다)' 알고리즘은 다른 사이트에서 링크를 걸어 소개하는 빈도가 많은 순서대로 검색 결과 페이지를 정렬해 보여주는 방식이다. 구체적인 단어를 입력해 검색된 모든 결과 중에서 다른 페이지로부터의 인바운드 링크inbound link 수가 많은 웹페이지들이 검색 결과에서 더욱 높은 순위를 차지하며, 다른 사이트들과의 링크가 많은 사이트와 연결된 사이트일수록 인기가 높은 것으로 간주한다.

구글의 검색방식에는 이보다 복잡한 요소들이 있지만, 웹사이트의 유용성을 평가하는 대리투표proxy vote 방식으로 링크를 계산하는 것이 기본이다. 페이지랭크는 각 페이지에 연결된 또다른 페이지의 신뢰성과 유용성을 반영하는 방식으로 순위를 결정한다. 또한 일부 페이지에 연결된 링크에 대해서는 상대적으로 가치를 더 높게 평가한다. 이런 호감도를 나타내는 방식은 다양하다. 구글의 '+1', 페이스북의 '좋아요like', 디그Digg의 '추천digg'과 '반대bury' 등은 모두 집단적인 판단 시스템을 기반으로 하지만, 일부 블로거에서 비롯되어 무작위로 확산되는 단어나 문구, 또는 스패머spammer들이 의도적으로 퍼뜨리는 브랜드 이름 등을 여과 없이 활용하는 스팸 블로그와 '콘텐츠 팜*' 등이 등장하면서 '구글 주스**'를 악용하는 경향이 더욱 심해졌다. 그래서 검색엔진을 자주 이용하는 모든 직업군은 기업 홍보팀에서 여론을 교묘하게 이용하듯이, 마음만 먹으면 검색 결과를 의도적으로 조작할 수도 있다.

최근 다른 연구자들의 몇몇 문화인류학 연구 사례를 보면, 게임이나 블로그, 유튜브 등에 많이 노출된 7학년 학생들은 웹 검색 결과를 곧이곧대로 믿지 않을 뿐 아니라 그 이면을 바라보려는 경향을 보였다. 열정적으로 온라인 콘텐츠를 창조하는 젊은이들은 검색과 소셜 미디어를 통해 자기네 하위문화의 기능을 습득하는 듯하다.[27] 젊은이와 디지털 미디어를 주제로 가장 광범위한 문화인류학 연구를 지휘한 미즈코 이토

* content farm. 검색엔진에 최적화되어 있지만 저급한 정보가 많이 담겨 있는 웹사이트.

** google juice. 구글 검색엔진에서 특정 웹사이트 검색 결과를 화면의 상단에 나타나게 하는 특질.

Mizuko Ito는 나와의 인터뷰에서 이렇게 말했다. “아이들이 엉뚱하고 재미있는 활동을 할 때 거둘 수 있는 ‘부수적 학습효과’의 하나는, 나중에 지식이나 미디어를 생산하는 활동에 참여할 때 그 생산과정을 한층 고차원적으로 이해하는 능력이 계발된다는 점입니다.”[28]

메츠거와 플래나긴, 메더스의 글에서도 이와 같은 견해가 눈에 띈다.

('월드 오브 워크래프트'와 같은) 인터넷을 통해 가상세계를 자주 접하는 사람들과 온라인에 자주 정보를 올리는 사람들은 신뢰성에 상대적으로 높은 관심을 보인다. 이런 결과는, 어려서부터 인터넷의 다양한 측면을 넓고 깊게 접하며 자란 사람일수록 온라인 정보의 신뢰성에 대해 건강한 회의감과 관심을 갖는 경향이 있음을 의미한다. (…) 주어진 정보를 세심하게 검토하고 신뢰성을 평가하는 데 다양한 수단을 활용할 줄 아는 아이들은 낯선 사람을 함부로 믿지 않고 신중하게 접근한다.[29]

그러므로 허위정보를 가려내는 데는 나이도 중요한 요소지만 그보다는 경험과 몰입이 더 중요하다는 뜻이다. 열 살배기 온라인 게임 애호가나 비디오 블로거가 웹에 서툰 열아홉 살짜리 대학생보다 더 정교하게 웹의 신뢰성을 검증할 수도 있다.

정보를 검증하려면 먼저 그 정보를 찾아내는 방법부터 알아야 한다. 먼저 우리가 할 일은 올바른 검색기술을 습득하는 일이다. 그런 다음에는 엉터리 정보로부터 안전하게 온라인 생활을 영위하기 위한 의식적, 사회적 도구와 디지털 툴을 살펴볼 것이다.

똑똑하게 검색하라

새롭고 익숙지 않은 분야의 정보를 수집할 때 중요한 첫 단계가 바로 온라인 검색이다. 새로운 시도가 항상 장기적인 몰입으로 이어지는 것은 아니지만, 젊은이들은 관심 분야와 더 깊고 현실적으로 인연을 맺는 데 필요한 토대로서 이 지식 기반을 활용할 필요가 있다. 온라인 사이트, 토론방, 검색엔진은 전문지식 없이도 누구나 둘러볼 수 있도록 진입장벽을 낮춤으로써 기존 지식 자원을 더욱 강화한다. 온라인을 둘러보다가 무심결에 한 검색이 자발적 행동으로 이어져 젊은이들에게 자율성을 심어주기도 하고, 여기서 더 나아가 '스스로 배우는' 존재로 성장할 수도 있다. 개인적인 관심사에 따라 이것저것 검색하고 심심풀이 삼아 둘러보는 자율적인 행위를 통해 젊은이들은 자신의 학습 과정에 더 주도적으로 임하게 된다.(미즈코 이토, 『어울리고, 즐기고, 괴짜 짓 하기*Hanging Out, Messing Around, and Geeking Out*』, 2009)

검색엔진은 사실 놀라운 마법과도 같다. 마법사 모형이 즐비한 해리포터 테마파크를 구경하려고 몇 시간씩 줄을 서서 기다리는 사람들도 있지만, 그보다 훨씬 많은 사람들이 컴퓨터와 전화기로 마법의 주문을 걸어 원하는 것을 얻는다. 정확한 단어를 골라 검색엔진에 입력하면 눈앞의 화면에 최신 정보가 끝도 없이 쏟아져나온다. 물론 인터넷 서비스를 이용하려면 일정한 금액을 지불해야 하지만, 인터넷에서 얻는 정보 자체는 대부분 공짜다. 이보다 더 훌륭한 마법이 있을까?

구글, 빙, 야후 같은 검색엔진이 무료로 서비스를 제공하는 이유가 있다. 이를 통해 광고주들이 원하는 수많은 마케팅 정보를 제공할 수 있기 때문이다. 이는 광고주들이 그토록 찾기를 갈망해온 것으로, 그 덕분에 이제는 저마다 다른 사람들이 흥미를 가질 만한 타깃 광고를 개별적으로 노출할 수 있게 됐다. 검색은 혼자 힘으로는 창조할 수 없는 유익한 정보를 많은 사람들에게 제공한다는 측면에서 공익에 부합하면서도, 유용한 편익을 판매함으로써 사적 자산을 축적하는 수단이 되기도 한다. 웹 검색에서 유용한 편익이란, 검색자의 주의를 뜻한다. 검색엔진에서는 검색 결과 화면을 띄우면서 광고주의 스폰서 링크를 페이지 상단이나 측면에 배치한다. 이 스폰서 링크를 클릭할 때마다 일정액이 검색엔진 사업자의 손에 들어간다. 이 클릭이 만들어내는 돈은 매년 수십억 달러에 이른다.

주의를 사로잡는다는 것은 단순히 돈이 된다는 의미만은 아니다. 여기에는 정치성도 개입될 수 있다. 2010년 석유회사인 BPBritish Petroleum의 '딥워터 호라이즌Deepwater Horizon'호가 걸프 만 원유 유출 사고를 냈던 당시, BP는 대형 검색엔진 서비스 회사들로부터 스폰서 링크를 사들였다. '석유 누출' 'BP 석유 누출' '딥워터 호라이즌' 등의 검색어에 대응하여 자사의 입장을 옹호하기 위해서였다. 내가 해리 포터 테마파크 이야기를 꺼내고 BP의 사례를 인용한 이유는 검색자가 얼마나 정확한 주문을 외우느냐에 따라 검색어가 발휘하는 마법도 크게 달라진다는 점을 강조하기 위해서다. 사람들이 검색하는 방식을 관찰해보면, 정확한 검색어에 따옴표를 단다든지 아니면 특정 단어를 포함하거나 제외하기 위해 부가 또는 제외 기호를 활용하는 식으로 검색의 달인이 된 사람들도 발견할 수 있다. 구글, 빙 등의 검색엔진은 홈페이지에 '고급 검색advanced search'으로 연결되는 링크를 달아, 바쁜 검색자들이 입력하는 검색어를 모두 포함한 몇 개의 페이지만을 띄우는 동시에 구체적인 단어가 들어 있지 않은 페이지들은 제외시키는 서비스도 제공한다. 고급 검색을 잘 활용하면 검색의 능률을 높일 수 있지만, 이런 기술력이 있다고 해서 모든 검색자가 적절한 문맥을 만들어 원하는 모든 정보를 쉽게 얻을 수 있는 것은 아니다. 그렇다면 검색을 통한 정보 획득을 학습과 지식 차원으로 끌어올리기 위해 어떤 단계들을 밟아야 할까?

크리스 호이어Chris Heuer는 소셜 미디어 클럽을 만들어 사람들에게 검색 요령을 알려주면서 검색어를 입력할 때 "얻고자 하는 해답의 일부를 함께 입력하라"고 조언한다.[30] 예를 들면 나는 토머스 에디슨(직류 송전방식을 개발했다)이 자신만큼 유능했던 니콜라 테슬라(교류전기의 아버지로 불린다)를 제치고 전기의 상업화 전투에서 승리를 차지할 수 있었던 이유가 궁금했다. 내가 얻고 싶은 해답은 다음과 같은 식으로 끝나는 문장이었다. "테슬라는 ~ 때문에 에디슨에게 패했다." 그래서 나는 '~' 부분만 빼고 이 문장을 구글과 빙에 입력했다. 구글의 검색 기초Search Basics에는 이런 설명이 나와 있다.

검색엔진은 사람이 아니라 웹에 입력한 단어와 페이지를 연결하는 프로그램이다. 예컨대 '머리가 아프다'라는 표현 대신에 '두통'이란 단어를 입력하는 것이 좋다. '두통'이 의학 페이지에서 많이 사용하는 용어이기 때문이다. "어떤 나라에서 박쥐를 행운의 징조로 여기는가?"라는 질문은 누구나 쉽게 이해할 수 있지만, 그 해답을 담은 문서에는 이런 단어들이 없을 수도 있다. 그러므로 "박쥐를 행운으로 여기는 곳"이라는 검색어나 더 간단하게 '박쥐 행운'이라는 표현으로 검색해야 정확한 결과가 나온다.[31]

소스를 추적하여 그 질을 판단하는 요령도 중요하지만 내게는 대표적인 검색엔진 두 개의 첫 페이지에서 제공하는 링크들만으로도 충분했고, 오히려 필요 이상의 정보들까지 넘쳐났다. 이 순간 나의 인포텐션이 발동하여 생각을 환기시켰다. 그때 나는 블로그에 올릴 글을 쓰고 있었고, 전기 발명이나 천재, 20세기의 대전환 같은 주제를 다룬 링크들을 추적하는 것은 더이상 의미가 없었다. 마감이 급하지 않은 날 하루를 잡아 탐구학습의 일환으로 살펴보면 될 일이었다. 특정 주제에 대해 조사할 때, 그와 상반되거나 회의적인 견해를 찾고 싶다면 검색 질문에 '비판'이나 '비평' 같은 단어를 추가하는 것도 한 가지 방법으로, 나도 이따금씩 이 방법을 사용한다.

나는 구글의 '검색 인류학자'인 댄 러셀Dan Russell을 만나기 위해 여러 차례 구글플렉스Googleplex를 찾아갔다.[32] 구글플렉스는 캘리포니아 주 마운틴뷰에 자리한 구글 본사로, 구글 직원들이 미래형 본사라는 의미에서 이렇게 불렀다. 러셀 또한 샌프란시스코 만 연안에 있는 내 작업실로 찾아와 함께 떡갈나무숲을 걸으며 사람들의 온라인 검색 행태에 대한 이야기를 나누곤 했다. 아무튼 본사에서 러셀을 만났을 때, 그가 본격적인 대화를 시작하며 꺼낸 첫마디는 이랬다. "사람들은 검색어를 많이 입력할수록 좋은 줄 아는데 오히려 아무런 결과도 얻지 못할 수 있습니다. 질문이 너무 정확하면 엉뚱한 답이 튀어나오곤 하지요." 단어를 추가하면 더 정확한 해답을 얻을 수도 있지만, 이는 그만큼 결과의 범위를 제한하겠다는 의미이기도 하다. 따라서 검색을 시작하는 첫 단계에서는 범위를 조금 넓게 설정하는 것도 좋다. "찾는 페이지에 등장할 키워드부터 선택해서 작성자의 사고방식으로 접근해야 한다"고 그는 조언한다.[33]

러셀은 검색 페이지 결과의 '구조'에도 익숙해져야 한다고 당부한다. 유명한 검색엔진에서는 스폰서 링크를 주로 결과 페이지의 상단이나 오른쪽에 배치하여 누구나 쉽게 볼 수 있도록 한다. 상품을 구입하려 한다거나 휴가 때 갈 여행지를 찾는 사람에게라면 스폰서 링크가 제공하는 정보가 꽤 유익할 수도 있다. 하지만 무언가를 팔려는 사람들이 제공하는 정보에 관심이 없다면, 더 상세한 검색에서 나타난 결과 페이지의 다른 링크들이 필요할 수도 있다. 보통 볼드체로 표시되는 결과 페이지의 첫 줄은 그 웹페이지의 표제이자 클릭 가능한 링크로서, 클릭하면 그 페이지로 넘어간다. 표제 아래의 짤막한 설명은(구글에서는 두 줄이다) '스니펫snippet(단편 정보)'이라고 불리며, 표제 아래에 사이트 웹주소(URL이라고 한다)가 붙는다. 이 스니펫을 훑어보며 더 심층적인 검색에 필요한 단어나 문구를 얻을 수도 있고, 가끔은 스니펫만 읽고도 그 주제에 대해 알고 싶었던 것을 다 찾아내기도 한다.

러셀이 말했듯, 검색은 훌륭한 자기학습 도구가 될 수 있다. 이 말은 이토의 연구 결과와도 그 맥락을 같이하는데, 이토는 디지털 문화에 열광하는 젊은이들에게 검색은 문화 학습 과정의 일부가 되기도 한다는 결론을 얻었다. 이토는 RPG 게임이나 애니메이션 비디오, 포켓몬 카드 게임, 팬픽션* 등 남들에게는 하찮게 여겨질 수도 있는 하위문화를 검색하기 위해 온라인을 '어슬렁거리는' 젊은이들이 그러한 경험을 통해 배운다고 말한다. 그런 경험이 자산이 되어 지식을 교환하며 끈끈한 유대를 형성하는 복잡한 사회 시스템을 만들기도 하고, 하위문화에서 사용했던 디지털 기술을 동원해 학습공동체를 형성하기도 한다는 것이다.

잘 모르는 주제여서 입문하는 데 도움이 필요하다면 검색에 '튜토리얼' '입문' '배경지식' 등의 검색어를 사용하는 것이 효과적이라고 러셀은

* fan fiction. 영화나 소설 등 대중적으로 인기 있는 작품을 팬들이 재창작한 허구적 이야기.

말한다. 교육자들은 위키피디아에서 얻은 지식을 확인 없이 그대로 받아들이거나 인용하지 말도록 학생들에게 당부하는데, 러셀은 위키피디아가 주제에 대한 탐구를 시작하기에는 더없이 좋은 소스일 때도 있다고 설명한다. 위키피디아를 통해 검색어를 '초인지' 같은 단어나 '협력의 진화' 같은 문구로 좁힐 수 있다면 위키피디아는 외부 링크로 연결되는 실마리를 제공해주는 훌륭한 출발점이 될 수 있다. 러셀은 이 출발점을 '게이트웨이 사이트gateway site'로 명명하며 위키피디아 외에도 해외 뉴스나 이에 관련된 자료를 얻을 수 있는 'cia.gov' 'reference.com' 'about.com(현재는 뉴욕타임스 소유다)' 등을 추천한다. 또 초심자들이 원하는 주제의 게이트웨이 사이트를 찾으려면 검색어에 '방법how-to'이나 'DIY' 같은 단어를 포함시키는 것이 좋다고 말한다. 새로 배우고 싶은 게 있다면 누가 그걸 비디오로 촬영해서 하나하나 다 보여줄 때까지 기다릴 필요가 전혀 없다. 유튜브에 접속해서 약간만 찾아보면 원하는 동영상이 이미 거기 다 있을 것이다.

나는 구글의 강력한 경쟁자로 떠오른 마이크로소프트의 검색엔진 빙Bing의 검색 전문가도 만났다. 나는 허위정보 간파를 주제로 블로그를 만들었는데, 빙의 수석 프로그램 관리자였던 벳시 아오키Betsy Aoki에게서 연락이 왔다. 그녀는 교사와 사서를 대상으로 비판적 사고 전략 개요를 작성하고 있었는데 내 블로그에 올린 내용을 거기에 넣고 싶다는 것이었다. 나는 내 저작권만 지켜준다면 얼마든지 허락하겠다고 전했고, 아오키는 걱정 말라고 대답했다. 몇 마디 얘기를 나누다가 나는 왜 그녀가 비판적 사고에 관심을 갖게 되었는지 물었다. 아오키는 언론인 출신으로, 빙을 '판단엔진decision engine'으로 구축하려는 마이크로소프트의 시도를 최전방에서 이끌고 있다고 했다. 인터넷에서 찾은 정보를 비판적으로 받아들이기 위해 검색엔진을 비롯한 여러 도구를 활용하는 방법을 가르치는 것도 마이크로소프트 전략의 한 부분이다. 그래서 아오키는 나를 포함하여 여러 사람들에게 도움을 요청한 것이다. 아오키는 교사들과 사서들에게 온라인 신뢰성 검증 및 비판적 사고를 위한 전략을 전수하고자 했다. 나중에는 교사와 사서로 꾸려진 워크숍도 만들어졌는데, 내가 예정된 날 참석할 수 없게 되자 아오키는 허위정보 간파를 주제로 한 나의 첫 교육용 비디오 제작을 도와주었다.

이 밖에도 아오키는 신빙성 있는 정보를 얻기 위한 몇 가지 방법을 알려줬다. 스니펫을 볼 때는 문맥을 잘 파악하고(유명 검색엔진에도 '허구의 정보'가 들어 있는 경우가 있다), 맨 처음에 뜨는 검색 결과 페이지뿐 아니라 다음, 그다음 페이지까지 살펴봐야 하며, 검색엔진도 최소한 두 가지 이상을 거쳐야 한다는 것이다. 아울러 구글의 러셀이 내게 조언해준 바와 같이, 아오키도 위키피디아가 유용한 사이트가 될 수 있다고 덧붙였는데, 이는 위키피디아가 찾고 있던 보물을 단번에 획득하게 해주는 노다지라기보다는 긴 학습 여정의 출발점으로 삼기에 좋다는 의미였다.

나와 처음 연락이 닿았을 때 그녀는 내게 이런 질문을 했다. "허위정보 간파와 비판적 사고에 관한 선생님의 고견을 책으로 편찬하려면 어떻게 하면 될까요?" 나는 비판적 사고를 주제로 한 교육 자료를 만들려면 교사와 사서들을 모집해서 도움을 받는 것이 좋겠다고 제안했다. 얼마 뒤 마이크로소프트의 후원으로 국제교육기술협회ISTE에서 강연할 기회가 있었는데, 이 회의에 참석한 사람들이 바로 내가 가르침을 받고 싶어하던 그 사람들이었다.[34] 강연을 하며 나는 ISTE 웹사이트에 호스팅된 위키를 개설하여 그 자리에 모인 교육자들에게 내용을 보완해달라고 요청했다. 다양한 툴과 수업 계획, 허위 사이트 등에 대한 정보를 담은 장기적인 온라인 교재를 만들기 위해서였다.[35] 아오키의 노력과 많은 사람들의 기여, 여기에 상세한 온라인 수업 계획까지 더해져 마침내 마이크로소프트의 도움으로 무료 전자서적이 탄생했다. 비판적 사고를 구체적으로 어떻게 가르쳐야 할지 고민하는 교육자들에게 더할 나위 없이 훌륭한 지침서가 만들어진 것이다.[36, 37] 비판적 사고 계발의 중요성을 마이크로소프트에서 인식해주었다는 사실에 나는 큰 고마움을 느끼며, 구글도 이와 비슷한 자료를 구축하는 데 동참해준다면 더없이 행복할 것 같다.

구글의 러셀, 그리고 빙의 아오키와 대화하면서 든 확신이 하나 있다. 그건 바로 그동안 내가 소비자들이 정보를 비판적으로 수용할 수 있도록 돕고자 개인적으로 기울인 노력이 헛되지 않았다는 깨달음이었다. 최대 규모의 검색엔진 두 곳에서도 검색 리터러시를 탐구하고 있지 않은가. 그리고 우리도 비판적 사고의 선도자인 사서들과 같은 사회적 역할을 수행해왔다는 점 또한 나의 개인 학습 네트워크를 통해 경험으로 확인했다.

검색으로 정보를 얻었다면 이제는 그 정보를 얼마나 신뢰할 수 있는지 판단해야 한다. 이때 필요한 것이 잘 단련된 내면의 허위정보 간파력이다.

덜컥 믿기 전에 세 번 검증하기

허위정보 간파술을 습득하기 위해서는 먼저 알아야 할 게 있습니다. 사기꾼의 화술을 예리하게 파악하려면 그들이 질문하고 답변하는 방식, 그리고 더 중요하게는 의미를 부여하는 방식에 대해 어느 정도라도 지식을 갖춰야 합니다.

처음에도 말씀드렸듯이, 저는 아이들이 거짓된 소통을 구별해내는 방법을 배우는 것이 무엇보다 중요하다고 생각합니다. 그럼 여러분은 제가 그 방법을 을 아주 잘 알고 있다고 생각하시겠지요. 그게 그렇지 않습니다. 아는 게 있다 해도 그렇게 많지는 않습니다. 최근 교과과정에서 이 문제는 아예 건드리지도 않는 것으로 알고 있습니다. 교사들을 교육하는 방식도 다를 바 없지요. 게다가 저는 교실이나 학교가 비판적이고 적극적인 인간을 양성하는 곳으로 재편될 수 있을지에 대한 확신도 부족합니다.

그럼에도 저는 이런 방향으로 아이들을 교육할 방법을 개발하는 것이 결코 여러분의 직업능력 밖에 있지 않다는 변함없는 믿음을 갖고 있습니다. 우리의 언어환경보다 더 중요한 환경은 없습니다. 그리고 설령 여러분이 이 세상을 떠날 날이 멀지 않았음을 알고 있다 하더라도, 그것만큼은 충분히 지켜낼 가치가 있습니다.(닐 포스트먼Neil Postman, 『거짓말, 그리고 헛소리 간파술*Bullshit and the Art of Crap Detection*』, 1969)

유해한 거짓 정보로부터 당신을 보호하기 위해 여기에서 소개하는 방법을 활용해보자. 나도 실행하고 다른 사람들에게도 알리자. 점점 심해지는 정보오염에 대처하는 현실적인 해법은 정보 리터러시의 계발이라는 점을 상기하자. 이제 우리가 이루고자 하는 변화를 실현할 때다.

웹은 누구나 의견을 펼칠 수 있는 곳이기에 권위의 의미도 예전보다 퇴색되긴 했지만, 아직도 권위는 신뢰성 검증에서 중요한 단서의 하나로 받아들여진다. 하지만 그 권위라는 것 자체도 결코 무턱대고 믿어서는 안 된다. 저명한 고등교육기관에서 석·박사를 취득한 교수가 한 말을 신빙성 있게 받아들일 수 있겠지만, 그런 자격증이 없다고 해도 전문성을 쌓아온 과정이 타당해 보인다면 불신할 필요는 없다. 또 대학 교수처럼 특정 분야에서 전문성을 쌓았다고 해서 무조건 신뢰하겠다는 생각은 경계해야 한다. 과학적인 신뢰성을 추구하는 사람이라면 대학교수의 권위에 대한 검증도 중단해서는 안 된다. 다음으로는 대학교수들의 학술 발표와 이에 대한 인용 횟수, 연구 보조금, 표창 및 수상 이력 등을 종합적으로 평가한 '교수 연구업적 생산성 지수FSPI'를 참고할 필요가 있다.[38] 더 상세하게 검증하고 싶다면 '구글 학술검색Google Scholar' 기능을 통해 과학적 인용 사례를 분석하는 '퍼블리시Publish'나 '페리시Perish' 소프트웨어의 무료 배포본을 내려받는 것도 좋은 방법이다.[39] 아니면 '학술 평가지수h-index'를 이용해 다른 과학자들이 특정 논문을 몇 번이나 인용했는지 계산할 수도 있다.[40] 다시 강조하지만 한 번의 검증으로는 부족하다. 삼각검증이 답이다.

검색엔진, 생산성 지수, 허위정보 폭로 사이트 등은 우리가 접하는 정보를 세밀하게 들여다보고 검증하게 해주는 셜록 홈스의 돋보기와도 같다. 온라인 의료정보에 건강을 맡기고, 인터넷에 떠도는 금융가 뒷소문에 가계의 미래를 의탁하며, 트위터와 블로그, 유튜브 등에서 얻는 뜬소문에 정치적 자유를 내맡기는 사람들일수록 이 수사에서 얻을 것이 많다. 삼각검증의 예를 들자면 이렇다. 글을 쓴 교수의 이름을 구글 검색으로 확인하고, 그 이름을 FSPI에 입력하여 결과를 확인한 다음, 마지막으로 '팩트체크드factchecked.org' 사이트의 검증을 거쳐 다시 확인할 수 있다.[41] 팩트체크드의 자매사이트인 '팩트체크factcheck.org'에서는 정치 부문에서 벌어지는 다양한 주장들을 검증할 수 있다.[42] 시민들이 정치인이나 음모론과 관련된 링크나 이메일에 끌려다니기 전에, 〈뉴욕타임스〉의 '도시 전설에 대하여About Urban Legends'나 미국 국무부의 '음모론과 오보

Conspiracy Theories and Misinformation' 같은 사이트의 정치면부터 살핀다면 민주주의가 훨씬 더 건강해지지 않을까?[43, 44]

허위정보 간파술이 있느냐 없느냐는 매일 점점 더 많은 사람들에게 생사의 문제만큼이나 중요한 사안이 되어가고 있다. 의학 연구의 속도가 더 빨라지고 있다는 희소식은 동시에 슬픈 소식이기도 하다. 대다수의 의료 전문가들이 새로운 발견의 속도를 쫓아가지 못하기 때문이다. 바꾸어 말하면, 열성적인 커뮤니티의 집단지성이(질병으로 고통받는 환자들은 열성적일 수밖에 없다) 헌신적인 소수의 전문가들을 제외한 다른 어떤 집단의 그것보다도 수준이 높을 수 있다는 뜻이다. 그럼에도 최근의 신약 실험을 둘러싸고 근거 없는 주장이나 소문, 노골적인 기만행위들이 날뛰고 있다. 의도는 좋지만 위험한 정보를 잘못 알고 있는 사람들, 자신의 엉터리 처방으로 세상을 구할 수 있다고 확신하는 돌팔이들, 아픈 사람들을 현혹하여 금품을 갈취하는 사기꾼들이 온라인에는 너무나 많다. 그릇된 의료정보를 접했을 때 위험해지는 건 무지한 소비자들뿐만이 아니다. 철저한 검증 없이 그 소식이 사실인 양 링크를 통해 확산되면서 다른 사람들까지도 덩달아 위험에 빠질 수 있다. 정치적 자유에 악영향을 미치는 정보들이 그렇듯이, 의료정보 또한 무작정 믿고 퍼뜨리다가는 돌이킬 수 없는 치명적인 결과를 낳을 수도 있다.

온라인 의료정보를 무작정 믿거나 퍼뜨리기 전에 삼각검증을 하려면 어떤 과정을 밟아야 할까? 집에서 직접 시술하는 눈 수술 장비를 판매하려는 사람이 있다고 가정하자. 그 사람의 이름을 검색하면, 실제로 그 장비를 구해다가 자기 망막에 레이저 시술을 해야 할지 고민했던 사람들이 제기한 의문들을 확인하게 될 것이다.[45, 46] 환자들은 질병과 치료법에 대해 더 많은 것을 알고 싶어하는데 인터넷에는 쓰레기 같은 정보도 넘쳐난다. 하지만 그게 전부는 아니다. 온라인에는 의학 연구 보고서와 치료법을 검색하는 도구들이 있다. 과학 기사를 살피고 싶다면 사이언스디렉트ScienceDirect 사이트에 방문자 자격으로 접속할 수 있다.[47] HONHealth on the Net Foundation도 믿을 수 있는 의료정보를 꾸준히 온라인으로 제공하는 사이트 가운데 하나다.[48] 이 사이트는 브라우저 플러그인을 통해 사용자들이 HON 데이터베이스와 연계된 모든 웹사이트에서 의료정보를 검색할 수 있게 돕는다.[49] 똑똑한 어느 의대생은 온라인 의료정보의 신빙성을 검증하는 방법을 찾아냈고,[50] 의학자료협회MLA에서도 「웹에서 의료정보를 찾아 평가하는 사용자 지침」을 발간했다.[51] 온라인 의료정보를 찾는 데 서툰 사람들에게는 이 모두가 훌륭한 경로들이다.

특정 질병에 걸렸다는 진단을 받은 사람이라면 당연히 온라인에서 그 질병에 관한 것들을 찾아보지 않겠는가? '퓨 인터넷 앤드 아메리칸 라이프 프로젝트'에 따르면 "인터넷 사용자들의 66퍼센트가 특정 질병이나 의료 문제로 온라인에서 정보를 찾는다"고 한다.[52] 응급의학 전문의이자 임상학자인 재커리 마이젤Zachary F. Meisel은 『타임』에 기고한 글에서 이러한 상황을 이렇게 기술한다.

> 환자가 자신의 증상을 인터넷에서 검색하는 행위를 두고 과연 이것이 옳은지, 혹은 용납해서는 안 되는지 논쟁을 벌이는 것 자체가 우스꽝스럽다(놀라울 정도로 많은 의사들이 이런 논쟁을 즐기는 것 같다). 이미 많은 환자들이 그래왔고, 그러한 검색은 오늘날 환자들이 일상적으로 하는 일이 되었다. 그리고 인터넷 기술의 진화로 유비쿼터스 시대에 돌입함에 따라 그러한 행위는 앞으로 더욱 일상화될 것이다. 그게 사실이든 엉터리든, 지금까지 의학도서관에 쌓인 것보다 훨씬 많은 의료정보를

누구나 곧바로 이용할 수 있다. 따라서 우리가 정말로 고민해야 할 것은, 이런 현상을 환자들과 대중의 건강에 더 효율적으로 접목하기 위해 전문가들이 무엇을 해야 하느냐다.[53]

마이젤은 환자들이 자신의 질병과 관련된 것들을 스스로 배우도록 독려하고 "관계자들의 검토를 거쳤으며, 근거가 확실한 최신 의료정보를 담고 있는 인터넷 사이트로 환자들을 안내하는 것"이 의료 전문가들의 임무라고 주장한다.[54] 나는 최근의 어느 시사전문지에서 다룬 기사를 보고 무척 고무된 적이 있다. 기사 내용은 의사 자격증을 취득한 의료인들이 실무 초반에 배우는 것과 비슷한 허위정보 간파술을 환자들에게도 가르쳐야 한다는 내용으로, 전문 의료인이 의사들에게 공식적으로 이 같은 제안을 했다는 점이 놀라웠다. 마이젤도 미국 보건기구품질관리청 AHRQ 같은 의료 연구기관 등의 웹사이트를 통해 다양한 질병정보를 대중에게 알리고, 특정 질병을 앓고 있는 환자들도 공식적으로 검증된 연구 보고서를 다른 정보들과 비교하여 활용할 수 있도록 안내하는 방안을 제시했다.[55]

'서치 엔진 워치Search Engine Watch'라는 사이트에 「소셜 미디어와 검색엔진에서 스마트하게 건강 해법 찾기」라는 제목으로 딘 스티븐스Dean Stephens가 올린 좋은 글이 있다.[56] 스티븐스는 개인적으로 알고 싶은 의료 지식 방면에서 구체적이고 상세한 정보를 얻을 수 있는 웹사이트로 메드헬프medhelp.org와 저스트앤서justanswer.com를 추천하며, 이 밖에도 셰어케어sharecare.com와 헬스라인healthline.com 역시 유익하다고 말한다.[57, 58, 59, 60] '퓨 인터넷 앤드 아메리칸 라이프 프로젝트'에 따르면, 암 환자들이 특정 의학 지식을 구할 때는 의료 전문가나 웹 검색에 의존하는 반면 "일상적인 건강 관리법 같은 실용적인 조언을 구할 때는 비슷한 처지의 사람들에게 의견을 구하는 경향이 있다"고 한다.[61]

요즘은 페이션트라이크미patientslikeme.com나 큐어투게더curetogether.com 같은 대규모 전문 사이트에서 환자의 가족과 간병인뿐 아니라 같은 질병을 앓는 환자들로 구성된 피어 커뮤니티peer community도 관리한다.[62, 63] 페이션트라이크미는 환자들에 대한 익명의 데이터를 제약회사에 팔아 수익을 올린다. 2011년, 페이션트라이크미는 탄산리튬을 쓰는 것이 루게릭병의 진행을 늦추는 데 효과가 있는지에 관한 자체 임상실험 결과를 보고하고 해당 데이터를 크라우드소싱했다(나중에 더 많은 데이터를 보충했다). 그리고 탄산리튬을 사용한 환자와 그렇지 않은 환자의 사례를 비교해 더 세밀한 연구가 진행돼야 할 필요성과 그 근거도 확보했다. 이 실험에서는 전형적인 이중맹검* 방식을 도입하지는 않았지만, 환자 중심의 실험을 진행함으로써 이 연구 분야의 방향타 구실을 했다.[64] 큐어투게더에서도 '환자 중심의 연구'를 추구하며, 재원은 큐어투게더 설립자들과 선의의 투자자들에게 의존한다. 오거나이즈드위즈덤organizedwisdom.com은 의료 및 건강 부문의 수많은 전문가들에게서 수집한 정보를 구축한다.[65] 그리고 토크어바웃헬스talkabouthealth.com는 환자와 비슷한 처지의 환자들 및 전문가들을 연결하는 일종의 '후원집단 중개기관'의 역할을 수행한다.[66]

정보를 얻으려는 환자들과 간병인들이 이러한 장에서 제공하는 다양한 자료를 이해하고, 웹에서 의료정보를 검색하는 행위를 해답을 얻기 위한 것이라기보다 배움의 여정으로 받아들일 수 있다면, 이미 유익한

* 임상실험에서 실험자와 피실험자 모두 실험과정의 변화를 모르게 하여 오염 변인을 막는 방식.

정보를 찾기 위한 툴을 충분히 확보한 셈이다. 하지만 어떤 질병이나 치료법과 관련해서든 그릇된 정보가 있기 마련이므로 언제나 신뢰성을 검증하려는 노력을 피해서는 안 된다.

건강만큼이나 중요한 것이 자유다. 미국의 4대 대통령 제임스 매디슨James Madison은 이렇게 말했다. "대중적 정보가 없거나 그런 정보를 얻을 수단이 없는 민주정부는 희극이나 비극, 어쩌면 두 가지 모두의 서막에 지나지 않는다. 지식만이 영원토록 무지를 지배할 것이다. 따라서 스스로 통치하고자 하는 국민이라면 지식이 부여하는 힘으로 스스로를 무장해야 한다."[67] 매디슨은 정확하고, 편파적이지 않으며, 타락하지 않은 저널리즘이 민주주의의 기능에 미치는 중대한 영향을 지적했다. 디지털 미디어와 네트워크의 등장으로 이전까지는 병에 관한 신빙성 있는 소스를 제공해주던 유일한 존재였던 의료 전문가들의 권위도 많이 떨어졌다. 마찬가지로, 이러한 변화는 언론 부문에서 더욱 급격하게 진행됐다. 의료 부문에서는 아직까지도 의사와 간호사들이 가장 훌륭한 의료 서비스 제공자들이다. 반면에 저널리즘 부문에는 20억 명에 달하는 인터넷 사용자들, 50억 대 이상의 휴대전화, 수십만 명의 블로거와 트위터 및 페이스북 사용자들, 수천만 개의 카메라폰이 이 분야를 더욱 넓히고 민주화하는 동시에 중요 뉴스 소비자들의 욕구도 확내했나.

1990년대에 일어난 한 사건을 계기로 비전문가들의 힘이 처음으로 세상의 주목을 받기 시작했다. 당시 미국 상원의 다수당 리더였던 트렌트 로트Trent Lott의 인종차별 발언을 주류 언론이 무시하고 넘어가려 하자, 진보 성향의 블로거들이 이 문제를 독자적으로 파헤치면서 결국 로트의 사임을 이끌어냈다.[68] 소셜 미디어의 범위와 영향력이 확장되면서 시민 저널리즘 활동도 더욱 활발해졌다. 한 예로 2005년 7월 7일 런던에서 발생한 폭파사건의 테러리스트 사진이 처음 찍힌 것도 테러 현장에 있던 카메라폰을 통해서였다.[69] 비슷한 경우로, 2009년 허드슨 강에 불시착한 747 여객기의 모습을 담은 첫 사진 역시 스마트폰과 트위터를 통해 전파되었다.[70] 2009년 6월의 테헤란과 2011년 카이로 거리의 모습을 담은 영상을 전 세계로 전파한 것 역시 스마트폰이었다.[71]

트위터가 등장하기 전, 플리커와 유튜브에서는 사진과 영상에 태그와 키워드를 달 수 있는 기능을 제공했는데, 이 기능 덕분에 뭔가 사건이 터지면 아마추어 기록자들이 올린 이미지나 영상을 한눈에 볼 수 있었다. 원래 트위터에는 태그 기능이 없었기 때문에, 트위터 사용자들은 '해시태그hashtag'란 것을 개발했다. 해시태그란 사람들의 공통 관심사를 보여주기 위해 단어 앞에 '#' 기호를 붙이는 방식을 말한다. 예컨대 '#jan25'는 2011년 이집트에서 발생한 민중봉기를 의미하는 해시태그다.[72] 〈샌디에이고 유니언 트리뷴〉은 2007년 이집트에서 비슷한 민중봉기가 있었을 때 시민기자에게 태그나 해시태그를 달아 사진과 영상을 올려줄 것을 공개적으로 요청했고, 이는 모두에게 공개되었다.[73] 플리커나 유튜브의 검색기능을 이용하면 사진이나 영상을 연이어 볼 수 있고, 그 검색이 RSS 시스템에 자동으로 등록되어 다음에 다른 사람들이 업로드한 비주얼 자료도 실시간으로 볼 수 있다.

디지털 툴과 네트워크가 널리 보급되면서 전통적인 게이트키퍼*들의 역할이 많이 줄었지만, 현장 뉴스의 신뢰성을 검증하는 훈련은 그 어느 때보다 중요해졌다. 누구나 속보성 영상이나 트윗을 전파할 수 있는 세상이다. 보도 내용을 검증하고, 연관성을 밝히고, 관련된 실제 인물의

* gatekeeper. 언론에서 뉴스나 정보의 선택과 편집을 통제하는 사람.

이야기를 설명하고, 그 보도에 대해 색다른 시각을 가진 사람들의 관점도 소개하는 등, 모든 검증과 확인 과정에 참여한 사람이 유명 기관에 소속된 사람이든 아니든 이 모두가 저널리즘의 본분이다. 하지만 최근의 저널리즘은 좋든 싫든 길드guild보다는 네트워크에 더 가까운 모습으로 변화하고 있다.

인터넷 기자인 매트 드러지Matt Drudge가 모니카 르윈스키 스캔들을 폭로하자 『뉴스위크』에서 이 기사의 사실 여부를 확인하기 위해 보도를 미루기로 결정했던 1998년, 대다수 저널리스트들은 이때를 기점으로 뉴스의 주기가 더욱 빨라졌다고 믿는다.[74] 2009년 6월 이란에서 일어난 사건*도 그러한 맥락에서 이해할 수 있다. 이는 점점 빨라지는 정보의 속도가 과거 유명 저널리스트들이 자신들의 경력과 명성을 바탕으로 보도 전에 기사의 사실 여부를 확인하던 전통적인 여과과정을 압도하고 있음을 세상에 다시금 확인시켜준 사례였다. 신뢰할 수 있든 없든, 트위터와 유튜브로 무장한 시민기자들은 기존 언론을 압도했다. 심지어 카메라맨과 보도진을 태우고 이동하면서 중개차에서 재빠르게 소식을 전하던 속보팀조차도 시민기자들의 속도를 당해낼 수 없을 지경이었다. 2009년 정치 시위가 일어났을 때도 이란 시민과 전 세계 사람들은 해시태그 '#iranelection'을 달아 소식을 주고받았고, 인상적인 사진과 정치적 선동 영상, 홍수처럼 쏟아지는 반대 진영의 선전물, 온갖 소문과 허위정보 등이 전 세계로 확산되었다. 많게는 이란과 관련해 한 시간에 무려 22만 1000개의 트윗이 트위터에 폭발적으로 올라오기도 했다.[75]

이란 사태가 터지자 마크 앰바인더Marc Ambinder 기자는 〈애틀랜틱〉 인

* 2009년 6월, 이란에서는 대통령 선거 부정 의혹을 제기하며 이에 항의하는 대규모 시위가 일어났다. 시위 현장은 트위터를 통해 전 세계로 전파됐다.

터넷판에 올린 글에서 "CIA 분석가와 같은 자세로 이란의 변화를 추적하라"고 조언했다. 수사관 같은 사고방식이 웹 정보의 신뢰성을 판단하는 전략이라면, 명석한 분석가의 사고방식은 온라인으로 보도되는 뉴스 속보의 신뢰성을 저울질할 때 필요한 전략이다. 앰바인더는 허위정보를 경계하고, 출처의 지리적 위치에 따른 패턴(하지만 하나의 패턴이 비슷하다고 해서 모두가 동일하리라는 가정은 경계하라고 했다)을 파악하고, 당신의 가정을 점검하고, 그와 배치되는 자료도 찾아볼 것을 권고한다.[76]

내가 시민저널리즘에 관심을 갖기 시작할 무렵, 앞에서 소개한 전형적인 인쇄매체 저널리스트인 댄 길모어는 내가 신뢰하는 정보원 중 하나였다. 실리콘밸리에 정통한 매체 〈산호세 머큐리 뉴스〉의 베테랑 기자였던 그는 1990년대 후반에 처음 블로깅을 시작한 신문기자 가운데 한 사람이다. 그는 독자들(길모어는 독자를 '구성 독자former audience'라고 명명했다)의 비평을 허용했을 뿐 아니라 직접 답변도 올렸다. 또 자신이 추적하는 사건에 대한 정보를 얻고 뉴스 구성에 도움을 받기 위해 온라인 네트워크의 협조를 구하기도 했다. 나도 스탠퍼드 대학에서 디지털 저널리즘을 가르칠 때 길모어의 책 『우리가 미디어다*We the Media*』를 교재로 사용했다.[77] 나는 그와 이따금씩 만나 더 효율적인 허위정보 간파법을 주제로 대화를 나누었다. 특히 그는 하버드 대학의 '버크먼 인터넷 사회센터BCIS'와 애리조나 주립대학의 '월터 크론카이트 저널리즘 매스커뮤니케이션 스쿨'에서의 학술 경험을 토대로 『메디액티브*Mediactive*』라는 저서도 출간했다. 이 책에서는 사람들이 더 박식한 뉴스 소비자가 되어 뉴스 제작에도 적극적이고 분별 있게 참여하도록 북돋우기 위해 공공영역을 개선하는 방법을 모색한다.[78]

길모어가 제시하는 다섯 가지 '미디어 소비 원칙'의 핵심은 결국 '단순 소비를 능동적 학습으로 전환하는 핵심 원칙'으로 요약할 수 있다. 첫번째 원칙인 "의심하라"는 이 책에서 지금까지 한 말과 같은 맥락이다. 두번째 원칙 "판단을 연습하라"에서는 온라인 정보의 불확실성에 대응하려다 자칫 냉소주의에 빠지는 상황을 경고한다. "우리 아이들이 제대로 아는 사람인지 아닌지 따지지도 않고 무조건 가까운 친구들 말고는 아무도 믿으려 하지 않는다면, 나중에 우리 사회가 어떻게 될지 자문해봐야 합니다." 세번째 원칙인 "마음을 열어라"에서는 비록 당신의 믿음과 배치되는 것일지라도 합리적인 자료를 찾도록 독려한다.[79]

오바마 행정부의 정보 및 규제업무관리국 책임자인 카스 선스타인 Cass Sunstein 같은 학자들은 사람들이 자신의 신념을 강화하는 온라인 자료에만 주의를 기울이는 경향이 있다고 자주 우려를 표현한다.[80] 이러한 현상을 일컬어 '반향실echo chamber 효과'라고 하는데, 이를테면 블로거들이 자신과 비슷한 생각을 지닌 블로거들의 글만 골라 읽고 인용하는 것이 여기에 속한다. 무브온moveon.org의 온라인 조직화를 이끌었던 엘리 패리저Eli Pariser는 2011년에 『생각 조종자들*The Filter Bubble*』을 출간했다. 이 책에서 그는 검색엔진이 사용자의 관심사가 무엇인지 정확한 정보를 찾아내고 검색 히스토리를 활용해 맞춤형 검색을 제공하는 과정을 자세히 설명한다. 그래서 정치적으로 진보 성향의 주제를 자주 검색하거나 관련 사이트에 접속하는 사람들의 검색 화면에는 보수적인 성향의 결과가 잘 드러나지 않게 된다. 그 때문에 자신도 모르는 사이에 필터링된 세상 속에 갇혀버릴 수 있다.[81] 그러한 감옥에서 벗어나려면 자신이 주로 이용하는 범위 너머의 소스까지 의식적으로 접근할 필요가 있다. 예를 들어, 지금까지는 오로지 미국에서 작성된 뉴스만을 봐온 사람들에게 길모어는 전 세계의 믿을 수 있는 블로그들을 모아놓은 온라인 프

로젝트 글로벌보이스GlobalVoices를 추천한다.[82]

또한 길모어가 제시하는 네번째 원칙은 "계속 질문하라"로, 이는 앞에서 언급한 "수사관처럼 생각하라"는 탐구의식과 맥을 같이한다. 다섯번째 원칙인 "미디어 기법을 배워라"는, 문화의 생산에 참여하고 또 당신이 소비하는 문화의 생산자들과 친숙해지기 위한 하나의 방법으로서 소셜 미디어에 적극적으로 관여하는 것이 중요함을 강조한다.[83]

소셜 미디어를 활용해 저널리즘의 허위정보를 간파하는 방법을 연구하는 사람들도 있다. 페어스핀fairspin.org 커뮤니티에서는 사실인 것처럼 보도되는 의견의 신빙성을 종합적으로 판단하기 위해 각 뉴스마다 투표를 하며, 좌파와 우파 양쪽의 뉴스를 모두 탐색하여 정치적 편향 정도도 반영한다.[84] 뉴스트러스트newstrust.net는 베테랑 저널리스트들이 고안한 재검증 툴을 이용하는 온라인 리뷰어 커뮤니티로서, 현재 커뮤니티 회원 수는 약 2만 2000명이다.[85] 나 역시 이 커뮤니티 초대 회원 중 한 사람인 동시에 이사회 일원이다. 뉴스트러스트가 사람들의 협력을 기반으로 뉴스를 엄선하는 대안으로 자리잡을 수 있을지 확언할 수는 없지만, 언론을 감시하는 크라우드소싱의 비판적 사고에 대한 가능성을 보여주었음은 분명하다.

내가 검토할 뉴스 기사를 올리면, 뉴스트러스트 홈페이지에서는 다른 커뮤니티 회원들이 이미 검토한 여러 가지 기사들을 엄선하여 보여준다. 그리고 뉴스트러스트에 내가 올린 기사에 대한 리뷰를 남기고자 하면 메뉴 팝업창이 뜬다. 그래서 그 기사가 사실이고 공정하며 올바른 출처를 사용했는지를 1에서 5까지 평가하도록 요구하는 동시에, 내가 그 기사를 신뢰하고 다른 사람들에게 추천할 수 있는지에 대해서도 역시 1에서 5까지 점수를 매기도록 요구받는다. 뉴스트러스트에서는 간단한 클릭으로 뉴스 기사의 사실성과 편향성, 출처의 신뢰성 등을 판단하는 과정을 처리할 수 있다. 또한 깊이 있는 비판적 분석을 추구하는 뉴스트러스트 외에도 많은 소셜 미디어 애플리케이션이 더 있다. 이들 애플리케이션을 이용하는 사람들은 빠른 보도에만 집착해 허위정보를 가려내기가 어려워진 풍토 속에서도 '소셜 큐레이션social curation'과 '필터 크라우드소싱crowdsourcing the filter' 등을 활용해 뭔가 변화를 이끌어내보려 하고 있다. 이에 관해서는 이 장 후반부에서 자세히 언급하겠다.

디지털 시민의 일상에 위협이 되는 요소는 그릇된 정보만이 아니다. 너무 많은 정보가 너무 빨리 쏟아져나오는 것 또한 문제다. 다음에 소개할 인포텐션은 사고방식과 실제적 방법을 결합한 개념이다.

인포텐션, 관심 정보를 지속적으로 구독하는 기술

정보가 넘쳐나는 사회에서 정보의 풍요는 곧 다른 것들의 결핍을 의미한다. 즉 그 정보가 소비하는 대상이 무엇이든 부족해진다는 뜻이다. 정보가 소비하는 대상은 분명하다. 정보는 받아들이는 사람의 주의를 소모시킨다. 그래서 정보의 풍요는 주의의 빈곤을 유발하고, 넘쳐나는 정보 속에서 주의를 효과적으로 배분해야 할 필요가 생긴다.(허버트 사이먼Herbert Simon, 「정보과잉 세계에서의 조직 설계Designing Organizations for an Information-Rich World」, 1971)

컴퓨터 화면 오른쪽에 띄워둔 창에서는 소셜 미디어와 집단행동에 대한 파워포인트 프레젠테이션 자료를 만들고 있다. 왼쪽 창에서는 새 이메일이 줄지어 올라오면서 내 시선을 유혹한다. 그리고 또다른 창에서는 내가 팔로우하는 트위터리안 한 사람이 위키 방식으로 운영되는 무언가에 대한 링크를 올렸다. 그 트윗이 내 눈길을 사로잡았다. 나는 새 이메일은 아예 무시하고, 한창 작업중이던 파워포인트에서도 주의를 돌려 트위터의 그 링크를 클릭한다. 링크를 클릭하니 5분짜리 동영상이 나왔는데, 마침 이는 내가 작성하고 있던 파워포인트에 꼭 필요한 내용이었다. 나는 영상을 곧장 내려받아 파워포인트 작업에 첨부한다. 더불어 '위키' '영상' '협업'이라는 태그와 함께 그 영상의 위치를 북마크한다. 이 짧은 순간에도 나는 트위터 네트워크와 영상 다운로드, 소셜 북마킹 등의 정보통신 기술을 이용했고, 동시에 내가 오랜 시간에 걸쳐 학습한 주의력 기술도 실천했다.

저술가라는 직업 때문에 내 주의는 늘 전쟁터에 방치되어 있다. 생계를 영위하기 위해 꼭 써야 하는 글이며 책과도 싸워야 하고, 또 한편으로는 끝없이 밀려들며 내 주의를 환기하는 새로운 정보들과의 싸움도 만만치 않다. 이런 환경에서 '일에 집중해야 할' 시점이 언제이고, 내 분야에서 벌어지는 일을 따라잡기 위해 주의가 배회하도록 내버려둬야 할 때는 또 언제일까? 저술가의 길로 들어서서 열정 가득했던 첫 10년간 내 의식은 벽으로, 창문으로, 설거짓감으로, 읽어야 할 잡지들로, 참 많은 곳들을 돌아다녔다. 하지만 먹고살려면 내 주의의 방향을 돌려야 했다. 눈앞의 텅 빈 시작 페이지로 주의를 되돌리고, 자판 위에 올린 손가락에도 다시금 활력을 불어넣어야 했다. 그런데 1980년대 초에 상륙한 디지털 세계가 또다시 내 의식과의 전쟁을 부추기기 시작했다. 그리고 그 세계에는 온갖 링크와 영상, 트윗, 이메일, 담벼락 글, 말풍선 달린 귀여운 고양이 사진 같은 것들이 있었다. 디지털 세계의 네트워크는 지속적인 주의 분산을 야기하는 동시에 필요한 지식을 제공하는 양면성을 모두 갖고 있었다.

링크를 보고 클릭할지 말지를 결정하는 그 순간이 바로 주의력을 제어하는 순간이며, 이때 제어를 하지 않는다는 것은 그 대상이 주의를 사로잡도록 허용한다는 의미다. 강의실에서 랩톱을 열고, 회사에서 회의 시간에 스마트폰으로 딴짓을 하고, 길을 걷거나 아이와 박물관을 둘러보며 문자메시지를 보낼 때 이런 인지적, 사회적 행동은 그 사람이 속한 사회뿐 아니라 자신의 의식에도 영향을 미친다. 앞에서도 언급했듯이, 인포텐션infotention은 두뇌가 지배하는 주의력 기술과 컴퓨터에 기반한 정보 필터의 조합을 설명하기 위해 내가 고안한 용어다. 인포텐션의 세 가지 요소는 다음과 같다.

- 온라인 미디어를 활용하여 유익한 정보 스트림을 찾아 관리하려는 사람은 매 순간 합리적으로 주의력을 발휘하는 지적 능력을 키워야 하며, 이것이 필수적인 내적 기술 요소다. 문자메시지를 삼가야 할 때, 주의를 다시 업무로 되돌려야 할 때, 모든 미디어로부터 휴식이 필요한 때를 아는 것이 중요하다. 하지만 그것만으로는 정보의 물결을 헤쳐나가기에 충분하지 않다. 익사하지 않는 것과 헤엄을 칠 줄 아는 것은 전혀 다른 차원이다.
- 정보 리터러시의 외적 기술 요소는 지적 대시보드, 뉴스 레이더, (반복적인 검색과 RSS 시스템 같은) 온라인 툴의 정보 필터 등을 한데 아우르는 방법을 아는 것이다.
- 주의력 훈련과 효과적인 온라인 툴을 통합한 개념인 인포텐션은 사회성, 즉 타인들과 연관된다. 인터넷의 무시무시한 소음 속에서도 신선하고 유익한 신호를 찾아내도록 돕는 수많은 조언들이 사회적

교환과 관계를 매개하는 온라인 네트워크인 소셜 미디어를 통해 곳곳으로 전파된다. 우리의 내면과 기술이 사회성과 접하려면 개인 학습 네트워크를 조율하고 발전시켜야 한다.

지적 훈련과 기술적 증강, 사회적 중개라는 세 가지 요소에 기초한 인포텐션은 소중한 정보를, 특히 언제 어디서든 당신에게 유익한 정보를 지속적으로 탐지하는 것을 의미한다. 하지만 주의를 기울여서 얻은 정보가 항상 정확하다는 보장은 없으며, 지나치게 강박적으로 주의를 기울이는 것도 좋은 방법이 아니다. 그렇기 때문에 허위정보 간파술과 분별이 필요하다.

언제 어디서나 접속 가능한 온라인 환경에 다듬어지지 않은 데이터가 넘쳐나면서 많은 사람들이 그 많은 정보에 현명하게 대처하기 위해 애쓰고 있다. 하지만 정보과잉의 역사는 수백 년 전으로 거슬러올라가며, 우리가 정보과잉에 대처할 방법을 이미 갖고 있다는 사실을 아는 사람은 많지 않다.

오늘날 정보과잉 시대를 살아가는 스마트폰 사용자들을 묘사하는 데는 상반되는 두 가지 진술이 모두 어울릴 것 같다.

- 스마트폰을 가진 여덟 살배기 아이부터 이메일 수신함이 넘칠 것을 걱정하는 어른에 이르기까지, 디지털로 이어진 사람들이 이용할 수 있는 정보가 전례 없이 넘쳐나고 있다.
- 동시에, 최근 커뮤니케이션 미디어에서 유발된 인식능력 저하 현상에 대한 경고의 목소리 또한 지난 수백 년에 걸쳐 주기적으로 반복되었던 옛사람들의 우려를 반향한다. 이를테면 특정 이메일이 인포

스피어를 끊임없이 돌아다니는 현상도 여기에 속한다(어려서 뇌종양에 걸린 영국의 크레이그 셔골드의 안부를 묻는 카드를 아직도 보내는 사람들이 있다. 셔골드는 수십 년째 건강하게 생활하고 있으며, 그 마을의 우체국장은 이런 상황을 별로 달가워하지 않는다).[86]

2010년 8월, 구글의 최고경영자 에릭 슈미트가 어느 하이테크 총회에서 도저히 믿기지 않는 통계를 발표했다. 최근 인류가 이틀 동안 생산하는 정보의 양이 동굴벽화의 시대부터 2003년까지 창출한 모든 정보의 양보다 많다는 것이었다.[87] 내가 확인한 몇 가지 통계도 이와 비슷한 맥락이다. 2011년 한 해 동안 오고간 SMS 메시지 수가 무려 7조 건에 육박하며,[88] 2010년에 페이스북에 실린 광고만 약 1조 건에 달한다고 한다.[89] 캘리포니아 대학 샌디에이고 캠퍼스에서는, 일반적인 미국인이 하루에 소비하는 정보의 양이 평균 34기가바이트 정도라는 연구 결과를 발표했다.[90] 전례 없이 많은 정보가 빠른 속도로 유통되는 만큼 우리의 주의를 빼앗기는 상황도 빈번해졌다. 하지만 정보과잉에 대한 옛사람들의 우려가 오히려 오늘날 웹의 충격에서 빚어진 도덕적 공황 상태에 대처하는 훌륭한 길잡이가 될 수도 있다. 역사가 시사하는 메시지는 다분히 희망적이다. 갑작스레 정보가 넘쳐났던 과거에도 문해력을 지닌 사람들은 정보처리 역량을 강화하는 지적 도구를 개발하여 정보과잉에 대응했다.

1755년 프랑스의 저술가이자 철학자였던 드니 디드로는 이렇게 경고했다.

앞으로 여러 세기가 계속 펼쳐진다면 서적의 수도 계속해서 늘어날 것이며, 온 세상을 직접 연구하기는 어렵듯이 책에서 무언가를 배우기도 어려운 시대가 오리라는 것을 누구나 짐작할 수 있다. 그때가 되면 어마어마한 수의 책 속에 숨은 작은 진실을 찾아내는 것이나, 자연에 감춰진 그것을 찾아내는 것이 별반 다르지 않을 것이다. 그때가 오면 필요성을 느끼지 못해 그때까지 경시되어온 사업이 시작될 것이다.[91]

디드로를 비롯한 계몽주의 학자들이 염두에 둔 그 사업은 바로 첫 백과사전의 편찬이었다. '아주 많은 지식이 필요하다고? 한번 만들어보지 뭐!' 위키피디언(위키피디아 기여자)은 디드로의 후예들인 셈이다. 미국의 역사학자 앤 블레어Ann Blair가 16세기의 정보 대처 전략에 대해 쓴 글에는, 콘라트 게스너*가 1545년에 "책이 혼란스럽고 해로울 정도로 많다"고 불평했다는 기록이 있다. 이때는 인쇄기가 등장하고 거의 한 세기가 지난 뒤였다. 또 블레어는 게스너보다 한 세기 뒤에 아드리앙 바예**가 남긴 경고도 적어두었다. "매일 급격하게 늘어나는 엄청난 양의 서적 때문에, 옛 로마제국의 몰락 이후 몇 세기 동안 그랬듯 앞으로의 몇 세기도 그와 같은 야만의 시대로 빠져들 것이라는 근거를 우리는 갖고 있다."[92] 게스너와 바예가 우려했던 문제들을 해결하기 위해 알파벳식 색인, 참고문헌, 주석, 저자 소개, 비평 등 여러 가지 방안들이 고안되었다. 그리고 인쇄기가 등장하기 전에는 필사의 부담에 대처하는 과정에서 오늘날의 서적과도 관련이 있는 묵독, 구두법, 고사본古寫本 양식 같은 것들이 등장했다.

인쇄물이 과도하게 늘어나면서 많은 문제들이 발생했고, 이에 대처하게 해줄 과학적 해결책에 대한 요구도 늘어났다. 브라이언 오길비Brian

* Conrad Gesner. 스위스의 박물학자.
** Adrien Baillet. 데카르트의 전기 작가.

W. Ogilvie는 자연주의자(박물학자)들이 저술한 인쇄물이 넘쳐나면서 "고대와 중세 자연사의 특성이라고 할 수 있던 '사실적 지식'의 한정된 영역이 붕괴되고, 그후로 당면한 정보의 폭발에 맞서기 위해 자연주의자들이 고투를 벌였다"고 적고 있다.[93] 이처럼 체계화되지 않은 자료의 홍수를 해결하기 위해 생물분류체계라는 것이 만들어졌다. 정보과잉으로 공황상태에 빠졌다가 이 문제에 대처하기 위한 해법을 고안해낸 과거의 역사는 우리에게 하나의 시사점을 제시한다. 고도로 진화된 커뮤니케이션 수단이 등장하면서 정보과잉의 시대가 열리고, 처음에는 사람들이 이런 상황에 당황하지만 시간이 흐르면서 새로운 정보수단이 등장하고 새로운 리터러시를 갖춘 인구층도 점차 늘어난다는 사실이다. 지금껏 한 번도 확실하게 해결된 적이 없는 이 문제는 다음과 같은 순환구조로 설명할 수 있다. 정보를 대량으로 발행할 수 있는 기술이 새로 고안되면 이로 인해 넘쳐나는 정보를 여과하고 정리하기 위한 수단이 만들어진다. 그러면 이런 상황이 다시 또 새로운 발행 수단의 등장을 자극해 더 많은 풍요를 창조하는 순환구조가 발생함으로써, 일종의 상호진화 방식의 군비경쟁 같은 구조 속에서 생태계의 혁신이 더욱 가속화된다.

최근의 심각한 정보위기에 대응하고자 진화하고 있는 도구들은 모두가 인식석 수준에서 출발한다. 따라서 필요한 것은 인간의 주의력과 판단력을 단련하는 것이지 기술적 효용이 아니다. 레이더와 필터, 대시보드를 구축하는 법을 배우기 전에 분별력의 기본부터 살펴보는 것이 바람직하다. 목표를 정하고 그 목표를 의도로 전환해야 한다. 즉 지금 하는 일에 수시로 주의를 기울이고, 그 일과 궁극적인 목표의 관련성을 간략하게나마 상기할 필요가 있다. 시작은 이것으로 충분하다. 컴퓨터 앞에 앉았을 때, 그날의 목표를 종이에 직접 써서 책상 가장자리의 시야가 미치는 곳에 붙인다. 그러면 이따금씩 그 종이가 눈에 들어올 것이다. 그때마다 지금 온라인으로 하고 있는 행동이 그날의 목표와 관련이 있는지 자문한다(심호흡을 하고 곰곰이 생각하라). 문자메시지, 게임, 읽기, 쓰기, 웹서핑 등 온라인에 신경을 빼앗기는 경우는 수없이 많다. 그러므로 미디어를 분별 있게 사용하고 있는지 잠깐이라도 되짚어보고, 이 과정을 반복함으로써 미디어를 사용하는 행동양식에 늘 주의를 기울이는 새로운 습관이 몸에 배도록 해야 한다.

스탠퍼드 대학의 B. J. 포그에 따르면, 사소한 행동이라도 일정한 간격으로 이를 오랫동안 반복하면 매우 효과적인 습관을 형성할 수 있다. 매일, 매시간, 혹은 매 10분 등 규칙적으로 미디어에 주의를 기울이는 간단한 행동에 익숙해지면, 주의력이 이전보다 훨씬 강화되어 온라인에서 내리는 작은 결정들을 더욱 효과적으로 처리할 수 있다.

지금까지는 주로 전략에 대해 이야기했다. '작은 결정microdecision'이란 전술적인 부분이며, 평소에 정보과잉에 대응하기 위해 활용하는 무언가를 뜻한다. 응급실과 전쟁터, 자연재해 현장에서 외상팀trauma team의 첫번째 임무는 부상자들의 분류다. 부상자들을 일일이 살펴보며 즉각적인 조치가 없어도 괜찮은지, 조치와 상관없이 사망할 위험성이 높은지, 응급조치를 받아야만 생명을 구할 수 있는지 등을 판단한다. 그런 다음 세번째로 집단에 집중한다. 이처럼 주의를 기울여 무언가를 선별해야 하는 이유는 그것이 궁극적으로 당사자의 삶의 질에 영향을 미치기 때문이다.

그동안 내게도 이렇게 자문하는 습관이 생겼다. "오늘의 목표를 감안할 때, 이 정보 혹은 커뮤니케이션 기회에 주의를 기울일 가치가 있는가?" "나중에 살펴볼 필요가 있을지 몰라도, 더 중요한 목표를 위한 일

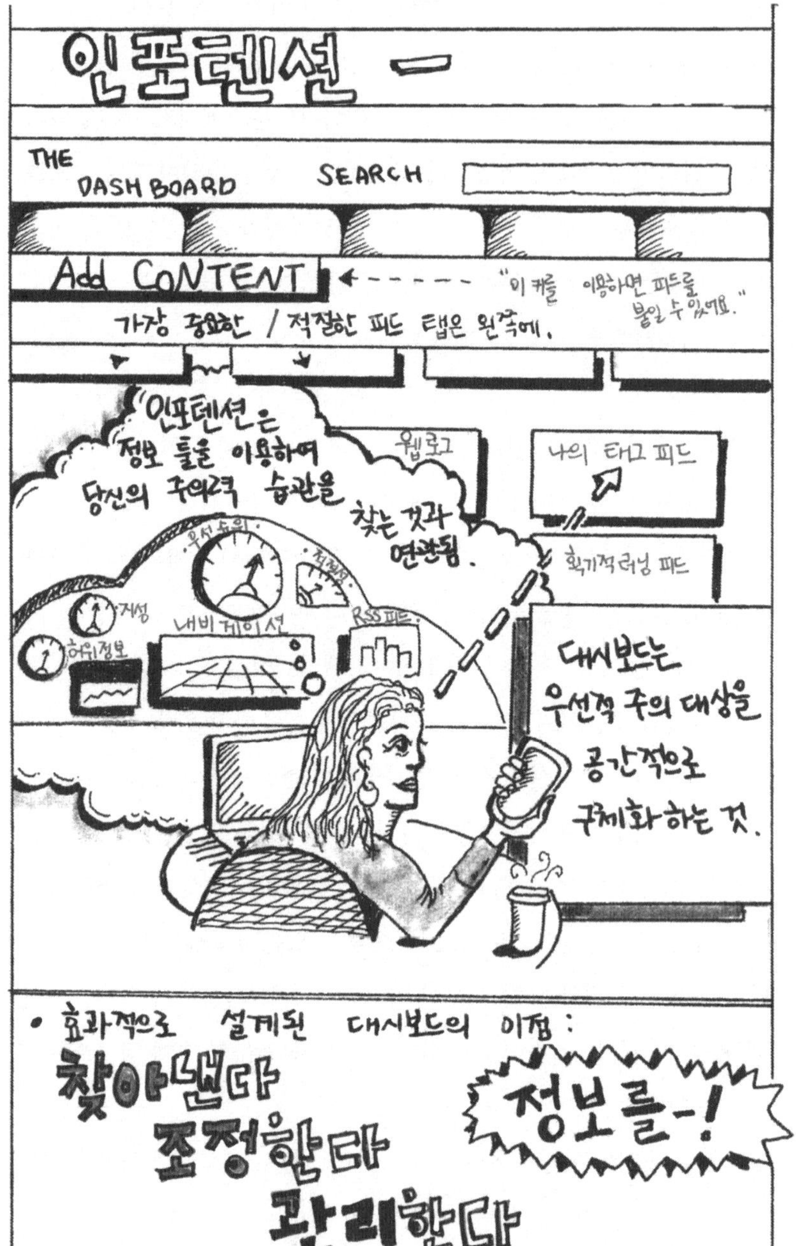
인포텐션 —
THE DASHBOARD
SEARCH
Add CONTENT
"이 키를 이용하면 피드를 붙일 수 있어요."
가장 중요한 / 적절한 피드 탭은 왼쪽에.
인포텐션은 정보 툴을 이용하여 당신의 주의력 습관을 찾는 것과 연관됨.
웹로그
나의 태그 피드
획기적 러닝 피드
우선순위
적절성
지성
허위정보
내비게이션
RSS 피드
대시보드는 우선적 주의 대상을 공간적으로 구체화하는 것.
• 효과적으로 설계된 대시보드의 이점:
찾아낸다
조정한다
관리한다
정보를—!

을 해야 하는 지금 꼭 확인할 필요는 없지 않을까?(그렇다면 브라우저에 탭을 하나 만들어두는 것도 좋겠지?)" "당장은 그 정보를 신경쓰고 싶지 않고 그것 때문에 급한 일에 방해를 받고 싶지도 않지만, 평소 내가 관심 있는 분야이니 나중에 다시 읽어보고 싶어질 것 같은데?(그렇다면 태그나 북마크를 해두는 것도 좋겠지?)" 초보적인 분별 훈련과 마찬가지로, 작은 결정에 주의를 기울이고 이를 습관화하는 것은 실행하기도 아주 쉬울뿐더러 특히 부지런하고 생활이 규칙적인 사람에게는 더 큰 훈련 효과가 있다. 이 훈련은 전략적 목표("무엇을 시작하려 하는가?")와 주의("지금 무엇을 클릭하려 하는가?"), 의도("다시 원래의 일에 집중해야 하니 이건 무시하는 게 좋겠어. 아니면 탭을 만들어두거나 북마크를 해둬야겠군")와 직결되며 연습을 반복할수록 깊이도 더해진다.

요즘은 정보가 워낙 빨리 발행되고 검색엔진이 이를 수집하는 속도도 워낙 빠르다보니 지금 우리의 삶은 '실시간 웹'과 함께 흘러가고 있다. 내가 디지털 저널리즘 과목을 수강하는 학생들에게 늘 가르치는 내용이 있다. RSS 리더, 지속적인 검색, 접속 필터링 서비스 같은 무료 툴을 활용하여 방글라데시를 강타한 사이클론에서 카이로의 거리 시위, 의료 또는 기술 부문의 획기적 발견이나 특정 업종의 사건에 이르기까지, 어떤 주제에 대해서든 믿을 수 있는 최신의 정보 스트림에 빠르게 접근할 수 있도록 자기만의 대시보드를 구축하라는 것이 그것이다. 여기서 가장 중요한 단어는 '스트림'과 '접근'이다. 실시간 웹은 (이메일 수신함 같은) 큐queue, 대기행렬보다는 스트림에 가깝다. 그러므로 모두를 가지려 하지 말고 필요한 부분만 뽑아내는 법을 배워야 한다. 그 많은 정보를 모두 소화할 수는 없다. 정확한 신호를 향해 안테나를 조정하고 주의력을 발휘하여 불필요한 정보는 멀리하고 필요한 것만을 선택해야 한다. 이 과정에서 당신의 간파력을 어디에서 활용할 것이며 무엇을 지속적으로 검색할지도 알아야 한다.

인포텐션 대시보드의 기본 툴인 RSS 피드부터 활용해보자. RSS를 이용하는 구독자는 원하는 웹사이트가 업데이트될 때마다 곧바로 그 사실을 통보받는다. 구글 리더Google Reader*, 블로그라인스Bloglines, 넷바이브스Netvibes, 애플의 '메일' 애플리케이션 등의 RSS 취합기aggregator 또는 RSS 리더로 불리는 웹서비스를 이용하면 누구든 RSS에서 제공하는 블로그나 다른 정보 스트림도 구독할 수 있다(최근에는 부표나 화성의 로봇 카메라 같은 전자식 감지기에서도 RSS 스트림을 전송할 수 있다). 구독하고 싶은 사이트를 찾았으면, 웹주소(일종의 URL)를 간단하게 복사할 수 있는 아이콘이나 링크를 찾아 이 경로를 통해 취합기로 들어가 앞으로의 업데이트도 해결할 수 있다.

정보 리터러시 방면의 전문가인 로빈 굿Robin Good은 '뉴스 레이더news radar'라는 개념을 새로 만들었는데, 이는 RSS 피드를 전략적으로 엮은 것을 뜻한다. 이처럼 혼자 힘으로는 감당하기 어려운 여러 가지를 탐지하게 해주는 새로운 서비스가 늘어나고 있다. 그리고 그러한 서비스의 활용법을 제시하는 '콘텐츠 큐레이션' 툴도 많이 개발돼 있다.[94] 나는 페이퍼리paper.li 서비스를 이용하고 있는데, 페이퍼리는 트위터에서 내가 팔로우하는 사람들이나 내가 특정 주제로 만들어둔 리스트에 올라온 트윗의 URL들을 헤드라인, 스니펫, 영상, 슬라이드 등을 포함하는 일간지 형태로 전환해준다.[95] 페이지 레이아웃도 일반적인 인쇄신문과 달리 우리의 주의력 습관에 부합하도록 화면 위에 정보 스트림을 나타내는

* 2013년 7월 서비스가 종료됐다.

방식의 인포텐션 기법을 응용한다. 특정 주제에 관한 전문적인 내용을 찾고자 할 때는 매일 트위터에 올라오는 뉴스 스트림에서 내 주의를 끄는 내용들만을 따로 편집할 수도 있다. 어그리게이지aggregage.com라는 사이트 또한 이와 유사한 방식으로 특정 콘텐츠에 관한 맞춤형 '신문'을 생성한다.[96] 당신의 피드 리더feed reader나 탬플릿 서비스를 이용하되 당신의 피드를 지속적으로 정리하고 선정해야 한다.

검색과 RSS를 결합할 수도 있다. 구글 뉴스나 야후 뉴스 홈페이지의 '고급 검색'을 클릭하여 검색한 후 구독 신청을 하면, 앞으로 전 세계에서 등록될 수많은 기사 중에서 그 검색에 사용한 문장구조와 유사한 내용의 기사가 당신의 취합기aggregator에 나타난다. 이를 구글 알리미Google alert에 등록하여 '피드'로 전송되도록 하면 된다.[97] 이 책이 출간되고, 책 제목이나 내 이름이 전 세계 5대 언어권의 주요 신문에 언급되면 그 사실을 5분 내로 알 수 있을 것이다. 큰 사건이 터질 때마다 사람들은 2011년 카이로에서 일어난 민중봉기를 뜻하는 해시태그인 '#jan25' 같은 것에 많은 관심을 보인다. 나는 트위터와 플리커, 유튜브의 해시태그에서 RSS 피드를 구독할 수 있다. 이것이 저널리스트들에게 얼마나 유용한지 당신도 곧 알게 될 것이다.

최근에 나는 넷바이브스 RSS 리더도 사용하고 있는데, 여기에는 내 관심사에 부합하는 정보들을 세 단계로 정리할 수 있는 장점이 있기 때문이다.[98] 여기서 나는 대시보드를 여러 가지로 구분해서 이용하고 있는데, 그 내용은 공적 영역, 사적 영역, 학술 영역, 시시때때로 달라지는 관심사 등으로 다양하다. 각 대시보드를 통해 다양한 주제에 대한 여러 개의 탭을 쉽게 생성할 수 있다. 예를 들어 나는 디지털 저널리즘을 주제로 하는 넷바이브스 '페이지'를 갖고 있고, 대시보드에는 '새로운 툴'

'새로운 기법' '시민저널리즘' '허위정보 간파' '뉴스 산업' 등의 탭이 있다. 탭을 옆으로 드래그해서 다른 자리에 놓을drop 수도 있다. 탭의 위치를 바꾸는 이유는 내가 중요하다고 생각하는 순서대로 정리하기 위해서다. 이렇게 탭을 정리함으로써 대시보드를 향한 나의 주의를 시각화할 수 있다. 그렇게 함으로써 마치 심호흡을 통해 두뇌와 몸, 의도를 조절하듯이 카테고리 분류를 디지털 정보관리 툴로 이용할 수 있다. 이 대시보드는 내 주의를 정리하는 데도 도움이 된다. 목표와 가장 밀접한 탭은 맨 왼쪽에 위치시키고 가장 관련이 적은 탭은 맨 오른쪽으로 옮긴다. 그렇게 하면 맨 왼쪽이나 그다음의 탭을 눌러 최신 피드 헤드라인을 재빨리 확인하고, 상황에 따라 더 상세하게 검색할지 말지도 쉽게 결정할 수 있을 것이다.

탭 수준에서 보면 목표와 가장 관련이 높은 피드를 맨 왼쪽 줄에, 최신 업데이트 피드를 맨 윗줄에 놓는다. 이렇게 하면 다수 피드(크기를 조절할 수 있는 상자 형태로, 페이지에 바둑판 형태로 배열한다) 중에서 헤드라인과 스니펫 리스트를 쉽게 훑어볼 수 있다. 헤드라인을 클릭하면 대시보드의 네모칸이 열리며 블로그 포스트나 검색 결과가 뜬다. 헤드라인만을 빠르게 훑어보거나 소스를 클릭하여 더 자세한 내용을 읽을 수도 있다(이때는 전환비용이 발생한다). 나는 소셜 북마킹 서비스에서 특정 전문가들의 태그도 RSS 피드로 확인한다. 그중에서 쓸모없는 것은 삭제하고, 더 찾아보고 싶은 새로운 주제나 그와 관련된 내용은 추가한다. 뉴스 속보가 뜬 지 단 몇 분이면 구글 뉴스와 야후 뉴스 검색, 구글 알리미, 트위터의 해시태그 검색, 전문가들의 블로그, 플리커와 유튜브, 딜리셔스의 태그 피드 등과 연계된 대시보드를 생성할 수 있다. 나는 프로그램에 대해서는 잘 모르지만 야후 파이프*를 이용해서 그 모든 인풋을 하나의 RSS 아웃풋으로 통합할 수 있으며, 내가 주소만 제공하면 누구나 그 내용을 구독할 수도 있다. 한 차원 높은 참여 학습도구로서의 검색기능을 가진 대시보드는 저널리즘 외에 교육적으로 활용할 수도 있다. 내가 아는 어느 6학년 교사는 학생들에게 손으로 쓰는 과제물 대신 대시보드를 생성하는 숙제를 내준다고 했다.[99]

필요 없는 정보를 무시하는 요령을 아는 것이 첫번째라면, 당신에게 날아오는 정보 중에서 필요한 것들을 가려내는 요령은 두번째로 중요하다. 정확한 정보를 담은 유익한 소스를 찾아 평가하는 요령을 배우는 것은 인식 차원의 문제다. 그리고 우리는 이미 중요 정보를 자동으로 걸러내는 시대를 목전에 두고 있다. 사회적인 요소에 자동적인 시스템이 결합된 '인포텐션 증폭기'가 바로 그것이다. 허위정보와 중요 정보 모두를 자동으로 가려낼 수 있을까? 내가 가르친 학생인 요한 제슨Johan Jessen은 허위정보 자동탐지기를 만드는 방법을 주제로 석사학위 논문을 썼고, 지금은 자신의 이론을 실현할 재원을 마련하고 있다.

제슨이 주목한 것은 위키트러스트WikiTrust라는 혁신적인 시스템이다. 캘리포니아 대학 샌타크루즈 캠퍼스에서 개발한 위키트러스트는 콘텐츠 및 작성자에 대한 평판 적용 시스템이다.[100] 위키트러스트 기능을 추가한 사용자는 위키피디아 페이지에서 텍스트의 평판이 높고 낮음에 따라 일부 문장이 다른 색으로 강조된다는 것을 알 수 있다. 최근에 와서 편집된 일이 전혀 혹은 거의 없고 작성자가 오랫동안 내용을 교정한 적이 없는 텍스트는 처음부터 아예 편집된 적이 없는 텍스트에 비해 평판

* Yahoo Pipes. 야후에서 제공하는 웹 애플리케이션으로, GUI를 통해 웹 피드 등의 서비스를 조합하여 새로운 애플리케이션을 만들 수 있고 또 다양한 출처의 웹 기반 응용 프로그램을 만들어 배포할 수 있는 기능을 지원한다.

이 높은 것으로 간주된다. 제슨은 위키피디아의 텍스트를 소스의 수, 편집자의 수와 평판, 그 텍스트와 직접 연결된 링크의 수를 평가하는 위키-워치Wiki-Watch 기능도 설명한다.[101] 그는 서로 다른 소셜 기법과 알고리즘을 수집하고 결합하여 위키피디아를 넘어서는 '전자동화 신뢰도 평가 툴'을 만들겠다는 꿈을 갖고 있다.[102]

뉴욕 대학의 클레이 셔키 교수는, 웹 이전의 출판 시대에는 원문을 대중에게 공개하기 전에 편집자와 발행인들에게 검토를 맡기는 '여과 후 출판' 패러다임이 지배했지만 지금은 '출판 후 여과'로 그 양상이 완전히 뒤집어졌다고 강조한다.[103] 같은 맥락에서 그는 이렇게 덧붙인다. "정보 과잉 같은 것은 없다. 오직 여과의 실패가 있을 뿐이다."[104] 앞에서도 설명한 구글의 '페이지랭크' 알고리즘은 신뢰성과 상관없이 대중의 의견을 바탕으로 웹페이지의 순위를 매기는 방식이지만, 이베이와 디그Digg, 페이스북 같은 다른 온라인 커뮤니티들은 의견을 수집하는 이유가 제각기 다르다. 디그는 소셜 뉴스 웹사이트로, 참여자들이 직접 뉴스를 작성하는 게 아니라 홈페이지에 수록된 뉴스 원문이나 영상에 대해 '추천' 또는 '반대' 중 하나에 투표하면 된다.[105] 디그 커뮤니티는 워낙 광범위하므로 뉴스 순위가 높고 작성자의 서버가 부족할 때는 서버 자체가 다운될 수도 있다(실제로 'Slashdot'나 '4chan' 같은 다른 사이트에서 이런 일이 흔하다). 이처럼 인기를 바탕으로 순위를 매기는 방식은 얼마든지 조작의 개연성도 있다. 실제로 극보수주의 성향의 참여자가 비교적 자유주의적인 관점에서 쓰인 글에 반대할 목적으로 음모를 꾸민 사건을 어느 블로그에서 폭로한 적도 있다.[106]

셔키는 이처럼 디지털 취합aggregation과 인간의 의견을 한데 묶은 시스템을 '알고리즘 권위algorithmic authority'라고 부르며, 그 의미를 이렇게 설명한다. "알고리즘 권위란, 옆에서 '나를 믿는다면 이것도 믿으시오' 라고 요구하는 사람이 있어서가 아니라, 다양하고 믿을 수 없는 소스에서 가치를 추출해내는 불규칙적인 과정을 믿을 수 있도록 만드는 결정을 뜻한다."[107]

한 예로 그는 옳을 수도 그를 수도 있는 문장 하나를 제시한다. "호친 Khotyn은 몰도바에 있는 마을이다."

이 문장은 간결한 진술이며 독자적으로 평가할 수 없는 정보("사랑해요")나, 누가 보더라도 정확한 정보("미국 심리학회에서는 정신적 질환을 정신병이라고 부른다"), 또는 검증할 수 없는 지위에 있는 권위자("하느님은 당신이 새우 먹는 것을 싫어해") 같은 여러 가지 인식론적 허점들과 관련된다. 이런 한계들을 감안하더라도 호친이 몰도바에 있다는 이 주장은 하나의 예시로는 충분히 가치가 있다. 잘못된 진술이기 때문이다. 호친은 몰도바가 아니라 우크라이나에 있다.

그런데 바로 여기서 권위의 마법이 시작된다. 호친의 위치를 정확히 알고 있는 사람에게 당신이 호친은 몰도바에 있는 마을이라고 말했다고 가정하자. 그 사람이 도대체 어디서 엉터리 정보를 얻었느냐고 되묻자 당신은 이렇게 대답한다. "인터넷에서 어떤 사람이 그러던데." 그러면 이 말을 하는 당신 스스로가 얼마나 한심하게 느껴질까?

이제 대답을 바꿔보자. "브리태니커 사전에 그렇게 되어 있던걸." 당신이 잘못했다거나 한심하다는 느낌은 거의 들지 않는다. (실제 브리태니커 사전에는 2005년에 런던의 한 소년이 오류를 발견하기까지 오랫동안 호친이 몰도바에 있다고 잘못 기록되어 있었다.) 똑같이 틀린 대답이지만 출처가 익명의 누군가가 아니라 그 유명한 브리태니커이기 때문에 잘못했다는 느낌도 훨씬 덜하다. 그만큼 브리태니커가 권위 있는 출처이기 때문이다.

이처럼 권위는 두 가지 기능을 한다. 즉 권위에 의지함으로써 옳을 가능성을 높이고, 설령 그 내용이 틀렸다 하더라도 그를 받아들인 데 대한 비난을 경감시켜준다. 권위 있는 소스를 믿는 사람이 당신 하나뿐이 아니기 때문이다. 당신을 비롯한 준거집단의 구성원들이 함께 신뢰함으로써 만들어진 것이 바로 그 권위 있는 소스다.[108]

구글의 경우 준거집단이란 자신들의 웹페이지에 링크한 모든 사용자를 말한다. 그리고 디그에서는 디그 커뮤니티가 모두 준거집단이다. 권위를 내세우는 커뮤니티라도 반복해서 허위정보 여부를 탐지해야 하지만, 이 커뮤니티들이 다른 커뮤니티와 연계하여 또다른 판단 변수를 낳는 경우도 있다. 이렇게 허위정보 간파와 지식 발굴은 모두가 사회적인 관계에서 이루어진다. '퓨 인터넷 앤드 아메리칸 라이프 프로젝트'의 책임자인 리 레이니Lee Rainie를 인터뷰했을 때 그는 이렇게 지적했다.

정보환경이 더욱 복잡해지고 다양하고 많은 정보를 빠르게 획득하기 위해 노력하는 과정에서, 사람들은 주의와 의미의 단서로서뿐 아니라 무언가에 대한 자신들의 대응을 결정하기 위한 대상으로 소셜 네트워크를 활용한다는 사실이 데이터를 통해 확인되었습니다. 무언가를 판단하고, 문제를 해결하고, 욕구를 해결하려 노력하는 과정에서 사람들이 네트워크에 더더욱 의존하는 것이죠. 그날의 주요 뉴스를 파악하기 위해 열심히 헤드라인을 찾아보는 것처럼, 사람들이 네트워크를 탐독하고 이에 의지하는 정도 또한 더욱 증대되고 있습니다.[109]

지금 우리는 사회적으로 엄선된 판단 프리즘을 통해 필터링된 알고리즘 권위의 출현을 지켜보고 있다. 몰도바나 나노기술에 대해 잘 알 것이라고 신뢰할 수 있는 특정인이나 집단을 검증과정을 거쳐 판단할 수 있을까? 트위터는 그런 신뢰할 수 있는 사람들의 트윗 리스트를 쉽게 다량으로 확보하여 구독(팔로우)할 수 있도록 도와준다. 트위터 클라이언트를 이용하면 그들만의 트윗으로 스트림을 전환할 수 있고, 더 흥미로운 점은 그 리스트를 페이퍼리paper.li로 연결하여 편집된 신문을 볼 수도 있다는 사실이다. 그런 전문가들의 의견들만 따로 취합할 수도 있을까? 트위터 리스트를 일종의 신뢰 척도로 간주하는 설리아sulia.com는 이렇게 취합한 내용(크라우드소싱에 대해서는 4장에서 상세하게 설명한다)에 편집의 전문성을 결합한다.[110] '이집트'나 '12검색엔진' 같은 제목의 리스트에 다른 사람들의 이름을 덧붙인 사람이 그 리스트에 오른 사람들의 전문성을 평가하는 투표를 한다. 그러면 리스트가 자동으로 투표를 유도하고 결과를 종합하여 설리아에서 명명한 '채널channel'로서의 결과가 도출된다. 설리아측은 여기에다 전문성이 입증된 편집 네트워크를 생성하여 인간의 편집 전문성을 추가할 수도 있다고 강조한다.

알고리즘 기법과 인간의 엄선(큐레이션)을 결합하여 최악의 정보를 제거하는 동시에 최고의 정보를 찾아내는 연구는 이제 막 첫걸음을 떼고 있다. 마이클 놀Michael Noll과 칭-만 오 응Ching-man Au Yeung, 니컬러스 기빈스Nicholas Gibbins, 크리스토프 마이넬Christoph Meinel, 니겔 샤드볼트Nigel Shadbolt는 2009년에 공동으로 「전문가와 스패머 구별하는 법: 폭소노미에 의한 전문성 순위Telling Experts from Spammers: Expertise Ranking in Folksonomies」라는 제목의 논문을 발표했다.[111] 놀을 비롯한 연구진은 소셜 북마킹 서비스 사이트인 딜리셔스의 사용자 50만 명의 데이터에 자신들의 알고리즘을 적용해, 부분적으로는 리소스를 처음으로 북마킹하여 다른 사용자들의 북마킹으로 연결한 사람들을 찾아냄으로써 전문가 군을 자동으로 탐지할 수 있다고 주장한다. 폭소노미*란 많은 사람들이

(온톨로지ontology 같은) 기존 분류체계의 틀에 끼워맞추는 게 아니라 (태그 같은) 독자적인 카테고리를 적용하는 분류기법을 말한다. 인쇄혁명에서 비롯된 정보과잉에 대응하기 위해 사전과 색인, 분류체계 등이 어떻게 진화했는지 기억하는가? 그와 유사한 상황이 다시 발생한 셈이다.

웹 세계에서는 연구활동이 곧바로 상품 개발로 이어진다. 조건이 통제된 환경에서 성과를 보인 연구는 요즘 일이 년 안에 웹브라우저에서 확인할 수 있다. 교묘한 조작을 탐지하고, 잘못된 소문을 인지하며, 급속히 변하는 스트림 속에서도 믿을 만한 뉴스를 찾아내는 자동화 툴에 대한 최근의 실험이 좋은 예다. 인디애나 대학 연구진은 '트루시Truthy'라는 시스템을 개발했는데, 이는 트위터에서 확산되는 오보를 추적하는 시스템이다.[112] 〈콜베어 리포트Colbert Report〉라는 텔레비전 프로그램을 즐겨 보는 시청자라면 2006년 7월 31일 자 방송을 재미있게 봤을 것이다. 그날 스티븐 콜베어는 사람들이 위키피디아 같은 소셜 기반 지식취합 커뮤니티에 의존하게 되면서 진실도 일종의 사회공학으로 변질되었다고 꼬집었다. 그러면서 '위키얼리티[**]'와 '트루시니스[***]'라는 유행어를 만들었다. 그는 시청자들에게 엉터리 정보를 위키피디아에 잔뜩 올려 새로운 위키얼리티를 만들자고 농담했다.[113]

트루시는 유언비어를 탐지하고, 역학疫學기법을 이용하여 그 진원지를 찾아내며, 웹서퍼들이 미심쩍은 사이트를 발견하면 '트루시 버튼Truthy button'을 클릭하여 신고할 수 있도록 한다. 이 밖에도 트루시의 연구 목적은 이렇다.

* folksonomy. 대중분류법.

** wikiality. 위키피디아(wikipedia)와 리얼리티(reality)의 합성어로, 위키피디아에 오르는 내용은 무엇이든 사실처럼 비칠 수 있음을 풍자하여 만든 신조어.

*** truthiness. 사실 여부와 상관없이 진실로 받아들이는 심리적 경향.

또 우리는 트루시를 통해 정치적 비방, 여론 조작, 오보 등 사회를 오염시키는 많은 것들을 찾아낼 계획입니다. 밈*의 거의 대부분은 웹 중심 생활의 복잡한 메커니즘에 좌우되며 지극히 유기적으로 발생하는 반면, 다른 일부는 의회 선거운동의 교묘한 조작에 의해 가공되기도 합니다. 트루시는 텍스트와 데이터 마이닝의 정교한 조합, 소셜 네트워크 분석, 복합 네트워크 모델을 운영합니다. 우리의 알고리즘을 강화하기 위해서는 크라우드소싱이 필요합니다. 즉 여러분 같은 웹 사용자들의 견고한 풀뿌리 활동이 필요하다는 뜻입니다. 따라서 여러분이 의심스러운 문화 요소를 발견했을 때는 우리의 트루시 버튼을 클릭하시기 바랍니다.[114]

트루시가 미래의 선거활동에서 악의적인 유언비어의 확산을 완전히 차단할 것인지 아니면 약간의 충격을 주는 것으로 끝날지는 오직 시간이 답해줄 것이다.

최근에는 사람들이 저마다의 필터를 조율할 수 있도록 돕는 여러 가지 인포텐션 툴이 등장하고 있다. 데이터시프트datasift.net는 '규칙 기반 엔진rule-based engine'을 적용하여 트위터의 트윗을 하루 7000만 개씩 또는 초당 800개씩 필터링한다(규칙 기반 엔진의 예를 들면 이렇다. "트위터 자기소개에 '소셜 미디어'가 없고 500명 이상의 팔로워를 보유한 사용자들로부터 '구글'이 포함된 트윗을 표시하라" "내가 선별한 기술 브랜드 중에서 100개 이상의 리트윗을 보유한 트윗을 표시하라").[115] 팰러앨토 연구소PARC에서는 사용자들이 정보 스트림에 휘말려 중요 정보나 필요한 콘텐츠를 놓치지 않도록 도와줌으로써 정보과잉에 대처하는 추천 시스템인 'zerozero88'을 공개했다.[116]

* meme. 유전이 아니라 모방에 의해 다음 세대로 전달되는 문화 요소.

2010년 뭄바이에서 발생한 테러로 트윗이 폭포처럼 쏟아져나왔을 때 저널리스트와 재난 대처가들은 신뢰할 수 있는 뉴스 소스를 찾아야 하는 절박한 문제에 부딪혔다. 그리고 이 긴급한 욕구는 더욱 현실적인 실험으로 이어졌다. 이후 필터를 크라우드소싱하는 사회기술 시스템을 개발하기 위해 꾸준히 진행되어온 시도 중 하나가 스위프트리버SwiftRiver다. 이것은 저명한 전문가들의 판단과 사회적 신뢰 수단, 매스컴의 디지털 취합 기능을 결합한 시스템이다. 스위프트리버는 트위터와 플리커, 유튜브 등 실시간 스트림이 나타나는 다양한 소스에서 데이터를 취합한다. 텍스트 스트림은 자연언어 프로세싱을 따를 수도 있으며 '누가' '무엇을' '어디서'와 같은 태그가 자동으로 붙는다. 다시 말해 컴퓨터나 스마트폰을 사용하는 자발적 참여자 커뮤니티들이 실시간으로 자동 태깅을 점검한다(그래서 필터의 크라우드소싱이란 표현을 사용한다). 기계와 사람 모두가 여과한 정보 스트림은 복제를 제한하고, 이벤트 리포트event report를 집단화clustering하며, '사실성 점수'를 계량함으로써 다시 한번 정제과정을 거친다. 새로운 이벤트 스트림이 발생할 때마다 시스템을 검증하므로, 알고리즘은 그 현실성 점수에 부합하도록 정제되어 결과적으로 정확한 예보자의 구실을 하게 된다. 여과된 정보는 실시간의 역동적인 애니메이션 시각화 과정을 거치므로 저널리스트 등 전문가 네트워크는 쏟아지는 이벤트 보고서들을 자체 삼각검증에 활용할 여러 실마리들까지 감안하여 더욱 효과적으로 '해독'할 수 있다.[117]

주의 그 자체에 주의를 기울이고 허위정보 간파와 인포텐션 발휘를 실천할 수 있게 됐다면, 이제 당신은 다음에 소개할 리터러시인 참여의 열매를 수확할 준비가 되었다. 처음에 소개한 두 가지 리터러시가 개인의 내면과 인식, 개별성과 관련된다면, 마지막 두 가지인 협업과 네트워크 지성은 개인의 외면과 사회성, 협력을 지향한다. 참여는 이 모두를 연결하는 개념으로 개인의 의식을 디지털 문화라는 웹으로 이어준다.

PARTICIPATION

3
참여
만들고 퍼뜨리고 함께 즐기기

P2Ppeer-to-peer 사용과 실험정신으로 대변되는 아마추어 미디어 생산은 전문적인 미디어 생산 형태와 근본적으로 다르다. 그리고 이 네트워크 문화는 모든 사회적, 문화적, 기술적 혁신의 근원에 활력을 불어넣어 우리의 미디어 지평을 급속히 재편한다.(미즈코 이토, 「네트워크 생태에서의 아마추어 미디어 생산 *Amateur Media Production in a Networked Ecology*」, 2010)

21세기의 첫 10년 사이에 디지털 참여의 힘이 얼마나 커졌는지 생각해보자. 2001년 2월 21일, 워너브라더스의 변호사들은 '흑마술 저항군'의 수장인 헤더 로버Heather Lawver에게 백기를 들었다. 당시 소설 해리 포터 시리즈의 팬들이 만든 웹 신문을 워너브라더스에서 법을 앞세워 압박하자, 헤더 로버는 이에 저항하기 위해 전 세계적인 온라인 보이콧 조직을 결성했다. 나중에 알려졌듯이 그때 로버의 나이는 16세에 불과했다.[1] 2003년 7월 8일에는 무명의 정치운동가였던 베브 해리스Bev

Harris가 다이볼드 일렉션 시스템스Diebold Election Systems에서 생산한 전자투표 시스템이 개인 소유의 기기에서는 보안이 취약하여 미국의 민주주의 실현에 심각한 장애물이 되고 있다고 블로그에서 폭로했다.[2] 마크 저커버그는 2004년 2월 스무 살 나이에 하버드 대학 기숙사에서 페이스북을 만들었다. 31세의 구글 마케팅 책임자 와엘 고님Wael Ghonim은 2011년 1월 25일의 카이로 거리를 페이스북으로 전파하여 젊은 네트워크 조직자로서 명성을 얻었다. 당시 시위에 참가한 수십만 명의 이집트 시민들은 30년간 이어져온 독재를 불과 2주 남짓한 기간에 무너뜨렸다.[3]

이 모든 사례의 공통점은 무엇일까? 블로그, 트위터, 위키, 검색, 혁신, 프로그램, 온라인 조직화 등의 요령을 아는 것이 정치적, 문화적, 경제적 가치로 이어질 수 있음을 보여준다는 것이다. 앞에서 주로 젊은 사람들의 예를 든 것은 디지털 노하우가 부여하는 놀라운 역량을 강조하기 위해서다. 그러나 네트워크화된 공표방식에 참여하는 것이 젊은이들만의 일은 아니다. 리 레이니Lee Rainie의 글을 읽어보자.

다른 사람들과 하고 싶은 이야기를 나누고, 자신의 주장을 입증하고, 아이디어를 제시하고, 서로 교류하는 미디어 세계의 범위가 그동안 몰라보게 확장되었다. 나아가 온라인 세계에 참여하는 것만으로도 사용자 집단에 소속되고 개인적인 역량이 신장되는 듯한 특별한 느낌을 받는다. 퓨 인터넷Pew Internet은 자신의 생각을 기고하고, 자료를 평가하거나 검토하고, 콘텐츠에 태그를 달고, 사진과 영상을 업로드하는 등의 온라인 참여자들이 분야별로 전체 인터넷 사용자의 5분의 1 이상이라는 사실을 발견했다. 예를 들어 기사를 읽고 자신의 의견을 올리는 인터넷 사용자의 비율은 약 37퍼센트다. 미국의 온라인 사용자들 중에서 정치에 참여하는 수단으로 소셜 미디어를 활용하는 비율은 약 18퍼센트이며, 인터넷 정보로 무장한 속칭 'e환자

e-patient'들 중 건강과 관련된 정보를 올리는 비율도 약 20퍼센트다. 마지막으로 시민생활 및 정치와 관련된 자료를 올리는 인터넷 사용자들도 19퍼센트에 이른다. 이들은 모두 해당 분야에 매우 적극적으로 참여하면서 개인적 영향력을 발휘하는 소중한 선각자들이다.[4]

대중이 디지털 네트워크로 연결된 이 시대에는 방법만 제대로 안다면 온라인 참여가 진정한 힘으로 전환될 수 있다.

하지만 참여의 힘은 남들과 함께 나눌 때 생겨난다. 참여가 실현되어 블로그가 온통 왁자지껄해지더라도 블로거는 대중이 읽고, 의견을 나누고, 링크할 수 있도록 해야 한다. 우리가 온라인에 참여하는 이유는 근본적으로는 자기 자신의 이익을 도모하기 위해서지만, 디지털 문화의 선구자 팀 오라일리Tim O'Reilly가 말한 '참여 아키텍처architecture of participation'를 이용하면[5] 수많은 개인들의 참여행위가 '참여문화'로 진화한다. 여기서 말하는 참여문화는 미디어 이론가인 헨리 젠킨스가 말한 개념이다.[6] 커뮤니케이션 미디어는 혼자서는 하기 어려운 무언가를 사람들이 협력하여 달성할 수 있게, 또는 그 과정을 더욱 수월하게 해줌으로써 개인으로 존재하는 다수의 행동을 집단적 가치로 발전시킬 수 있게 한다. 웹 문화가 등장하면서 사람들은 쉽고 저렴하게 협동조합에 기여할 수도 있게 되었다. 이런 식으로 사회에 기여하는 이유는 저마다 다르다. 좋은 평판, 이타주의, 호기심, 배움 등이 목적일 수도 있고, 지역사회에 기여함으로써 자신도 무언가를 이 사회에 환원하고 싶어서일 수도 있으며, 개인적으로 생각하는 대의에 따라 대중이 공용할 수 있도록 무언가를 기여하는 경우도 있다(오픈소스 개발자들은 이것을 '가려운 곳 긁어주기scratching an itch'라고 부른다). 웹, 위키피디아, 오픈소스 소프트웨어, 심지어 유명한 음악파일 공유 사이트인 냅스터 등이 모두 '미디어가 여건을 조성하면 많은 사람들이 협력할 것'이라는 원칙을 대표적으로 보여주는 사례들이다.

오라일리는 웹 발행인이자 디지털 문화의 리더이며, 오픈소스 운동을 처음 시작한 선구자들 중 한 사람이다. 그가 쓴 「참여 아키텍처」라는 칼럼은 큰 반향을 불러일으켰는데, 여기서 그는 냅스터의 예를 들며 웹 서비스를 어떻게 운용하느냐에 따라 새로운 형태의 참여를 이끌어낼 수 있다고 주장했다.[7] 냅스터 사용자들은 현재는 중지된 서비스를 통해 원하는 음악을 온라인으로 검색하여 다른 사용자의 컴퓨터 어딘가에서 파일을 복사했다(모든 냅스터 사용자들은 온라인 음악 찾기와 파일 공유 시스템을 연결하여 이용했다). 아울러 냅스터 사용자가 음악파일을 검색하고 내려받는 동안 자신이 보유한 파일에도 자동으로 다른 냅스터 사용자들이 접근할 수 있었다. 즉 냅스터를 만든 사람들은 냅스터를 통해 음악을 '찾는' 사람들이 자동으로 냅스터를 통해 음악을 '공유'할 신입회원이 되도록 아키텍처를 구성한 것이다.

블로거이자 사회운동가인 코리 닥터로Cory Doctorow는 이런 현상을, 자원을 사용하는 행위가 다시 그 행위에 필요한 자원을 공급한다는 의미에서 '풀밭에 거름을 주는 양'에 비유했다.[8] 내가 소셜 북마킹 서비스를 통해 개인적으로 작성한 북마크와 태그를 공개한다고 해서 추가적인 노력이 필요한 것은 아니며, 이것 역시 참여 아키텍처의 또다른 예다. 디지털 기술이 무어의 법칙*에 따른 전자장치의 소형화를 기반으로 발전하는 것처럼, 웹 2.0 사업체들은 참여 아키텍처의 기반 위에서 공익적

* moore's law. 반도체 집적회로의 성능이 18개월마다 두 배로 증가한다는 법칙.

가치 및 사익적 가치를 실현한다. 하지만 아키텍처는 그것을 이용하여 사람들이 무언가를 행할 때만 의미가 있다. 하위문화를 양산하는 문화 생태학은 디지털 참여를 바탕으로 성장해왔다. 따라서 당신의 참여기술을 확장하고 싶다면 먼저 디지털 참여의 문화적 지평을 이해하는 것이 최우선이다. 그러한 문화가 단지 새로운 기술에 탐닉하는 일부 애호가뿐 아니라 모든 사람에게 중요하다는 점부터 이해해야 하기 때문이다.

이 책 전반에서 내가 독자들에게 전하려는 실용지식의 상당 부분은 내 개인적인 경험과 연구에서 비롯되었지만, 참여문화에 관해서만큼은 내게 많은 가르침을 준 사람이 따로 있다. 헨리 젠킨스는 1980년대와 1990년대의 아마추어 '팬 잡지'들이 21세기 블로고스피어*의 전조라는 점을 내게 일깨워주었고, 그 이후로 오랫동안 나는 그에게서 많은 가르침을 얻었다. 2006년 젠킨스는 라비 푸루쇼트마Ravi Purushotma, 케이티 클린턴Katie Clinton, 마거릿 웨이젤Margaret Weigel, 앨리스 로비슨Alice Robison과 공동으로 「참여문화의 도전에 직면하여: 21세기 미디어 교육Confronting the Challenges of Participatory Culture: Media Education for the 21st Century」이라는 제목의 백서를 출간했다.[9] 엥겔바트의 1962년 논문인 「인간 지력의 증강」을 내가 1980년대에 발견하고서 전율을 느꼈듯이, 젠킨스와 동료들의 저작 또한 내게는 큰 충격이었고 소셜 미디어 생산에 대해 배우고 가르치던 내 방식에 획기적인 진화를 가져왔다. 젠킨스와 동료들이 구명한 대로 참여문화는 다음과 같은 특징을 보인다.

1. 예술적 표현과 시민 참여에 대한 장벽이 상대적으로 낮다.
2. 타인들과 창작물을 만들고 공유하도록 적극적으로 후원한다.

* blogosphere. 블로그 생태계.

3. 최고의 경험에서 얻은 것을 초보자들에게 전달하는 일종의 비공식적 조언자 역할을 한다.
4. 자신의 기여가 소중하다고 믿는 사람들과 함께한다.
5. 서로 간에 어느 정도 사회적 유대감을 느끼는(아니면 적어도 자신들이 만들어 낸 것에 대한 타인들의 생각을 존중하는) 사람들과 함께한다.[10]

디지털 참여 리터러시에는 기술(설득, 큐레이션, 토론, 특히 가장 중요한 자기표현)이 필요하며, 그 범위도 사진 태깅에서 사이트 북마킹, 위키피디아 페이지 편집과 블로그 발행에 이르기까지 그 폭이 넓다. 다른 소셜미디어 리터러시와 마찬가지로 참여 리터러시에도 참여에 필요한 개별적인 기술들 외에 사회적 요소들이 존재한다. 허위정보 간파력도 물론 필요하다. 또한 분별 있는 참여를 위해서는 당신이 대가 없이 제공하는 기여가 다른 사람들에게 어떤 이득이 되는지를 알아야 하고, 그로부터 당신이 어떤 가치를 되돌려받을 것인지도 스스로 판단해야 한다.

블로그를 만들고, 영상을 업로드하고, 위키피디아를 편집할 줄 아는 기술이 모든 사람의 효과적인 자기표현을 보증하지는 않는다는 사실은 웹서핑을 많이 해보지 않아도 금세 확인할 수 있다. 대다수 블로그는 지루하다. 바꾸어 말하면, 지루하지 않은 것을 찾아내는 요령을 아는 것도 인포텐션 필터링 과제의 한 부분이라는 뜻이다. 위키피디아에 참여하는 '위키피디언'들은 자신들의 페이지가 삭제되거나 파괴된 데서 입은 상처를 끊임없이 달래고 있다. 누군가 세상에 대고 올린 소름 끼치는 영상을 봤다거나 여과 없이 트위터에 올린 너무도 세속적인 글을 읽고, 방에서 자신도 모르게 비명을 지르거나 이제부터는 아예 무감각하게 살아야겠다고 결심한 사람도 있을 것이다.

다행스러운 소식은, 온라인 세계에 바람직하게 참여하는 방법을 배우는 것은 주의력을 높이고 허위정보 간파술을 배우는 것처럼 사고방식과 실천의 문제이며 그로부터 얻는 이득도 매우 크다는 점이다. 현명하게 온라인 활동에 참여함으로써 일자리를 얻거나, 친구를 찾거나, 사회운동을 조직하거나, 상품이나 서비스를 판매할 수도 있다. 시민이자 직업인, 소비자인 우리는 링크드인*에서 e하모니**에 이르기까지 디지털 네트워크를 통해 다른 사람들과 교류하는 능력이 있느냐 없느냐에 따라 큰 성공을 거둘 수도, 그럭저럭 살아갈 수도, 또는 철저히 실패할 수도 있다. 분별 있는 디지털 참여는 더 민주적이고 더 다양한 문화, 즉 참여문화를 일구는 데 기여한다.

친목 커뮤니티, 관심사 커뮤니티

동시대 문화에 완전하게 참여하기 위해서는 메시지를 소비하는 것뿐 아니라 만들어내고 공유하는 것도 필요하다. 디지털 시민의식을 갖추기 위해 미국인들은 멀티미디어 커뮤니케이션 기술을 익히고 그 기술을 이용하여 공동체 시민사회에 참여하는 방법도 알아야 한다.(레니 홉스Renee Hobbs, 『디지털 미디어와 리터러시*Digital Media and Literacy*』, 2010)

이제는 온 세상 사람들이 남녀노소를 가릴 것 없이 함께 즐기는 문화를 통해 문화산업을 창조해나가고 있다. 혹은 적어도 거기에 조금씩이

* LinkedIn. 세계 최대의 비즈니스 소셜 미디어.
** eHarmony. 온라인 데이팅 사이트.

나마 기여하고 있다. 하지만 그게 다가 아닐지도 모른다. 우리가 참여를 통해 앞으로 열어가게 될 세상은 우리가 상상한 것 이상의 가능성을 보여줄 수도 있다. 1978년 사람들이 당시의 개인용 컴퓨터를 어떻게 생각했으며, 1991년에는 인터넷을 또 어떻게 바라보았는지 지금 확인할 수 있다면 어떨까? 인터넷을 달구는 동영상이나 팬 카페는 〈뉴욕타임스〉나 CNN만큼 대단한 건 아닐지 몰라도 분명 하나의 변곡점을 암시한다. 랩톱컴퓨터로 영상을 제작하여 값싼 디지털 네트워크로 배포하는 것이 가능해지기 전에는, 비교적 높은 대우를 받는 소수의 전문가 집단이 영상을 제작하고 그 문화적 산물에 대해 가격을 치른 사람들에 한해 이를 배포하는 것이 일반적이었다. 당시에는 책, 잡지, 신문, 라디오, 텔레비전, 음악 등 모든 산업이 '소수에서 다수'를 지향하는 경영 모델에 순응했다. 인쇄기, 어마어마한 양의 잉크, 라디오 또는 텔레비전 방송국, 녹음 스튜디오, 트럭 수송단 등 이 모든 생산기술과 수송능력을 갖추려면 엄청난 비용이 들었기 때문이다. 미래학자 앨빈 토플러는 1980년에 저술한 『제3의 물결』에서 소비자들이 미래에는 '프로슈머 prosumer'로 진화할 것으로 예측했다.[11] 요즘은 매 분당 35시간 분량의 비디오 영상이 유튜브에 업로드된다.[12] 플리커는 2010년에 10억번째 사진이 업로드되었다고 발표했다.[13] 프로슈머들의 '다수 대 다수' 네트워크 환경에서 개별적으로 만들어진 수많은 창작물들의 취합과 상호작용에서 비롯된 문화 구조는, '소수에서 다수' 문화를 기반으로 한 대량생산 구조와 엄연히 다르다.

젠킨스는 일찍부터 참여문화 개념을 주창한 사람이다. 이 책을 쓰기 위해 그를 인터뷰하면서 나는 참여문화가 정확히 어떤 개념인지를 물었는데, 그는 동료 연구진과 함께했던 학생 집단에 대해 이야기해주었다.

학교에서 위키피디아 관련 프로젝트를 진행했을 때, 관련 강좌에서 『모비딕』을 가르치며 위키피디아를 활용하고 있었습니다. 수업을 받던 학생들은 위키피디아의 『모비딕』 공식 페이지에 올라와 있던 내용을 바꾸었습니다. 그러자 위키피디아에서는 예의 그렇듯이 다른 편집자들의 이의 제기가 잇따랐지요. 그래서 학생들은 주장과 근거를 대며 내용이 수정되는 게 맞다고 역설했고 결국은 이겼습니다. 학생들이 위키피디아 『모비딕』 표제의 일부를 완성한 것이지요. 자신들이 창조한 지식이 그처럼 권위 있는 커뮤니티에서 받아들여졌을 뿐 아니라, 이 특별한 책에 대해 공식 기록의 일부를 남겼다는 사실을 생각하는 것만으로도 학생들에게는 한없이 뿌듯한 경험이었습니다.[14]

참여문화에서는 백과사전 표제에서 영상에 이르기까지 많은 사람들이 보는 다양한 문화자료를 생산하는 데 소수의 전문가 집단뿐 아니라 수많은 인구층이 참여한다. 그리고 이 과정에 참여한 사람 중에는 일말의 권력의식을 느끼는 이들도 있다.

2009년에 젠킨스가 블로그에 올린 글을 보자.

'참여문화'로의 새로운 지향은 1980년대와 1990년대 문화 연구의 주류였던 '문화 저항' 모델을 진지하게 재고하도록 만든다. 문화 저항은 일반 시민이 문화의 생산과 유통 과정에서 철저히 배제된다는 가정에 근거한다. 미셸 드 세르토Michel de Certeau의 '전술tactics(존 피스크John Fiske의 연구를 통해 더욱 정제된 개념이다)'은 기업 미디어가 생산한 콘텐츠를 그저 소비할 수밖에 없는 세상에서 우리만의 유희와 의미를 위한 공간을 협상할 수 있도록 허용하는 '생존 메커니즘'이었다. 내가 일찍이 규정한 '밀렵꾼poachers' 개념도 읽기 행위를 통해, 문화를 구축하고 규제하는 규정들을 파괴하는 '불량 독자들'을 의미했다. (여기서 젠킨스는 새로운 의미를 창조하기 위해 〈스타 트렉〉 에피소드 같은 기존 자료를 재편집한 광적인 팬들을 언급했다. 커크와 스팍 비더*는 커크와 스팍 사이의 애정행각이 드러나도록 스토리를 재구성했다. 원작자들이 도저히 받아들일 수 없을 정도의 연출을 가한 것이다.) 이처럼 대중의 참여가 점차 늘어나면서 이는 기업의 경영계획 수립과 미디어 프랜차이즈 기획 단계의 중요한 변수로 자리했다. 점점 제어하기 어려워지는 대중의 관심을 사로잡아 팬과 소비자로 묶어둘 대안을 찾는 미디어 기업들은, 우리가 집단적인 노력을 통해 문화적 의제에 커다란 영향력을 행사할 뿐 아니라 다른 사람들이 소비할 콘텐츠를 생산하는 데에도 도움을 줄 수 있다는 사실을 깨닫고 있다. 반면에 미디어를 손에 넣은 소비자와 시민은 자신들의 문화적 영향력을 제한할 수도 있는 경제적, 법적 메커니즘을 이해하고, 나아가 기업 소유주의 필요보다는 자신들의 이해관계에 부합하는 이런 새로운 환경을 활용하는 전략까지 만들어내고 있다. 이처럼 새로운 맥락에서 볼 때, 참여는 저항과 같은 의미로 볼 수 없으며 단순한 '포섭co-optation'의 대안적 형태는 더더욱 아니다. 오히려 어떤 결과도 예비되지 않은 참여 속에서, 참여로 인해, 또 참여를 통해 갈등도 빚어진다. 오늘날 새로운 미디어 생태 환경에서는 생산자와 소비자 모두가 '참여자'로 인식될 수 있지만, 참여행동은 저마다 다른 수위의 권력과 자원, 기술, 접근성, 시점에서 비롯된다는 점도 기억해야 한다.[15]

참여로 인한 이런 갈등을 해결할 잠재적 도구이자 무기가 바로 소셜 미디어 리터러시다.

지난 2001년, 나는 문자메시지 문화를 연구할 목적으로 일본을 방문했고 내 발걸음은 자연스레 미즈코 이토에게로 향했다. 스탠퍼드 대학에서 인류학을 공부한 이토는 당시 게이오 대학에서 도쿄 10대 소녀들

* vidder. 팬 비디오 제작자들.

의 모바일 기기 이용 행태를 연구하고 있었다. 그녀가 연구한 참여문화는 당시로서는 생소한 주제였지만, 그녀가 작성한 체험 보고서는 오늘날 신뢰성 있는 연구 자료로 인정받는다. 이토는 최근 연구에서 교실에 모인 소수의 학생들에게 일방적인 가르침을 전하는 일대다one-to-many 교수법이 아닌, 공동학습 참여자들과 함께하는 다대다many-to-many 네트워크에 가까운 새로운 학습 모형을 제시한다. 지식 기반 직업군의 변화 속도를 고려할 때, 학습 네트워크는 학교의 청소년들에게만 해당되는 것이 아니라, 시대의 변화를 따라잡으려는 모든 사람들에게 필수적인 생존 도구인 동시에 즐거움의 원천이 되기도 한다. 미즈코 이토는 3년 동안 캘리포니아 대학 연구팀을 이끌고 청소년의 뉴미디어 이용방식을 관찰하여 2009년 「뉴미디어와 함께하는 삶과 학습Living and Learning with New Media」이라는 보고서를 발표했다.[16]

이토의 연구에서 밝혀진 가장 인상적인 내용은, 청소년들이 디지털 참여 도구를 사용하는 목적이 단지 사람들과 사귀고 교류하는 데만 있는 게 아니라 무언가를 학습하고 창조하는 데도 있다는 사실이다.

지난 몇 년간 나는 의외의 장소에서 관찰을 계속해왔다. 청소년들이 친분을 쌓고 여가활동을 할 때 뉴미디어를 어떻게 사용하는지를 연구하기 위해서였다. 이 연구는 상호적이고 네트워크화된 디지털 미디어를 통해 사람들이 새로운 학습방식으로 지식과 문화에 접근할 수 있다는 전제에서 출발했다. 내가 현장조사를 통해 발견한 이 학습방식의 가장 핵심적인 원동력은 P2P를 통한 미디어와 지식의 나눔이었다. P2P 전송방식 덕분에 청소년은 관심 있는 문화와 지식에 손쉽게 참여할 수 있었다. 이 방식에 익숙한 청소년이 늘어나면서 디지털 네트워크 미디어는 개인 기반의 학습과 공유의 매개이자 인프라로 부각되었다. 먼저, 여기에는 명시적인 지침이 거의 정해져 있지 않으며 학습도 개인 기반의 지식 공유를 통해 이루어진다. 그 과정에 참여한 사람들은 필요한 정보나 전문가를 찾아내고, 반대로 다른 사람들의 요청이 있을 때는 도움을 준다. 그중에는 전문가로 인정받는 사람들도 있지만, 그렇다고 그들이 전적으로 가르치는 역할만 하는 것은 아니다. (…) 마지막으로, 이 환경이 유지되려면 무언가를 만들거나 놀이를 즐기면서 이루어낸 작업과 성과에 대한 반복적인 피드백과 검토가 필요하다. 아울러 이 환경에서는 작업 내용을 공개하고 유통시켜 관련된 대중의 검토와 비평을 받을 수도 있다. 경쟁과 평가는 미디어를 생산하고 소비하는 이 생태환경 내부에서 벌어질 뿐, 외부의 메커니즘이나 표준 같은 것들과는 무관하다. 바꾸어 말하면, 개인이 이룬 성과에 대해서는 그와 관련된 창작 커뮤니티 및 기타 관련 집단의 동료들이 인정하고 축하해주며, 이것이 강력한 동기로 작용해 지속적인 학습과 성과로 이어진다.[17]

이토는 온라인 애호가fan들의 문화를 연구했는데, 이를테면 카드 게임 '유희왕'의 온라인 토론방을 만든 청소년의 문화를 연구 대상으로 삼았다. 또 색다른 버전의 애니메이션 뮤직비디오를 같이 만드는 동호회도 탐구했는데, 이들은 기존 영상에 새로운 사운드트랙을 입혀서 원작의 분위기를 완전히 바꾼 창작물을 만들어냈다. 또한 이토는 주류 문화를 재편집하여 완전히 새로운 의미를 부여하고 오래도록 전 세계에서 사랑받는 커뮤니티를 만든 비더들을 관찰했다. 이토는 이렇게 말한다. "일본 애니메이션 팬 집단 같은 참여 미디어 문화에는, 공동체 생활이나 사회적 커뮤니케이션과 깊이 연관된 아주 특별한 참여 유형을 기반으로 하는 독특한 역학이 존재한다. 팬 집단 유형에 따라 행동방식도 천차만별이지만, 디지털 미디어와 네트워킹의 지원을 등에 업은 비전문적 문화 양식으로의 전환은 더욱 폭넓어진 사회기술적 추세를 의미한다."[18]

한편 이토 연구진은 연구과정에서 '참여 유형'으로 명명한 일종의 패턴을 발견했다. 그리고 이 패턴은 연령대와 상관없이 오늘날 디지털 문화에 참여하는 모든 사람들에게 적용할 수 있다. 연구원들은 참여의 목적이 '친목'인지 또는 '관심사'인지에 따라 디지털 참여의 형태가 크게 달라진다는 사실에 주목했다. "친목을 지향하는 참여의 주된 방식은 아이들 세계에서 흔한 '놀러 다니기'였다. 이런 행동에서는 체계를 찾아보기 어려우며, 청소년들끼리 친해지는 과정에서 흔히 볼 수 있는 것처럼 즉흥적인 사회행동으로 나타날 때가 많다."[19] 친목 커뮤니티는 대다수 구성원들이 서로를 알 정도로 관계가 긴밀하며 강한 '지역성'도 나타난다. 페이스북은 많은 청소년들이 '놀러 다니는' 대표적인 친목 지향적 디지털 공간이다. 청소년들은 미디어와 지식을 서로 공유할 뿐 아니라 그것을 만들어내는 방법까지 서로 가르쳐주고 배우는데, 이것도 그들에게는 온라인 친목과정의 일부에 포함된다. 음악파일을 다운로드할 곳을 알고 음악을 멋지게 편집하는 능력을 갖춘 것도 소셜 화폐social currency의 또다른 형태라 할 수 있다. 사진, 페이스북 담벼락 글, 상태status 업데이트, 비디오 등 이 모두가 디지털식 놀러 다니기의 일부이며, 이는 대면적face-to-face 사회생활과도 밀접하게 연관된다. 한편 팬들은 주로 친목 지향적이기보다는 관심사 지향적이며, 친목 지향 그룹이 다수 주류 문화에 가깝다면 관심사 지향의 팬덤 그룹은 마이너리티 문화를 형성하는 경우가 많다.

관심사 지향 커뮤니티는, 이미 아는 사람들끼리 디지털 미디어를 통해 온라인에서 어울리고 미디어를 공유할 목적으로 형성되는 것이 아니다. 처음에는 모르는 사이였지만 서로를 찾아내고, 같이 어울리고, 공통의 흥밋거리를 공유하기 위해 디지털 미디어를 사용하는 사람들이 주로 관심사 커뮤니티를 만든다. 관심사 커뮤니티에는 오랫동안 여기서 활동해왔으며 아는 사람이 많은 고참 격의 올드타이머oldtimer, 새로 가입하여 그곳의 행동양식을 배워가는 중인 신참 격의 뉴비newbie가 뒤섞여 있다. 이토의 연구팀은 디지털 미디어 기술을 발휘하고 교환하는 과정을, 팬 비디오나 포켓몬 카드 같은 문화와 관련된 상품을 재미 삼아 비공식적으로 교환하는 '놀이활동'에 비유했다. 이처럼 독창적인 놀이활동은 미래에 사람들이 자신에게 필요한 기술을 익혀나갈 방식이 어떠할지를 암시한다. 쿨 키즈cool kids, 워너비wannabe 들은 주로 친목 커뮤니티에서 발견된다. 반면에 관심사 커뮤니티에는 인기가 별로 없거나 또래 10대 사이에서 주류가 아닌 아이들이 많다. 이를테면 다음과 같다.

관심사 커뮤니티에서 활동하는 아이들은 10대 중에서도 아웃사이더로 여겨질 법한 아이들이 대부분이다. 열정적으로 관심사에 몰두하며 진지하게 취미를 파고드는 아이들이 주로 이런 온라인 커뮤니티에서 친구를 찾는다. 여기서 형성된 관계는 학교생활에서 구축되는 관계와 달리, 특정 관심사를 바탕으로 개인이 구축한 사회관계망을 확장한 것이다. 이처럼 관심사 기반 활동에 큰 흥미를 보이는 아이들은 대부분 마이스페이스MySpace 같은 사이트에서 노는 것은 꺼리는 반면에 자기들 관심사를 나누는 온라인 토론방을 더 좋아한다. 그리고 바로 이런 아이들이 유튜브 동영상을 만들고, RPG 게임에서 길드를 이끌고, 영화와 음악을 리믹스해서 온라인에서 공유하며, 해리 포터 팬픽션을 완성한다.[20]

관심사 지향 집단의 구성원들은 자신들의 하위문화를 직조하는 일에 진지하게 배우고 깊이 관여하며, 더욱 복잡하고 전문화된 역할과 기법, 결과물, 도구를 만들어낸다. 이토는 이런 행동양식을 일컬어 '괴짜 짓

geeking out'이라고 했다.[21] 오늘날의 디지털 툴을 창조한 게이츠와 잡스의 30년 전 모습이 이토가 묘사한 '관심사 지향적 하위문화 팬' 유형과 정확히 일치한다. 다른 점이 있다면, 그들은 10대 시절에 자기만의 컴퓨터를 만드는 일에 열광하는 집단에서 놀았다는 것뿐이다. 이토의 연구진에 따르면, 미국 전역의 청소년들은 친목을 위해서든 관심사에 끌려서든 그 동기가 무엇이든 간에 소셜 화폐의 한 형태로서 미디어를 생산하고 공유한다. 그들이 만드는 커뮤니티는 창조와 교환, 협력, 참여에서 비롯되는 미디어 비평을 토대로 한다. 앞으로 10년 뒤 그 아이들이 직업을 갖고 정치에도 참여할 때쯤이면, 우리는 참여 하위문화 속에서 성장한 이들이 자신의 방식을 바꾸고 주류를 따라올지, 아니면 그들이 주류문화를 바꿀지 확인할 수 있을 것이다. 그들이 학습해가고 있는 기술은 오늘날 분별 있는 모든 디지털 참여자들이 자신의 이익과 공공의 이익을 위해 받아들일 만한 기술 스펙트럼의 모델을 제시한다.

블로그의 번창과 참여의 거듭제곱 법칙

링크를 클릭하거나 트위터나 영상을 보고 '추천' 또는 '좋아요'를 누르는 것부터 선거나 혁명에서 집단행동을 조직하는 것에 이르기까지, 가벼운 수준의 참여가 때로는 더욱 깊이 있고 창의적인 관여로 이어지기도 한다. 그리고 한 개인의 작은 걸음이 거대한 무언가의 일부로 발전할 때도 있다. 나는 여러 개의 블로그를 관리하고, 정기적으로 트윗도 남기며, 온라인 학습 커뮤니티를 조직하고, 북마크를 하고, 내 사진과 영상을 업로드하고 태그도 단다. 또한 다른 사람의 블로그에 글을 남기고,

스쿱잇scoop.it을 통해 '인포텐션' 같은 주제도 큐레이션하며, 영상과 슬라이드쇼 링크도 공유한다. 그렇다면 나는 참여에 중독된 걸까, 아니면 참여를 잘 활용하고 있는 걸까?

스탠퍼드 대학에서 '과학, 기술, 사회 부문 프로그램'을 이끌고 있는 프레드 터너Fred Turner 교수는 다른 사람들에게 무언가를 기여하는 동시에 그로부터 이익도 취하는 나 같은 사람들을 일컬어 '네트워크 기획자network entrepreneur'라고 했다.[22] 유용한 무언가를 무료로 네트워크에 제공함으로써 대중의 평판을 얻는 것이 네트워크 기획자들에게는 이익이며, 이질적이던 네트워크와 새로운 관계를 형성함으로써 이익을 주고받을 수도 있다는 뜻이다. 나는 사익이 무조건 나쁘다고 생각지 않는다. 특히 사익을 추구하는 과정에서 덤으로 공익까지 창조할 수 있다면 더 더욱 바람직하다. 더 많은 사람들이 성실한 네트워크 기획자가 되는 방법을 배운다면 우리 모두에게도 이익이 되리라고 나는 믿는다. 다시 말해, 당신의 네트워크를 지속적으로 풍요롭게 만들 수 없다면 네트워크 기획자로서의 성공도 기대하기 어렵다는 뜻이다. (네트워크 기획자에 대해서는 '네트워크 지성' 편에서 더 상세히 설명하겠다.)

블로고스피어의 번창을 탐구해보면 가벼운 참여와 헌신적인 참여 모두를 성공적으로 이끌어내는 방법에 대해 많은 것을 배울 수 있다. 1990년대 중반에 나는 당시로서는 소규모에 불과했던 온라인 셀프 퍼블리셔self-publisher 그룹의 일원이었다. 웹사이트라는 말조차 생소하던 당시에 나는 우리 홈페이지에 거의 매일 새 글을 올렸다. 그때는 HTML로 문서 파일을 만들어 파일 전송 프로토콜FTP로 알려진 특정 명령어를 통해 파일을 업로드했다.[23] 그리고 텔넷 프로토콜을 통해 또다른 명령어를 지시해 온 세상 사람이 그 파일을 볼 수 있도록 했다. 그러던 1999년,

블로거라는 이름의 웹 기반 무료 애플리케이션이 등장했다. 원래 블로거는 소규모 웹회사에서 서로의 작업을 확인하는 수단으로 만들어졌다. 누구나 웹페이지 양식을 작성해서 '발행publish' 링크를 누르면 블로거 계정을 손쉽게 만들고 게시물을 올릴 수 있었다. 2000년대 초에 셀프 퍼블리셔 문화가 꽃피면서 이를 일컫는 블로고스피어blogosphere라는 용어도 등장했다. 여기서 내가 블로깅의 영향력을 직접 설명하기보다는 스콧 로젠버그의 역작 『세이 에브리싱*Say Everything*』을 소개하는 편이 나을 듯하다.[24]

블로깅 경험이 수많은 블로거의 탄생으로 이어지면서 블로깅과 참여문화의 관계도 점점 밀접해지고 있다. 로젠버그는 자신의 블로그인 워드야드wordyard.com에서 참여 경험의 중요성을 이렇게 설명했다.

무언가를 만드는 방법을 알면 그것을 이해하고 소비하는 방식도 달라진다. (…) 대중을 상대로 한 글쓰기는 그중에서 아주 특별하면서도 중요한 예다. 여기에는 사람들의 피드백과 반응이 동반된다. 직접 글을 써보면 자신의 사고방식과 타인의 노력을 평가하는 방식에도 변화가 생긴다. 지금은 더이상 새롭게 들리지 않는 '권력 이양empowerment'이라는 용어도 이런 변화의 일부를 묘사한다. 즉 글쓰기란 자신의 목소리를 찾아내고 그 목소리에 담긴 힘을 느끼는 한 가지 방식이란 뜻이다. 하지만 공개적 글쓰기를 해보면, 그 '힘'의 한계와 범위도 발견하게 된다. 여러 국면을 통해서 우리가 이 우주의 중심이 아니라는 사실을 알게 되는 것이다. 그래서 나는 블로깅이 하찮은 시간 때우기나 서툰 취미라며 무시하는 말들을 들을 때마다 잠시 생각에 잠긴다. 글쓰기(텍스트 만들기)는 읽고 생각하는 방식을 바꾼다. 모든 블로거(아직은 저술가라고 할 수 없는 모든 블로거)는 세상을 다르게 읽는 방식을 배운 사람들이다. 자기 생각을 애써 블로그에 올리고 다른 독자와 블로거의 반응을 관찰하는 사람은,

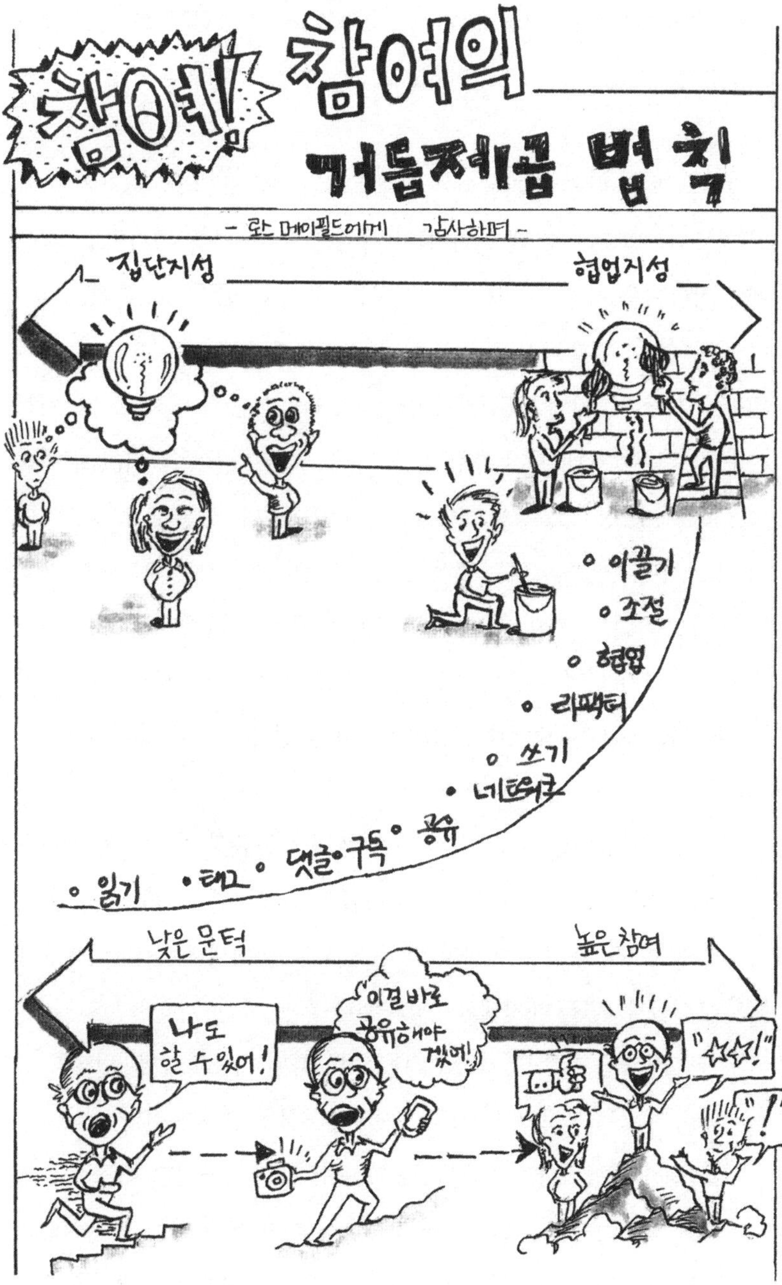
참여!
참여의
거듭제곱 법칙
- 로스 메이필드에게 감사하며 -
집단지성
협업지성
이끌기
조절
협업
리팩터
쓰기
네트워크
공유
구독
댓글
태그
읽기
낮은 문턱
높은 참여
나도 할 수 있어!
이걸 바로 공유해야겠어!

다른 차원의 다른 상황에서도 공유가 어떤 결과를 낳을지 더 창의적으로 생각할 수 있다. 생각이 변하면 세상이 어떻게 변할지도 더 자유롭게 상상할 수 있다.[25]

당신의 목소리에 귀 기울이는 사람들을 찾아내고, 비슷한 생각을 가진 커뮤니티와 관계를 맺고, 당신의 디지털 프로필을 발전시키고, 타인에게 영향력을 미치고, 대중에 기여하는 한 가지 방법이 바로 블로깅이다. 참여의 한 형태로서 블로깅에 대해 현실적인 조언을 하자면, 내가 대학에서 학생들에게 가르치는 내용을 소개하고 싶다. 실제로 대학에서 나는 학생들에게 네 가지 유형의 블로거를 소개한다. 여과자filter, 연결자connector, 비평가critic, 옹호자advocate가 그것이다. 물론 블로거의 역할이 어느 하나에만 해당되는 것은 아니지만, 이 네 가지는 기본이며 배우기도 어렵지 않다. 마이클 조던의 천재적인 능력 때문에 다른 사람들이 농구를 즐기지 못할 이유는 없듯이, 다른 블로그보다 조금 서툴고 인기가 덜하다고 해서 대중에게 진실의 목소리를 전하지 못할 이유는 없다.

- 우리의 관심사를 추구하면서 찾아낸 것을 공유하고, 자신의 계발을 위해 최고의 것을 선택하고, 그것을 타인에게 추천하는 단순한 방법만으로도 누구나 여과를 할 수 있다(이에 대해서는 큐레이션에 대해 이야기하면서 더 자세히 설명하겠다).
- 연결은 학습 가능한 기술로, 네트워크화된 대중과 연결 링크를 포함하는 모든 블로그 포스트를 통해 충분히 보상받게 된다.
- "모두가 비평가다"라는 말은 진부하다. 분명 사람마다 비평하는 능력에 차이는 있다. 그러나 정치인과 상품, 어제 저녁을 먹은 식당의 서비스에 대한 일반인의 평가를 모두 합치면 대중에게 이로운 결과

가 만들어진다.

- 반려견에 목줄을 매야 한다는 법에 찬성하든 반대하든, 특정 정치 후보자를 지지하든 거부하든, 의학 연구에 쓸 기금을 조성하든 아니든, 누구에게나 때에 따라 무언가를 옹호할 대의가 있다.

나는 필 에이그리Phil Agre의 글을 읽으며 온라인에서 공개적 목소리를 낼 필요가 있음에 공감했다. 그의 이메일 목록을 보면, 디지털 문화라는 용어가 일반화되기 시작한 지 최소한 10년 전부터 그 내용을 언급하고 있음을 알 수 있다. 웹 시대의 관점에서 보면 거의 고대에 가까운 시절이지만 나는 지금도 학생들에게 에이그리가 1999년에 쓴 초안인 「당신의 목소리를 찾아라Find Your Voice」를 읽게 한다.[26] 에이그리가 초고의 인용을 원치 않아 이 책에서는 표현을 조금 달리하여 설명한다. 개인적 목소리private voice는 자기표현을 의미하며, 굳이 독자들이 더 폭넓은 화제를 다루는 논의에 참여하도록 유도하지 않는다. 상업적 목소리commercial voice는 물건을 팔든 대중에게 오락거리를 제공하든, 어떤 식으로든 영향력을 행사하기 위한 것이다. 공개적 목소리public voice는 이 두 가지 사이의 어딘가에 위치하며, 다른 사람들을 공개된 대화(로젠버그가 말한 공개적 글쓰기와 같은 맥락이다)로 유도하면서도 화자 개인의 경험을 진실하게 전달하려 애쓰는 것을 말한다. 목소리란 온라인에서 정체성을 표현하는 토대로, 사회학자 어빙 고프먼Erving Goffman이 명명한 '자기표현presentation of self'을 뜻한다.[27] 당신의 목소리는 같은 의견을 가진 다른 사람들로부터 당신의 관점을 차별화해준다. 동시에 당신의 목소리는 당신의 정체성과 관심사를 연결해주며, 동일한 관심사를 가진 다른 사람들과도 이어준다.

많은 블로거들은 대중의 특정 관심사에 부합하는 링크를 선별하고, 상황에 비추어 해석하며, 사람들에게 이를 소개하는 '지적 필터intelligent filter'의 구실을 한다. 이 관점에서 봤을 때 대중은 독자와는 다른 개념이다. 왜냐하면 블로거로서 글을 쓸 때는, 개인적으로 알든 모르든 블로거의 글을 읽고 반응을 나타내고, 블로거의 조언을 실천하며, 토론을 비롯한 집단행동에도 참여할 가능성이 있는 사람들을 따로 염두에 두기 마련이기 때문이다. 블로거로서 당신이 선택한 대중은 민주주의를 뒷받침하는 정치적 공론장과 같은 존재일 수도 있다. 이런 경우에는 서로의 자율적인 책임의식을 바탕으로 크고 작은 여러 가지 문제들에 대해 시민들과 소통이 이루어진다. 하지만 그 대중이 꼭 정치적 성향을 띨 필요는 없다. 직업이나 취미, 그 밖에 어떤 주제든 비슷한 관심사를 가진 사람들과 소통할 수 있다면 그것으로 충분하다. 이를테면 팬픽션을 쓰거나 문화 콘텐츠를 리믹스하고 공유하는 애호가 집단은 이제 문화 생산자로 활동하는 대중의 위치를 차지하는 것이다. 또한 에이즈 환자들이 집단행동을 통해 연구기금 조성 단체와 제약업계에 영향력을 행사하고, 나아가 서로의 관심사에 대해 토론하는 행위는 '유효 대중effective public'을 탄생시킨다.

여과자 블로거filter blogger로서 블로깅을 시작하려면 먼저 당신이 다가가고자 하는 대중이 어떤 유형인지부터 파악해야 한다. 그 부류의 대중을 염두에 두고 그들에게 실질적인 도움이 될 수 있는 블로그 포스트, 주요 뉴스 기사, 위키피디아 표제, 온라인 커뮤니티 및 마켓플레이스, 오디오 및 영상 콘텐츠 등의 웹사이트를 선별하여 당신의 블로그에 링크하고, 배운 것을 실천하도록 격려하는 한편, 당신의 메시지에 반응하도록 환기해야 한다. 계속해서 링크를 공유하라. 콘텍스트context도 추가하라. 당신이 웨딩 케이크나 열대작물 방면의 전문가라고 했을 때, 당신은 어떤 이유로 특정 링크를 공유하는가? 그 링크가 같은 관심사를 가진 다른 전문가에게도 유익하고 흥미로울 거라 생각하는 근거는 무엇인가? 우리는 모두 다양한 관심사를 가진 복합 공동체에 속해 있고, 누구에게나 자기만의 특별한 관심사가 있으며, 그 관심의 대상을 열심히 파헤쳐 어느 정도의 전문가 수준에 이르는 사람도 많다. 당신의 전문성이 어느 정도인지 애써 떠벌릴 필요는 없다. 단지 사람들에게 당신이 제공하는 링크가 시간과 주의를 투자하여 클릭할 가치가 있다는 사실을 설명함으로써 당신의 전문성을 보여주고 기여하면 된다. 당신은 당신과 동일한 사안에 관심을 기울이는 다른 블로거들을 정기적으로 팔로우하는 편인가? 그렇다면 전문가 네트워크를 찾는 다른 사람들을 돕는 차원에서 당신의 '블로그롤blogroll'을 제공하는 방법도 있다. 블로그롤이란, 당신이 팔로우하거나 추천하는 블로그 목록을 공개한 리스트를 뜻한다. 이제 처음 목표했던 독자들과 관계를 맺을 자신이 생겼다면 블로그를 열어 그들의 댓글을 기다리자. 트롤troll을 무시하는 방법도 배워야 한다. 남들의 관심을 얻기 위해 무례하고 자극적인 댓글을 다는 사람들을 일컬어 트롤이라고 한다. 그러나 비판에는 귀 기울여야 한다. 자발적으로 조언해주는 사람들은 선생님과 같은 존재들이다. 그리고 당신이 대중을 위해 좋은 제안을 기꺼이 나누리라고 믿는 지지자들을 많이 확보해야 한다. 사람들은 댓글에 대처하는 당신의 반응을 보며 당신의 신뢰성을 평가한다는 점을 잊지 말라.

강의실에서 블로그와 위키를 활용하기 시작하면서 나는 리처드슨Will Richardson이 쓴 『강의실에서 유용한 블로그, 위키, 팟캐스트 및 기타 웹툴*Blogs, Wikis, Podcasts, and Other Powerful Web Tools for Classrooms*』이란 책을 알게 됐고, 그리하여 그의 블로그와 트위터를 팔로우하기 시작했으며 내 개인 학습 네트워크에도 그를 포함시켰다.[28] 리처드슨은 '연결하여 쓰기connective writing'라 명명한 블로깅 수사修辭를 설명했다. 그가 블로그에서 밝힌 대로 이어 쓰기는 소셜 미디어 중에서도 블로그에 특히 적합하다고 한다.

> 블로그에서는 새로운 방식의 글쓰기가 가능하다. 독자가 신중하게 비판적 읽기를 하게끔 요구하고, 명료하고 설득력 있게 구성하며, 넓은 독자층을 대상으로 쓰고, 기술한 내용의 출처를 링크로 밝히는 글쓰기. 아이디어의 소스를 링크하는, 블로그에 잘 어울리는 새로운 글쓰기 양식이다. (…) 지금 나는 블로그에 특화된 양식을 말하는 것이다. 문서로는 불가능한 특별한 방식으로 아이디어를 연결하고, html의 한계를 뛰어넘어 그 아이디어들을 전파하며, 이전의 어떤 뉴스그룹이나 온라인 커뮤니티에서도 불가능했던 특별한 방식으로 대화와 커뮤니티에 참여하는 역량에 대해 나는 이 포스트에서 설명한다.[29]

연결 블로깅connective blogging이 일종의 진화된 필터링이라고 생각하고 이를 실행하라. 독자들에게 단순히 링크를 클릭해야 하는 이유를 설명하는 것만으로는 부족하다. 그 이상을 생각하라. 링크의 리소스나 그 의미를 곰곰이 반추해보라. 신중하게 비판적으로 읽고, 링크된 소스의 의미에 대한 생각을 기록하라. 더 넓게 생각하고 새로운 링크를 확보하여 내용을 강화하라. 링크 사이의 관련성을 대중이 충분히 이해하도록 구성하라. 다시 말하지만, 연결 블로깅은 특정 주제에 대한 블로거의 사고방식을 더 깊고 넓게, 그리고 더 도전적으로 변화시킬 수 있다. 리처드슨은 인디애나 대학에서 글쓰기를 가르치는 켄 스미스Ken Smith의 말을 인용한다. "기본적으로 블로깅은 당신이 다른 사람들의 글을 읽으면서 생각한 것을 글로 쓰는 활동이다. 이후에는 다른 사람들도 당신의 글을 읽고 생각한 것을 다시 글로 쓰게 된다. 이런 식으로 새로운 블로깅의 세계, 새로운 인간 유대의 세계가 열린다."[30]

책이나 영화, 정치나 입법, 식당, 병원, 자동차 정비소 등에 대한 블로그 비평이나 후기를 조금만 훑어봐도 두서없이 횡설수설하는 블로거를 자주 볼 수 있다. 하지만 지금 말하려는 핵심은 이게 아니다. 당신이 좋은 식당이나 병원, 책 읽기 좋은 근사한 해변을 찾고 있을 때, 자기 생각을 제대로 표현할 수 있는 사람들을 많이 알고 있다면 그 사람들로 구성된 비평가 블로고스피어의 집단지성을 당신의 길잡이로 활용할 수 있다. 간혹 비평가 풀pool에 잘못된 정보가 등장하더라도 좋은 정보에 주의를 기울이게 하는 인간의 선별능력이나 자동 알고리즘 방식이 존재하는 한 전체의 가치를 훼손하지는 못한다. 특정 주제에 대해 신뢰할 만한 의견을 가진 블로거 몇 명을 찾았다면 그들의 블로그롤에 있는 다른 사람들도 팔로우하여 당신만의 전문가 네트워크를 구축할 수도 있다. 비평가가 되려면 사실과 다른 진술을 찾아내야 한다. 그래서 논리에 맞지 않거나 편향된 요소에 대해서는 토론이 필요하다. 반론도 펴고 작성자가 놓친 부분도 지적해야 한다. 당신의 대답과 의견을 충분히 표현해야 한다.

당신의 주장을 뒷받침하려면 어떤 정보를 링크해야 할까? 당신의 비평을 작성해서 공표하는 행위는 그 분야의 집단지성에 기여해야 할 뿐 아니라, 그러기 위해서는 비판적으로 생각하고 그 비판을 설득력 있게 표현하는 능력도 갈고닦아야 한다. 읽고 보고 들은 내용을 분석하고 조사하고 주장할 수 있는 능력은 반드시 필요하다. 간혹 정확하지도 않고 근거도 잘못된 정보를 무작정 확산시키는 블로거도 있다. 의심스러운 내용은 적극적이고 공개적으로 이의를 제기하는 것이 독자들, 특히 블로거들에게 필요한 자세이며, 그로 인해 다른 사람들도 혜택을 입는다.

블로깅의 또다른 수사인 지지자로서의 블로거는 블로거와 그 블로거가 지향하는 대중 모두를 변화시킨다. 2004년 미국 대통령 선거 때 싱클레어 방송사는 당시 민주당 후보였던 존 케리에 대한 다큐멘터리를 방영하겠다는 계획을 발표했는데, 민주당 지지자들이 보기에 그 다큐멘터리는 존 케리를 노골적으로 비방하는 내용이었다. 선거가 코앞에 다가온 시점에 싱클레어 방송사가 자사의 62개 방송국을 압박하여 다큐멘터리를 실제로 방영한다면, 가뜩이나 치열한 판세에서 싱클레어 방송사가 선거판을 뒤흔들 개연성이 높았다. 그러자 진보 성향 블로거들은 수백 명의 블로거를 여러 집단으로 조직하여 크라우드소싱을 통해 싱클레어의 지역 후원업체들을 찾아내고, 불매운동까지 전개하여 싱클레어의 주가를 10퍼센트 포인트 떨어뜨려 결국 이 거대 미디어 그룹에서 방영계획을 철회하겠다는 약속을 받아냈다.[31] 비슷한 경우로, 보수 성향 블로거들도 CBS 뉴스에서 공화당 대통령 후보인 조지 W. 부시의 베트남전 경력을 잘못 인용하자 크라우드소싱을 통해 그 사실을 폭로했고, 결국 앵커 댄 래더가 자리에서 물러났다.[32] 블로거들은 싱클레어나 CBS 사례처럼 비판적인 블로그 포스트를 통해 정치적 영향력을 발휘할 수도 있고, 때로는 그에 미치지 못할 수도 있다. 하지만 그 결과가 어떠하든, 블로그에서 목소리를 내는 모든 지지자들은 제도권 정책입안의 결과물에 순응하며 사는 것보다 적극적으로 행동할 때 생동한다는 것을 느낌으로 잘 알고 있다. 대다수 블로거에게 실질적인 영향력이 있든 없든, 블로고스피어의 정치적 영향력은 이미 입증되었다. 이름 없는 블로거들이 발견한 사실을, 수백만 명이 구독하는 블로그를 운영하는 유명 블로거 한 사람이 링크하고, 인용하고, 리블로깅함으로써 막강한 영향력을 발휘하는 '주의 끌기attention-seeking 생태계'가 존재하기 때문이다.

블로그를 사용할 준비가 되지 않았거나 이 공표방식에 관심이 없는 사람이라면 공개적인 노출이 덜한 형태로 참여할 수도 있다. '참여의 거듭제곱 법칙'은 누구나 읽고, 태그를 달고, 구독하고, 댓글을 쓰고, 또는 공유함으로써 참여할 수 있음을 의미하는데, 이 개념은 원래 블로거이자 소셜 미디어 기획자인 로스 메이필드Ross Mayfield가 정립했다.[33] 비교적 덜 적극적인 참여 형태인 댓글 쓰기는 당신에게 인상적인 저작물을 올린 사람들과 교류를 시작할 때 활용하기 좋은 방식이다. 블로고스피어에는 무지하고, 쓸모없고, 심지어 악의적이기까지 한 언급들도 많다. 하지만 블로그의 내용을 충분히 이해하고 쓰는 댓글도 있다. 그런 댓글은 예의를 갖춰 주장을 펼치며, 블로거를 격려하고, 블로거에게도 이로움을 줄 뿐 아니라 그 댓글을 읽는 사람에게도 정보수집과 허위정보 간파의 기회가 되는 중요한 정보를 제공해준다. 블로거와 그들에게 댓글을 남긴 많은 사람들은 그동안 소중한 지식과 사회자본을 창조해왔다. 따라서 좋은 댓글을 찾는 것도 인포텐션 기술의 하나인 셈이다. 댓글 달기는 눈에 띄는 콘텐츠에 자신의 이름을 관련시켜 평판을 높이는 동시에 자신의 존재를 부각하여 관점이나 관심사를 공유하는 방식이기도 하다. 댓글을 달아 디지털 세계에서 자기 존재를 노출하면 자기인식도 크게 달라진다. 당신이 단 댓글에 유명 블로거가 답변을 하거나 다른 사람들이 관심을 보이는 순간, 당신은 더이상 수동적인 독자가 아니다. 비로소 네트워크의 일원이 된 것이며, 어쩌면 커뮤니티의 일원으로 인정받을 수도 있다.

당신이 찾은 최고의 미디어를 공유하는 것만으로도 자기만족을 느낄 수 있으며 더불어 이를 통해 타인에게도 기여할 수 있다. 링크를 보내거나 영상을 삽입하는 등의 공유활동은 친구들뿐 아니라 전체 대중에게도 유익하다. 수많은 비디오 영상 중에 어느 것이 더 우수하고 이로운지를 판단할 때는 공유 횟수를 비교해보는 것도 좋은 방법이다. 공유활동은 아는 사람들과의 관계를 더 돈독하게 하며, 낯선 사람도 블로그를 방문하여 온라인 미디어에 대해 평가할 수 있게끔 기회를 부여한다. 역사적 사건이나 귀여운 고양이 영상 등을 공유할 때는 그것이 정말 사람들에게 이로울지 아니면 주의를 빼앗는 것에 지나지 않을지 스스로 분별력을 발휘해 판단해야 한다. 아울러 공유하려는 뉴스나 미디어물에 문제는 없는지 공유하기 전에 허위정보 간파력을 발휘할 필요도 있다. 무언가를 온라인으로 공유하고, 북마킹하고, 태그를 붙인다는 것은 이미 큐레이터와 일반 대중 모두에게 이로운 큐레이션 과정에 들어섰음을 의미한다.

태그, 북마크, 리스트, 그리고 큐레이션

트윗은 원자atom다. 플리커에 오른 사진은 원자다. 구글의 대화 항목은 원자다. 페이스북의 상태 업데이트는 원자다. 유튜브 비디오는 원자다. 이 수많은 원자들이 시스믹, 구글 리더, 트윗덱, 트위티, 트위트로이드 같은 툴을 통해 컴퓨터 화면에서 활개치고 다닌다. 큐레이터는 정보를 다루는 화학자다. 큐레이터는 원자들을 혼합하여 정보 분자를 만들어낸다. 그리고 그 분자에 가치를 부여한다.(로버트 스코블Robert Scoble, 「실시간 큐레이터의 일곱 가지 요건The

Seven Needs of Real-time Curator」, 2010)

사람들은 주의를 기울일 대상을 늘 선택하며 살아왔다. 온라인 세계에서는 타인들이 주의를 기울이는 대상에 영향을 미치는 선택도 하게 된다. 온라인 행동과 관련된 이런 행동양식에 대해 사람들은 큐레이션curation이란 용어를 사용한다. 그동안 큐레이터의 역할은 주로 박물관을 운영하는 사람들의 전유물처럼 여겨졌지만, 최근에 이 용어는 그 의미가 더욱 확장되었다. 서로를 위해 정보를 찾고 평가하며, 그 선택을 통해 다른 사람도 이용할 수 있는 링크 창고를 구축하는 웹 참여자들을 큐레이터라고 부른다.

웹사이트나 블로그, 트위터 등에 링크를 연결하는 모든 사람들의 자발적인 큐레이션 활동 덕분에 구글은 특정 연결어에 부합하는 웹사이트를 찾아낼 뿐 아니라 사람들의 요구에 따라 그 사이트들의 인기 순위를 매길 수도 있다. 인기는 사이트의 잠재가치를 나타내는 확실한 척도와는 거리가 멀지만 그래도 꽤 유용한 개념이다. 하지만 인기 있는 사이트 중에서 정확한 내용을 담은 사이트가 무엇인지 구별해내기 위해서는 여전히 허위정보 간파기술이 필요하다. 구글 자체는 큐레이터가 아니다. 큐레이터는 바로 우리다. 우리가 링크를 클릭하고 참조할 때마다 우리는 이미 웹 큐레이션을 돕고 있는 셈이다. 2010년 페이스북은 사용자들이 사이트를 남들에게 추천하기 위해 클릭하는 '좋아요' 버튼을 수백만 개의 사이트에 적용하여 큐레이션의 위력을 실감했다. 베스트셀러 작가이자 웹 기획자인 세스 고딘Seth Godin은 큐레이션이 부상하는 권력의 원천지라고 내다본다. "해야 할 일을 정보가 결정하는 세상에서는 어떤 정보를 얻느냐가 가장 중요합니다. 정보를 선택하는 사람이 권력을 얻게 됩니다."[34]

큐레이션은 블로그, 트윗, 페이스북 프로필 업데이트 등은 원치 않더라도 북마크나 태그 또는 타인의 디지털 창조에는 기꺼이 관심을 보이는 모든 사람들에게 열려 있는 참여 양식이다. 방대하고 깊이 있는 지식, 그리고 지식에 대한 판단과 취향은 모두 자산인 동시에 공익에 기여하는 행위이자 일종의 일용품과도 같다. 유명한 큐레이터가 되면 사람들의 관심과 존경, 협력 파트너, 직업적 평판, 비즈니스 인맥 등 많은 것을 얻을 수 있다. 나는 1987년에 다음과 같은 글을 쓴 후로 줄곧 큐레이션에 관심을 가져왔다.

나의 가상 커뮤니티에는 소프트웨어 에이전트가 없지만(당시는 그런 역할이 존재하지 않을 때였다) 서로가 소프트웨어 에이전트처럼 행동하도록 하는 비공식적인 사회계약이 존재한다. 정보공간을 헤매다가 개인적으로는 관심이 가지 않지만 온라인 친구들 중에서는 누군가가 관심을 가질 만한 무언가를 찾았을 때, 나는 그 핵심정보나 토론방의 주소를 친구에게 알려준다. 이 사회계약에서는 무언가를 베푼 사람이 다시 돌려받을 수도 있다. 나는 친구들을 잘 기억해두었다가 내게 필요 없는 정보라도 그냥 버리지 않고 이를 필요로 할 듯한 친구들에게 연락한다. 여기에 특별히 많은 노력이 드는 것도 아니다. 어차피 내게 필요한 지식을 얻기 위해서라도 그 정보들을 선별해야 하기 때문이다. 게다가 나의 관심사를 아는 스무 명의 다른 사람들이 평소에 내가 잘 돌아보지 않는 정보공간을 탐색해준다면, 그로부터 내가 얻는 도움이 내가 다른 사람들을 돕는 데 들인 노력보다 훨씬 더 클 것이다. 이야말로 이타주의와 사익의 완벽한 조합이다.[35]

차세대 마스터 큐레이터를 연구하면서 나는 디제라티 저널리스트 로

버트 스코블을 인터뷰했다. 스코블은 디제라티digerati, 곧 디지털 지식층 중에서도 누구보다 먼저 큐레이션 분야의 유명인이 된 사람이다.[36] 영국에서 2주 일정으로 열린 '여행하는 괴짜들traveling geeks'이란 행사에서 나는 그의 행동을 관찰할 기회도 얻었다. 모든 유명 큐레이터들이 그렇듯이 스코블도 누구보다 정열적인 사람이며 또 그런 친구들이 주변에 많다. 그는 흥미로운 사람을 찾아 질문을 하고 그들의 이야기를 듣는 것도 좋아한다. 그는 소셜 미디어와 최신 디지털 툴의 애호가이자 웹 기획자다. 블로그와 마이크로블로그, 트위터도 즐기고 웹사이트도 자주 돌아다니며, 원하는 주제와 관련된 수많은 사람과 기업, 미디어, 웹사이트 등을 태그하고 북마크한다. 그는 주의, 참여, 허위정보 간파, 집단지성, 소셜 네트워크 역학 등의 리터러시를 잘 알고 있으며 놀라운 능력을 드러낼 때도 있다. 한 예로 중국에서 지진이 발생했을 때 그는 미국 지질조사국USGS보다 더 빨리 그 뉴스를 접했다. 큐레이션에 대한 그의 관심은 대학 시절부터 시작되었다고 했다. 그의 이야기를 들어보자.

1991년에서 1992년 사이, 나는 산호세 주립대학에서 AP통신의 와이어 머신wire machine을 사용하면서 그 장비에 푹 빠졌지요. O. J. 심슨이 무죄 판결을 받았을 때도 그 장비를 돌리고 있었습니다. 당시 법원에서 취재하던 수백 명의 기자들은 해당 판결에 대해 650여 건의 기사를 송고했어요. 〈산호세 머큐리 뉴스〉는 그중 두세 가지를 골라서 신문에 실었지만 내게는 늘 그보다 많은 정보가 필요했습니다. 최근에는 트위터가 AP 와이어 머신을 대체합니다. 전 세계의 새로운 소식들이 트위터 리스트에 올라오기 때문에 세상의 뉴스를 실시간으로 확인할 수 있지요. 그렇게 많은 정보가 올라오는 걸 다 따라잡을 수는 없기 때문에 나는 괴짜들이 흥미로워할 만한 정보들만 선택하고 나머지는 흘려버립니다. 다시 말해, 기술에 관심이 많은 괴짜들과 대중을 위한 큐레이팅을 하는 것이지요. 이것은 신문 편집자들의 업무와 유사합니다. 나는 뉴스 속에서 다른 사람들이 잘 보지 못하는 흥미로운 점을 집어내어 그 패턴을 찾는 일이 무척 즐겁습니다.[37]

스코블은 중국의 지진 소식을 지질조사국보다 일찍 접한 이야기도 해주었다.

내가 트위터에서 지켜보는 사람들은 수만 명입니다. 어느 날 저녁, 심심풀이로 트위터를 훑어보고 있는데 다섯 사람이 지진 얘기를 꺼내더군요. 그 다섯 명은 중국에서 각기 다른 도시에 거주했는데, 도시들 사이의 거리도 꽤 되었습니다. 그래서 지질조사국 웹사이트와 트위터를 반복해서 검색했지요. 나는 언제나 회의적인 관점에서 출발합니다. 사실로 입증되지 않은 사건에 목을 매다가는 내 명성이 산산조각날 수도 있으니까요. 지질조사국에서 지진 사실을 확인하고 나니, 처음에 그 소식을 트위터 피드로 내게 알려준 다섯 명은 곧바로 믿을 만한 출처로 바뀌었지요. 그때부터 나는 그들이 올리는 모든 글에 집중했습니다. 그중 한 명은 사진과 영상, 뉴스 보도까지도 링크해주었습니다. 그로부터 45분이 지나서야 AP통신과 CNN이 중국에서 지진이 났음을 확인했지요.[38]

스코블은 초보 큐레이터를 위한 조언도 해주었다.

믿을 수 있고 생각을 듣고 싶은 사람들로 트위터 리스트를 만드는 것부터 시작해야 합니다. 누군지도 모르고 별로 오래 겪어보지도 않은 사람이나 조직을 함부로 리스트에 추가해서는 안 됩니다. 나는 이 리스트가 깔때기 같은 모습이라고 생각합니다. 그럼 나는 깔때기에 어떤 사람들을 집어넣을까요? 몇 가지 이유에서 믿을 수 있는 사람들입니다. 내가 주력하는 트위터 리스트는 일단 온통 괴짜들로 이루어져 있습니다. 그리고 기술혁신가 리스트에는 실제로 기술계에 어느 정도 영향을 끼친 사람들만 이름을 올립니다. 리스트의 인물들 중에서 흥미롭고 유익한 사람들과 대화해보세요. 나나 〈허핑턴포스트〉와 경쟁하려 해서는 안 됩니다. 작은 틈새를 찾아야 합니다. 그 분야를 제대로 이해해야 합니다. 백악관을 연구하고 싶다면, 그곳에서 반려동물들이 어떻게 지내는지를 연구해보세요. 백악관에서 키우는 반려동물처럼 아주 특별한 무언가를 골라 세계적인 권위자기 될 필요가 있습니다. 그 분야를 완벽하게 파악하여 그 틈새를 온전히 자기 것으로 만들어야 합니다.[39]

스코블은 자신이 운영하는 유명 블로그 '스코블라이저scobleizer.com'에서 '실시간 큐레이터의 일곱 가지 요건'을 이렇게 정리한다.[40]

1. **묶음**bundle: 스코블은 중국의 지진과 관련된 트윗을 영상, 사진 링크와 함께 묶었다. '스토리파이storify.com' '큐레이티드curated.by' '스쿱잇scoop.it' 같은 새로운 툴을 이용하면 번들링bundling뿐 아니라 큐레이션의 다른 측면들도 블로깅처럼 쉽게 처리할 수 있다.
2. **순서 조정**reorder: 정보를 찾아낸 순서 또는 정보가 당신에게 흘러들어온 순서는 당신이 대중에게 공개하려는 정보의 순서와 다른 경우도 있다. 중요한 정보부터 유용한 순서로 조정하는 것도 큐레이터로서 익혀야 할 부분이다.
3. **묶음의 배포**distribute: 큐레이션 툴에 자동 블로깅이 추가됨에 따라 각각의 번들에도 URL이 붙을 수 있다. URL이 없으면 링크도 불가능하다. 링크는 웹의 결합조직connective tissue이자 소셜 화폐와 같다.

4. **의견 표명**editorialize: "자, 이제 우리에겐 트윗과 유튜브 영상, 플리커 사진, 구글 버즈 항목, 페이스북 상태정보 메시지 등의 번들이 생겼습니다. 우리는 이 세상에서 또하나의 새로운 패턴을 찾아냈고, 이제 그 패턴을 바라보는 우리의 관점에 대해 설명하려 합니다."[41] 내가 원하는 것은 스코블이 내놓은, 내 주의를 사로잡는 새로운 앱만이 아니다. 나는 스코블이 그것을 어떻게 생각하며 그렇게 생각하는 이유는 또 무엇인지 알고 싶다.
5. **업데이트**update: 지식의 내용과 본질은 속도의 차이만 있을 뿐 계속 변화한다. 정보가 넘쳐나고 행동이 유발되는 이 시대에는 엄선된 번들을 (특정 태그는 일방적이므로 번들 RSS 피드를 포함하여) 지속적으로 업데이트해야 한다.
6. **참여 유도**invite participation: 독자들이 당신의 블로그에 댓글을 남길 수 있게 해야 한다(이렇게 하면 자동 댓글로 원치 않는 광고를 남기는 스패머들이 활개칠 수도 있다. 이 때문에 스코블은 어떤 댓글이든 30일 동안만 유지되도록 한다. 스패머를 여과하기 위해 다른 수단을 동원할 수도 있다).
7. **대중 추적**track your public: '트윗밈tweetmeme.com'을 이용하면 당신의 드윗과 번들이 몇 번이나 리드윗되는지 확인힐 수 있고, 구글 애널리틱스Google Analytics는 전체 대시보드를 제공한다. 'goo.gl'과 '비틀리bitly' 같은 URL 축약 서비스도 축약 링크의 클릭 횟수를 추적하기에 유용하다.

다행스럽게도 나는 큐레이션 부문의 또다른 세계적 권위자 한 사람을 만날 수 있었다. '로빈 굿Robin Good'이라는 별명으로 세상에 알려진 루이지 카날리 데 로시Luigi Canali de Rossi가 그 주인공이다. 그가 태워준 오토바이 뒷자리에서 둘러본 로마의 광경을 나는 결코 잊지 못할 것이다. 그리고 그의 '마스터뉴미디어MasterNewMedia' 슈퍼블로그에서 온 RSS 피드는 내 대시보드의 왼쪽 맨 위, 즉 가장 유용하고 시의성 있는 정보를 관리하는 자리에 위치한다.[42] 로빈 굿은 자칭 '뉴스마스터링newsmastering'이라고 칭한 것, 또는 스코블의 '실시간 뉴스 큐레이션'에 대한 상세한 정보를 시리즈로 발표해왔다. 이 책에서는 그의 이론을 추출하여 소개하는데, 자세한 내용은 그의 책『리얼타임 뉴스 큐레이션, 뉴스마스터링 앤드 뉴스레이더*Real-time News Curation, Newsmastering, and Newsradars*』를 참고하기 바란다.[43] 굿은 유능한 큐레이터의 요건을 다음과 같이 정리한다.

1. **주제의 전문성**subject matter expertise: 주제에 대한 객관적 지식과 더불어 열정까지 포함하는 개념이다.
2. **관련성**relevance: 주제의 전문성에 적극적인 기여 의사가 있는 대중을 충분히 이해하고 만든 결과물을 말한다.
3. **신뢰**trust: "관련성이 반복되면 신뢰로 이어진다"고 굿은 단호하게 말한다. 잘못된 정보를 퍼뜨려서 대중이 당신에게 부여한 신뢰를 훼손하지 않으려면 미리미리 반복해서 점검해야 한다.[44]

다음으로 굿은 큐레이션 프로세스를 단계별로 정리했다. 리터러시의 기본을 뛰어넘어 굿이 말하는 뉴스마스터가 되고 싶은 사람들을 위해 그 단계들을 소개한다.

1. **틈새 규명**identify niche: 스코블도 지적했듯이, 특별한 무언가에 집중

함으로써 자신을 차별화할 수 있다.

2. 선별select: 당신만의 소스를 찾아라. 이 단계는 전문성을 찾기 위한 (개인 학습 네트워크와 관련해 나중에 다시 설명할 것이다) 탐구과정과도 연관이 있다.
3. 프레임워크 구축search framework: 대시보드를 구성하고 트위터와 소셜 미디어 검색을 이용하여 당신의 틈새와 관련된 정보의 흐름을 추적하자.
4. 다가가기reach out: 당신의 관심사와 관련된 언론인, 그 주제에 열정적으로 파고드는 사용자, 권위자 및 전문가와 관계를 형성하자.[45]
5. 취합aggregate: 당신의 관심사와 관련된 아웃고잉 피드outgoing feed를 만들고 여기에 당신이 선별하여 여과한 인커밍 피드incoming feed를 조합하자.
6. 여과filter: 포스트랭크*를 비롯한 여러 가지 필터를 사용하여 유익하지 않은 정보가 당신에게 도달하기 전에 걸러내자. 최근 대부분의 댓글 시스템에서 운용되는 스팸 필터링 툴을 통해 스팸으로부터 당신의 독자를 보호하자.
7. 기사 선별select: 당신의 기호와 전문성을 적용할 부분이다.
8. 검증verify: 당신이 대중에게 보여주는 정보의 허위 유무를 탐지하여 대중이 당신을 검증할 필요가 없도록 하자.
9. 편집edit: 참조와 인용을 소개하고, 요약하고, 정리하고, 점검하자.
10. 맥락화contextualize: 당신이 그 항목을 선택하여 대중의 주의를 끌려는 이유를 사람들이 쉽게 납득할 수 있도록 스니펫snippet을 유용

* PostRank. 구글의 소셜 미디어 분석 서비스로, 수많은 글을 누가 얼마나 읽고 공유하는지 등을 분석하고 자체 알고리즘으로 필터링해서 독자들이 중요한 글을 놓치지 않도록 도와준다.

하게 활용하는 방법을 익히라.

11. **구체적인 설명**spin: 관점을 밝히고, 의견을 진술하고, 큰 그림을 설명하자.
12. **표제**title: 검색엔진과 인간 인포텐션의 세계에서는 당신이 내보내는 뉴스나 번들에 붙인 표제가 검색되기 좋고 확산성을 지녔는지에 집중할 필요가 있다.
13. **신뢰도**credit: 그냥 링크만 걸지 말고 참조사항을 밝혀야 한다. 인용정보를 제공하여 소스의 신뢰도를 높이라.
14. **순서**sequence: 모든 걸 시간 순서대로 정리할 필요는 없다.[46]
15. **조직화**organize: 태그를 지능적으로 활용하자.
16. **업데이트**update: 특정 태그 아래에 북마킹한 링크로 업데이트하는 RSS 피드를 번들에 부가함으로써 비활성 콘텐츠를 정보 흐름info flow으로 전환하자.
17. **노출**disclose: 당신의 목적과 임무, 개인 프로필 정보를 솔직하게 공개하자. 최대한 많은 정보를 노출하여 독자 또는 구독자들이 당신의 관점과 화제, 편집 의도 또는 당신만의 특별한 배경과 전문성 등을 이해하도록 하자.[47]
18. **배포**syndicate: RSS를 통한 업데이트 정보를 구독하는 방법을 대중이 알 수 있도록 하자.
19. **피드백 대응**feedback replay: 대중의 제안, 비판적 피드백, 논쟁, 권유 등에 대응하자.
20. **추적**monitor: 당신의 뉴스 중 클릭, 추천, 또는 공유 횟수가 높은 것을 파악하는 모든 분석 툴을 활용하자.
21. **다듬고 개선하기**refine and improve: 큐레이션을 진지하게 수행하는

사람은 이 모든 과정을 실천하며 대중의 도움까지 받아 지속적으로 개선해나갈 수 있다.

큐레이션을 하고 싶다면 스코블과 굿의 조언을 귀담아듣고 그들이 추천하는 방법을 적용해보자. 그 첫걸음으로 두 가지 방법이 적당하다. 하나는 소셜 북마킹을 통해 태그를 활용하는 (그래서 태그를 따라 원하는 정보를 찾아내는) 요령을 익히는 것이고, 다른 하나는 트위터 리스트 같은 공개 리스트를 만드는 것이다.

검색엔진 덕분에 과거처럼 폴더별로 정보를 정리하거나 이를 다른 폴더로 옮기는 등의 수고를 할 필요가 없게 되었다. 문서 이름이나 웹페이지의 특정 단어 조합을 기억할 수 있다면 굳이 참조사항을 저장할 필요가 없다. 그렇더라도 특정 주제에 대한 참조사항으로 이미 수집해둔 사이트 목록이나, 다른 사람들의 관심사와 관련해 엄선한 리소스 라이브러리는 별도로 관리해야 한다. 조슈아 샤흐터Joshua Schachter는 금융회사에서 데이터베이스를 관리하던 프로그래머로, 각 사이트를 간단히 요약해 텍스트 스니펫과 함께 웹사이트의 URL을 저장하고, 북마크마다 다양한 키워드를 달며, 자신이 사용한 태그와 관련해 수집한 내용을 살펴보고 나중에 링크를 검색할 수 있는 간편한 프로그램을 고안했다. 예컨대 마셜 매클루언의 미디어 관련 동영상과 연결된 링크를 저장해두면 나중에 'McLuhan' 'video' 'media' 중에서 어느 하나를 통해 검색할 수 있는 프로그램이다. 굳이 폴더별로 북마크를 저장하지 않고도 내가 좋아하는 여러 카테고리에 접근하듯 태그를 통해 같은 효과를 거둘 수 있다. 친구들이 프로그램을 공유해달라고 했을 때 샤흐터는 북마크와 요약, 태그 등을 친구들에게 공개하는 방식으로 간단히 이를 해결했다. 그의 개인 지식관리 유틸리티는 수백만 명이 사용하는 웹서비스인 딜리셔스로 발전했고, 그가 만들어낸 '소셜 북마킹social bookmarking' 양식은 사람들이 주의력과 협업, 네트워크 노하우를 통해 공익적 가치를 확장하는 동시에 개인적인 이익에도 기여하도록 돕는다.

소셜 북마킹은 큐레이션 외에도 정보를 찾아내는 기능도 한다. 나는 알고 싶은 주제가 있을 때마다 가장 적합한 링크를 선별하는 나만의 전문성을 발휘하며, 그렇게 수집한 링크에 다른 사람도 접근할 수 있게 한다. 그뿐만 아니라 다른 사람들이 수집한 리소스를 통해 해당 주제와 관련된 유익한 정보를 찾아낸다. 따라서 '미디어 리터러시'나 '분자 요리' 같은 한두 단어로 된 주제만 있어도 몇 분 안에 중요한 온라인 리소스를 집중적으로 공략할 수 있으며, 그 주제에 대해 비교적 신뢰할 수 있는 전문가 소스들을 묶어 나만의 네트워크를 구축할 수도 있다. 이처럼 소셜 북마킹은 아무런 비용 없이 수확을 거둘 수 있는 방대한 지식의 공유지knowledge commons와도 같다. 예컨대 나는 위키 자료에 연결되는 링크를 많이 수집했는데, 'wiki' 태그가 붙은 북마크를 검색하는 사람은 누구나 http://www.delicious.com/hrheingold/wiki에서 내가 공개하는 북마크 자료를 이용할 수 있으며, 내 위키 태그를 구독하고 RSS를 받는 사람들도 내가 새로운 북마크를 태그할 때마다 업데이트를 받을 수 있다. 또 내 학생들이나 동료가 위키를 통해 협업할 수 있도록 http://www.delicious.com/hrheingold/wiki+collaboration을 보내기도 한다.

이런 요령을 아는 사람들에게는 월드와이드웹이 자기만의 학습도구이자 신속하게 전문성을 획득하도록 도와주는 도구인 동시에, 소셜 북마커들이 검색을 목적으로 사이트에 태그를 붙일 때마다 그 가치와 양이 확장되는 사실fact, 문서, 전 세계를 아울러 무료로, 자동으로 미디어를 취합해주는 어그리게이터aggregator다. 이를테면 신경가소성에 대해 잘 설명해둔 자료를 찾을 때, 나는 이 키워드로 태그가 붙은 사이트들을 뒤지고 내가 신뢰하는 전문가들이 북마크한 것, 또는 낯선 사람들이 대량으로 북마크한 것들까지 검색한다. 내가 중요하다고 생각하는 웹페이지를 또 어떤 사람들이 북마크하는지, 특정 태그에 관한 정보를 수집하는 사람들은 누구인지도 관찰한다. 또한 그들이 무엇을 북마크하는지, 그 네트워크에 어떤 사람들이 있는지, 그들의 소스를 나의 네트워크에 포함시킬지 말지도 신중히 살핀다. 사용자들은 소셜 북마킹 서비스인 디고를 통해 웹페이지의 특정 부분에 하이라이트 표시를 하고, 그 부분을 자신들의 네트워크에 링크할 수도 있다. 또 사용자들이 그룹을 만들고 웹페이지에 있는 다른 그룹 구성원들에게 '스티커 메모sticky note'를 남길 수도, 답변을 남길 수도 있다. 하이라이트나 메모를 페이지 가장자리로 모아 이것을 보려는 사람들은 따로 거기서 읽을 수 있게 할 수도 있다.

태깅tagging은 단지 참여의 한 형태에 그치는 것이 아니다. 태깅은 완전히 새로운 방식으로 지식을 취합하여 조직화하는 토대다. 데이비드 와인버거David Weinberger는 저서 『혁명적으로 지식을 체계화하라 *Everything Is Miscellaneous*』에서, 사람들이 수천 년에 걸쳐 세상을 (존재론으로 일려진) 카테고리category(범주)와 시브카테고리subcategory(하위범주)로 구분한 이유는 검색엔진이 없었기 때문이라고 말한다.[48] 와인버거는 존재론에서 구분하는 체계 또는 분파에 정확히 들어맞는 것들은 이 세상에서 극히 일부에 지나지 않는다고 주장한다. 나머지는 전부 어지럽게 뒤섞여 있다. 한 예로 곰은 포유동물에 포함될 수도 있고, 장난감일 수도 있으며, 또는 주식시장에서 말하는 '베어마켓'의 곰을 의미할 수도 있다. 따라서 범주로 구분하고 세분화하는 것보다는 태그와 검색이 오히려 지금 세상에 더 자연스럽고 적합하다.

수많은 사람들이 태그를 사용하면 카테고리가 만들어지며, 어떤 존재든 복합 카테고리를 통해 쉽게 저장하고 또 찾을 수도 있다. 이것이 '폭소노미folksonomy', 즉 대중분류법이라고 불리는 분류방식이다. 폭소노미에는 본질적으로 몇 가지 장점이 있다. 인접 분야에서 벌어지는 상황을 종종 파악하지 못하는 엘리트들이 만든 존재론과 달리, 폭소노미는 민주적이고 범위도 넓어서 잡음이 끼어들 여지도 있지만 훨씬 포괄적인 조직화 방식이다(듀이의 도서 십진분류법에서 기독교 카테고리는 90개이며, 그 외 10개 카테고리에 다른 모든 종교가 다 들어간다). 전문가 집단보다는 인류 전체가 참여할 때 변화를 더 빨리 인지하고 따라잡을 수 있다. 야후는 각자의 장소에 틀어박혀 활동하는 괴짜들에게 대가를 지불하고 사이트들을 일일이 분류하도록 시키는 방식으로 웹 색인을 시도하면서 이 사실을 깨달았다. 내가 관심 태그를 북마킹하는 사람들의 네트워크를 검색하면서 전문가들을 찾아내듯이, 가장 적합한 지식, 또는 그 지식을 보유하고 있는 사람들을 찾아냄에 있어서 폭소노미는 발견과 수정 모두를 가능케 한다. 이와 비슷하게, 서로 몰랐던 사람들도 폭소노미를 통해 동일한 관심사를 지닌 네트워크와 커뮤니티를 형성할 수도 있다.

스코블이 조언하듯이, 탐구할 틈새 주제가 풍부하고 다양한 트위터 리스트도 큐레이션을 가볍게 연습하기에 좋은 방법이다. 당신의 리스트에 있는 사람들이 특정 주제에 정통하다고 공표해보자. 리스토리어스listorious.com 명단에는 스물네 가지의 리스트 카테고리가 있으며 그중 일부는 스포츠, 기술 등 수많은 서브카테고리를 포괄할 정도로 광범위하다. 당신의 리스트를 공표하고 이를 리스트 취합기에도 첨부하자. 그리하여 최고의 양봉가나 배드민턴 저널리스트를 찾는 트위터 사용자들이 당신의 리스트에 관심을 보인다면, 그 리스트를 만든 당신의 판단이 그들에게는 하나의 필터링 서비스 구실을 하게 된다. 이 과정이 원활하게 진행되면 당신의 전문성에 대한 평판이 네트워크 전체로 확산된다. 이런 리스트가 있다는 소식 자체가 일종의 '온라인 사회자본'이기 때문이다.

태깅과 폭소노미의 핵심은 '정보에 관한 정보'를 뜻하는 메타데이터metadata 개념이다. 웹에서는 아무리 좋은 정보라도 찾아내는 방법을 모르면 정보로서의 가치가 없다. 태그를 비롯한 메타데이터는 적합한 정보를 쉽게 찾을 수 있게 도와준다. 개인적으로 나는 플리커를 아주 좋아하는데, 거기에 내가 키우는 강아지 사진을 즐겨 올리기 때문이다. 이렇게 전 세계에서 수많은 사람들이 수많은 사진을 올리면서 형성되는 메타데이터는, 플리커나 유튜브 소유주에게 금전적 수익을 안겨주는 일종의 부가가치와 같다. 일몰 사진 동호회나 맞춤 자동차 사진 커뮤니티, 미국 의회도서관 소장 사진을 분류하는 동호회 등이 모두 그런 이익 창출에 기여하는 셈인 것이다.

내가 개인적으로 얻는 것도 많다. 사진, 북마크, 영상, 슬라이드 등을 저렴한 가격에, 또는 무료로 이용할 수도 있다. 거기에 노하우를 갖춘 네트워크 기획자라면 교류를 통해 얻을 수 있는 이익은 더욱 커진다. 한편 퍼블릭 리소스는 플랫폼 소유자의 결정에 예속되는 순간부터 더는 공유지commons라고 할 수 없다. 예컨대 야후에서 딜리셔스 소셜 북마킹 서비스를 매각하려 한다는 소식이 퍼지면서 소동이 벌어진 적이 있다. 우리와 이해관계도 없는 대기업이 우리의 노동을 통해 이익을 취한다. 그런데 이것을 노동이라고 해야 할까? 아니면 놀이가 더 정확한 표현일까? 일부에서는 노동과 놀이의 구분이 모호한 이런 행위를 일컬어 '플레이버playbor'라고 부른다.

플레이버, 당신의 참여로 이익을 얻는 사람은 누구인가?

정보가 넘쳐나는 사회에서 정보의 풍요는 곧 다른 것들의 결핍을 의미한다. 즉 그 정보가 소비하는 대상이 무엇이든 부족해진다는 뜻이다. 정보가 소비하는 대상은 분명하다. 정보는 받아들이는 사람의 주의를 소모시킨다. 그래서 정보의 풍요는 주의의 빈곤을 유발하고, 넘쳐나는 정보 속에서 주의를 효과적으로 배분해야 할 필요가 생겨난다.(허버트 사이먼, 「정보과잉 세계에서의 조직 설계」, 1971)

주의력은 조절능력을 학습할 수 있는 내면의 도구일 뿐 아니라, 외부에서 그 조절방법을 찾아내려 하는 경제 요소의 하나이기도 하다. 당신이 업로드하는 모든 페이스북 업데이트, 트윗, 플리커 사진, 유튜브 영상 등은 당신이 어떤 미디어와 콘텐츠에 관심이 있는지를 보여주는 실마리 구실을 한다. 즉 기업과 개인, 정치운동가들은 이 실마리를 탐지하고 분석하여 당신에게 적합한 상품이나 서비스 또는 아이디어를 제공한다. 예를 들어 자동차 대여업체는 "최근에 부고 기사를 본 사람들은 주말에 빌릴 자동차로 조금 더 비싸고 안전한 모델을 선택한다"는 사실을 잘 안다.[49] 프리라이스freerice.com는 접속자가 단어를 정확히 맞힐 때마다 단어 하나당 쌀 열 알씩을 유엔 세계식량계획WFP에 기부한다. 이 활동은 접속자 컴퓨터의 쿠키 파일로 확인할 수 있으며, 이것이 광고주들에게는 소중한 정보 소스가 될 수도 있다.[50]

디지털 참여의 결과물은 이처럼 시장성 있는 상품으로 확장될 수도 있다. 또한 참여 덕분에 온라인 커뮤니티에서 유익한 대화가 지속되고(고객이 다른 고객을 유치하는 효과가 있다), 정보를 찾거나 허위정보를 가려내는 활동도 (페이지랭크처럼) 좋은 지침이 된다. 나는 디지털 참여가 지식을 갖춘 참여자들의 디지털 문화 생산성을 강화한다고 확신하지만, 분별 있는 참여자라면 참여론에 회의적인 비평가들의 말에도 귀를 기울여야 한다고 생각한다. 내 경우에 플리커에 사진을 업로드하고 태그를 붙여 친구들이나 내가 나중에 다시 찾아볼 수 있게 정리하는 일은 결국 나 자신을 위한 것이다. 나중에 찾아보기 쉬운 방식으로 내 사진을 전시하고 보관할 수 있기 때문이다. 클레이 셔키가 지적했듯이, 플리커 이전 시대에는 '세면대의 고양이cats in sinks' 사진을 올리는 커뮤니티가 생기리라고 누군들 생각이나 했을까?[51]

나는 플레이버가 노동의 정상적인 거래인지 아니면 불공평한 착취인지를 판단하는 주요 근거가, 법률가들이 말하는 '사전 동의'에 달렸다고 생각한다. 제약회사의 텔레비전 광고에서 심각한 부작용에 대해서는 책임지지 않는다는 음성 고지를 내보내거나, 의사가 시술 전에 장애가 발생하거나 사망에 이를 수도 있다고 미리 설명하고 동의를 받았음을 확인하는 차원에서 동의서에 서명을 요구하는 경우 등의 법적 근거가 바로 이것이다. 우리는 약사나 의사를 믿고 우리의 생명을 맡겨야 하고, 그들에게는 그 의약품이나 시술이 우리의 신체에 미칠 영향에 대해 충분히 설명할 책임이 있다. 하지만 온라인 사전 동의는 사람들이 제대로 읽지도 않는 기나긴 개인 정보 이용 약관 속에 파묻혀 있다. 게다가 "당신이 반려동물 영상을 유튜브에 업로드할 때마다 유튜브를 소유한 구글에 이익이 됩니다"와 같은 안내문을 띄우는 것도 우습다. 하지만 소설 미디어가 사용자들에게 공짜로 서비스를 제공하는 데는 이유가 있다. 그 이유가 온라인 사전 동의의 핵심을 차지한다. 무작정 미디어 태그를 달아 소셜 미디어 회사의 시장가치를 높여주기보다는 당신의 노동이 어떻게 이용되며 왜 그런지를 먼저 알아야 한다.

나의 멘토이자 유튜브 슈퍼스타인 인류학 교수 마이클 웨시Michael Wesch는 오늘날의 교육자와 학생들(부모와 아이들을 포함하여 소셜 미디어에 생소한 모든 사람들)이 직면한 과제를 이렇게 기술한다. "강의실에서 소셜 미디어를 사용하는 이유는 우리 학생들이 그것을 사용하기 때문이 아니라 소셜 미디어가 그들을 이용할까봐 염려되기 때문이다. 그만큼 학생들은 자신들이 만들어내는 새로운 과제와 기회를 인식하지 못한 채 맹목적으로 소셜 미디어를 사용하고 있다."[52] 소셜 미디어가 제공하는 기회에 대해서는 지금까지 꽤 상세하게 설명했다. 나는 앞에서 참여론을 설명하며 모든 스마트폰이 이제 인쇄기와 방송국 역할을 하게 됐으며, 수많은 문화 생산자들이 생겨나고, 네트워크에 글을 싣는다는 것이 얼마나 놀라운 잠재력을 갖고 있는지, 가상 커뮤니티의 선물경제gift economy란 무엇이고 팬 문화가 어떻게 학습 네트워크로서의 기능을 수행할 수 있는지도 전부 말했다. 하지만 이번에는 부유한 기업들이 참여문화로부터 어떻게 이익을 취하는지를 생각해볼 차례다. 그렇다. 전통적인 독점적 문화 생산 방식은 아마추어 영상과 블로그 포스트, 사진 등이 확산되면서 도전에 직면했다. 그렇다고 해서 디즈니와 소니, 타임워너가 힘을 잃었다거나, 네트워크화된 생산력이 확장되고 있음을 인지하지 못했다는 뜻은 아니다.

미르코 토비아스 섀퍼Mirko Tobias Schäfer는 저서 『허위 문화!*Bastard Culture*』를 통해 참여론에 의문을 제기한다. "처음에는 해방의 과정으로 설명되던 많은 사용자들의 활동이, 결국은 새로운 비즈니스 모델로 융합되어 기업의 통제력 아래에 들어가지 않았느냐고 되묻는 사람도 있다. 게다가 사용자들의 활동만으로 참여문화를 이룰 수는 없다. (…) 특정 수준의 기술이 있어야 특정 사용방식을 자극하거나 막을 수 있고, 이 사회의 소비자들이 기술을 도입하고 활용하는 방식에도 영향을 미칠 수 있다."[53] 사용자들의 개인정보 환경을 바꿔온 페이스북 히스토리와 검색엔진을 통해 사용자들의 검색 히스토리를 파악하는 정보 민감도가 앞에서 말한 특정 기술 수준의 두 가지 사례라고 할 수 있다. 이런 기술은 페이스북이나 검색을 활용하는 방식에 영향을 끼쳐 결국은 그 행위의 결과마저 바꿀 수 있다는 말이다.

새퍼는 참여문화를 말하는 방식에는 사람들의 돈과 노동에 대한 논의가 결여되어 있기에 프로슈머들에게 상업적 이해관계가 어떻게 작용하는지 보여주지 못한다고 생각한다.

컴퓨터, 그리고 특히 인터넷은 소비자를 사용자로, 다시 생산자로 전환하는 권능의 기술로 묘사되어왔다. 최근 부각되고 있는 사용자들에 의한 온라인 문화 생산 개념은 참여문화라는 열정적인 모습으로 포장되고 있다. 그러나 한편으로 사용자들의 활동과 인터넷 사용방식을 조사한 여러 연구 사례를 볼 때 최근 부각되고 있는 미디어 사용은 지나치게 미화되는 경향도 있다. (…) 오히려 참여문화는 사용자와 기업 사이의, 그리고 담론과 기술 사이의 역동적 상호작용을 의미하는 것으로 봐야 한다고 생각한다. 컴퓨터와 인터넷의 역량 덕분에 전통적인 문화산업은 문화 생산에 적극적으로 참여하는 사용자들의 영역으로 확장되었다. 사용자들이 참여해 만든 문화가 상업적인 기존 상품을 응용한 것이든, 독창적으로 만들어낸 창작물이든 간에 말이다. 그러나 사용자들의 활동에는 유통 같은 전통적 미디어산업의 특정 요소에 대한 통제력이 빠져 있을 뿐 아니라, 거대 문화산업계는 기업 주도의 계획을 통해 사용자들이 주도한 혁신의 수혜자가 될 수도 있다. 이미 미디어산업계는 직접 콘텐츠를 제공하던 모델에서 벗어나 사용자 주도의 교류와 사용자 제공 콘텐츠를 활용하는 플랫폼으로의 전환을 맞이하고 있다.[54]

섀퍼는 '권력 이양'이라는 것도 기술 활용에서 비롯되는 사회적 진보를 이상주의적인 관점에서 포장한 것에 불과하다고 주장한다. 아주 단순하게 말해, 그런 낙관론을 펼쳤을 때 이익을 얻는 주체가 누구인지부터 간파해보자는 것이다. 기술 제공 업체일까, 아니면 문화를 한데 모아 공급하는 업체일까? 이 책의 초안을 잡기 전에 나는 이미 섀퍼가 제기한 이 같은 비판을 알고 있었고, 그래서 나는 '놀이터와 공장으로서의 인터넷'이라는 주제로 뉴욕에서 열린 학술대회에 지대한 관심을 갖고 참석했다. 이 회의의 주최자인 트레버 숄츠Trebor Scholz는 학술대회 홈페이지에 이런 글을 올렸다.

수십억 명의 인터넷 사용자들 중에서 영상이나 사진을 올리고 블로그 포스트를 발행하는 이들의 비율은 일부에 지나지 않는다. 나머지는 그저 관심을 보일 뿐이다. 그들이 창조하는 것들의 이면에는 그들의 관심사와 관계, 선호와 혐오, 욕구 등 수많은 것들이 내포되어 있다. 대기업들은 이런 상호작용을 통해 데이터를 수집하고 또 판매하며 이익을 취한다. 사회 참여는 디지털 경제의 연료와 같다. 오늘날의 커뮤니케이션은 새로운 자본주의자들의 필요에 의해 촉진되는 소셜 프로덕션social production의 한 양식이며, 시간이 흐를수록 노동과 놀이, 소비와 생산, 일과 생활, 노동과 비노동을 구분하기가 점점 어려워지고 있다.[55]

일과 생활의 경계가 점점 모호해지는 이런 삶에 참여한 사람들은 더 풍요로운 세상을 영위할 수도 있고, 그 반대로 착취와 혹사를 당할 수도 있다. 카네기 멜론 대학의 루이스 폰 안Louis von Ahn이 개발하고 구글에서 사용권을 갖고 있는 'ESP 게임'을 생각해보자. 무작위로 배치되어 서로 소통할 수 없는 상태의 두 게이머에게 동일한 이미지를 보여준 뒤 2분의 시간을 주고 각자 그 이미지를 설명하는 이름표를 입력하도록 한다.[56] 그래서 두 사람이 동일한 단어를 입력하면 점수를 얻는다. 이것이 이 게임의 전부이며, 게이머들은 수억 개의 이미지에 이름표를 붙이느라 시간 가는 줄 모른다. 구글이 이 게임의 사용권을 갖고 있는 이유는, 게이머들이 한 단계씩 나아갈 때마다 구글 이미지 검색 서비스의 정확도가 향상되기 때문이다. 그렇다면 구글은 게이머들에게 공짜로 오락거리를 제공하는 것일까, 아니면 게이머들은 구글에 공짜로 노동을 제공하는 것으로 보아야 할까? 폰 안은 게임을 즐기면서 덤으로 업무까지 해결할 수 있는 넓은 차원의 게임 개발에 몰두한다. 이 방식은 새로운 착취 수단일까, 아니면 상생의 시나리오일까? 무보수 블로거들의 근거지인 〈허핑턴포스트〉를 3억 달러 이상을 들여 인수한 아메리칸온라인AOL이 가장 먼저 한 일은 직업 저널리스트들의 해고였다.[57] 한때 참여의 근거지였던 공간이 한순간에 갈취의 부대로 바뀐 것이 과연 타당할까?

이 책은 섀퍼와 숄츠의 비판에 대한 응답이라고 해도 틀리지 않다. 이 비평가들의 말이 옳다면 우리는 무엇부터 해야 할까? 그러나 어떠한 정치적, 문화적 대책이든 반드시 지식에 근거해서 내놓아야 한다. 사람들은 자신의 노동이, 또는 놀이가 다른 사람들에게 이용된다는 사실을 알까? 이것도 일종의 '사전 동의' 문제다. 그렇다면 디지털 참여자들은 사회적 진보를 이루는 과정에서 인간이 지닌 주체성의 중요성을 얼마나 이해하고 있을까? 기술의 역할을 부인할 수는 없지만, 그보다 더 중요한 것은 기술을 통해 사람들이 협력하는 방법을 개발함으로써 사회를 발전시킬 수 있다는 사실이다. 기술을 제공하는 업체의 상품을 단순히 소비하는 것만으로는 인간의 환경을 개선하기 어렵다. 그래서 내가 구상한 참여론에서는 소셜 미디어 리터러시의 개념을 이해하고 활용할 것을 강조한다. 나는 많은 사람들이 이 책에서 배우고, 배운 것을 실행함으로써 스스로 긍정적인 변화를 일궈내기를 바란다. 물론 그러기 위해서는 나의 참여문화론에 대해서조차도 허위정보 간파술을 적용해야 할 것이다.

사전 동의에 대해 한마디 덧붙인다. 나는 사람들이 디지털 자료를 만들어 거기에 자신의 실명을 달도록 격려하기 이전에, 우리의 온라인 행동은 우리를 향하는 타인들의 시선에 영향을 끼친다는 점부터 강조하고 싶다. 그뿐만 아니라 우리의 디지털 행위는 스스로를 향한 우리의 인식에도 영향을 끼친다.

디지털 풋프린트와 프로필

인터넷을 사용할 때마다 부담스러운 부분이 있습니다. 내가 올린 것도, 다른 사람들이 나에 대해 쓴 것도 하나같이 부담이죠. 블로그에 글을 쓰거나 댓글을 다는 수준의 문제가 아닙니다. 학술논문을 써서 공표하는 일마저도 꽤나 부담스럽습니다. 엉성하게 쓴 콘텐츠뿐 아니라, 내가 견지하는 의견을 공식적으로 발표하려고 만든 콘텐츠조차도 늘 나를 힘들게 만든다는 이야기입니다. 그래서 나는 지속적으로 새로운 인터넷 콘텐츠를 올려 옛것을 희석하는 방법으로 이 문제에 대처합니다. 그래도 옛날에 올린 건 여전히 남아 있다고요? 그렇죠. 하지만 그걸 파악하려면 꽤 시간이 걸리겠죠. 그것이 요점입니다. 그렇게 많은 시간을 들여가면서까지 나를 공격하는 건 정말 비굴한 일이지요. 나는 생동하는 모습을 보여주고, 내 이야기를 지속적으로 소개하고, 회피하기 위해서가 아니라 성숙하기 위해 끊임없이 진화하는 디지털 자아digital self를 창조함으로써 일관성 있는 나를 유지해나갑니다.(다나 보이드, 저자와의 인터뷰, 2010)

인생은 온라인에서든 현실에서든 한 편의 연극이다. 부모나 상사, 술친구, 페이스북 친구 또는 월드 오브 워크래프트의 길드 등 대하는 사람에 따라 각기 다르게 행동하지 않을 사람이 있을까? 어빙 고프먼이란 사회학자는 인터넷의 등장으로 40대 아저씨가 온라인에서 10대 소녀 행세를 하기 전부터 이미 사람들의 모든 상호작용에 내재하는 역할극 현상을 눈여겨본 바 있다. 고프먼은 1959년에 출간한 유명작『일상생활에서 자아의 연출*Presentation of Self in Everyday Life*』에서 사람들이 상황에 맞추어 무대에서처럼 연기하는 현상을 설명한다. 이를테면 웨이터가 '무대 앞(고객 앞)'에서 하는 행동과 '무대 뒤(주방)'에서 하는 행동이 서로 다르다는 식이다. 고프민의 이론은 온라인 행동을 설명하는 데에도 매우 유용한데, 이를 적용하면 사람들은 타인이 자신에 대해 가졌으면 하는 인상을 심어주기 위해 정보를 '제공한다'고 볼 수 있다. 이 과정을 그는 '인상 관리impression management'라고 했다. 복장과 말투 등을 신중히 선택하는 것으로도 원하는 인상을 전할 수 있다. 또한 그는 사람들이 의도하지 않더라도 자신에 대한 정보를 '발산한다'고 했다.[58] 낯선 사람을 믿어야 할지 말아야 할지를 판단하는 능력은 인류의 진화에서도 중요한 부분이기 때문에, 사람들은 다른 사람들이 발산하는 정보에 주의를 기울이고 또 이를 민감하게 받아들인다. 분별과 참여 사이의 상관관계는 이것의 두 가지 측면을 반영하는 질문으로 가늠할 수 있다. "나의 디지털 참여는 다른 사람들에게 어떤 '의도적인' 인상을 심어주는가? 그리고 나의 디지털 참여는 다른 사람들에게 어떤 '비의도적인' 인상을 발산하는가?"

페이스북이 인류에게 끼친 가장 큰 영향은, 지금까지 추상적이고 개인적이던 사회관계 양식을 더 구체적이고 대중적인 형태로 바꿔놓았다는 점이다.[59] 인류가 진화하면서 친구란 존재가 생겨났지만, 오늘날 페이스북은 프로필 페이지에 친구들을 공개하도록 요구할 뿐 아니라 음악과 성적 취향, 배우자 유무, 대학 인간관계, 직장 등의 정보도 밝힐 수 있게 돼 있다. 페이스북의 개인정보 설정을 변경하는 방법을 모르는 사람은 잘못하면 '친구'들뿐 아니라 만천하에 우리 자신을 노출해야 한다. 페이스북 때문에 옛날이라면 지나가는 말 한마디로 잊혔을 정보들이 세상에 공개될 수 있게 됐을 뿐 아니라, 우리의 디지털 특질이 검색엔진으로 검색 가능한 형태로 확산되면서 이 정보를 삭제하는 것도 대다수 사람들이 생각하는 것보다 훨씬 어렵게 됐다. 이제는 페이스북 프로필만 자세히 살펴봐도 그 사람에 대한 많은 것들을 알아낼 수 있다.

터프츠 대학의 심리학자 맥스 웨이스버치Max Weisbuch는 대학생 37명을 모집하여 실험실에서 다른 학생 참가자와 잡담을 나누게 했다.[60] 학생들 중 한 명은 실제로는 연구진의 일원으로, 각 참가자의 미소와 음색, 자기노출 수준 등을 기준으로 호감도 등급을 매기는 역할을 했다. 그다음에는 다른 대학의 학생들 10명을 다시 모집하여 참가자들의 페이스북 프로필을 살펴보고 호감도 등급을 매기도록 했다. 호감도가 높다고 평가된 프로필은 여러 가지 사진과 영상, 담벼락 글로 다채롭게 표현되어 있었고, 이는 실험에서 연구진의 일원이 평가한 참여자 호감도와도 관련이 있었다. 코넬 대학의 연구원 에이미 곤잘레스Amy Gonzales와 제프리 핸콕Jeffrey Hancock은 거울 앞이나 빈방에 방치된 피실험자들보다 자신의 프로필을 바라보고 업데이트한 피실험자들의 자부심이 훨씬 높다는 실험 결과를 얻었다. 프로필은 자신을 긍정적으로 표현하는 양식이므로 이 프로필만 바라보아도 자부심이 향상된다는 가정이 틀리지 않음을 입증하는 실험이다.[61] 그래서 나는 페이스북 프로필뿐 아니라 다른 어떤 대중 네트워크 참여 양식에서도 쓰고 또 고쳐쓰는 것이 다른 사람들과 우리 자신에게도 영향을 미친다는 사실을 강조하기 위해 이 연구 사례들을 인용한다.

나의 제자인 다나 보이드는 마이크로소프트 리서치에서 근무하는 디지털 인류학자인데, 그는 이렇게 지적한다. "소셜 네트워크 사이트 프로필은 젊은이들이 자기 존재를 기록하는 곳입니다. 프로필이 디지털 신체라고 생각해보세요. (…) 결국 프로필은 친구들에게 자신을 표현하는 양식입니다."[62] '친구들에게 보여주는 자기표현'은 특히 젊은이들에게 필요하겠지만, 이는 소셜 미디어를 이용하는 다른 모든 연령층에도 반드시 필요한 요소다. 벤처캐피털리스트로서 트위터와 텀블러 등의 소셜 미디어 기업에도 투자해온 프레드 윌슨Fred Wilson은 텀블러가 유용한 자기표현 수단이라고 말한다. "텀블러는 자신을 드러내는 곳입니다. 제시카의 모습은 에밀리와도, 나와도, 뉴욕 여자와도 다르지요. 그래서 위력적입니다. 내 생각이 텀블러의 대중을 움직일 수 있지요. 자기표현은 그만큼 중요합니다.[63] (에밀리는 윌슨의 딸이고 뉴욕 여자는 그의 아내다. 텀블러는 2010년에 10억 개의 포스트를 돌파했다.)"[64] 텀블러는 사용자들이 자신들의 관점이나 기호를 반영하는 사회적 객체social object들을 모아 리블로깅함으로써 스스로를 표현할 수 있다는 점에서 여과, 연결, 비판, 옹호 기능으로 대표되는 1세대 블로깅보다 수준이 높다.

우리는 자기만의 풋프린트footprint를 남길 뿐 아니라 프로필도 만든다. 프로필은 사람들이 자신의 인상을 더욱 효과적으로 관리할 수 있는 영역이다. 디지털 풋프린트와 프로필의 잠재적 영향력을 이해하는 것은 온라인으로 자신을 꾸미는 데 더 익숙한 젊은이들에게 꼭 필요하겠지만, 분별 있는 자기표현은 오늘을 살아가는 모든 사람에게 중요한 덕목이다. 디지털 풋프린트와 프로필을 잘 관리하면서 소셜 미디어에 분별 있게 참여한다면 자신을 그만큼 잘 드러낼 수 있으며, 협력자로서, 피고용자로서, 또는 데이트 상대로서 자신이 적임자임을 강조할 수도 있다. 긍정적인 면을 부각한 자기표현을 쌓아가다보면, 부정적이고 따분한 내용들은 검색 리스트 바깥으로 밀려나기 마련이다. 온라인에 떠도는 당신에 대한 나쁜 소식들을 없애기란 쉽지 않다. 이때는 좋은 소식을 퍼뜨려 나쁜 소식을 희석하는 방법이 최선이다. 풋프린트와 프로필에 좋은 생각들을 남겨두면 사이버 세상에서 의외로 호의적이고 유익한 사람들을 만나게 되는 경우도 많다. 세상이 당신을 검색할 때 보여주고픈 모습을 관리하고 싶다면 구글 프로필부터 만들 필요가 있다.[65] 세상이 당신을 검색할 때 보여주고픈 모습을 상상하고, 풋프린트와 프로필을 활용해서 당장 할 수 있는 것부터 실행하자. 당신의 소셜 미디어 기록을 스스로 관리하지 못하면 다른 사람들에게 휩쓸리기 쉽다.

디지털 참여에 관한 한 트위터의 위력을 부인할 사람은 없다. 이 놀라운 매체를 사용하는 인구도 수억 명으로 급증했다. 주의력, 참여, 협업, 네트워크 활용에 대해 알고 있는 만큼 미디어를 효과적으로 활용할 수 있음을 보여주는 대표적인 예가 바로 트위터 리터러시다.

트위터 리터러시

트위터는 심심풀이로 점심에 먹은 메뉴나 올리는 일상의 기록을 남기기 위한 게 아니라 평가를 덧붙인 표제들을 주요 글 링크와 함께 정리한 일목요연한 리스트라고 할 수 있다. 이제 트위터는 많은 사람들에게 조간신문의 1면과 같은 역할을 한다. 인지만 하고 있든 직접 실행하고 있든 간에, 이제는 트위터로 소식을 전해주는 사람들이 우리의 친구가 되고, 친구들은 다시 트위터 기반 뉴스의 편집자가 되는 세상이다.(데이비드 사사키David Sasaki, 「트위터 기반 뉴스의 큐레이터가 된 친구들Our Friends Become Curators of Twitter-Based News」, 2010)

"초반에는 인터넷의 역할이 절대적이었습니다." 암르 가바이어Amr Gharbeia는 말했다. "25일째부터는 트위터를 통해 실시간으로 저항운동이 전개됐습니다. 누가 어디를 향하고 있는지 누구나 알 수 있었고, 경찰의 봉쇄선과 충돌지점에 대해서도 서로 알려주었습니다. 트위터 덕분에 도시를 실시간으로 감시할 수 있었지요. 인터넷이 끊긴 이유도 그 때문입니다."(마이크 엘킨Mike Elkin, 「뉴비디오New Video」, 2011)

물론 트위터가 자기홍보와 노골적인 스팸만 가득한 시시한 곳이라고 생각하는 사람도 있다. 인터넷도 마찬가지다. 트위터는 이해하기에 따라 시간낭비의 공간으로 볼 수도 있고, 새로운 커뮤니티 형성을 고무하는 강력한 촉진제로 볼 수도 있다. 사람들이 이해하고 실행하도록 유도

하는 기술적 특성이나 기능을 '행동유도성affordance'이라고 부른다. 문고리와 문, 마우스 명령체계point-and click와 그래픽 사용자 인터페이스의 관계 등이 행동유도성의 예다. 사람들은 문고리의 생김새를 통해 그 기능을 이해하고 손으로 조작한다. 마우스 명령체계 역시 디지털 객체를 효과적으로 제어하도록 돕는다. 트위터는 한정된 글자수 안에서 텍스트를 입력하는 빈 상자와 같다. 트위터에서의 행동유도성은 사용자의 트위터 활용을 제한하거나 북돋울 수도 있다. 트위터 사용자는 원한다면 누구든 팔로우할 수 있고, 다른 사람들도 나를 팔로우할 수 있다. 팔로잉은 비대칭적이다. 사용자는 원치 않는 사람의 팔로잉을 차단할 수 있다. 누구의 팔로워든 누구나 확인할 수 있다. 이 모두가 사회적 행동유도성social affordance을 의미한다. 종합하면 사회적 행동유도성은 사회적 혁신의 기반을 창조한다.

해시태그가 좋은 예다. 크리스 메시나Chris Messina라는 트위터 사용자는 관심사나 지역성, 또는 사건 등을 공유하는 사람들이 서로 팔로우하든 하지 않든 공유할 수 있는 집단을 만드는 데 트위터가 유용할 것이라고 생각했다.[66] 그래서 단어 앞에 '#'을 붙이면 검색을 통해 이 해시태그를 사용하는 모든 트윗을 찾아낼 수 있는, 이른바 해시태그 방식을 고안했다. 해시태그를 사용한 초창기 사례로는 사우스 바이 사우스웨스트SXSW 인터랙티브 콘퍼런스가 있다. 이때 사용한 해시태그는 '#sxsw'였다. 제삼자들이 트위터 검색엔진을 구축했고, 트윗덱TweetDeck(최근 트위터에 매각되었다), 훗스위트HootSuite, 시스믹Seesmic 같은 트위터 클라이언트 컴퍼니들 덕분에 특정 해시태그와 관련된 모든 트위터를 팔로우하기가 쉬워졌다. 나는 트윗덱 칼럼 기능을 통해 내 트위터 리스트와 다양한 커뮤니티로 연결되는 해시태그 검색 기록도 표시한다.

디지털 저널리즘을 수강하는 학생들에게 트위터 사용법을 가르칠 때도 나는 트위터에 로그인해서 사람들에게 도움을 요청했다. “저널리즘을 수강하겠다고 제 강의를 듣는 대학원생 중에 누구를 팔로우해야 할지 모르는 학생들이 많습니다. 좋은 의견 있으신 분?” 그러자 채 10분도 지나지 않아 팔로우할 만한 저널리스트의 리스트가 만들어졌고, 그중에는 당시 에어포스 원에 탑승해서 대통령의 아프리카 순방에 동행중이던 백악관 기자단 소속 저널리스트도 있었다. 한 학생은 온라인에서 내가 트위터를 사용하는 이유가 뭐냐고 물었다. 그때 나는 생각나는 대로 즉흥적인 대답을 해주었다. 때로는 이런 방식이 오랜 시간을 들여 정교한 생각을 내놓는 것보다 효과적이다(그것도 내가 트위터를 좋아하는 이유 중 하나다. 트위터는 많은 설명이 필요한 대상을 짧고 가볍게 표현하기에 매우 효과적이다). 이 밖에도 트위터를 사용하는 몇 가지 이유를 추가하면 이렇다.

개방성: 누구나 접속해서 누구든 팔로우할 수 있다.

즉시성: 트위터는 현재의 연속이다. 일주일에 한 번 들러서는 트위터의 감을 유지하기 어렵다. 트위터를 제대로 활용하려면 매일 조금씩이라도 시간을 투사할 필요가 있다.

다양성: 트위터에서는 정치나 기술에 대한 이야기부터 소문, 과학정보, 뉴스 플래시, 시, 모임, 친구들과의 농담까지 다양한 이야기가 오간다. 그래서 내 트위터에서는 화제의 종류를 어느 정도 제어하는 편이다. 모든 소리를 귀담아들을 필요는 없으며, 그 내용을 여과하려면 먼저 주의를 기울여야 한다. 타인들의 재잘거림을 당신의 인식으로 끌어들이는 것 역시 당신의 책임이다.

상호주의: 누구나 필요한 정보를 자유롭게 주고받을 수 있다.

다수를 대상으로 하는 채널: 나는 커뮤니케이터이며 나를 팔로우하는 사람들에게 정보를 제공하며 관계를 쌓아나가고자 한다. 나는 새 책이나 영상에 대한 정보를 순식간에 퍼뜨릴 수 있고, 그러면 나를 팔로우하는 각각의 사람들이 내가 제공한 정보를 자신들의 네트워크에 퍼뜨리기도 한다.

비대칭성: 나를 팔로우한다고 해서 나도 그 사람을 팔로우할 필요는 없다는 사실이 트위터의 흥미로운 부분이다. 트위터 사용자들을 바라보는 관점은 사람마다 다르기 때문이다. 자신의 팔로워를 전부 다 팔로우하는 경우는 극히 드물다. 그래야 하는 사회적 의무도 없다. 나는 내게 정보나 즐거움을 주는 사람들을 팔로우한다. 나를 팔로우하는 사람들도 그랬으면 좋겠다.

새로운 사람들을 만나는 방법: 관심사가 비슷한 사람끼리 인간관계를 형성하는 것은 인터넷이 등장한 이후로 이 공간을 움직이는 가장 강력한 사회적 동인이었다. 잘 모르는 사람이더라도 교육기술이나 직접 제작한 비디오, 온라인 행동주의, 창의력, 소셜 미디어, 디지털 저널리즘 등 나와 유사한 관심사를 가진 사람이라면 기꺼이 팔로우한다. 온라인에서 만난 사람에게 다가가기 위해 어느 정도의 관심과 신뢰를 보여야 하는지 아는 것도 매우 중요하다. 개인 학습 네트워크는 단순한 숫자 게임이 아니다. 그보다는 질quality이 더욱 중요하다.

다양한 세상에서 벌어지는 일들을 내다보는 창: 내게 익숙한 세상도 있고 생소한 세상도 있다. 5장에서는 친숙한 테두리 바깥의 새로운 사람들과 맺는 관계가 발휘하는 위력에 대해 살펴본다.

커뮤니티 형성: 트위터는 그 자체가 커뮤니티라기보다는 커뮤니티 형

성 여건을 조성하는 생태환경을 의미한다. 트위터에서는 그렇고 그런 잡담들이 오간다. 뉴스, 날씨, 스포츠 등에 대한 한가로운 대화는 일종의 사회적 윤활유로서 관계에 신뢰와 상호주의를 더해주고, 나아가 커뮤니티와 사회자본이 성장하는 토대가 된다.

집단협업의 기반: 트웨스티벌Twestival이란 앙증맞은 이름의 행사를 들어본 적이 있는가? 이 온라인 자선행사 덕분에 트위터를 통해 25만 달러 이상의 기금이 조성되어 에티오피아와 우간다, 인도에서 1만 7000여 명에게 깨끗한 식수를 공급하는 55개 프로젝트를 지원할 수 있게 되었다.[67] 또한 트위터를 기반으로 한 긴급재해구호 단체들도 속속 등장하고 있다.[68]

검색성: '돼지 독감'이나 '하워드 라인골드' 같은 구句를 실시간으로 검색할 수 있는 기능 덕분에 나는 관심이 가는 주제를 포괄적으로 파악할 수 있다. 나는 이런 검색에서 추출한 RSS 피드를 내 대시보드로 연결해서 뉴스를 파악하는 수단으로 활용한다.

나는 여전히 트위터에서 많은 시간을 보낸다(@hrheingold를 사용한다). 하지만 사람들과 트위터 이야기를 하다보면 아직도 많은 사람들이 왜 트위터에서 시간을 낭비하는지 모르겠다는 소리를 한다. 그럴 때마다 나는 트위터를 잘 이용하면 도움이 된다고 말한다. 즉 새로운 친구나 동료에게서 정보나 질문에 대한 해답 등을 얻을 수 있을 뿐 아니라, 나를 팔로우하는 사람들도 오락과 유익한 정보, 지속적인 인간관계 등의 가치를 얻는다.

요컨대 트위터를 효과적으로 활용하려면 당신이 팔로우하는 사람들로 구성된 네트워크를 조율하는 요령과, 당신을 팔로우하는 사람들의 네트워크에 기여하는 요령을 알아야 한다.

먼저 당신이 팔로우하는 사람들을 조율해야 한다. 내 트위터 친구들로는 오프라인에서 알고 지내는 사람, 내가 관심을 둔 지역에 거주하거나 활동하는 사람, 주기적으로 유익한 URL을 제공하는 사람, 뛰어난 교육자, 현명하거나 재미있는 사람 등이 뒤섞여 있다. 트위터가 권위 있는 소스와 믿을 수 있는 공동학습자들 덕분에 훌륭한 개인 학습 네트워크로 발전하고 변화하고 있다는 사실은 디지털 네트워크 시대의 성공적인 한 단면이라고 어느 저명한 교육자는 말했다. 개인 학습 네트워크는 매우 중요하므로 그 효과를 극대화하는 방법은 5장에서 상세히 설명하겠다.

두번째로, 나를 팔로우하는 네트워크에 기여하는 방법은 결국 다양하고 유익한 정보를 복합적으로 제공하는 것으로 압축할 수 있다. 즉 나의 개인적인 트윗(점식으로 먹은 메뉴까지는 아니더라도 계절 따라 변화하는 우리집 정원의 모습이나 자두나무에서 떨어진 자두, 자주 사용하는 혼합비료 정보 등도 개인적인 트윗거리가 된다)과 간단한 정보(정말 괜찮은 URL을 발견했을 때 트위터를 미니블로그 삼아 친구들과 공유할 수 있다), 자기홍보(내 유튜브 채널에 새로운 영상을 올릴 때는 URL도 공유한다. 하지만 그렇다고 스마트몹스smartmobs.com에 올리는 모든 내용을 자동으로 게시하지는 않는다), 사교, 질문에 대한 대답 등을 제공하는 것이다. 특히 나를 팔로우하는 사람들과 내게 멘션을 보내는 사람들에게 응답하는 것도 중요하다. 매번 모든 사람들에게 답하지는 못하더라도 최대한 노력한다. 그리고 재미있는 것을 발견했을 때 그게 다른 사람들에게도 재미있겠다는 생각이 들면 오락거리로 공유하는 편이다.

이처럼 다양한 정보가 혼재하는 것, 이것이 트위터의 매력이다. 내 팔로워들은 과도하지 않은 선에서라면 내 개인적인 이야기를 듣는 것도 즐거워한다. 그래서 나는 내 이야기를 올리되 도를 넘지 않도록 주의한다. 나는 질문은 잘 하지 않지만, 질문을 올리면 으레 기대 이상의 답을 얻는다. 언젠가 카탈루냐 온라인 개방대학에서 개설할 강의를 준비하던 중 소셜 미디어에 대한 스페인어 온라인 게시물을 올리는 과정에서 신뢰할 수 있는 지침이 필요했는데, 그때 나는 불과 5분 만에 다섯 건이나 되는 답변을 받았다.

흥미롭지 않으면 유익하지도 않은 법이다. 그리고 당신이 무언가를 보여주지 않으면 돌려받기도 어렵다. 다시 한번 강조하지만, 트위터가 당신과 팔로워들에게 단순한 오락거리 이상이기를 바란다면(물론 트위터를 단순한 오락거리로 삼는 것도 불법은 아니다) 당신이 먼저 시간을 투자하여 조율하고 기여하려 노력해야 한다.

트위터를 활용하여 개인 학습 네트워크와 실행 커뮤니티, 정밀한 정보 파악 레이더를 구축하려면 한 가지 리터러시만으로는 부족하다. 조율과 기여, 신뢰와 상호주의, 사회자본 등의 요소들은 네트워크 리터러시와 직결되며 이는 5장에서 자세하게 설명하겠다. 트위터가 이메일 수신함처럼 무작위로 받아들이는 정보의 보관함이 아니라 선별된 정보의 흐름이라는 것을 아는 것은 인포텐션 세계의 한 부분을 이해한 것에 불과하다. 나와 함께 공부하는 학생들은 심리학과 사회학 문헌을 읽으며 자기표현과 정체성 형성에 대해 배우고 있으며 자신들이 배우고 있는 이론들이 트위터상에서 매일 실현되고 있음을 실감한다. 이는 참여 미디어 리터러시의 필수요건이다.

주의력 리터러시는 성찰에서 나온다. 허위정보 간파는 분석적이다. 참여는 신중하다. 그다음으로는 소셜 리터러시에 대해 설명하겠다. 협업, 집단지성, 소셜 프로덕션, 가상 커뮤니티와 디지털 대중이 개발한 다른 새로운 사회적 양식들이 여기에 포함된다. 분별 있는 참여자이자 사이버 사회성cybersociality의 수혜자가 되기 위해 당신이 꼭 알아야 하는 것이 바로 소셜 리터러시다.

COLLABORATION

4

협업

부분의 합보다 큰 집단지성

자급자족에서 벗어나 지식을 모아 협업을 시작하면서부터 놀라운 일들이 벌어졌다. 무선 마우스에서 대도시에 이르기까지 혼자서는 상상할 수 없던 많은 것들이 창조되었다.

협력은 우리를 전문가로 바꾸어놓았다. 나는 이 분야에 능통하고 당신은 또 저 분야의 전문가다. 전문화는 혁신의 추동력이 되었다. 혁신은 한층 진보한 전문화로 이어졌고 다양한 전문기술을 연합하는 다양한 방식이 탄생했다. 그러면서 인간의 지성은 다른 어떤 종種도 내적할 수 없을 정도로 축적되고 집단화되었다.(매트 리들리Matt Ridley, 「아이디어들이 관계할 때When Ideas Have Sex」, 2011)

1989년 유럽입자물리연구소CERN의 팀 버너스-리는 "글로벌 하이퍼텍스트 공간에서 네트워크로 접속 가능한 모든 정보는 단일 '유니버설 문서 식별기Universal Document Identifier'를 통해 조회할 수 있다"고 제시했다.[1] 버너스-리 경卿으로도 불리는 그는 오늘날 월드와이드웹으로 알려진 이 시스템에 대한 특허출원을 포기했다. 이를 소유하고자 한 것이 아니라 이 시스템이 널리 사용되기를 바랐기 때문이다. 자신의 창작물을 더 많은 사람들이 사용할 때, 자신과 다른 과학자들에게도 가장 유익하리라는 것을 그는 알고 있었다.

2011년에 이르러 웹페이지 수가 무려 160억 개로 늘어났다.[2] 버너스-리는 어떠한 인터넷 기관에 대해서도 인가를, 어떠한 물리적 네트워크에 대해서도 리와이어링rewiring을 요구하지 않았다. 인가나 리와이어링이 굳이 필요치 않았던 이유는 버너스-리가 기존 인터넷 아키텍처상에서 웹을 구축하는 툴을 보급했기 때문이다. 즉 다른 모든 네트워크 노드node(교차점)에 연결되는 월드와이드웹처럼 어떤 노드에서도 혁신이 퍼져나갈 수 있도록 설계된 덕분이었다. 웹은 네트워크를 통해 누구도 생각지 못했던 규모의 협업을 일궈낸 대표적인 사례이며, 나중에 집단협업mass collaboration이라는 이름으로 확산된 하나의 현상이다. 웹에 내재된 공동혁신collaborative innovation(오라일리가 명명한 참여 아키텍처) 지원 기능에 신뢰와 공유, 상호주의라는 사회규범까지 더해져 사람들은 참신한 방식으로 과제를 수행할 수 있게 되었다.

집단협업은 단지 사람들의 인터넷 사용방식을 변화시키는 데 그치지 않는다. 정보를 찾아내고(구글의 페이지랭크), 지식을 취합하며(위키피디아), 과학을 구축하고(시민 참여형 과학), 소프트웨어를 만들고(두번째로 인기 있는 웹브라우저인 무료 리눅스 운영체제와 파이어폭스의 탄생), 연구 수행에서 분산연산 능력을 향상시키고(분산연산), 사람들을 즐겁게 만들고(대규모 다중 사용자 온라인 게임), 문제를 해결하고(집단지성), 뉴스를 수집하고(시민저널리즘), 재난구호 활동을 촉진하고(위기 매핑mapping 및 집단적 응급 대응), 커뮤니티를 형성하고(가상 커뮤니티), 상업적인 상품들을 설계하고 검증하는(크라우드소싱) 등 이 모든 일을 가능케 한 것이 집단협업의 힘이다. 이제는 인간의 행위가 어떤 식으로든 집단협업의 영향을 받지 않는다고 생각하기가 어려운 세상이다. 우리가 배우고 가르치는 문화의 상당 부분이 교육이나 출판 같은 종래의 제도를 통해 전해져왔지만, 지금 세상에서는 집단협업을 가능케 하는 다양한 기법과 사회양식들이 채 한 세대도 지나지 않아 수십 억 인구에게 전파된다. 웹은 1989년, 위키피디아는 2001년, 페이스북은 2005년에 처음 생겨났다. 모든 사람들이 크라우드소싱이나 위기 맵crisis map에 참여하는 것은 아니지만, 지식을 갖춘 디지털 시민이라면 가상 커뮤니티와 위키 및 기타 집단협업 툴들이 어떻게 작동하며 또 어떻게 하면 여기에 재미있게 참여할 수 있는지 알아야 한다.

태그, 추천, 댓글, 위키 편집, 큐레이션, 블로그 등 어떤 활동에 참여하든 당신은 이미 웹 집단지성의 일원이다. 그리고 이 모두를 가능케 하는 온라인 기술과 툴은 더 큰 그림의 일부이기도 하다. 일부 과학자들은 집단행동을 조직화하는 커뮤니케이션 매체를 활용하는 능력 덕분에 영장류가 인류로 진화했고 또 인류는 문명을 창조할 동력을 얻었으리라 추정하기도 한다. 인류학과 생물학, 경제학 그리고 다른 학문에 대한 새로운 이해는 인류의 기원뿐 아니라 인류가 위협으로부터 생존을 유지하기 위해 고안한 도구와 관련된 이론들마저도 새롭게 쓰고 있다. 집단협업은 결국 당신의 일을 더 효과적으로 처리하는 것을 의미한다. 또한 인류의 가장 중대한 과제인 자기보존에도 기여한다. 기후변화, 정치적 대립, 전염병, 자원고갈 등 온갖 위협에 직면한 호모사피엔스의 손에 들린 가장 유용한 무기가 바로 집단 차원에서 문제를 해결하는 능력이다.

나는 지난 10년간 미래연구소와 더불어 '협력 프로젝트the cooperation

project'를 이끌어오면서, 인간이 힘을 모아 무언가를 이루는 과정에 대한 새로운 이야기를 공개할 준비를 해왔다. 2005년에 열린 TED 재단 총회에서 나는 이 이야기를 발표했고, 같은 해 스탠퍼드 대학에서 공동으로 세미나를 주관하기도 했다.[3,4] 그 내용은 2002년 출간한 『참여군중』에서 내가 다룬 주제이기도 하다. 우리 모두가 부모님과 학교 선생님에게 들어서 알고 있는 이야기가 있다. 적자생존의 법칙. 기업이나 국가는 경쟁자를 압도하거나 물리칠 때 존속되며, 정치에서는 어떤 대가를 치르고서라도 이기려 한다. 그러나 내가 말하려는 것은 그와는 다른 분야에서 나타나고 있는 새로운 이야기다. 경쟁은 여전히 중요하지만 세계 속에서 경쟁의 위상은 점점 약해지고 있다. 그 대신 생태계와 경제, 사회에서의 협력과 합의, 상호의존이 그 자리를 차지한다.[5] 온라인 지식세계에서 학문 간 협력을 강화하기 위한 우리의 협력 프로젝트도 가시적인 성과를 올려왔다. 웹을 통해 실행할 수 있는 협력기술을 효과적으로 이용하고 싶다면 이 네 가지를 꼭 기억해야 한다.

- 주의력은 사회적 협력의 토대이므로 서로에 대한 주의, 즉 타인이 어디를 가리키고 있는지를 볼 줄 아는 능력이 필요하다. 인간의 주의가 다방면으로 뻗어가는 것, 다시 말해 우리가 알고 있는 학습이라는 것이 바로 인류의 가장 위대한 발명품이다.
- 인간은 초협력자supercooperator다. 사회적 고민을 극복하는 새로운 도구와 방법을 고안해온 덕분이다. 이런 도구들은 의식의 한계를 넘어 집단지성과 사회제도 구축으로 이어져 인간의 사고력을 강화하고 새롭게 형성한다.
- 혁신적인 사회제도는 커뮤니케이션 매체와 함께 끊임없이 진화한

다. 우리는 사람들의 행동을 조절하기 위해 만든 제도라는 틀을 활용하여 공익적 가치를 형성한다. 그리고 새로운 매체는 새로운 형태의 제도를 창조한다.

- 협력행동을 보상하고 비협력은 규제함으로써 협력이 유익하다는 메시지를 개별 협력자들과 그들이 속한 단체에 심어줄 수 있다.

학자들은 인간이 하나의 종種으로서 성공할 수 있었던 가장 근본적인 이유는 두뇌를 사용하여 새로운 방식으로 협력하는 방법을 배운 덕분이라고 주장한다. 로버트 보이드Robert Boyd, 조지프 헨리치Joseph Henrich, 피터 리처슨Peter Richerson, 로빈 던바Robin Dunbar 등의 진화인류학자를 비롯해 진화생물학자인 데이비드 슬로언 윌슨David Sloan Wilson 등 점점 더 많은 학자들이 이 견해에 동의하고 있다. 윌슨은 누군가의 주의를 끌기 위해 손으로 무언가를 가리키는 단순한 행위도 영장류의 특별한 능력이라고 했다. "사람들과 함께 자란 원숭이들은 자기가 원하는 것을 가리키는 것을 배우지만, 주인과의 공통 관심사에 대해 주인의 주의를 끌 목적으로 손가락으로 무언가를 가리키지는 않는다.[6] 인간의 아기들은 후자를 첫돌쯤이면 배운다"고 윌슨은 적고 있다. 인포텐션, 곧 "내가 무엇에 주의를 기울이는지를 지켜보라"는 것이 협력의 기본 요소다.

로빈 던바는 영장류의 커뮤니케이션 중에서도 특히 친교 기능을 하는 털고르기 행동을 연구한다. 원숭이가 서로의 털을 골라주며 이를 잡아주는 행동은 원시적이지만 다른 무리와 신뢰를 형성하는 데 꼭 필요한 사회적 상호주의의 직접적인 형태라는 실증적인 근거도 있다. 던바는 서로 다른 영장류 36종의 사회집단 크기를 비교한 결과, 집단의 크기와 집단 구성원들의 뇌의 크기 사이에 직접적인 관련이 있음을 발견했다.

그는 1993년에 쓴 「인류의 신피질 크기, 집단 규모, 언어의 공동진화」라는 논문에서 자신의 가설을 정리했다. 던바는 인간이 사람의 얼굴을 기억하고, 만난 기억을 떠올리고, 누구를 보상해주고 징벌할지를 판단하며, 특히 누구를 신뢰하고 누구를 불신할지를 판단하는 등의 사회적 정보를 처리할 수 있는 것은 인간의 발전된 뇌기능 덕분이라고 주장한다. 아울러 그는 언어를 활용한 첫번째 형태가 소문이며, 이것이 지금까지도 변함없이 이어지고 있다고 말한다. "인간의 대화를 분석해보면 인간관계나 개인적인 경험과 관련된 소문이 60퍼센트를 차지한다. 즉 사람들이 다른 구성원들의 행동 성향을 직접 관찰하지 않고도 배울 수 있는 방향으로 언어가 발달한 것이다."[7]

또한 던바는 인간 신경의 역량에 따라 사회집단의 크기가 늘어날 수도 줄어들 수도 있다고 주장한다. "인식의 한계 때문에 한 사람이 인간관계를 유지할 수 있는 사람 수에는 제약이 따르며, 이 한계는 관련 신피질의 크기에 직접적인 영향을 받으며 결과적으로 집단의 크기도 제한한다. (…) 요컨대 신피질의 처리능력에 한계가 있기 때문에 안정적인 인간관계를 유지할 수 있는 사람의 수도 제한받는다." 던바는 36종의 영장류를 연구한 결과, 사람들이 안정적인 인간관계를 유지할 수 있는 집단의 크기를 평균 147.8명으로 추정했다.[8] 이 수치는 촌락과 부족사회의 통계자료를 근거로 하며, 군대조직의 기본적인 규모도 이와 유사하다. ('던바의 수'에 대해서는 다음 장인 '네트워크 지성'에서 다시 설명한다.)

슬로언 윌슨이 인간의 생물학적인 발달과정을, 던바가 언어의 기원을 연구했다면, 보이드와 헨리치, 리처슨은 문화현상으로서 사회성의 진화과정을 탐구했다. 수십만 년 전 우리 조상들은 열악한 환경에서 살아남기에는 덩치도 작고 느렸으며 날카로운 이빨이나 발톱, 날개도 없었지만, 두뇌의 사회적 능력과 정보처리 능력 등을 발휘하여 집단방어체제를 이루고 채집활동을 했다. 홍적세의 급변하는 환경에서도 인류는 이방인과도 협력하는 타고난 성향 덕분에 고도의 '사회적 본능social instinct'을 발휘할 수 있었다. 영장류의 사회성을 형성한 생물학적 능력은 수백만 년에 걸쳐 유전적으로 진화해온 것이지만, 보이드와 헨리치를 포함한 학자들은 인류가 상징체계를 통해 행동을 조정함으로써 생물학적으로 낮은 단계에서 급속한 문화 변천에 이르기까지 인류의 협력능력을 발전시키는 데 크게 기여했다고 주장한다.[9]

사회적 본능은 생물학적 측면이지만, 사람이 창조한 제도를 통해 사람의 행동에 영향을 미치는 바탕이 되었다. 모방(모방을 하려면 누군가에게 깊이 주의를 기울여야 한다)을 통해 학습되는 상징적 커뮤니케이션과 춤이나 의식처럼 협력을 이끌어내는 방법론 차원의 문화가 만들어지면서 협력의 이점을 극대화하는 방향으로 사회적 본능도 강화되었다. 그런데 이러한 것들을 오래도록 유지하면서 집단의 행동을 조정하려면 제도라는 사회적 합의가 필요하다. 인간의 사회적, 문화적 발명품들이 한데 어울려 소통–협력–혁신체계를 낳고, 이 체계 덕분에 인류는 사바나를 벗어나 "징벌, 언어, 기술, 개인의 지성과 창의성, 상호주의적 합의의 성문화, 위신체세, 협력활동의 지침" 등을 포함하는 고도사회를 건설했다.[10] 협력을 견인하려면 제도적 규약을 어긴 사람에 대한 징벌도 있어야 했다. '이타주의적 징벌'은 함께하는 사회를 위한 아교 구실을 할 수도 있다.[11] 인간을 단지 성공한 경쟁자로 보기보다는, 능력을 발휘해 협력할 방법을 끊임없이 모색하는 초협력자로 바라볼 때 새로운 가능성을 펼칠 수 있다. 소셜 미디어는 동굴벽화에서 알파벳, 하이퍼링크로 이어지는 연장선에 자리한다. 그리고 가상 커뮤니티도 계약이나 규약처럼 협력을 유도하는 기술에 포함된다.

생물학적 차원에서 문화적 차원에 이르기까지 협력을 가속화하는 '제도'는 '사회적 딜레마'를 해결하는 방책이다. 사회적 딜레마란 사익과 집단행동 사이의 갈등으로, 모든 사람들이 매일같이 이 딜레마에 부딪힌다. 따라서 다른 사람들과의 협력이 어려워 보이는 상황에서는 개인들도 서로에게 이로운 방향으로의 협력을 주저하게 된다. 이런 긴장감은 개인적 영역에서 사회적 영역에 이르기까지 모든 분야에서 존재하며, 화폐와 평판, 사회자본, 정체성 같은 상징적 통화를 포함한 인간의 모든 거래에 영향을 미친다. 사회적 딜레마는 자원의 공급과 소비 때문에 발생한다. 공통의 자원 딜레마를 해결하기 위한 제도의 좋은 예로 어업허가증을 들 수 있다. 대서양 대구의 사건*에서 알 수 있듯이, 모두가 원하는 만큼 물고기를 잡으려 남획한다면 어족자원이 고갈될 수밖에 없다.

생물학자 가렛 하딘Garrett Hardin이 1968년, 인구증가의 위험성을 경고하며 쓴 논문인 「공유지의 비극Tragedy of the Commons」에는 사회적 딜레마의 폐해가 어떻게 나타나는지를 보여주는 유명한 일화가 실려 있다. 이 논문에서 하딘은 과도한 방목 때문에 공유지가 맞닥뜨리게 된 운명을 그리고 있다. 정부 규제나 사유재산권 등 어느 것에도 제재를 받지 않는 농부들이 공유지에서 더 많은 소를 키우려 앞다투어 소의 수를 늘리다보니 결국 목초지에 풀이 하나도 남지 않아 공멸하게 되는 이야기다. 이 비극적인 이야기를 통해 하딘은 인간의 사익이 공익에 치명적인 해를 끼칠 수밖에 없는 현실을 우려한다. 정부에서 공유지를 엄격하게 규제하거나 아니면 아예 사유지로 만들지 않는 이상 말이다.[12]

* 북대서양의 대구 남획 문제로 아이슬란드와 영국이 갈등을 일으키며 1950년대부터 1970년대까지 두 나라 사이에 전쟁까지 발생했던 사건.

이 논문은 발표 이후에 많은 논쟁을 불러일으켰으며 몇 년 후 정치학자 엘리너 오스트롬Elinor Ostrom은 사람들이 불가피하게 공유자원을 약탈하게 된다는 하딘의 결론을 뒷받침할 만한 실증적 자료가 있는지를 탐구했다. 그리고 오스트롬은 옛날부터 지금까지 사람들이 공유한 수역과 어장 및 사냥터, 숲과 목초지에 대한 수천 건의 자료를 분석한 결과, 상당수 공동체가 규범과 자체감시 사회계약 등의 체계를 구축하여 사회적 딜레마를 극복했다는 사실을 발견했다. 이 연구로 오스트롬은 2010년 노벨 경제학상을 수상했다. 오스트롬은 몇 가지 구성 원칙만 전제된다면 자신이 '집단행동제도'라고 명명한 이런 해법들이 성공을 거둘 가능성이 높은 반면에, 이런 수단이 없을 때는 그 해법도 실패하기 쉽다고 했다. 아울러 그녀는 집단행동을 체계화하고 규제할 수 있는 집단의 특징으로 다음과 같은 구성 원칙을 제시했다.

1. 집단의 범위를 명확하게 정한다.
2. 집합재集合財의 사용을 규제하는 규정들이 지역의 요구와 상황에 부합한다.
3. 이 규정에 적용되는 대다수 구성원은 규정 개정에 참여할 수 있다.
4. 외부 기관은 공동체 구성원들이 자체 규정을 개정할 권리를 존중한다.
5. 구성원의 행동을 감시하는 체계가 존재한다. 공동체 구성원은 스스로 감시 역할을 수행해야 한다.
6. 단계별 제재 체계를 운영한다.
7. 공동체 구성원들은 적은 비용으로 갈등 해결 메커니즘을 이용할 수 있다.

8. 공유재와 관련하여 폭넓은 체계가 존재한다. 즉 전유專有, 지급, 감시, 집행, 갈등 해결, 지배행위 등이 내부의 이해관계자들 사이에서 여러 단계로 체계화된다.[13]

상거래에 걸림돌이 되는 또다른 형태의 사회적 딜레마가 오히려 그 문제를 해결하여 이익을 창출하도록 자극할 때도 있다. 한 예로 안전을 보장할 수 없는 거래는 잠재적 구매자와 판매자 모두에게 딜레마다. 다른 도시에 사는 누군가가 당신이 원하는 물건을 싼값에 보내주겠다고 하더라도, 당신은 물건을 받을 때까지 돈을 부치고 싶지 않을 것이고 그 사람 역시 돈을 받을 때까지는 물건을 보내지 않으려 한다. 거래의 기본은 신뢰다. 믿지 못하면 두 사람 모두 거래를 주저한다. 온라인 경매사이트 이베이eBay는 거래가 종료된 후에 구매자들이 공개적으로 판매자들에 대한 평가를 매기도록 해서 이 사회적 딜레마를 해결했다. 미래의 구매자는 판매자의 이력과 평판에 대한 정보를 얻고, 여기에서 만들어지는 신뢰 덕분에 이베이는 누구도 만들어낸 바 없는 수십억 달러의 시장을 일구어낼 수 있었다.

동굴벽화에서 위키피디아에 이르기까지, 네트워크 미디어의 위력은 종종 함께 나누고 행동하는 새로운 방식을 낳는다. 사람들이 시장에서 투자하고, 군대를 육성하고, 종교를 가지고, 정당을 후원하는 등의 선택을 할 때 사회학자들은 이를 일컬어 '집단행동'이라고 한다. 이보다 더 대중적으로 자주 사용되는 협조coordination, 협동cooperation, 협업collaboration 등의 단어들은 집단행동의 중요성 측면에서 조금씩 차이가 있다. 이 단어들의 차이를 안다면 협동과 협업도 더 정확히 이해할 수 있다. 나는 트위터 팔로워들에게 이렇게 물어봤다. "집단행동과 관련된 비슷하면서도 조금씩 다른 이 세 단어의 차이는 무엇일까요?" 질문을 올리고 2분 남짓 지났을 때 캐나다의 웨인 맥페일Wayne Macphail이라는 교수가 이런 글을 올렸다. "춤을 배우려면 누군가 협조해줘야 하고, 파트너와 춤추려면 서로 협동해야 하며, 플래시몹flash mob으로 춤추려면 다른 사람들과의 협업이 필요하지요." 식당에서 만나자는 문자메시지를 친구에게 보내는 것은 협조를 구하는 것이다. 미약하게라도 의학 연구에 보탬을 주기 위해 당신 컴퓨터의 연산능력으로 기여하는 것은 협동하는 것이다. 그리고 당신과 친구 세 명이 위키를 통해 도보여행이나 획기적인 무언가를 계획하는 것이 서로 협업하는 것이다.

나는 트위터를 통해 협업의 정의를 공개적으로 논의함으로써 유진 김Eugene E. Kim이라는 믿을 만한 정보원으로부터 조언을 구할 수 있었다. 이처럼 '소리내어 생각하기'를 나의 네트워크에서 적절히 구사하여 조언을 구함으로써 많은 시간을 절감할 수 있었다. 내가 공개적으로 한 질문에 답해주면서, 유진 김은 위키 협업을 통한 자신의 작업이 아서 힘멜먼Arthur Himmelman의 연구를 바탕으로 한다고 답했다. 힘멜먼은 관계 형성과 협조, 협동, 협업의 차이를 구분했다. 그의 분류법은 큰 의미가 있다. 그가 구분한 네 가지 연관 요소를 나의 언어로 표현해보면 이렇다.

1. **관계 형성**networking은 가장 단순한 형태로, 위험과 책임 수준도 낮다. 명함을 교환하고, 회의에 참석하고, 대화방에서 잡담을 하고, 블로그에 댓글을 남기는 등의 행동을 말한다.
2. **협조**는 관련된 모든 당사자들이 정보를 공유하고 서로의 이익을 위한 행동교정에 동의하는 것을 말한다. 농경지대 사람들은 농작물을 갉아먹는 해충 개체수를 줄이기 위해 같은 시간에 논에 물을 대

는 데 협조해야 한다. 같은 시간에 물을 대지 않으면 해충이 가까운 마른논으로 피하기 때문에 결국은 이웃한 모든 논이 피해를 본다. 협조에 요구되는 책임 수준은 관계 형성에 필요한 수준보다 높고, 협동보다는 낮다.

3. **협동**은 힘멜먼이 정의한 대로 "상호이익을 위해 정보를 교환하고, 행동을 교정하고, 자원을 공유함으로써 공동의 목표를 달성하는 과정"이다.[14] 책임과 위험 수준은 협조에 비해 높으며(협동하기 위해서는 협조가 필요할 때가 많다), '상호이익'에서 '공동의 목표'로 전환하려면 사익(각각의 이해관계자들이 자신의 이익을 판단할 수 있다)을 넘어 모든 사람들이 동의해서 공동의 목표로 삼는 대상이 필요하다. 자원의 공유도 중요하다. 단순한 협조를 넘어서서 행동을 교정하기 위해서는 모든 이해관계자들의 체계적인 변화가 요구될 수도 있다. 힘멜먼은 인맥 형성에서 협조, 협동관계로 집단이 진화하기 위해서는 신뢰를 형성하고, 서로 소통해야 하며, 명확한 공동의 목표가 필요하다고 강조한다. 인척끼리만 모여 소규모 어업과 사냥에 종사하던 시절에는 인간에게 필요한 단백질을 충분히 확보할 수 없었지만, 비非인척 관계의 많은 사람들과 힘을 합쳐 큰 동물을 사냥하고 물고기도 대량으로 잡아들이면서 단백질 섭취도 한층 원활해질 수 있었다. 오스트롬의 집단행동은 협동을 조율하기 위한 사회적 도구다. 온라인으로 매개되는 다양한 형태의 행동들을 집단협업 형태로 묶으려면 어떤 식으로든 협동이 전제되어야 한다. 힘멜먼이 밝힌 대로, 항상 그렇지는 않더라도 일부 상황에서는 협동관계가 협업관계로 이어진다. 예를 들어 가상 커뮤니티에서는 협동이 이루어지지만, 구성원들이 공동의 목표를 향해 힘을 모을

때는 협업관계로 발전한다.

4. 협업은 목적의식이 가장 강한 집단행동 방식이다. 관계 형성과 협조, 협업이 협력의 바탕을 이루며, 여기에다 상호이익을 위해 구성원들의 역량을 향상시키고, 위험, 자원, 책임, 보상을 공유함으로써 공동의 목표를 달성하는 데 필요한 정보교환과 행동교정 등이 추가된다.[15] 사람들이 협업하는 이유는, 공동의 목표를 위해 협조하고 공유하며 주의를 기울이면 협력하지 않았을 때보다 훨씬 큰 이익을 얻을 수 있기 때문이다. 협력자들은 공동의 목표를 수립하고 이에 동의하며, 책임을 공유하고, 목표를 달성하기 위해 힘을 모으고, 자원도 투입하며 노력을 기울인다.

디지털 네트워크 세상에서 펼쳐지는 온라인 생활의 현실 상황에 능동적으로 대처하려면 협동 이론에서 빌린 몇 가지 아이디어를 유념해야 한다.

오늘날 온라인 생활에 적용할 수 있는 협동 이론의 가르침

1. 되갚아주기와 관용의 균형을 유지하라. 다른 사람이나 집단과 새로운 교류를 시작하려면 먼저 협동할 준비가 되어 있음을 보여줘야 한다. 그런 당신의 모습을 보고 상대방도 협동할 준비가 되었다는 믿음을 보이면 이제 두 사람 모두 발전적인 관계를 만들어갈 수 있다. 반대로 처음부터 상대방을 전혀 믿지 못하겠다면 신뢰를 거두고 더이상의 관계를 접어야 한다(혹은 새로운 파트너를 찾아야 한다). 그러다가 상대방이 생각을 바꿔 당신에게 협동할 의사를 보인다면 다시 우호적인 관계로 전환하면 된다. '눈에는 눈, 이에는 이 tit for tat'라고도 불리는 이 전략은 사회적 딜레마 실험에서 다른 전

략들을 압도하는 것으로 밝혀졌다. 물론 모든 상황에 적용되는 것은 아니지만 온라인에서만큼은 매우 효과적이다.

2. 직접적인 보상을 요구하거나 기대하지 말고 공개적으로 기여하라. 협동할 의사를 표현함으로써 미래의 파트너들을 당신에게로 끌어들일 수 있다. 그리고 그 과정에서 당신도 많은 것을 배우게 된다.
3. 개인이나 집단이 당신에게 호의를 베풀 때는 당신도 보답하라.
4. 낯선 사람들을 만났을 때는 집단의 정체성을 교감할 방법을 찾아라. 공통점을 찾고 그것에 집중하라.
5. 서로에게 도움이 될 만한 사람과 인맥을 소개하라. 서로 의지하도록 격려하라.
6. 사회적 딜레마 때문에 더이상 발전을 도모하기 어렵다면 집단행동을 규제하는 제도를 만들라. 이때 오스트롬의 구성 원칙을 참고하라.
7. 속임수는 징계하되 지나치지 않게 하라(에른스트 페르Ernst Fehr와 시몬 게흐터Simon Gächter의 이타적 징벌 및 오스트롬의 단계적 제재는 비슷한 맥락이다). 가능하면 공권력을 동원하기보다는 커뮤니티 전반의 불만을 바탕으로 징계하는 것이 좋다.

온라인 생활에 대해 우리가 협력 이론에서 배울 것들

1. 잡담과 수다가 신뢰를 만들고 협력을 북돋운다. 엔지니어들과 협력하고 싶다면 그들이 보내오는 맥주 제조법 이메일 목록을 차단해서는 안 된다. 어떤 사람들은 스포츠 이야기로 대화를 시작해서 공통점을 찾고 믿음을 형성해나가기도 한다. 페이스북과 트위터를 어려운 과목처럼 싫어하는 사람도 있지만, 이런 경로를 통해 일상

의 경험을 수시로 나누다보면 믿음이 쌓이고 목적의식이 생기기도 한다.

2. 신뢰를 형성하고 목표를 협의함으로써 상호이익에서 공통의 관심사로 이동하라.
3. 공통의 목표를 위해 때로는 위험도 기꺼이 감수할 의사가 있음을 표현하라.
4. 가끔은 당신이 팔려고 했거나 따로 챙겨두었던 것들을 공짜로 나눠주며 너그럽게 행동하라. 많은 비용이 들지 않는다면 직접적인 보답을 바라지 말고 사람들에게 무언가를 제공하라.
5. 협업자들과 서로 배움을 주고받을 수 있도록 노력하라. 배운 것을 기꺼이 받아들여 당신의 행동을 고치고, 다른 사람들이 성장할 수 있도록 도와주라.

멀티플레이어 게임 세계는 새롭고도 흥미로운 협업 리터러시의 발현을 지켜볼 수 있는 최전방과도 같다. 이 게임 공간 속에서 인간의 오래된 협업의 기예와 협업을 뒷받침하는 최첨단 기술이 만난다. 미래연구소의 게임 연구개발 책임자인 제인 맥고니걸은 컴퓨터와 비디오 게임에 소비되는 시간이 일주일에 30억 시간에 이른다고 추정한다. 또한 그녀는 일부 게이머들은 초협업자가 되는 법을 터득한다고 했다. 나 역시 그녀의 생각에 공감한다.

맥고니걸이 국제올림픽위원회IOC의 마케팅을 위해 개발한 협업 게임은 세계 100여 개 국가에서 25만 명이 넘는 게이머들의 사랑을 받았다. 나는 맥고니걸을 팰러앨토 미래연구소 본사에서 인터뷰했는데, 그때 그녀는 로스트 링Lost Ring 게임 이야기를 꺼냈다. 로스트 링은 IOC를 후원한맥도널드의 지원으로 개발된 게임이다. 인터뷰에서 그녀가 처음으로 한 말은, 대의(게이머들은 이를 '웅대함epic'으로 묘사한다)에 참여하며 얻는 '경외감과 경탄'이 이방인들로 가득한 온라인 세계에서 집단협업을 이끌어내는 원동력이라는 것이다.[16] 로스트 링은 일련의 팟캐스트로 시작되는데, 여기에 가상의 인물이 등장해 전 세계에 흩어져 숨겨진 전설의 '사라진 올림픽 경기'와 관련된 유물을 이야기하며 이에 대한 물리적 단서들과 6개 언어로 남겨진 암호에 대해 이야기한다. 게이머들은 물리적 단서를 찾고, 암호를 해독하며, 다양한 언어권 및 지역과 소통하고 협력하기 위해 공식 올림픽 웹사이트의 링크를 통해 6개 언어권에서 943페이지에 이르는 멀티미디어 위키를 만들었다. 전 세계의 자원자들은 사라진 올림픽 경기의 규칙을 이해하고, 팀을 조직하여 게임을 실행했으며(미로에서 한 사람이 눈가리개를 한 채로 팀원들이 안내하는 소리가 들리는 방향으로 달려가는 영상도 있다), 자신들의 실행과정을 담은 영상 수백 편을 업로드했다. 유튜브에서 '로스트 스포츠Lost Sport'로 검색하면 다양한 영상을 볼 수 있다.

저서『누구나 게임을 한다*Reality Is Broken*』에서 맥고니걸은 이렇게 쓰고 있다. "우리는 협업 슈퍼파워를 계발할 수 있는 잠재력을 갖고 태어난다. 과학 연구에 따르면 우리는 서로 협조하고 협동하며 집단의 유대를 강화하는, 바꾸어 말하면 서로가 힘을 모아 좋은 결과를 만들어내는 능력과 욕구 모두를 유년기 시절부터 갖고 있다고 한다. 그러나 협업을 실천하려는 노력이 충분히 뒤따르지 못하면 이 잠재력은 사라질 수도 있다."[17] TED 총회 강연에서 맥고니걸은 위키피디아 이후로 "세계에서 두 번째로 큰 위키로, 8만여 건의 글이 올라와 있는 곳이 바로 WoWWorld of Warcraft 위키"라고 말했다. "500만 명이 매달 WoW 위키에 참여하며, 월드 오브 워크래프트에 대한 정보는 세상 모든 위키에서 유통되는 정보 중 가장 방대한 규모로 축적된다"고 설명했다.[18]

맥고니걸은 협업 슈퍼파워가 작동하는 방식을 하나의 모델로 구축했다.

> 뛰어난 협업가들은 다른 사람들의 참여를 요청하기 위해서라면 거리낌 없이 핑잉*을 하기도 하고 전자수단을 통해 접촉하기도 한다. (…) 그리고 누가 언제 핑잉할 것인지에 대한 감각이 뛰어나다면 더 좋을 것이다. (…) 바로 이 때문에 뛰어난 협업가들은 특정 임무나 과제를 수행할 때 누가 가장 훌륭한 협업가가 될 수 있는지 판단하는 내면의 육감을 계발한다. 육감은 일종의 주변 인식을 기르는 데서 만들어진다. 돈독한 소셜 네트워크를 형성하여 누가 무엇을 하고 어디에 있으며, 누가 무엇을 잘하는지 등을 파악하는 과정에서 육감이 길러진다. (…) 마지막으로, 최고의 협업가들은 내가 '순간시야emergensight'라고 이름 붙인 슈퍼파워를 발휘한다. 순간대처란 혼란스러운 협업환경에 능숙하게 대응하는 능력을 말한다.[19]

맥고니걸의 협업 슈퍼파워는 오스트롬의 집단행동제도 구성 원칙과 결합하면 더 큰 위력을 발휘할 것이다. 그리고 이토는 트위터에서 교류하기와 인스턴트 메시징, 채팅 등을 언급했는데 이런 활동은 비슷한 생각을 가진 낯선 사람들의 사회성을 자극하여 더욱 돈독한 협력을 일궈낸다.

맥고니걸은 게이머들의 협업 슈퍼파워를 북돋워 세상에 도움을 주는 게임도 몇 가지 언급한다. 폴딧Foldit은 미접힘 단백질unfolded protein을 게

* pinging. 네트워크를 통한 연락 시도. 핑(ping)은 본래 네트워크에서 다른 곳에 접속이 가능한지 확인할 수 있는 툴을 의미한다. 블로그에서는 글이 업데이트된 것을 알린다는 의미도 있다.

이머들에게 퍼즐처럼 제시하여 5만 명의 참여자를 확보함으로써 생의학자들이 단백질 분자의 접힘방식을 연구하는 데 큰 도움을 주었다.[20] 영국의 정치인들이 허위 영수증으로 수백만 파운드를 착복했다고 밝혀지자, 의회에서는 의원들의 영수증을 무작위로 공개하도록 했다. 그러자 영국 〈가디언〉은 영수증을 다시 무작위로 선택하여 게이머들에게 제시하는 온라인 게임을 개발했다. 게이머들은 영수증에 문제가 있다고 판단되면 '조사 요청Investigate This' 링크를 클릭했고, 클릭 수가 가장 많은 게이머들의 기록이 리더보드에 표시되었다. 덕분에 나흘이 채 지나지 않아 약 2만 명의 게이머들이 무려 17만 건의 영수증을 조사할 수 있었다. 게이머와 집단협업, 시민저널리즘이 뜻밖의 기묘한 방식으로 결합된 놀라운 사례였다.[21]

열정적인 협력 게임을 목격했거나 여기에 참여해본 적이 있는 사람은, 왜 교사들이 열성적으로 수업에 참여하는 학생을 보고 싶어하는지, 왜 관리자는 부하직원이 일에 뜨겁게 몰입하기를 바라는지 이해할 수 있다. 맥고니걸이 저서에서 언급한 놀라운 통계치가 하나 있다. 게이머들이 그동안 월드 오브 워크래프트에 쏟은 시간은 무려 593만 년에 이른다는 것이다.[22]

개별 게이머들은 특정 능력이나 힘을 가진 역할을 선택하며, 아바타 같은 게임 속의 자기 이미지를 강화하기 위해 퍼즐과 퀘스트, 전쟁을 수행하여 자신의 전사, 마법사, 요정의 능력치와 마법, 지혜 등을 북돋운다. 그러나 게이머 혼자만으로는 큰 재미를 느낄 수 없다. 월드 오브 워크래프트 게이머들은 10여 명으로 조직된 길드에 가입하여 협업함으로써 다양한 형태의 습격을 수행하고 성공 확률을 높일 수 있다. 각 길드는 서로 협조하여 기술과 재능, 경험을 적절히 혼합하고, 계획을 세워 추진할 때도 협조를 통해 효과적으로 목표를 완수할 수 있다. “이 과정을 경험하고 나면 주변 세상을 인식하고 반응하는 방식에도 큰 변화가 일어난다. 게이머들의 생각은 훨씬 유연해지고 사회적 역할에 대해서도 더 예민하게 반응한다”고 더글러스 토머스Douglas Tomas와 존 실리 브라운John Seely Brown은 「WoW를 한다고? 그럼 합격이야!You Play World of Warcraft? You're Hired!」라는 글에서 주장했다.[23] 실제로 사람들은 오프라인에서 게임에서 함께했던 협력가들을 만나기도 하고, 직원을 채용하며, 심지어는 월드 오브 워크래프트 게임 투자자들과도 관계를 형성해왔기 때문에 실리콘밸리에서는 '월드 오브 워크래프트가 신종 골프 게임'이라는 말까지 회자될 정도다. 월드 오브 워크래프트 길드의 레이드*는 결국 게임과 학습 전문가들이 자주 언급하는 '협업적 사고방식'의 산물인 셈이다.

한번은 조이치 이토라는 친구에게, 게이머의 마음가짐이 현실에서도 쓸모가 있지 않겠냐는 질문을 한 적이 있다. 나와 조이치 이토는 1986년에 열린 온라인 커뮤니케이션 동호회 소모임에서 처음 만났다. 1993년에 조이치는 월드와이드웹에 만든 자기 홈페이지를 처음으로 내게 보여주었다. 조이치는 10년 동안 벤처캐피털리스트로 일했으며, 컴퓨터 디제라티 세계에서는 지독한 월드 오브 워크래프트 게이머이자 길드 리더로도 정평이 나 있었다. 2011년 4월, 조이치 이토는 학위도 없었지만 MIT 미디어랩의 책임자로 임명됐다. “비즈니스 사례 연구를 접한 적이 없더라도 월드 오브 워크래프트에서 길드를 운영했거나, 레이드를 조직했거나, 분쟁을 해결한 경험이 있다면, 그 사람은 MBA에서 가르치는

* 사람을 모아 인스턴트 던전을 공략하는 것.

기업경영과는 전혀 다른 방식으로 현실에 맞설 준비가 이미 끝난 셈입니다." 2010년 어느 여름 오후, 조이치는 우리집 자두나무 아래에서 인터뷰를 하며 그 말을 전했다. 대화를 나누는 내내 그의 무릎에 놓인 랩톱컴퓨터에는 월드 오브 워크래프트 대시보드가 열려 있었다.[24]

진화심리학, 집단행동의 사회학, 게임 역할 이론을 조금이라도 알고 있다면 마음가짐이 어느 정도 준비된 사람이라고 할 수 있지만, 온라인 협업 리터러시를 연마하려면 참여와 경험이 중요하다. 협동과 협업에 대한 지식을 실제 온라인 집단행동으로 전환하기 위해, 나는 다섯 가지 형태의 집단협업에 참여하는 데 필요한 능력과 기술을 제시하겠다. 새로운 기술과 미디어, 새로운 사회 관행이 새로운 양식을 낳는다는 사실은 명백하다. 집단지성, 가상 커뮤니티, 소셜 프로덕션social producton, 크라우드소싱, 위키 협업을 살펴보자.

얼마나 잘 협력하느냐가 집단지성을 결정한다

『융합문화*Convergence Culture*』에서 다룬 바 있듯, 위키피디아는 피에르 레비Pierre Lévy가 말한 '집단지성'에 달려 있다. 전형적인 의미의 집단지성이란 누구도 모든 걸 다 알지는 못하지만, 모두가 조금씩은 알고, 누가 요청하면 특정 회원이 아는 것을 다른 회원도 접할 수 있는 환경을 일컫는다. 레비는 네트워크화된 문화가 새로운 권력구조를 낳으며, 이 권력구조는 다양한 유형의 집단이 지식을 한데 모으고, 연구를 통해 협력하고, 해석을 놓고 논쟁하며, 이런 협력과정을 통해 세상에 대한 이해를 다듬는 능력에서 나온다고 주장한다. (헨리 젠킨스, 「집단지성 대 대중의 지혜Collective Intelligence vs. the Wisdom of Crowds」, 2006)

집단지성을 발휘한 결과는 제각기 다르게 나타난다. '스포일러spoiler'라고 불리는 텔레비전 광팬들은 국경 없는 집단지성을 가동하여 〈서바이버Survivor〉 같은 프로그램의 생존자가 공식적으로 공개되기 전에 이를 세상에 공개해버림으로써 제작자들의 뒤통수를 친다. 〈서바이버〉 시리즈는 방송되기 몇 개월 전에 출연자와 제작진이 비밀을 지키겠다는 서약까지 하고 녹화에 들어가기 때문에, 최종 생존자가 공개되기 전까지 결과를 아는 사람은 몇 명밖에 없다. 스포일러 커뮤니티는 출연자들이 머물렀을 것으로 짐작되는 호텔의 바텐더와 나눈 이야기 등 회원들이 제기한 작은 정보들을 조합하고, 그 근거들에 대해 온라인에서 열띤 토론까지 벌이며 저마다의 지적 능력을 발휘해 프로그램의 결과를 집단적으로 추적한다.

젠킨스와 맥고니걸, 브라운, 이토 남매는 디지털 하위문화의 비밀스러워 보이는 관행들이 오히려 사람들이 심각한 문제에 부딪혔을 때에도 더 자연스럽게 적용할 수 있는, 네트워크화된 문제해결 방식의 전조라고 믿는다. 나중에 잠깐 살펴볼 위키피디아는 문화적으로 진화한 집단지성의 산물이며, 많은 이들의 크고 작은 노력을 통합하고 편집의 논란을 해결하며 문화 파괴에 대적하는 자기치유 과정을 유지한다. 일부 과학자들은 크라우드소싱을 거친 시민 데이터 수집가들의 도움 덕분에, 과학은 집단지성의 가장 유력한 형태로서 집단협업을 통해서도 성취될 수 있다고 생각한다. 블로거들의 치밀한 조사로 상원의원 트렌트 로트와 앵커 댄 래더는 물러나고, 싱클레어 방송그룹의 편파방송 계획도 철회되었다. 그리고 가상의 올림픽 게임인 로스트 링을 재구축한 사람들 또한 집단지성의 특징을 잘 보여준다. 즉 집단지성은 명령과 통제가 아니라 네트워크로 연결되는 구조이며, 수많은 참여자들이 커뮤니티 토론방을 통해 토론하고 공유하고 협력하는 등의 작은 기여를 통합하는 수단이다.

1990년대 후반, 오타와 대학의 피에르 레비 교수는 H. G. 웰스H. G. Wells와 하워드 블룸Howard Bloom이 내놓았던 아이디어인 '글로벌 두뇌global brains' 및 '집단의식mass mind'에서 한 걸음 더 나아간 견해를 저서 『집단지성*Collective Intelligence*』에 기술했다.[25, 26, 27] 레비는 집단지성을 기술과 이해, 지식의 총체로 보았다. 기술은 리터러시와 마찬가지로 개인의 접근을 허용하며, 문해력 문화를 통해 축적된 방대한 집단 풀pool에서 개별 지식을 획득하려면 적극적으로 이 기술을 사용해야 한다. 그리고 이해를 위해서는 소통과 토론, 논쟁, 직접 경험(소크라테스의 말처럼 살아 있지 않은 글은 아무런 감흥도 줄 수 없다)이 필요하다. 나와 레비는 수메르 사람들이 글쓰기를 발명한 이래, 웹의 출현으로 더 새롭고 광범위한 지적 도구들이 쏟아져나왔다는 데 의견을 같이한다. 이제 우리는 디지털 툴에 접속하여 우리가 아는 것들을 공유하고, 작은 기여들을 모아 거대한 지식창고를 만들어 더 수준 높은 집단지성을 구축할 수 있다고 레비는 단언한다.

나는 오늘날 집단지성 활동에 참여하고 이를 북돋는 데 필요한 기술을 주제로 레비와 인터뷰를 했다. 이 새로운 기술의 핵심에 대해 그는 이렇게 말했다.

개인의 지식 관리와 집단적 지식 관리 사이의 시너지를 창조하는 것입니다. 사람들과 연결하여 정보 소스를 찾고, 그 정보를 당신만의 목적에 따라 여과하고 선별하고 분류해야 합니다. 어떤 정보를 개인적으로 저장하고 축적하고 기억할지 결정해야 합니다. 그러고 나면 소셜 북마킹이나 블로깅 또는 트위터를 통해 자신의 지식을 지식 커뮤니티와 공유할 수 있습니다. URL을 트윗할 때는 보통 간략한 코멘트를 같이 올리기 마련이지요. 당신이 공유하는 댓글은 당신에게서 전파되는 지식을 분류하는 사람들에게 도움이 되어야 합니다.[28]

당신이 찾은 정보에 가치를 더하고(거기에 다른 사람도 정보를 부가함으로써 정보를 지식으로 전환하도록 돕는다) 당신이 찾은 것뿐 아니라 생각하는 것까지 공유해야 한다. 가상 커뮤니티의 참여형 큐레이션 기술과 협업기술이 집단지성의 바탕이다.

MIT 슬로언 경영대학원의 경영학 교수이며 MIT 집단지성센터의 창립자인 토머스 멀론Thomas Malone은 집단지성을 강화해 폭넓은 영역에 적용해야 한다고 강조한다. 집단지성은 기업경영에서부터 엥겔바트와 일부 미래학자들이 '복잡하고 시급하다'고 표현한 기후변화 같은 문제에 이르기까지 광범위하게 사용될 수 있다는 것이다. MIT 집단지성센터의 프로젝트 중 하나인 '클라이밋 코랩Climate CoLab'은 전 세계 수많은 사람들의 집단지성을 활용해 지구 기후변화에 대처하기 위한 사이트다. 위키피디아와 리눅스 같은 시스템을 적극 활용하는 클라이밋 코랩은 기후변화 대처와 관련해 사람들이 세부적인 제안을 하고, 분석하며, 제안을 채택하기 위한 세계적인 온라인 토론방이라고 할 수 있다.[29] 코랩은 세 가지 기법을 병행한다. 첫째는 '오픈 모델링open modeling'으로, 이 단계에서는 사람들이 제안한 해법의 효과를 알아보기 위해 시뮬레이션을 만든다. 둘째는 '광범위한 토론large-scale argumentation'으로, 다양한 이슈와 상황, 주장 등에 대해 폭넓은 토론을 활성화한다. 셋째는 '집단 의사결정group decision making'으로, 투표와 평가 시스템을 통해 가장 설득력 있는 제안을 채택한다. 집단지성센터는 기업경영을 포함하되 여기에 국한하지 않고 동시대의 여러 영역에서 협력하기 위한 현실적인 방법과 그 이유를 명확히 하고, 동시에 집단지성의 계량적 측면을 연구하기 위해 과학적으로 접근한다. 멀론은 2010년에 '인간 집단의 성취도와 관련한 집단지성 인자의 역할 근거'를 주제로 『사이언스』에 공동연구 결과를 발표한 저자 중 한 사람이기도 하다.[30]

심리학자들은 '일반 지능general intelligence'으로 불리는 단일 통계척도의 가치를 확인했다. 일반 지능은 인식과 관련된 일련의 과제에서 얻은 점수IQ를 통해 평가할 수 있으며 다른 인식 과제의 점수를 추정하는 데에도 이용될 수 있다. 집단지성센터에서는 699명을 두 집단에서 다섯 집단으로 구분하여 퍼즐, 협상, 판단, 브레인스토밍 영역에서 집단적 성과를 측정하는 실험을 했다. 컴퓨터와 두는 체커 게임 같은 일반적인 과제를 해결하는 집단의 성과가 구성원들의 일반 지능 수준과 얼마나 관련이 있는지를 알아보기 위한 실험이었다. 실험 결과 연구진은 집단 지능지수collective IQ와 개별 구성원들의 평균 지능지수 사이에는 관련성이 없으며 가장 '똑똑한' 구성원의 점수와도 별다른 관련이 없다는 결론을 얻었다. 집단 지능지수에 영향을 미치는 요소들로는 대화를 효과적으로 전환하는 기술, 사회적 신호에 대한 구성원들의 감각, 각 팀의 여성 수 등이 있었다. 성별이 협력에 미치는 영향에 대해서는 더 많은 연구가 필요하다. 집단지성 연구는 이제 막 시작됐을 뿐이지만 그동안의 연구에서 밝혀진 몇 가지를 정리하면 이렇다.

집단지성 계발 팁tip

1. 주제와 무관한 대화를 할 기회를 수시로 만들라. 잦은 대화는 신뢰 관계를 형성한다.

2. 집단을 다양화하라. 소셜 네트워크의 다양화는 네트워크에서 형성된 사회자본을 개인이 활용할 수 있도록 돕는 가장 중요한 요소라는 사실이 최근 연구에서 입증되었다(다음 장에서 설명한다). 전문가들만 초청하려 하지 말고, 무엇보다 여성을 포함시키는 것도 잊지 말아야 한다.
3. 사람들과 협력하는 연습을 하라. 대화의 발언권을 적절히 안배하는 요령을 익히면 유익하다.
4. 공유하는 지식창고에 누구든 쉽게 기여할 수 있도록 하라.

모든 집단지성이 커뮤니티를 형성하지는 않으며, 집단 지능지수가 모든 커뮤니티에서 결정적인 역할을 하는 것도 아니다. 그러나 가상 커뮤니티의 과학을 대표하는 것이 협업 리터러시라는 사실은 분명하며, 대다수 디지털 시민들은 온라인 생활을 영위하면서 이 리터러시를 경험하게 된다.

가상 커뮤니티 만들고 이끌기

가상 커뮤니티는 컴퓨터 전자게시판과 네트워크의 매개를 통해 말과 생각을 교환하는 사람들의 집단을 말한다. 다른 커뮤니티와 마찬가지로 가상 커뮤니티는 (고정되지 않은) 특정 사회계약을 지지하고 (다양한) 특정 관심사를 공유하는 사람들의 집합체다.(하워드 라인골드, 「가상 커뮤니티Virtual Communities」, 1987)

나는 간혹 우리의 가상 커뮤니티를 통해, 죽어가는 사람들의 침대 곁을 밤새 지키며 마음을 나눌 때가 많다. 그리고 내 건강에 문제가 있을 때도 한 번도 직접 만난 적 없는 전 세계의 많은 사람들로부터 물심양면으로 격려를 받곤 했다. 내가 1988년에 시작하여 지금까지 운영하고 있는 온라인 모임에서는 그동안 집세나 아이들 양육비, 수술비 등이 필요한 회원들에게 2만 달러 넘게 지급했다. 온라인 모임에서 만난 사람들의 결혼식에서 춤을 춘 적도 있고, 그 사람들의 아이를 돌봐주거나 졸업식과 장례식 등에도 참석했다. 온라인 모임을 통해 직원을 채용하고 월급을 주기도 한다. 런던, 도쿄, 이스탄불, 암스테르담 등 컴퓨터를 매개로 한 커뮤니케이션이 인연이 되어 만난 사람들과 세계 각국에서 식사를 하거나 함께 술잔을 기울일 때도 있다. 그러니 내 온라인 생활이 현실과 동떨어져 있다고 말하기는 어렵다. "커뮤니티는 사교와 후원, 정보, 소속감, 사회적 정체성을 제공하는 사람 사이의 인간관계 네트워크를 뜻한다"라고 한 사회학자 배리 웰먼Barry Wellman의 정의에 동의한다면, 내가 명명한 가상 커뮤니티는 컴퓨터로 매개되는 인간관계에 적용한 커뮤니티 개념으로 볼 수 있다.[31]

누구나 네트워크와 커뮤니티에 동시에 소속될 수도 있지만, 그렇다고 네트워크와 커뮤니티가 동일한 개념은 아니다. 인간관계가 형성되어 있지 않더라도 온라인을 통해 얼마든지 공통의 관심사에 대해 소통할 수 있기 때문이다. 올바른 정보를 얻기 위해서는 허위정보를 가려내는 것이 중요하듯이, 커뮤니티와 네트워크의 차이를 이해하는 것도 사회적으로 반드시 필요하다. 그리고 유익한 커뮤니티나 네트워크의 구성원이 되는 법을 안다면 단순한 사교나 후원, 정보, 커뮤니케이션 차원을 넘어 당신의 생명을 구해낼 수도 있다.

나는 온라인 소셜 네트워크와 커뮤니티의 차이가 구성원들 사이의 관계의 질과 연속성, 책임 수준과도 직결된다고 생각한다. 즉 구성원들이 서로를 배려하고 느낀 대로 행동할 수 있느냐 아니냐가 이 차이에서 비롯된다. 한동안 온라인에서 모습을 드러내지 않았을 때, 당신 안부를 묻기 위해 직접 집으로 찾아와 문을 두드릴 사람이 있을까? 커뮤니티라고 해서 구성원들이 늘 사이좋게 지낸다는 뜻은 아니다. 그래서 커뮤니티의 대표적 특징의 하나로 사람들 사이의 갈등을 조율하는 규범이 생겨났다. 그리고 가상 커뮤니티에서 보내는 시간은 주로 크고 작은 문제들에 대해 잡담을 나누는 것처럼 사교적인 목적이 대부분이지만, '해리 포터 동맹Harry Potter Alliance'처럼 현실에서 집단행동을 조직하는 경우도 있다. 해리 포터 동맹은 온라인 팬 커뮤니티로, 2010년 아이티에 대지진이 발생했을 때 기금을 조성하여 36톤 이상의 생활필수품을 전달했다. 또 판타지와 RPG 게임 커뮤니티인 '이브 온라인EVE Online'의 회원들은 2011년의 일본 쓰나미 사태 때 긴급 구호자금으로 6만여 달러를 모금했다.[32, 33]

개인적 경험을 통해 어렵게 체득한 리터러시가 하나 있다. 예전에는 네티켓netiquette이라 부르던 것으로, 한때 인터넷 선구자들이 서로에게 미칠 수 있는 스트레스를 줄이고 더욱 생산적인 인터넷 환경을 만들기 위해 전파하던 행동규범이 그것이다. 내가 만든 첫번째 규범은 "가입하기 전에 주의깊게 살펴보라"는 것이다. 블로그 커뮤니티, 대화방, 토론방 등에서 오가는 글들을 매일 잠깐씩 며칠만 보더라도 분위기를 파악할 수 있다. 가상 커뮤니티 리터러시에 대해 젠킨스는 이렇게 말했다.

가장 먼저 할 일은 어떤 형태의 커뮤니티에 가입할 것인지, 그곳의 규범은 어떤지 이해하는 것이라고 생각합니다. 우리가 맥아더에 대해 쓴 백서에서는 협상과정을 통해 커뮤니티 구성원들이 그 커뮤니티의 기대치를 이해하고 그 범위 내에서 행동한다고 묘사되어 있습니다. 월드 오브 워크래프트에서는 허구의 신원 형성이 가능하겠지만, 페이스북 같은 곳에서는 그리 바람직하지 않겠지요. 특정 유형의 정보를 폭로하는 것이 일부 커뮤니티에서는 의무일 수도 있지만, 다른 곳에서는 금기시되는 충격적인 행동이거나 부적절한 선택일 수도 있습니다. 그러므로 디지털 시민의 첫번째 요건은 지금 관여하고 있는 세상의 유형부터 이해하는 것입니다. 웹 커뮤니티는 수없이 많지만 커뮤니케이션, 참여 규범과 신뢰 수준, 친밀함 정도, 구성원들에 대한 기대치 등은 제각기 다릅니다. 그래서 혼란스러울 수도 있습니다.[34]

관심 있는 커뮤니티가 있다면 거기서 벌어지는 사람들의 교류과정을 관찰할 필요가 있다. 궁금한 것이 있으면 누군가에게 조용히 물어보라(되도록 당신의 질문이 커뮤니티 전체에 알려지는 것을 피하라). 신입회원이 커뮤니티를 둘러보고서 여러 가지를 파악한 다음에 질문을 했는데도 묵묵부답인 곳이라면 더 관심을 쏟을 이유가 없다.

온라인에서는 어조, 표정, 몸짓언어가 실리지 않은 글만으로 소통하기 때문에 상대방의 실제 의도를 파악하기가 쉽지 않다. 온라인에서 상대방의 가벼운 빈정거림을 개인적인 공격으로 오해하여 이른바 '쌍방공격flame war'으로 이어지는 경우가 최근 소셜 미디어 토론방에서는 아주 흔하다. 그래서 나는 세번째와 네번째 가상 커뮤니티를 만들 때 회원들에게 먼저 "서로를 호의적으로 대할 것"에 동의하도록 요구했다. 어떤 회원이 누군가 자신에게 부정적인 표현을 사용한다고 느꼈다면, 몇 가지 부족한 단서만으로 상대방의 행동을 오해한 것일 수도 있으므로 그럴 때는 상대방의 실제 의도가 무엇이었는지 정중하게 물어볼 것을 권한다.

세번째 규범은 "가치를 발휘할 수 있는 곳에 참여하라"는 것이다. 이는 특히 가상 커뮤니티에 적극적으로 참여하는 사람들에게 도움이 되는 원칙이다. 나는 위키피디아에서 활동하는 사람들을 보고 이 규범을 생각해냈다. 위키피디언은 학술적인 글을 쓰기도 하고, 잘못 찍힌 쉼표를 수정하기까지 한다. 나는 대학생들에게 위키 협업을 이렇게 소개한다.

집단적 위키 편집 같은 협업의 가장 멋진 점 가운데 하나는, 처음에는 협업에 참여한다는 사실조차 깨닫지 못할 수도 있다는 점입니다. 무언가를 완벽하게 해야 하는 것도 아니고, 완벽한 문건을 만들기 위해 엄청난 노력을 쏟아부을 필요도 없습니다. 그보다는 무언가를 찾아 조금이라도 가치를 더할 수 있다면 그것으로 충분합니다. 제 강의를 들은 여학생 한 명이 블로그에 올린 글이 있습니다. "나는 이 학습 커뮤니티에서 할 수 있는 만큼 활동할 생각입니다. 그냥 내가 기여할 수 있는 곳을 찾아 참여하면 되는데, 그동안 너무 부담스럽게 생각했던 것 같아요." 맞는 말이지요. 그냥 무언가를 하면 됩니다. 우리 모두가 작은 것을 하나씩 보태면 그것들이 모여 커다란 무언가를 만들어냅니다. 그리고 작은 것 하나를 하고 나면 조금 더 큰 것을 하고 싶은 생각이 들게 됩니다. 이것이 바로 함께 무언가를 창조하는 기쁨이지요. 이렇게 사람들의 기여를 통해 위키피디아의 수많은 목록과 편집이 가능해집니다.

마지막으로, 누군가 당신을 돕거나 친절을 베풀 때는 '보답해야' 한다. 커뮤니티에서 알려지지 않은 사람일수록 먼저 베풀 필요가 있다. 회원들의 질문에 답하고 다른 요구에도 반응함으로써 호의를 베풀어야 한다. 회원들을 기꺼이 돕겠다는 의사를 표현하라. '사회자본' 편에서 언급하겠지만, 온라인 세계에서 당신을 돕는 사람이 있을지 가장 확실하게 예측할 수 있는 척도는 바로 당신이 누군가를 도운 적이 있느냐는 것이다.

위에서 말한 네 가지, "원하는 영역을 찾아내고, 호의를 베풀고, 가치를 발휘할 곳에 참여하고, 보답하라"를 실천한다면 당신도 가상 커뮤니티 회원으로 만족스럽게 활동할 수 있다.

요즘은 자판을 몇 번 두드리는 것만으로 손쉽게 메일 그룹을 형성하고, 블로그를 만들고, 대화방이나 위키를 생성할 수 있다. 그런 시대이기에, 이제는 누구라도 온라인 커뮤니티를 성공적으로 운영하는 방법을 알아야 한다. 1998년에 나는 수많은 링크가 달린 「온라인으로 유익한 대화를 운영하는 기술」이라는 제목의 소론小論을 온라인으로 발표했다(요즘 표현으로 말하자면 블로그를 만들었다).[35] 그 내용을 요약하면, 온라인 커뮤니티 운영자는 구성원이 주인의식을 갖고 전파자로 활동해주기를 바라며, 집단의 창의성과 실험정신, 탐구정신, 호의를 촉진하고 싶어하며, 더 나은 소통과 대화를 위해 구성원이 책임의식을 갖고 협력하기를 바란다. 아울러 바람직한 온라인 토론은 구성원의 교류를 촉진하고, 구성원이 다른 사람들이 만든 오락거리의 수동적인 소비자가 아니라 스스로 즐기는 사람이 되게 하며, 지식을 나누는 선물경제gift economy를 형성하고, 지속적인 협력을 통해 개인들의 노력보다 그 합이 더 커질 수 있는 여건을 조성하고, 심심풀이 삼아 딴죽을 거는 사람들을 경계하는 동시에 신입회원을 환영하고 기여자를 존중하는 분위기를 형성하게 한다.

가상 커뮤니티를 조직한 사람은 파티를 주최하는 사람과 비슷하다. 방을 빌리고 맥주를 사놓는다고 저절로 성대한 파티가 열리는 것은 아니다. 다양하고 흥미로운 부류의 사람들을 초대하고, 현관에서부터 그들을 환대하며, 서로를 소개하고, 대화를 시작하고, 주먹다짐을 피하고, 모두가 터놓고 이야기하며 즐길 수 있게 해야 한다. 노련한 커뮤니티 운영자는 구성원이 지켜주기를 바라는 행동양식을 구체화한다. 즉 글을 읽을 때는 신중해야 하고, 글을 올릴 때는 유익하고 흥미로운 글을 되도록 간단하게 올리며, 신분을 다른 사람들에게 밝히고, 너그럽게 행동하고, 다른 사람들이 납득할 때까지 믿음을 보여주고, 지식을 나누고, 도움을 주고, 잘못했을 때는 사과하고, 확인할 것이 있을 때는 정중히 요청하고, 화가 나더라도 참도록 모든 구성원에게 당부해야 한다. 또한 커뮤니티 운영자는 신입회원들에게 필요한 정보를 알려주고, 과거와 현재의 대화 내용과 연결된 링크를 제공하며, 집단 지식 풀pool에 추가될 수 있는 자원을 찾아내고, 다른 구성원들에게도 이와 동일한 행동양식을 교육함으로써 커뮤니티 메모리community memory를 향상시킨다.

커뮤니케이션 툴을 제공한다고 해서 커뮤니티가 저절로 만들어지지는 않는다. 적절한 환경이 갖추어졌을 때 비로소 온라인 커뮤니티가 성장할 수 있기 때문이다. 온라인 소셜 시스템은 원예와 같아서 세심한 손질 없이는 제대로 자랄 수 없다. 만들어두기만 했다고 사람들이 그냥 찾아오지는 않는다. 설사 찾아온다고 해도 지속적인 대화가 이어진다는 보장은 없다. 그래서 개입이 필요한데, 이 개입은 위에서 아래로가 아니라 아래에서 위로 향해야 한다. 건강한 환경을 만들어 자립할 수 있는 집단으로 성장하기 위해서는 적극적인 노력이 뒷받침되어야 한다.

초기에는 간단하고 분명하며 약간의 강제성이 따르는 규칙이 필요하다. 그리고 이 규칙을 커뮤니티의 규범으로 발전시켜가겠다는 분명한 의지도 필요하다. 초기에 규칙이 만들어졌으면 그대로 밀고 나가야 한다. 규칙이 마음에 들지 않는 사람은 떠날 것이다. 남은 사람들은 다른 구성원들과 시스템을 파악한 후 마음을 정한다. 커뮤니티를 만든 후에 규칙을 공표하거나 하향식top-down으로 개정하는 것은 커뮤니티를 무너뜨리는 지름길이다. 처음부터 의사결정 원칙을 제시해야 한다. 또한 그 원칙은 흔들리면 안 된다. 그랬다가는 어떻게 결정할지를 결정하기 위한 소득 없는 말들이 끝없이 이어질 뿐이다.

시간이 흐르면서 커뮤니티를 운영하기에 더 적합한 사람이 등장하면, 기존 운영자는 그 사람을 영입하거나 조언을 구해야 한다. 운영자는 인내의 미덕을 갖춰야 한다. 공개적으로 글을 올리거나 사적인 이메일을 보내기에 앞서 감정적 대응을 유예하는 시간을 가져야 한다. 대부분의 경우 아무 말도 하지 않는 것이 최선이다. 커뮤니티 운영자의 첫번째 미덕은 행동을 삼가야 할 때와 그 방법을 아는 것이다. 누군가 공격해오더라도 공정하고 점잖게 대응하려 노력해야 한다. 운영자는 모두가 지켜보는 가운데 커뮤니티 건설 신화라는 드라마를 써내려가는 사람과도 같다. 즐겨야 한다! 어떤 진취적 시도에든 기꺼이 '좋아요'라는 신호를 보내고, 당신 스스로를 포함한 다른 모험가들 또한 너무 심각하게 받아들일 필요가 없다. 한 줌의 품위와 아량이 때로는 집채만한 주장보다 설득력이 크다. 사람들을 구슬려 원래의 화제로 되돌아갈 수도, 말다툼이 일어나기 직전에 갈등을 조율할 수도 있다. 하지만 강요해서는 안 된다. 반격하더라도 온라인에서의 권위를 기반으로 해야 한다. 설득해서 끌어안아야 한다. 밀어붙이는 것은 권위를 훼손할 뿐이다. 사람들의 첫 반응이 가장 중요하다. 이름을 부르며 칭찬하자. 관심을 가져라. 프로필을 유심히 살펴보고 그들에게 개인적으로 도움이 될 만한 정보를 제공하라. 유망한 신입회원뿐 아니라 문제가 많은 회원들에게도 이메일을 보내 개인적으로 소통하라. 개인적인 내용의 이메일을 공개적으로 드러내서는 안 된다. 사람들 사이에 오해를 유발할 수도 있는 미디어의 함정도 지적해야 한다.

나는 나만의 가상 커뮤니티를 만드는 기술 외에도 여러 가지 목적의 가상 커뮤니티에 참여하는 요령도 익혔다. 친구를 찾기 위해, 재미를 위해, 알고 싶은 것을 배우기 위해, 건강에 문제가 있을 때 도움을 얻기 위해, 현실에서의 사업과 정치활동을 위해, 필요한 협력자들을 찾기 위해, 책을 쓰기 위해, 학습 커뮤니티와 네트워크를 키우기 위해 도움을 받을 만한 커뮤니티의 종류는 무궁무진하다. 이를 가상 커뮤니티라 부르든 소셜 미디어라고 하든 어떻게 부르건 간에, 거기에 참여하는 기술은 언제나 우리와 함께한다.

크라우드소싱, 크라우드펀딩

그러나 크라우드소싱은 다른 조직이 아니라 공개 요청open call 방식으로 군중을 지향한다. 이것이 아웃소싱과는 다른 크라우드소싱만의 특징이며, 크라우드소싱의 성공을 위해서는 지속적으로 군중의 참여가 필요하다. 크라우드소싱에서의 참여는 자발적이며, 크라우드소싱이 상당한 수준에 도달하기 위해서는 다양한 사람들로 이루어진 네트워크의 기여가 필요하다. 결국 충분한 군중의 참여가 크라우드소싱 계획의 필요조건인 것이다. 군중 참여의 측면에서 충분한 규모의 군중을 확보하려면 많은 사람의 협력을 유도할 만한 맞춤형 계획이 필요하며, 계획의 장기적 목표와 군중의 참여 동기가 조화를 이루어야 한다. 즉 군중이 자발적으로 계획에 참여할 때 아무리 작은 과제라도 달성할 수 있고 미래에 사용할 정보도 확보할 수 있다. 또 군중이 크라우드소싱 개념을 받아들여야 하는 필요성을 분명하게 느낄 때 계획의 성공을 담보할 수 있다.(안키트 샤르마Ankit Sharma, 「크라우드소싱 성공 요소 모델Crowdsourcing Critical Success Factor Model」, 2010)

2007년 1월 28일, 63세의 컴퓨터공학자이자 노련한 뱃사람인 짐 그레이Jim Gray는 어머니의 유해를 뿌리기 위해 길이 12미터의 보트를 타고 샌프란시스코 만에서 출항했다. 하지만 그는 돌아오지 못했다. 무선호출이나 무선표지 등 어디에도 그의 흔적은 나타나지 않았다. 짐 그레이는 분산연산 분야에서 중요한 발견을 했고 컴퓨터공학계에서 인맥도 넓었다. 그래서 일부 지인들은 그를 찾기 위해 특별한 자원을 가동하기도 했다. 구글과 미국 항공우주국에서는 그레이가 실종된 곳으로부터 약 10만 제곱킬로미터 면적의 최신 위성사진을 제공했다. 아마존의 엔지니어들은 그 사진들을 50만 개의 구역으로 나눈 뒤, 아마존 메커니컬 터크Mechanical Turk 엔진을 가동해 약 1만 2000명의 자원자를 모집하여 그 사진들을 분석했다. 이처럼 유례없을 정도로 방대한 자원을 활용했는데도 그레이의 모습은 발견되지 않았다. 그러나 이 사례는 크라우드소싱의 다면적 위력을 잘 보여준다. 즉 아무리 심각한 문제라도 수많은 온라인 자원자들이 나누어 힘을 합치면 해결할 수 있다는 가능성을 보여주었다.

제프 하워Jeff Howe는 『와이어드*Wired*』에 기고한 글에서, 문제나 과제를 작은 부분으로 쪼개어 자원자들의 참여를 공개적으로 요청하는 현상을 일컬어 크라우드소싱이라고 이름 붙였다.[36] 하워가 크라우드소싱의 예로 든 것 중 하나가 이노센티브Innocentive다. 이노센티브는 제약회사인 엘리 릴리Eli Lilly에서 외부의 지식인들을 활용할 목적으로 2001년에 설립한 '솔루션 마켓solution market'이다. 기밀이 많기로 정평이 나 있는 업계에서 아이디어를 공개적으로 모집하겠다고 나선 과감한 시도였다.[37] 풀어야 할 문제가 있는 과학자들('요청자seeker')은 그 내용을 시장에 게시한다. 그러면 다른 사람들('해결사solver'), 즉 같은 회사 사람이 아닐 수도 있으며 해당 분야의 권위자가 아닐 수도 있는 사람들이 1만 달러에서 수십만 달러에 이르는 대가를 받고 도출한 해법을 요청자에게 판매한다. 유명한 사례를 한 가지 소개하면, 골격의 3D 진단법을 찾던 어느 스위스 방사선 전문의의 연구 성과 덕분에 지질구조를 3D로 분석하는 방법을 고민하던 어느 석유지질학자가 해답을 찾았다고 한다.[38]

이제는 비즈니스 업계까지도 때로는 내부의 은밀한 정보까지 공개하면서 크라우드소싱에 점점 더 많은 관심을 갖기 시작했다. 골드코프Goldcorp라는 캐나다의 금광회사(역시 기밀이 많은 업종이다)는 몰락 일로에 있던 와중에 보유하고 있던 지질학 자료를 온라인에 모조리 공개하고는 금맥을 찾아주는 사람에게 많은 상금을 주겠다고 약속했다. 골드코프는 상금으로 50만 달러를 지급한 대신 폐광에서 무려 30억 달러 이상에 해당하는 금을 캐냈다.[39] 크라우드소싱을 통해 부富를 창출한 주인공으로는 아마추어 패션 디자이너들도 빼놓을 수 없다. 스레들리스Threadless 커뮤니티는 온라인 회원 수가 100만 명에 달하는데, 이들은 티셔츠 디자인을 업로드하고 가장 뛰어난 디자인에 투표한다. 이렇게 매주 선정된 디자인을 실제로 제작하여 판매하며, 간혹 어떤 디자이너는 엄청난 돈을 벌기도 한다.[40] 아마존의 메커니컬 터크는 문서 교정이나 사진 분류, 기록물 번역 등 적은 대가를 받고 작은 일거리들을 맡아서 해줄 사람들과 값싼 노동력을 필요로 하는 개인 또는 회사들을 연결해준다. 이것도 플레이버의 일종이다.[41]

집단지성과 마찬가지로 크라우드소싱도 다양한 분야에 영향을 미치고 또 변화를 유발한다. 앞에서 짐 그레이를 찾기 위해 사람들이 순간적으로 힘을 모은 사례를 이야기했지만, 이러한 노력이 일회성에 그치지 않고 자연재해가 닥치거나 인도주의적인 위기에 처했을 때 이에 대응하여 집단협업을 유도하는 장기적인 프로젝트로 이어지기도 했다. '시민과학citizen science'의 등장은 데이터 수집과 분석의 크라우드소싱을 의미할 뿐 아니라 과학 지식을 생산하는 모든 사람들이 휴대기기를 과학의 도구로서 이용할 수 있는 시기가 도래했음을 알려주는 지표이기도 하다. 집단적 경영collective enterprise으로서의 과학이 완전히 새로운 경지에 이르렀다는 뜻이다. 기업은 상품 디자인에 도움을 줄 고객들을 초청한다. 언론인, 사회운동가, 사업가는 '크라우드펀딩crowdfunding' 방안을 모색한다. 퍼스트 에이드First Aid Corps라는 단체는 사람들이 필요로 할 때 구급 심장 제세동기의 위치를 지도 위에서 확인할 수 있는 아이폰 게임을 보급했다.[42]

자신의 컴퓨터 활용능력이나 지적 능력을 크라우드소싱 프로젝트에 기부하고 싶은 사람, 혹은 크라우드소싱을 통해 문제를 해결할 방법을 찾는 사람이 있다면 이 분야에서 속속 등장하는 혁신을 이해함으로써 누구나 집단협업에 동참할 수 있다. 과학자들이 우주를 이해하는 데 도움을 준다거나 중증 질환의 치유책을 찾는 생의학자들을 돕는 일 등 시작할 수 있는 일은 많다. 참여하면서 얻은 지식은 당신에게도 훌륭한 자산이 될 것이다. 그래서 언젠가는 당신도 질병을 치료하고, 부를 창조하고, 창의적 혹은 인도주의적 프로젝트의 기금을 마련하기 위한 크라우드소싱에 능력을 발휘하게 될 것이다.

분산연산distributed computation으로 불리는 크라우드소싱 방식은 미국 납세자들이 외계 지적생명체 탐사 프로젝트SETI의 기금 조성을 꺼린 덕분에 개발되었다. 전파망원경이 외계의 신호를 흡수해 디지털화하면 SETI 연구원들이 신호 패턴을 찾아내 이것이 다른 지적생명체의 메시지일 가능성이 있는지 분석한다. 데이터의 양은 엄청나다. SETI 연구원들은 공공기금이 부족해서 분산연산 능력의 한계에 부딪혔는데 그래서 온갖 기발한 아이디어들을 짜냈다. 이들은 스크린세이버(SETI@home)를 만들어 자원자는 누구나 랩톱이나 데스크톱 컴퓨터에서 데이터를 내려받을 수 있게 했다.[43] 그러면 자원자가 컴퓨터를 쓰지 않을 때 절전 모드로 전환되지 않고, SETI의 데이터 더미를 내려받아 패턴 인식 프로그램을 통해 이를 점검하고 그 결과를 다시 SETI@home으로 전송한다. 아직까지는 어떠한 초자연적인 메시지도 탐지되지 않았다. 언젠가 미국의 IBM과 일본의 후지쓰가 세계에서 가장 강력한 슈퍼컴퓨터를 개발하려고 경쟁을 벌인 적이 있었다. 그러나 수백만에 이르는 SETI@home 자원자들이 20테라플롭, 다시 말해 초당 20조 회에 해당하는 연산능력을 발휘함으로써 이 거물들의 아성을 무너뜨렸다.

좀더 현실적인 프로젝트에 참여하고 싶다면 Folding@home에 가입하여 생의학자들이 단백질 접힘 퍼즐을 푸는 데 도움을 줄 수도 있다.[44] 단백질은 유전자 코드의 명령을 수행하는 복잡한 분자들로 생명유지 활동을 가능케 한다. 이 분자들이 3차원 공간에서 배열되는 방식에 따라 단백질의 생물학적 활동이 결정된다. 단백질이 접힐 수 있는 방법의 수는 이 세상에 존재하는 원자 수보다도 많기 때문에 엄청난 연산능력이 필요하다. 그런데 폴딧Foldit이라는 게임이 네트워크에 연결된 플레이스테이션 3에서 가능해지자, 단백질 접힘 문제를 해결하기 위해 세계 각국의 연산능력이 한 곳으로 집중되며 페타플롭petaflop(초당 1000조 회의 연산능력)의 벽을 뛰어넘었다.[45] 요즘 스마트폰의 연산능력은 인간을 달에 보낸 시절에 사용되던 컴퓨터보다 만 배도 넘게 뛰어나며, 전 세계에서 수십억의 사람들이 이 스마트폰을 들고 다닌다. 하물며 세계 곳곳에 있는 슈퍼컴퓨터를 집단적으로 가동한다면, 상업적 목적에서든 인도주의적 목적에서든 지금 세상에서 가능한 연산능력 수준은 도대체 어느 정도나 될까?

고성능 망원경 덕분에 우리는 세계의 모든 천문학자들이 분류한 것보다도 훨씬 다양한 은하의 이미지들을 포착할 수 있었다. 갤럭시 주Galaxy Zoo 프로젝트가 시민 천문연구가들의 협업을 구하는 이유도 여기에 있다. 이 사이트에 등록한 자원자들에게는 먼저 간략한 교육자료를 제공한다. 그다음에는 실제로 찍은 은하 이미지들을 보여준 다음 곧바로 이런 질문을 한다. "은하는 평탄할까요, 아니면 둥글까요?" 각각의 은하 이미지를 서로 다른 10명의 자원자들에게 보여준 뒤 자원자들의 80퍼센트가 분류에 동의하면 데이터베이스에 수록된다. 은하 분류에 참여하려고 여기에 등록한 사람들의 수는 27만 명도 더 된다.[46] 주니버스zooniverse.org에서 관리하는 프로그램은 갤럭시 주 외에도 플래닛 헌터스Planet Hunters, 밀키 웨이 프로젝트Milky Way Project, 올드 웨더Old Weather(일차세계대전을 전후하여 영국 해군이 관측한 기상자료를 디지털화한다), 솔라 스톰 워치Solar Storm Watch, 문 주Moon Zoo 등이 있다. 미국 항공우주국은 화성의 크레이터를 헤아리기 위해 '클릭워커스clickworkers'라는 자원자들의 도움을 받는다.[47]

생물학자들은 최근 다양한 유기체의 DNA가 해독되면서 홍수처럼 쏟아지는 유전자 데이터를 판별하기 위해 진 위키Gene Wiki를 활용한다. 데이터를 공유할 만한 유인이 없었을 때는 많은 생물학자들이 사회적 딜레마에 빠졌다. 즉 개인들이 특정 유전자에 대해 발견한 내용을 모두 취합하면 훨씬 효율적이라는 사실은 알고 있었지만, 그 내용을 집단 데이터베이스에 제공하기 위해 해야 할 일이 너무 많았기 때문이다. 그런데 진 맵 애너테이터 앤드 패스웨이 프로파일러Gene Map Annotator & Pathway Profiler에서 방법을 찾아냈다. 이 시스템을 구축한 사람들은 약간은 투박한 기존의 데이터베이스 소프트웨어를 교환하고 쉽게 편집할 수 있는 위키에 데이터를 제공함으로써, 유전자 발현 데이터를 더 쉽게 지도화할 수 있는 과학 집단행동 단체를 만들 수 있었다.[48] 배런드 먼스Barend Mons와 위키피디아 설립자인 웨일스를 포함한 23명의 저자는 단백질에 대한 위키화된 정보 데이터베이스에 주석을 달 수 있게 해야 한다는 내용의 논문인 「위키프로테인스의 집단 주석에 대한 대중적 요구Calling on a Million Minds for Community Annotation in WikiProteins」를 『게놈 생물학*Genome Biology*』에 발표했다.[49] 카네기 멜론 대학의 과학자들은 폴딧의 성공에 고무되어 생물학자가 아닌 사람을 대상으로 한 게임인 에테르나EteRNA를 개발하고 리보핵산RNA 분자를 누구나 새로운 형태로 디자인할 수 있게 했다. 그리고 게임 커뮤니티를 통해 매주 최고의 디자인을 종합해 스탠퍼드 대학 해중실험실wet lab에서 연구했다.[50]

에릭 파울로스Eric Paulos는 버클리의 인텔 연구소에서 공기의 질을 측정하기 위한 거리청소기 연구에 참여한 바 있으며, 그 이후로 나는 그가 참여하는 미래 미디어 연구에 관심을 기울여왔다.[51] 파울로스는 현재 카네기 멜론 대학 교수로 재직하고 있으며, 미래형 스마트폰에 저렴한 환경 센서를 부착하면 모든 인류가 과학 연구를 수행할 수 있다고 믿는다. 파울로스는 특히 음악 재생에 디지털 만보계를 장착한 나이키+아이팟 스포츠Nike+iPod Sport 키트와, 음주측정기나 혈당 센서를 장착한 LG전자의 휴대전화 등을 예로 들었다.

단순한 통신수단에 머물러 있던 휴대전화에 대한 인식이 확장되어, 휴대전화가 이웃과 지역사회, 도시, 국가를 아우르는 일상적인 풀뿌리 시민과학을 통해 우리의 자연환경을 감지하고 집단행동을 북돋울 수 있는 개인적 측정도구로 이해되기를 소망한다. 지금 우리의 단기 목표는 휴대기기에 기발한 센서를 장착하여, 전문가와 비전문가 모두 이 개인적인 센서에서 측정된 내용을 공유하고 조합하여 인프라를 연구하고 구축하는 것이다.[52]

시민들의 크라우드소싱으로 운영되는 긴급구호 서비스도 있다. 대표적인 예로 크라이시스위키CrisisWiki는 재난 및 긴급구호 자원 디렉토리로서 편집이 가능하며, 허리케인위키HurricaneWiki와 동남아시아 지진 및 쓰나미 블로그에서 영향을 받아 만들어졌다.[53, 54, 55] 케냐에서 2007년 대통령 선거 직후 유혈사태가 벌어지자 사회운동가들은 목격자들의 보고서를 SMS나 이메일을 통해 크라우드소싱하고 곧바로 구글맵에 표시하는 플랫폼을 만들어냈다. 이 일을 계기로 맵티비즘maptivism이라는 용어도 생겨났다. 우샤히디Ushahidi(스와힐리어로 '증언' 또는 '목격'이라는 뜻이다)는 위기정보를 크라우드소싱하는 크라우드맵Crowdmap이라는 플랫폼을 구축했고, 이 플랫폼은 2010년 아이티 지진 직후, 그리고 다시 한 달 뒤인 칠레 지진 때도 가동되었다.[56] 2011년 뉴질랜드 크라이스트처치에서 지진이 발생했을 때는 우샤히디 크라우드맵에서 물과 식량 및 의료서비스 제공처, 화장실 등의 장소정보를 제공했다. 앞서 '허위정보 간파' 편에서 언급한, 우샤히디의 자회사인 스위프트리버SwiftRiver는 신뢰할 수 있는 사람들의 네트워크를 통해 부정확한 정보를 필터링하는 자동화 기법들을 결합하려고 노력한다. 말하자면 필터를 크라우드소싱하는 기법이다.

이 밖에도 서서히 진행되는 재앙인 빈곤에 대해 이와 비슷한 기법을 적용하는 곳들도 있다. 10년 전 미디어랩에서 나단 이글Nathan Eagle을 만난 때가 생각난다. 그때 그는 휴대기기가 경제를 망치는 요인이 될 수도 있다는 생각을 하고 있었다. 최근 그는 텍스트이글txteagle을 출시했는데, 이는 빈곤국 사람 중에서 휴대전화로 간단한 아웃소싱 사업을 시작하려는 이들을 도우려는 목적으로 만들어졌다. 텍스트이글을 이용하면 조사표 작성이나 문자메시지 전송, 비즈니스 디렉토리에 들어가는 주소 데이터 수집 등을 좀더 쉽게 할 수 있다.[57] 유엔은 텍스트이글을 통해 70개 국가에서 최대 50만 명이 그들의 지방정부에 대해 조사할 수 있도록 지원할 계획이다. 한 사람당 1달러씩 주고 조사양식을 완성한 문자메시지를 돌려받는 방식이다. 샌프란시스코에 본사를 둔 신생회사 크라우드플라워CrowdFlower는 비영리단체들과 제휴하여 파키스탄 홍수 희생자 및 아이티 지진 피해자에 대한 문자메시지를 번역하고 맵 텍스트를 만들며 페이팔*로 직원들에게 보수를 지급한다.[58] 그렇다면 모바일 노동의 크라우드소싱이 세계화의 혜택을 경제적 빈곤층에게까지 나누어줄 수 있을까?

최근에 등장한 한 가지 형태가 크라우드펀딩crowdfunding이다. 스팟어스spot.us는 기자들이 쓰려는 기사를 소개하고, 독자들이 재정적 후원을 서약하도록 돕는다. 후원 서약은 언론인의 기금 목표액에 도달할 때까지 에스크로 방식으로 계속된다. 내 친구는 스팟어스에서 후원받은 기금으로 태평양의 거대 쓰레기 지대를 탐사하고 〈뉴욕타임스〉에 기사를 실었다.[59] 크라우드펀딩 플랫폼인 킥스타터kickstarter.com는 누구든 후원

* Paypal. 인터넷을 이용한 결제 서비스.

이 필요한 프로젝트를 수립하고, 기금 수준에 따라 티셔츠 제공, 친필 서명 등의 답례 방식을 정하며, 재정적 목표와 기한을 정하게 한다. 후원자들이 정해진 기한 안에 프로젝트에 필요한 자금을 에스크로 계정에 보내고 서약을 하면 그 돈이 프로젝트로 투입된다. 한 단체에서 페이스북에 대항할 오픈소스 대안을 만들겠다며 제시한 목표 기금은 1만 달러였다. 하지만 그들이 홍보를 통해 실제로 조성한 기금은 20만 642달러나 되었다.[60] 영화제작자 프래니 암스트롱Franny Armstrong은 기후변화를 주제로 하는 프로덕션을 설립하기 위해 만든 크라우드펀딩에서 223곳의 개인과 집단으로부터 75만 달러를 모금했다. 그리고 '인디 스크리닝 모델Indie Screenings model'이라는 시스템을 만들어 누구나 영화 심의권을 구입하고 심의 비용은 심의자들이 정하도록 했다.[61] 스콧 윌슨Scott Wilson은 아이팟 나노를 손목시계처럼 사용할 수 있는 손목밴드를 제작하기 위해 1만 5000달러를 모금하겠다고 제안하여 1만 3512명에게서 94만 1778달러를 모금했다.[62] 비영리단체 키바kiva.org는 개발도상국의 영세사업자들을 소액대출업자들과 연결해주어 적게는 25달러로 소규모 사업을 시작할 수 있게 도와준다. 이누카inuka.org는 사하라사막 이남 아프리카 지역에서 여성이 계획하는 일에 대출업자들이 소액의 자금을 지원하도록 돕는다. 또 도너스추즈donorschoose.org는 교사들에게 필요한 학습자료를 지원한다.[63] 이처럼 크라우드소싱과 크라우드펀딩은 요즘 들어 급속히 확산되고 있으며 여기서 매일 일어나는 일들을 찾아 소개하는 블로그도 많다.

최근 런던 경영대학원의 안키트 샤르마Ankit Sharma 교수는 크라우드소싱 프로젝트의 성공에 꼭 필요한 요소를 여섯 가지로 정리했다.[64]

1. 비전vision과 전략strategy

게이머들은 게임에 참여하면서 때때로 웅대하다고 할 만큼의 감정을 느낀다고 한다. 이처럼, 의미 있는 일에 참여하는 데서 비롯되는 경외감이 있어야 한다. 크라우드소싱 참여자들은 그 비전에 매료되어야 한다.

2. 인적 자본human capital

다양한 기술과 능력, 기능을 보유한 사람들이 대거 참여하는 것이 중요하다. 간혹 약간의 훈련이 필요할 수도 있다.

3. 인프라infrastructure

사회적으로 가시화되는 비전이 없다면 공개적으로 참여를 요청하더라도 많은 자원자를 확보하기 어렵다. 그러나 휴대기기와 온라인 수단을 통합하여 운용하면 참여자들의 기여를 이끌어내기 쉬울 뿐 아니라 그 기여를 의미 있는 통일체로 결집시킬 수도 있다.

4. 연계linkage와 신뢰trust

우수 기여자의 이름이 표시된 리더보드, 참여자 사이의 커뮤니케이션, 사상을 주창하는 리더와 다수 대중의 연계 또는 보증 등이 더해지면 신뢰도를 높일 수 있다. 이베이의 거래에서 판매자 신뢰도 정보가 중요한 윤활유 구실을 하듯이 말이다.

5. 외부 환경external environment

주기적인 지지나 적대행위가 있느냐 없느냐, 경제적 분위기가 기업가 정신에 호의적이냐 적대적이냐, 발전이나 재난구호에 대한 지역적 요구가 있느냐 없느냐 등 외부 환경도 크라우드소싱 프로젝트에 절대적인 영향을 끼친다.

6. 대중의 동기에 부응motive alignment of crowd

대중의 동기를 정확히 겨냥해야 자원자들이 참여할 수 있고 그 가치를 서로 공유한다.

크라우드소싱은 중앙에서 통제할 수도 있고, 허브 앤드 스포크* 방식으로 운영될 수도 있다. 어떻든 수많은 기여자들의 폭넓은 기여가 대부분 중앙으로 모이고 취합되는 방식이다. 하지만 자발적 참여를 관리하는 방식이 더욱 분권화되고 소셜 미디어를 활용하여 생산을 조직화하면, 전통적 형태의 시장과 기업에 덧붙여 완전히 새로운 형태의 경제적 생산도 가능해진다. 이것이 바로 소셜 프로덕션의 개념이다. 가히 플레이버에 의한, 플레이버러playborer의 이익을 위한 생산이라 할 법하다.

오픈소스와 소셜 프로덕션

네트워크 정보경제를 규정하는 가장 큰 특징은 개인들의 개별행동(구체적으로는, 독점 전략에 구애받지 않으며 급속히 확산되는 비非시장 메커니즘 속에서 수행되는 새롭고도 중요한 협조 및 협력 행동을 말한다)이 산업정보시대에 그랬던 것보다 혹은 그럴 수 있었던 것보다 더 비중 있는 역할을 한다는 점이다. 이러한 변화의 중심에는 연산능력이 낳은 예상외의 생산기술이 자리하며, 통신과 정보의 저장 기술이 발전하며 큰 파급효과를 낳았다. 연산, 커뮤니케이션, 저장에 드는 비용이 현실적인 수준으로 줄어들며 세계 인구의 상당수, 즉 거의 10억 명이 정보와 문화를 생산하는 물질적 수단을 손에 넣었다.(요차이 벤클러, 『네트워크의 부*The Wealth of Network*』, 2006)

* hub-and-spoke. 자전거의 바퀴축(hub)과 바퀴살(spoke)처럼 주변의 거점들이 하나의 중심점을 지향하여 연결된 시스템을 말함.

1991년 리누스 토발즈Linus Torvalds라는 22세의 프로그래머가 세계적 온라인 토론 시스템인 유즈넷Usenet에 메시지 하나를 올렸다. 토발즈는 개인용 컴퓨터에서 사용할 리눅스 운영체제를 연구하고 있었는데, 이를 도와줄 다른 프로그래머들이 필요했기 때문이다. 그리고 그가 올린 메시지 덕분에 누구나 무료로 사용할 수 있고 전 세계의 자발적 참여자에 의해 수정과 개선이 가능한 무료 오픈소스free open-source 운영체제가 탄생할 수 있었다. (여기서 'free'의 의미에는 '공짜'와 '자유로움'의 의미가 모두 포함된다. 그리고 'open-source'는 리눅스를 작동하는, 사람이 읽을 수 있는human-readable 프로그래밍 언어인 소스코드가 모든 프로그래머들에게 공개되어 점검과 '수정' 소스코드를 바꾸는 것이 가능하다는 뜻이다.) 일면식도 없던 세계 각국의 수많은 프로그래머들이 마이크로소프트의 아성에 도전할 소프트웨어를 만들기 위해 아무런 금전적 보상도 바라지 않고 조직적인 체계도 없이 연구에 매달렸다.

오픈소스 소프트웨어의 탄생을 가능케 한 기법들이 계기가 되어 벤클러와 스티븐 웨버Steven Weber 같은 이론가들은 새롭고 효과적인 경제활동 방식으로서의 소셜 프로덕션 개념을 고민하기 시작했다. 그리고 리눅스가 무료 소프트웨어라고 해서 이를 통해 돈을 버는 것이 불가능한 것은 아니었다. 레드햇Red Hat 같은 회사는 특정 애플리케이션을 원하는 기업들이 쉽게 설치하고 지원 서비스도 받을 수 있도록 리눅스 소프트웨어의 툴셋을 번들링하여 거금을 벌어들였다. IBM은 컴퓨터 장비와 소프트웨어 부문에서 거의 독점에 가까웠던 공급자 지위에서 파산 직전까지 몰렸지만 불과 몇 년 사이에 일류 오픈소스 서비스 회사로 거듭났다. 이로써 소셜 프로덕션은 소프트웨어 대항문화를 이끄는 견인차일 수도 있지만, 한편으로는 콧대 높고 거대한 기업들의 전략이 될 수도 있다는 사실이 입증되었다. 소셜 프로덕션을 자본주의나 사회주의 같은 기존의 경제관념으로 성급히 규정하거나, 대항문화 만들기에 몰두한 프로그래머들의 모임 혹은 기술을 보유한 대기업 중 어느 한쪽의 것만으로 속단해서도 안 된다.

토발즈로부터 몇 년 지나지 않은 1994년, 나는『와이어드』의 '웹진' 버전인『핫와이어드*HotWired*』의 창간에 관여하면서 당시 23세이던『핫와이어드』의 웹마스터 브라이언 벨렌도프Brian Behlendorf를 알게 되었다. 그 무렵 그는 무료 오픈소스 웹서버를 구축하기 위해 전 세계의 프로그래머들을 조직하고 있었다. 웹서버는 월드와이드웹 환경에서 컴퓨터가 노드node 역할을 할 수 있게 하고 웹페이지를 제공한다. 마이크로소프트가 웹서버 시장을 독점해가는 상황을 우려하던 벨렌도프는 전 세계 웹사이트의 60퍼센트에 이용되는 아파치Apache 웹서버를 만들 자원자들이 비공식적인 연합을 결성하는 데 도움을 주었다.[65] 또다른 무료 오픈소스 프로젝트인 파이어폭스Firefox는 세계에서 두번째로 인기 있는 웹브라우저다.

마이크로소프트가 장악한 이 세상에서 MS 윈도우에 대적할 운영체제, 윈도우 웹서버와 맞설 웹서버, MS 인터넷 익스플로러와 싸울 웹브라우저는 아무런 대가도 바라지 않고 결과물마저도 무료로 보급한 자원자들의 노력 덕분에 탄생할 수 있었다. 위키피디아 콘텐츠 역시 무료 라이선스에 오픈소스이며, 콘텐츠를 생성하여 보급하는 데 사용되는 툴 역시 무료 오픈소스 툴만 이용된다. 구글과 아마존도 대규모 서버 팜 컴퓨터의 운영체제로 리눅스를 채택했다. 이제 오픈소스 소프트웨어는 비주류 대항문화권에서나 사용되는 소규모 생산품이 아니다.

소셜 프로덕션은 소프트웨어와 네트워크 서비스 업계에 많은 영향을 미쳤지만 이는 다른 의미에서도 중대한 전환점이 될 수 있다. 로널드 코스Ronald Coase는 사람들이 두 가지 제도, 즉 시장과 기업을 통해 경제적 생산을 조직화하는 과정을 밝혀내 노벨 경제학상을 받았다. 시장에서는 사익을 추구하는 개인들이 재화와 서비스를 판매하고, 다른 개인들은 재화와 서비스를 구입하려 하며, 구매자들과 판매자들이 가격신호를 통해 서로 협조하므로 의사결정이 급속하게 분권화되고 시장 자체에서 협조가 이루어진다. 그리고 기업에서는 특정 유형의 재화나 서비스가 관리자들의 지시를 통해 직원들이 협조하는 방식으로 더욱 능률적으로 생산된다. 기업과 시장 모두 자산과 계약, 법에 의존함으로써 이 제도를 더 공고히 한다.

자본주의와 산업 생산에 대해서는 두 가지 근본적인 가정이 존재한다. 첫째, 공장과 사무실 및 기타 생산수단에 드는 엄청난 비용을 감당하려면 근로자들의 기여로는 감당하기 어려울 정도의 자본투자가 필요하다. 둘째, 이윤과 생산의 관리는 자본을 투자한 측에서 맡는다는 것이다. 그러나 많은 사람들이 디지털컴퓨터를 소유하고 인터넷에 접속할 수 있게 되면서 새로운 생산 형태가 등장하기 시작했다. 2002년에 예일대 법대 교수로 재직중이던 벤클러가 이에 관한 논문을 발표했는데 이 논문은 많은 영향력을 발휘했다. 「코스의 펭귄 또는 리눅스와 기업의 본질Coase's Penguin, or Linux and the Nature of the Firm」이란 논문에서 그는 세 가지 요인 때문에 '공유지 기반의 공동생산commons-based peer production'이라는 제3의 생산수단이 뜨고 있다고 했다(펭귄은 리눅스의 비공식적 상징이다). 첫째, 특정 재화(특히 지식과 뉴스, 오락, 교육, 소프트웨어, 정치적 설득, 예술 등이 손꼽힌다)를 생산할 수 있는 강력한 수단인 디지털컴퓨터의 가격이 빠르게 하락하고 있다. 둘째, 노동과 지식 기반 재화의 분배와 협조를 가능케 하는 효율적 수단인 글로벌 네트워크를 이용하는 비용 역시 저렴해지고 있다.[66] 생산과 분배를 장악하는 수단이 더는 자본가의 전유물이 아니며 근로자들도 자기만의 수단을 소유할 수 있게 되었다.

소셜 프로덕션이 가능해지려면 이 밖에도 또하나의 요인이 필요하다. 오스트롬과 진화인류학자들이 무엇보다 높게 평가한 집단행동을 북돋우는 제도가 그것이다. 협조적 생산을 위한 새로운 수단은 전통적인 관리절차나 시장 기능보다는 가상 커뮤니티에 더 잘 부합하며, 생산과 분배에 이용되는 것과 동일한 기술들을 통해 실현된다. 하지만 완전한 시스템을 갖추기 위해서는 디지털 미디어와 제도 외에 제3의 요인이 필요하다. 바로 동기가 충만하게 부여된 자원자를 충분히 확보하는 일이다. 경제학자와 사회학자는 때때로 가장 기본적인 가정을 두고 논쟁을 벌이는데, 그렇다면 바람직한 소셜 프로덕션 개념을 이해하기 위해 중요한 의문부터 해결해야 한다. 그렇게 많은 사람들이 자신들의 소중한 노력을 아무런 대가도 생기지 않는 일에 쏟아붓는 이유가 뭘까?

캘리포니아 대학 버클리 캠퍼스의 정치학 교수이자 국제학연구소 책임자인 스티븐 웨버는 『오픈소스의 성공*The Success of Open Source*』이란 저서에서 동기부여의 주요 의문에 대한 해답을 모색한다.[67] 그는 오픈소스 프로그래머들이 자신들의 전문성과 노력을 쏟는 이유를 중요도에 따라 나열하도록 한 조사를 언급했다. 이 조사에서 프로그래머들이 제시한 이유는 다음과 같았다. 프로그래밍 기술을 배울 기회 획득(여기서 두각을 드러내면 다른 유능한 프로그래머들의 주목을 끌 수 있다. 실수를 하더라도 나의 실수를 지적해주는 사람이 있다), 수준 높은 일을 한다는 만족감, 평판자본reputation capital(이는 사회자본과 금전자본으로 전환될 수 있다) 형성, 독점 소프트웨어의 대안을 만드는 데 기여할 수 있다는 점, 마이크로소프트에 대한 반발 등이 그것이다. 나는 웨버의 책을 읽으며 밑줄도 긋고 요약도 하고, 버클리 카페에서 두 차례 그를 만나 사람들이 경제활동과 집단행동에 대한 고전적 이론의 기본 가정과 상반되는 행동을 하려는 이유가 무엇인지를 주제로 인터뷰도 했다. 리눅스와 웹, 위키피디아가 확실한 증거로 등장하기 전까지만 해도 경제학자들과 사회학자들은 사람들이 금전적 보상 없이는 남들이 노력 없이 사용할 수 있는 무언가를 만드는 일에 동참하지 않을 것이라는 데 동의했다.

웨버는 오픈소스 프로세스에 참여하는 인간 행동의 본질과 직결된 여덟 가지 일반원칙을 이렇게 제시했다. "재미있게, 그리고 확실하게 실행하라" "가려운 곳을 긁으라" "불필요한 시간낭비를 최소화하라" "최대한 수평적인 업무 프로세스를 통해 문제를 해결하라" "대수의 법칙*을 극대화하라" "한 일을 기록하라" "신속하게, 그리고 자주 배포하라" "많이 이야기하라."[68] 그중 "재미있게 하라"는 맥고니걸이 말한 에픽 게임epic game의 디자인 원칙, 즉 고상한 목표와 함께 '경외감과 경탄'을 사람들에게 심어주라는 내용과 비슷한 맥락이다. 마이크로소프트의 아성에 도전하거나 전 세계인이 자기네 언어로 읽을 수 있는 무료 백과사전을 만드는 일은 분명 흥미로운 일이며, 어떤 사람들에게는 경외감과 경탄마저 유발한다.

오픈소스 커뮤니티는 '공공재 문제the public goods problem'로 알려진 사회적 딜레마를 해결해준다. '공유지의 비극'은 과도한 소비를 낳고, 공공재는 공급 부족의 딜레마로 이어진다. 남들이 기여하고 있는데 굳이

* law of large numbers. 특정 현상이 일어날 경험적 확률은 횟수가 증가할수록 이론적 확률에 근접한다는, 즉 표본이 많을수록 경험적 확률과 수학적 확률이 가까워진다는 통계학 이론.

나까지 공동체 라디오public radio에 돈을 낼 필요가 있을까? 이것이 이른바 '무임승차'로 불리는 현상으로, 무임승차하는 사람들이 많을 것이라는 걱정 때문에 공공재의 공급에 참여하길 꺼리게 된다. 하지만 오픈소스 생산에서는, 무임승차도 비기여자들이 소비하는 상품에 여러 방향으로 가치를 더한다. 첫째, 오픈소스 소프트웨어는 개발에 아무런 기여를 하지 않은 사람들일지라도 사용자 기반을 더욱 넓혀 독점 소프트웨어에 대한 경쟁력을 강화한다. 둘째, 사용자 100명 중에 단 한 명이 소프트웨어를 사용하다가 단 한 번의 오류를 경험했더라도 이 정보가 ('대수의 법칙'에 따라) 확장되어 생산 커뮤니티에는 더없이 소중한 정보가 되고, 결국 상품의 품질은 더 향상된다.

"가려운 곳을 긁으라"도 짚어볼 필요가 있다. 내가 프로그래머이고 우리 회사에 새 프린터를 설치했는데 이 프린터를 리눅스 프로그램에서 가동할 소프트웨어(드라이버)가 없을 때는, 내가 직접 드라이버를 만들어야 한다. 이렇게 만든 드라이버를 공개 코드 베이스로 보급하는 것도 좋은 방법이다. 그러면 나중에 프린터 회사에서 뭔가를 변경해 나 역시 수정을 해야 할 때 사용자와 프로그래머 커뮤니티에서 도움을 받을 수도 있다. 나의 필요를 충족시키는 동시에 커뮤니티에서 내 위상도 높아지고, 잠재적 협력자로서 나의 능력과 가치를 알릴 수도 있는 것이다.

경제적 사익 추구와 이타주의의 몰락은 이제 우리의 생활논리 속에 깊숙이 배어들었고, 따라서 소셜 프로덕션의 이점을 설명하려면 그러한 논리에 대항하는 담론이 필요한 세상이 되었다. 리샤브 아이어 고시Rishab Aiyer Ghosh는 「냄비 시장: 무료 재화와 서비스의 인터넷 거래를 위한 경제모델」에서 오픈소스의 경제역학을 분석한다. 이 글에서 그는 오픈소스 소프트웨어 생산을, 한 부족이 공동으로 조리하는 냄비에 비유했다. 한 사람이 닭을 넣고, 다른 사람이 양파를 넣고, 이런 식으로 스튜가 완성되면 저마다 한 그릇씩 퍼간다는 의미다. 물론 여기서 스튜라는 물질은 경제학자들이 말하는 경쟁재에 포함된다. 마지막 한 숟가락을 내가 먹어버리면 당신은 더이상 스튜를 맛볼 수 없다. 게다가 당신은 스튜를 만드는 데 조금이라도 기여한 사람인데 나는 무임승차자라면 상황은 더 불공평해진다. 하지만 고시는 디지털컴퓨터와 네트워크로 인해 소프트웨어는 비경쟁재가 될 수 있다고 주장한다. "충분히 많은 사람들이 자유재에 투입되면 냄비도 그들을 위해 자기복제를 한다. 따라서 누구든 기여한 것보다 더 큰 가치를 얻게 된다."[69] 음악과 영화 산업계를 괴롭히는, 즉 문화적 생산물 전체를 무한정으로 복사하여 보급하는 이런 상황이 디지털 재화와 관련해서는 마법의 냄비로 돌변한다.

자율성은 동기부여뿐 아니라 협조비용을 획기적으로 낮추는 중요한 요소다. 자원자는 관리자의 지시에 따르는 게 아니라 스스로 기여 여부를 결정한다. 관리자가 존재하는 중앙집중형 의사결정 체계를 거부하는 공유지 기반 공동생산은 시스템을 개선하기 위한 혁신을 북돋우고, 오류를 수정하며, 때로는 프로그래머들이 필요한 곳에서 역할을 수행하고 체계를 세움으로써 더 효율적인 시스템이 만들어지기도 한다.

웨버는 이 과정에서 그가 '분산된 혁신distributed innovation'으로 명명한 네 가지 구성 원칙을 적용해야 한다고 말한다. "사람들을 북돋워 시험하게 하라. 정보가 정보를 찾게 하라. 정보를 정리하여 다른 단편 정보와 재결합되게 하라. 이 과정을 유지하는 통제체계를 개발하라."[70] 웨버는 정치경제학자다. 즉 그는 자원이 배치되고 재화가 생산되는 방식뿐 아니라 생산과정을 통제하는 방식까지도 고려했다. 관리체계를 대신하여 자율성을 강화하고, 기여자들이 가려운 곳을 긁을 수 있게 하여 사익 추구를 공익 형성으로 유도한다. 이렇게 생산된 디지털 비경쟁재는 단순한 소프트웨어 생산 이상의 의미를 지닌다. 웨버는 아직 희소한 새로운 생산양식이 더 다양한 재화와 서비스에 적용될 수 있다는 벤클러의 생각에 공감한다.

웨버와 고시, 벤클러 같은 선구자들이 던진 메시지를 바탕으로 예측하건대, 미래에는 토발즈와 웨일스, 버너스-리의 뒤를 잇는 사업가들이 나타나 중요한 재화를 사회적으로 생산하는 일이 가능해질 수도 있다. 당신이 소셜 프로덕션을 북돋우고 싶다면 먼저 겸손해야 한다(토발즈와 웨일스, 버너스-리가 실제로 겸손한 사람들인지는 알 수 없지만 그런 모습으로 일관하는 것은 사실이다). 그런 다음 공개적으로 요청하고, 사람들이 최대한 다양하고 손쉬운 방식으로 기여하도록 권장하고, 기여자들이 서로 소통하고 기술적으로 협조할 수 있는 수단을 제시하며, 태깅 같은 방식을 통해 유사한 정보가 서로 연결되거나 필요한 사람을 서로 찾을 수 있도록 북돋는다. 또한 논쟁에 해답을 제시하며 최종 산출물이 어떠해야 하는지를 결정하는 간단한 메커니즘을 제공하고(소셜 프로덕션 과정이 모든 선의의 기여자들에게 공개되어 있는 한 이 과정의 모든 단계가 철저히 민주적일 필요는 없다. 리눅스 코드 베이스에 적용할 새 코드를 결정할 때, 토발즈는 미리 정해둔 소수의 고급 개발자들과만 의사 결정을 진행했다. 커뮤니티의 합의를 통해 최선의 대안들이 다양하게 제시되었는데도 말이다), 부담 없이 쉽게 사익활동을 공익에 투자할 수 있도록 하고, 무임승차자들도 어떤 식으로든 손쉽게 당신을 도울 수 있게 해야 한다. 그리고 평판자본에 민감한 사람들을 위해 최근 기여 횟수가 많은 사람들의 이름이 적힌 리더보드도 준비할 필요가 있다.

공유지 기반 공동생산 외에도 경제체제에 구조적 변화를 일으킬 수 있는 집단협업 형태는 많다. 이를테면 '협업 소비collaborative consumption'가 그렇다. 2010년 후반, 레이첼 보츠먼Rachel Botsman과 루 로저스Roo Rogers는 『위 제너레이션What's Mine Is Yours』이란 공동저서에서 이렇게 공표했다. "전통적인 공유, 물물교환, 대출, 거래, 임대, 증여, 교환 방식이 네트워크를 통해 새롭게 거듭나면서 규모와 방식에서 과거와는 비교조차 불가능할 정도로 폭발적으로 성장했다."[71] 저자들은 그 예로 조파zopa.com 같은 '사회적 대출social lending' 사이트, 에어비앤비airbnb.com와 VRBOvrbo.com 같은 P2P 여행 사이트(소유자들이 야간에 임대하는 방, 아파트, 주택 리스트를 검색할 수 있다), 지프카zipcar와 겟어라운드getaround.com, 릴레이라이즈relayrides.com 같은 자동차 공유 서비스 사이트 외에도 이베이와 크레이그리스트 같은 마켓플레이스까지 언급한다. 디지털 미디어와 네트워크로 인해 소프트웨어와 지식상품의 생산 및 유통 비용이 줄었듯이, P2P 시장은 상품과 기술, 서비스의 거래나 공유 비용을 낮추는 효과가 있다.

그동안 자동차를 임대하려면 복잡한 문제들이 많았기 때문에, 많은 사람들은 자동차를 운행하는 시간보다 가만히 세워두는 시간이 훨씬 많음에도 굳이 자기 소유의 자동차를 구입하려 한다. 그런데 자동차를 임대하는 곳이 가까운 지역뿐 아니라 곳곳에 있어 쉽게 찾을 수 있고, 언제든 원할 때 예약하여 가격을 치르고 사용한 후 아무 데나 반납할 수 있으며, 이 모든 과정을 웹으로 해결할 수 있다면 어떨까? 이것이 2011년 기업공개에 성공하여 탄생한 회사인 지프카의 약속이다. 특정 시간에 특정 상품을 구매하는 단체에 가입해서 할인을 많이 받는 방법이 있다면 어떨까? 구글의 40억 달러 인수 제안을 거절한 스타트업 회사 그루폰은 웹 기반 공동구매 과정을 더욱 간편하게 만들었다. 보츠먼과 로저스는 과거의 소비주의 시대에서 이제는 교환과 공유, 공동구매가 더욱 활발한 시대로 접어들고 있다고 본다. 이들이 협력적 소비를 가능케 하는 바탕이라고 믿는 네 가지 원칙들도 우리가 알고 있는 협력 이론과 맥을 같이한다. 즉 낯선 사람들 사이의 신뢰, 공유지에 대한 믿음, 유휴자산(당장에 사용하지 않는 방이나 주차되어 있는 자동차 같은), 임계량 등이 그것이다.

소셜 프로덕션의 대표적인 사례라고 할 수 있는 위키피디아는, 대규모 협업이 우리가 알아가고 배우는 방식을 어떻게 변화시키는지 잘 보여줄 뿐 아니라 위키 미디어 덕분에 가능해진 협력 리터러시를 어떻게 터득할 수 있는지에 대한 실마리도 제시해준다.

위키 협업

커뮤니티를 위한 소프트웨어를 설계할 때는 일이 처리되는 방식에 대한 선험적先驗的 가정에 얽매여서는 안 됩니다. 제약을 두지 말고, 누구든 필요한 말을 하고 스스로 정리할 수 있는 수단을 부여해야 합니다. 절차는 항상 변하기 때문입니다. 말하기는 지극히 인간적인 과정이므로 중앙집중형 의결 메커니즘을 소프트웨어에 집어넣는다고 해서 이 과정을 복제할 수는 없습니다. 소프트웨어의 기능에는 중재와 조정 정책도 포함되어야 하며, 사랑과 존중의 분위기를 유지하기 위해 노력하는 것이 무엇보다 중요합니다. 기술 분야에서 사랑을 논하는 것 자체가 생소하지만 그래도 매우 중요합니다. 그것이 인간적인 미덕을 살리는 길이기 때문입니다. 우리는 백과사전을 만들고 있습니다. 중립적이고 사실적이며 매우 우수한 내용에, 이해하기 쉬운 백과사전을 만들어 사람들에게 나누어줄 것입니다. 당신 마음 속에 그 공동의 목표를 향한 사랑이 가득하다면, 편집에 따르는 수많은 의견 차이도 극복할 수 있습니다. 이 세상에서 정말 중요한 무언가를 하는 것이야말로, 인류가 지금까지 가진 힘을 다해 뻗어나갈 수 있었던 원동력입니다.(지미 웨일스, 스탠퍼드 대학, 2005)

"전 그렇게 똑똑하지는 않아요. 하지만 아주 다정하죠." 위키피디아의 공동설립자인 지미 웨일스와 어딘가에 패널로 같이 참석했을 때 나는 그에게서 세번째로 이 말을 들었다. 그리고 웨일스가 기조연설을 하거나 패널로 참석하기 위해 어딘가를 다닐 때마다 자유시간의 대부분을 그 지역 위키피디언들과 만나는 데 할애한다는 것을 알았다. 그 모임은 회의라기보다 파티에 가까웠다(그리고 그 세계에서 그는 '짐보Jimbo'로 더 잘 알려져 있었다). 그는 대규모 협업을 북돋우는 방법이 어떠해야 하는지를 아는 사람이었다. 그래서 나는 2005년 미래연구소의 앤드리아 세이버리Andrea Saveri와 함께 '새로운 협력 리터러시'라는 주제로 스탠퍼드 대학에서 세미나를 개최했을 때 그를 초대해서 연설을 부탁하기로 했다. 웨일스는 택시를 타고 우리집에 도착해 그날 밤을 우리집에서 묵고, 세미나가 끝난 뒤에는 어느 위키피디언의 차에 올랐다. 그는 출장을 다닐 때도 주로 위키피디언의 집에 머물렀고, 사람들이 흔히 생각하는 사치스러움과는 거리가 멀었다. 그의 인맥은 아주 넓었다. 그리고 위키피디아의 목표에 대해 열변을 토할 때마다 그의 온몸은 뜨거운 열정으로 타올랐다. 나는 그런 모습에서 앙투안 드 생텍쥐페리의 금언이 떠올랐다. "배를 만들고 싶다면 사람들에게 목재를 가져오도록 지시하지도, 해야 할 작업을 할당하지도 말고 다만 그들이 무한히 넓은 바다를 동경하도록 만들라."[72]

스탠퍼드 대학 초빙강의를 앞둔 저녁, 나는 웨일스와 저녁식사를 함께 했고 다음날 팰러앨토까지 한 시간 남짓 차로 이동하는 동안 그가 걸어온 길에 대해 많은 이야기를 들을 수 있었다. 나는 이야기를 들으며 웨일스가 엥겔바트나 버너스-리처럼 모든 인류에게 이로운 도구를 만들겠다는 의욕으로 가득한 사람임을 깨달았고 예전부터 나는 그가 그런 사람이리라 짐작해왔기에 그리 놀라지는 않았다. 웨일스는 이 프로젝트를 시작할 때 이미 여생을 편안하게 보낼 만큼의 재산을 갖고 있었다. 그러다 그는 백과사전에 특별한 애정을 갖게 됐고, 토발즈가 퍼블릭 리소스를 만드는 과정에서 수많은 프로그래머들을 설득한 과정도 관심 깊게 지켜보았다. 1999년, 옵션 거래인으로 근무하다 남들보다 일찍 퇴직한 웨일스는 자원자들이 만들고 전문가들이 심의하는 형태의 온라인 백과사전을 만들기로 계획했고 이것의 개발을 도와줄 사람으로 당시 철학을 전공하고 있던 대학원생 래리 생어Larry Sanger를 고용했다. 이듬해인 2000년에 두 사람은 누피디아Nupedia라는 웹사이트를 개설했고, 앞으로 공표할 항목들에 적용할 7단계의 심의과정도 수립했다. 그러나 18개월의 시간과 25만 달러의 비용을 들였지만 공표된 항목 수는 고작 스무 개에 그쳤다. 2001년 1월 15일, 자원자들은 백과사전을 위키, 즉 누피디아의 공식 심의과정과 상관없이 누구나 편집할 수 있는 웹페이지로 전환했다. 생어는 위키피디아라는 이름을 제안한 채 2002년에 이 프로젝트에서 물러났다. 그로부터 10년이 지난 2011년, 위키피디아는 200여 개 언어로 1500만 개 이상의 항목을 보유하게 되었고, 누구나 사용할 수 있도록 사용권도 무료이며, 등록된 기여자 수도 100만 명 이상이나 된다(위키피디아에 기여하기 위해 등록이 꼭 필요하지는 않으며, 누구든 페이지 상단에 있는 '이 페이지 편집edit this page' 링크를 클릭하면 된다). 위키피디아는 방문자가 가장 많은 상위 10대 웹사이트 지위를 유지하고 있으며, '퓨 인터넷 앤드 아메리칸 라이프 프로젝트'에 따르면 미국의 성인 인터넷 사용자 중 3분의 1 이상이 이 웹사이트에서 정보를 얻는다고 한다.[73]

위키는 인간이 무언가를 성취하는 방식에 대한 새로운 역사를 입증하는 사례다. 1995년에 워드 커닝엄Ward Cunningham은 신속하게 편집할 수 있는 형태의 웹페이지를 개발했다(위키는 하와이어로 '빨리'라는 뜻이다). 경우에 따라서는 특정 집단의 권한을 가진 회원이 로그인하여 페이지를 편집할 수도 있다. 하지만 위키의 대표 격인 위키피디아 같은 경우에는 위키 편집이 개방되어 있어 누구든 '이 페이지 편집' 링크만 클릭하면 편집이 가능하다. 이처럼 누구나 편집할 수 있는 웹페이지라는 단순한 발상을 받아들인 덕분에 인간의 사고방식에 한 가지 이상의 중대한 변혁이 일어났다.

이 새로운 미디어가 일깨워준 첫번째 패러다임의 변화는 위키가 저작자들보다 다수의 커뮤니티에 의해 만들어진 문서라는 관념이다. 패러다임의 두번째 변화는 커뮤니티가 실질가치를 자발적으로 창출하는 원천일 뿐 아니라(위키피디아 페이지뷰를 광고주들이 후원한다면 아마도 그 수익이 수억 혹은 수십억 달러에 이를 것이다), 위키가 손상으로부터 스스로를 보호하는 방편이라는 점이다. 이 보호에는 자원자들이 위키의 손상을 경계하고 복구하는 것과 기술적인 '행동유도성affordance'이 결합된다. 즉 어떤 초안草案이라 해도 완전히 폐기되지는 않으며, 언제든 한 번의 클릭으로 이전의 안案으로 쉽게 되돌아갈 수 있다. 내용을 수정할 때도 새 안이 만들어지는 동시에 기존의 안은 저장된다. 변경 목록을 의미하는 수정 이력은 편집이 불가능하고, '최근 변경' 링크를 한 번 클릭하는 것으로 확인할 수 있으며, 변경 전후의 차이도 눈에 잘 띄게 표시된다. 수정

이력과 편집 링크뿐 아니라 위키의 각 페이지는 '토크 페이지talk page'나 '코멘트 스레드comment thread'와 연결되므로 편집자들은 편집과정에 대해 토론하고 주장도 할 수 있다.

어떤 위키피디아 페이지에서든 누구나 이런 위키 기능을 직접 클릭하며 살펴볼 수 있으니 당신도 실행해보기 바란다. 손쉬운 편집, 수정 이력의 저장, 손쉬운 비교와 복귀, 토크 페이지 등 이런 기술적 역량이 조직 또는 커뮤니티의 규범과 규칙, 관행, 사회계약, 정관 등과 연계되어 위키피디아를 비롯한 성공적 위키 커뮤니티들의 기반이 된다. 기존의 패러다임을 혁파하는 위키 협업의 사례는 위키피디아뿐만이 아니다. 2007년, 휴대전화기 제조회사인 노키아는 6만 8000여 명의 인력 중 20퍼센트가 위키를 이용한다고 추정했다. 2006년에는 프랑크푸르트에 본사를 둔 상업은행인 드레스드너 클라인보르트 바세르슈타인에서 6000개의 위키 페이지를 만들었고, 위키 협업을 통해 미처리 이메일 업무를 상당 부분 줄였다.[74]

위키 정부라는 말이 터무니없게 들리는가? 하지만 이미 일어나고 있는 현상이다. 2007년 뉴질랜드 시민들은 새로운 의회제정법인 치안법의 문구를 제안하기 위해 위키를 이용했다.[75] 2008년 호주의 멜버른 시의회는 '누구나 편집할 수 있는 도시계획'을 뜻하는 '미래의 멜버른'이라는 위키를 만들었다.[76] 미국에서는 뉴욕 법학대학원 교수인 베스 노벡Beth Noveck이 '협업적 지배구조collaborative governance' 개념에 대해 글을 썼다. "협업적 지배구조란 일반 전문가들의 기술적 전문성과 전문 의사결정권자들의 법적 기준을 결부시켜 정보수집과 의사결정의 책임을 공유하는 프로세스를 말한다. 전문가들의 지식이 이를 필요로 하는 의사결정권자들과 유기적으로 연결될 수 있다면, 자신의 전문성을 공유할 사람들은 얼마든지 많다."[77]

나는 협조 이론을 연구하면서 노벡의 생각에 매료되어 맨해튼에 있는 그의 사무실까지 찾아갔다. 노벡의 주장은 이상주의적이고 이론적인 이야기로 들렸지만, 당시 그녀는 지극히 현실적이고 어려운 문제로 고민하고 있었다. 미국 특허상표사무국USPTO이 바로 그 고민의 근원이었는데, 당시 이곳에서는 처리해야 할 특허출원 관련 업무가 산더미처럼 많아 애를 먹고 있었다. 그래서 노벡은 '특허심사 협력제도peer-to-patent' 개념을 고안해 위키피디아 같은 협업적 지배구조 기법을 활용하여 특허출원의 심사를 크라우드소싱으로 처리하자고 제안했다. 즉 특정 분야에 관심이 있는 사람들이 특허출원에 대한 의견을 달아 특허심사관들에게 자발적으로 조언하는 방식이다.

2007년 6월 15일, 특허상표사무국은 노벡의 설계를 바탕으로 한 가지 실험을 시도했다. 온라인 커뮤니티가 정보를 제공하는 동시에 커뮤니티 회원들이 제출한 '선행 기술prior art(특허출원이 기존의 도안을 모방했는지를 판단하는 근거)'을 평가하며, 그중에서 평가 등급이 가장 우수한 10가지를 특허심사관들에게 보내는 방식이었다. 특허 자문을 자임한 사람들로 이루어진 커뮤니티에서 합리적인 지배구조와 여과를 거쳐 보내온 정보는 특허심사관들에게 '인간 데이터베이스'와 같은 구실을 한다. "특허심사기관은 체계적으로 피드백을 요청함으로써 불필요한 참여를 배제할 수 있다. 또 대중은 의사결정에 직접적인 영향을 미치는 방식으로 참여할 기회를 얻는다."[78]

결과는 놀라웠다. 이 실험을 계기로 베스 노벡은 오바마 행정부의 '열린 정부'에서 기술 부문 부책임자에 임명된다. 노벡이 개척한 기법들이 미국 정부와 관료주의 세계를 파고들려면 어느 정도 시간이 필요할 것이다. 그러나 웹 기반 시스템인 위키피디아는 굳이 과거의 관행을 뒤집지 않고서도 새로운 것을 창조해낼 수 있다.

위키 협업을 구축하고 싶다면 일단 위키피디아가 효과적인 이유, 그리고 위키피디아가 취약점을 보완해가는 방식에서 배워야 한다. 첫번째로 웨일스는 커뮤니티의 장엄한 목표, 즉 서로 다른 사람들로 구성되어 있음에도 커뮤니티 전체가 공유하는 '웅장한' 목표를 반복해서 거론한다. 둘째, 누피디아 사례에서 알 수 있듯이 자발적 기여의 장벽이 낮으면 기여자들이 폭발적으로 참여할 수 있다. 특정 개미 종種 전문가도, 작은 마을의 역사에 해박한 사람까지도 자신의 지식을 전파할 수 있는 손쉬운 방법을 획득하게 되는 것이다. 유익한 게임이 그렇듯이, 위키피디아는 참여할 개연성이 있는 사람들에게 다양한 임무를 부여한다. 오류를 찾아내는 독자, 내용을 수정하고 추가할 편집자, 훼손된 곳을 복원할 '최근 변경' 감시자, 정책입안자와 운영자, 주제와 관련된 전문가, 문장가와 교열 전문가, 소프트웨어 개발자, 교정자로서의 역할 등 참여자들에게 부여하는 임무의 종류는 매우 다양하다.

커뮤니티의 보안문제도 예부터 믿음이 부족한 피조물들이 전 세계를 대상으로 시스템을 개방하기 어렵게 하는 과제 중의 하나다. 악당이 어딘가에 도사리고 있기 때문이다. 위키피디아는 진입을 제한할 기술적인 방화벽이나 사회적 장벽을 만들기보다는 사람들이 직접 잘못 찍힌 구두점을 수정하거나 페이지 전체를 삭제할 수 있도록 하는 손쉬운 방법을 제시한다. 편집이 쉬우면 손상도 쉬운 법이다. 그래서 위키피디아 커뮤니티에는 '최근 변경 감시recent changes patrol' 역할이 따로 있다. 누구든 특정 페이지를 선택하여 최근에 편집된 시점을 통보받을 수 있다. 또 그 편집이 해로운지를 확인하는 툴도 있으며, 클릭 한 번으로 이전의 페이지로 돌아갈 수도 있다. 파괴행위를 일삼는 사람보다 그것을 고치려는 사람이 많아질수록 시스템은 여전히 취약하면서도 역설적으로 더욱 튼튼해진다.

이 취약점의 한 단면을 보여주는 사례가 '시겐설러 사건Seigenthaler affair'이다. 미국의 유명 저널리스트이며 정치 인사였던 존 시겐설러의 위키피디아 인명록 내용이 한동안 바뀐 적이 있었다. 그가 케네디 암살 사건의 용의자라는 터무니없는 내용이 올라온 것이다.[79] 또 셰인 피츠제럴드Shane Fitzgerald라는 더블린 대학 학생은 프랑스 출신의 저명한 작곡가인 모리스 자르Maurice Jarre가 사망하자, 자르의 생전 발언이라며 완전히 엉터리지만 솔깃한 내용의 글을 위키피디아 페이지에 올렸다.[80] 이 내용을 주요 언론사 몇 곳에서 인용하여 보도했고, 나중에야 위키피디언들이 허위 사실을 발견하여 바로잡았다. 그리고 위키얼리티와 트루시니스에 관련된 일화도 있다. 스티븐 콜베어라는 코미디언은 "아프리카의 코끼리 수가 지난 6개월 동안 세 배로 늘어났다"는 엉터리 정보를 위키피디아의 코끼리 관련 항목에 편집하여 넣어달라고 프로그램 시청자들에게 말하기도 했다.[81]

시겐설러와 피츠제럴드, 콜베어의 사례는 위키피디아의 취약점을 보여준다. 하지만 그 유용함을 의심하는 사람들이라도, 위키피디아의 사회적 시스템이 학습과 자발적 개선을 북돋워 더욱 진화된 구조를 구축해간다는 사실을 고려할 필요가 있다. 언제나 새롭게 제기되는 비판들은 위키피디아에 대한 위키피디아 항목에서도 확인할 수 있다.[82] 커뮤니티 구성원들도 이 취약점에 대해 논쟁을 벌이며 그에 대한 대응으로 시스템을 보완하려고 노력한다. 과학저널 『네이처』에서 위키피디아와 브리태니커의 정확도를 비교한 적이 있다. 무작위로 선정한 42개의 과학 관련 서술 중에서 8건의 심각한 오류가 발견되었는데 위키피디아와 브리태니커에서 각각 4건씩 차지했다. 그리고 위키피디아의 항목별 평균 오류 또는 생략 건수는 4건, 브리태니커는 3건이었다.[83] 위키피디언 중 커뮤니티 감시자들은 시겐설러와 피츠제럴드, 콜베어의 사례처럼 사이트의 손상된 콘텐츠뿐 아니라 시스템의 버그까지도 항상 주시한다.

어떤 주제든 논의하자는 것이 위키피디아 커뮤니티의 핵심가치지만 논쟁이 벌어지는 경로는 아주 특별하다. 위키피디아 백과사전 페이지는 소셜 프로덕션에 바탕이 되는 매우 중요하면서도 강력한 사회규범에 따라 운영된다. 바로 '중립적 관점'이다. 특정 사건이나 데이터에 대한 해석을 둘러싸고 견해가 여러 가지로 엇갈릴 때는 각각의 견해를 포함시켜 기사의 중립성을 높여야 한다. NPOV*라는 약자로도 자주 언급되는 이 규범은, 특정 항목에서 유난히 의견이 분분했던 '편집 다툼' 때문에 생겨났다. 예를 들어 조지 W. 부시나 버락 오바마 대통령, 또는 이스라엘-팔레스타인 페이지에서 주장하는 내용을 해석하는 과정에서 어떤 견해차가 있을지 생각해보자. 당신이 편집자이고 주장하고 싶은 의견이 있는데, 당신의 생각에 반대하는 사람이 도저히 수정 편집을 받아들이기 어려울 만큼 과격하게 의견을 내세우더라도 그 내용을 포함시킬 책임이 있다. 실제로 웨일스는 스탠퍼드 대학에서 강연할 때, '반대'라는 표현조차 너무 부드럽게 느껴질 만큼 견해차가 심한 이스라엘 측과 팔레스타인 측 두 편집자의 사례로 이스라엘-팔레스타인 페이지를 인용하며, NPOV 기법을 활용한다면 불꽃 튀는 편집 다툼을 피하면서 페이지를 유지할 수 있다고 강조했다.

* neutral point of view. 객관성을 최대한 확보하기 위해 개인적 관점을 배제한다는 의미로, 위키피디아에서 추구하는 중요한 구호다.

대다수 웹이 그렇듯이 위키피디아 항목들도 내용의 질과 진실성에서 차이가 있으며, 얼마나 신뢰할 것인지는 읽는 사람에게 달렸다. 그렇지만 대다수 웹이 그렇듯이 스스로 허위정보를 간파해내고자 노력하는 사람들을 위한 툴도 존재한다. 수정 페이지를 자주 확인하다보면 그 페이지의 가장 두드러진 편집자가 누군지, 위키피디아 전체를 통틀어 각 편집자들이 얼마나 많은 편집을 했고 각각의 편집 항목에 대해 우수하다고 평가한 커뮤니티 투표 횟수가 어느 정도인지도 쉽게 알 수 있다. 편집자 프로필 페이지에서 알 수 있는 토론 수준도 좋은 단서다. 그리고 앞에서 소개한 위키트러스트와 위키-워치 같은 툴도 유용하다.

위키피디아는 그 내용이 훼손될 수도 있고 부정확한 특정 정보를 담을 수도 있기 때문에 많은 교사가 학생들에게 위키피디아를 사용하지 말도록 교육한다. 그러나 마이크로소프트 리서치의 선임연구원 다나 보이드는 2007년에 피어슨 출판사에서 한 강연에서, 교실에서 위키피디아를 사용해야 하는 이유를 설득력 있게 주장했다.

요즘 젊은이들은 정보를 쉽게 입수할 수 있지만, 그 정보에 본질적인 결함이 있어 이용해서는 안 된다는 말도 자주 듣습니다.

위키피디아에는 분명히 결함이 있지만 해악이라고 할 정도는 아니에요. 오히려 정보를 해석하는 요령을 익히기에는 이상적인 사이트입니다. 학생들이 미국독립혁명 이면의 문화적 역학을 이해하기 위해 배우는 캘리포니아 역사 편을 생각해보세요. 미국과 영국 역사교과서의 관점이 상당히 다르기 때문에 영어 위키피디아 목록에서는 두 관점을 어떻게든 소화해야 합니다. 요즘 교사들은 교과서의 내용이 옳고 위키피디아는 틀렸다고 말합니다. 하지만 생각해보세요. 학생들이 두 관점이 왜 다른지를 이해하도록 교사들이 지도한다면 어떨까요? 대중의 참여로 정보에 대한 가치 평가가 이루어지는 시대에 전통적으로 검증된 소스가 아니라는 이유로 그 정보 생태계에 존재하는 모든 것을 '틀렸다'고 치부하기보다는 정보를 해석하고 평가하는 기술을 젊은이들에게 가르치는 문화가 만들어진다면 어떨까요?

교육자들이 위키피디아에 대한 발상을 전환한다면 많은 생각을 꽃피울 수 있을 텐데 그렇지 못하다는 점이 안타깝습니다. 위키피디아의 핵심가치는 투명성입니다. 페이지가 어떻게 만들어졌고, 누가 많이 기여했으며, 그 사람이 또 어디에 기여했는지 파악할 수 있지요. 또 그 내용에 대해 사람들이 반대한 시점과, 토론과정에서 그 논쟁이 해결된 방식도 알 수 있습니다. 어떤 전통적인 인쇄매체로도 이런 정보를 얻을 수는 없습니다. 위키피디아를 안다는 것은 다음 다섯 가지 요령을 안다는 뜻이기도 합니다.

1. 정보와 데이터를 공표하는 방법
2. 지식을 해석하는 방법
3. 진실이라고 알려진 것과 검증된 소스에 의문을 제기하는 방법
4. 사실과 명백히 모순되는 내용을 분석하는 방법
5. 거대한 집단지식의 구축에 생산적으로 기여하는 방법[84]

그럼에도 위키피디아는 정보의 소비자들을 위한 것만은 아니다. 위키피디아는 문화창조에 기여할 사람들을 초대한다. 누구나 아이비리그 대학에 들어갈 수는 없지만, 위키피디언이 되는 방법은 누구나 배울 수 있다. 위키피디아에 기여하는 방법은 매우 간단하다.

1. 모든 위키피디아 페이지의 상단에 있는 '편집' 링크를 클릭하여 텍스트를 편집, 추가 또는 제외한다.

2. 편집 내용을 개괄하는 행을 입력한다. 링크를 추가할 것인가? 이유는? 구두점을 추가 또는 제거할 것인가? 이유는?
3. 페이지를 저장한다.
4. 한 시간 뒤, 다시 하루 뒤에 페이지에 들어가 편집한 내용이 본래대로 돌아가지는 않았는지, 그 이유는 무엇인지 확인한다. 동의할 수 없을 때는 토론 페이지에 들어가 주장을 제기한다.

더불어 내 개인적인 경험과 성공적인 위키 협업자들과의 토론에서 얻은, 위키 협업에 대한 전반적인 조언을 여기에서 몇 가지 제시한다.

1. 위키는 체계와 자유의 균형을 지킨다.

텅 빈 페이지만 주고 지나치게 일반론에 가까운 임무를 요구하면 오히려 뭘 해야 할지 알 수 없다. 처음에는 적당한 수준의 체계와, 출발점으로서 품격 있는 몇 가지 지침, 여러 방면으로 시도할 수 있는 자유를 제공해야 한다. 엉성한 체계는 지나치게 깐깐한 것 못지않게 커뮤니티의 활력을 저해한다.

2. 기여자들이 서로 소통할 수 있도록 한 가지 이상의 방법을 제시하라.

기여자들이 원하는 방식으로 소통방식을 체계화할 수 있도록 자유를 주어야 한다. 위키피디언들은 위키의 토론 페이지와 다른 운영 관련 토론 외에도 채팅 채널을 이용한다.

3. 웅대한 목표를 수립하라.

사람들이 기꺼이 자원할 마음이 들게 할 만큼 멋진 목표여야 한다.

4. 자임自任할 수 있는 기회를 최대한 많이 만들라.

도움이 되는 역할을 최대한 많이 소개하고, 저마다 잘할 수 있는 영역에 도전하도록 격려해야 한다. 그리고 이 과정을 모형화하라.

5. 의사결정 규칙을 사전에 정하라.

마치 소프트웨어에도 다른 명령들을 로딩하는 '부트 섹터boot sector'가 필요하듯이, 위키 커뮤니티에는 지배구조에 대한 과도한 논쟁으로 에너지를 허비하지 않도록 처음부터 최소한의 의사결정 절차를 둘 필요가 있다. 위키피디아는 교착상태가 풀리지 않을 때 웨일스가 이른바 '자비로운 군주'처럼 최종 결정을 내렸다. 그리고 규범과 운영자들을 둘러싸고 사이버 관료주의가 자라날 때 웨일스는 자신의 거부권을 행사하고(그럴 일은 점점 줄어들고 있다) 합의를 추구함으로써 시스템을 파멸로부터 보호한다. 토발즈도 리눅스 커뮤니티에서 이와 비슷한 역할을 한다. 당신도 민주적인 절차를 추구한다면, 자원자들을 공개적으로 초청하기에 앞서 그들이 어떻게 의결권을 행사할 수 있고 또 의결과정이 어떻게 진행되는지부터 명확히 밝혀야 한다.

6. 최근에 개정한 내용을 밝히고 열성적인 기여자들에게 감사하라.

최신의 기여 내용은 물론이고 가장 많이 기여한 사람은 누군지 등에 대한 다양한 정보를 리더보드를 통해 알리는 방법도 강구해야 한다.

7. 목록 페이지와 안내 링크도 관리하라.

전체 체계가 뒤죽박죽이 되어서는 안 된다.

8. 실수를 범하는 것보다 활동하지 않는 것을 걱정하라.

의심스럽더라도 실행해야 한다. 나중에 누군가 수정해줄 것이다.

9. 고정적으로 기여하는 사람들의 프로필 페이지를 따로 제공하라.

10. 커뮤니티 전체가 보안에 협조하도록 하라.

모든 위키를 위키피디아처럼 공개할 필요는 없지만, 공개적으로 요청할 때는 진입장벽을 최대한 낮출 필요가 있다. 손상을 쉽게 복구하도록 하고, 그릇된 행동을 추방하며, 파괴를 목적으로 하지 않고 선량한 의도를 가진 사람들이 당신의 요청에 귀 기울이도록 해야 한다.

11. 시작을 앞두고 모임을 고려하라.

직접 얼굴을 마주한 모임으로 시작해야 한다. 사람들에게 랩톱컴퓨터를 가져오게 하고 필요하면 설명도 한다. 위키 구축을 시작하면서 모두가 개인적으로 대화를 나눌 수 있는 시간을 주는 것도 좋다.

12. 발생적 리더십emergent leadership을 장려하라.

커뮤니티 봉사 개념으로서의 리더십을 명확히 설명하고 구축해야 한다. 위키에 기여하도록 강제해서는 안 되며, 오로지 격려하고 북돋우는 것만이 당신이 할 수 있는 전부다. 모범적으로 리드할 수 있는 사람에게는 그만큼의 책임을 부여해야 한다. 커뮤니티는 새로운 리더를 두려워할 게 아니라 더 많은 리더를 확보하도록 노력해야 한다. 리더가 많다는 것은 그만큼 봉사할 자원이 많다는 뜻이기 때문이다. 리더십을 권한과 혼동해서는 안 된다. 개인에게 집중된 권한은 되도록 줄이고 권한을 넓게 분산해야 한다. 필요한 영역을 찾아내 기여하려는 사람이 있으면 누구에게든 권한을 부여해야 한다.

13. 편집 내용을 기록하는 예를 제시하라.

구두점의 추가, 삭제 등 편집자들이 그동안 한 일을 간단한 양식에 요약할 수 있도록 장려하라. 누가 어떤 일을 했는지 모두가 알 수 있도록 투명하게 해야 한다. 모든 기여자들이 어떤 일을 무슨 이유로 했는지 분명히 밝히도록 해야 한다.

지금까지 주의력, 허위정보 간파, 참여, 협업에 대해 이야기했다. 이제 다섯 가지 리터러시 중 마지막으로 네트워크 세상에서 정보와 권력,

사회관계가 어떻게 흘러가는지를 배울 차례다. 주의력 리터러시가 다른 리터러시들을 엮는 실이라면, 네트워크 리터러시는 인간의 사회성과 디지털 미디어를 연결하는 천으로 볼 수 있다.

4시에 다시 만나~
시계탑 앞에서
즐겁게 춤추려면 서로 협조해야 해...
이봐, 우린 가는 방향이 똑같군!
파트너와의 협조 말이야...
우린 자원을 공유 하지..
위험도 마찬가지고.
모두 함께 달리자!!
플래시몹으로 춤추려면 협력해야 하고...

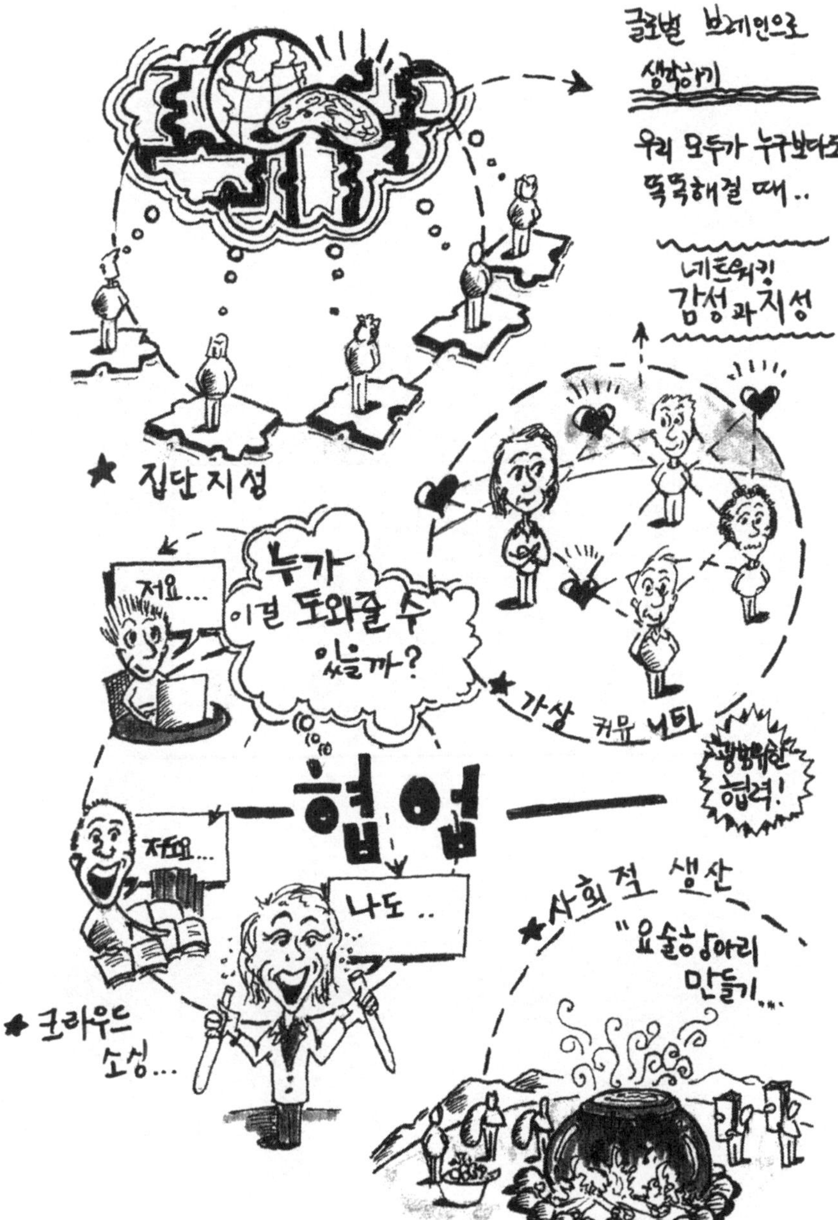

글로벌 브레인으로 생각하기
우리 모두가 누구보다도 똑똑해질 때..
네트워킹 감성과 지성
★ 집단 지성
누가 이걸 도와줄 수 있을까?
저요...
★ 가상 커뮤니티
광범위한 협력!
협업
저도요...
나도 ..
★ 사회적 생산
"요술항아리 만들기...
★ 크라우드 소싱...

NETWORK
SMARTS

5

네트워크 지성

소셜 네트워크, 넓고 느슨한 유대의 힘

인적 소셜 네트워크에는 사람들 사이의 유대 및 특정 수학 규칙에 따라 움직이는 특정한 유대 형태 외에도 전체가 부분의 합을 뛰어넘는다는 소중한 아이디어가 담겨 있다. 인간의 모임에는 각각의 개인에게는 존재하지 않는 특질이 있으며, 이 모임을 통해 개인이 과거에는 할 수 없었던 무언가를 해결하는 것이 가능해진다. 이 특질의 한 가지 예로, 대다수 사람들이 고등학교나 대학교의 화학시간에 해봤을 탄소 실험을 들 수 있다. 탄소 원자를 결합하면 흑연이 만들어지고, 여기에 육각형의 특정 결합이 이루어지면 까맣고 부드러운 흑연판이 된다. 또 동일한 탄소 원자들을 다른 방식으로 결합하면 투명하고 딱딱한 다이아몬드가 만들어진다. 이 까맣고 부드러운 특질과 투명하고 딱딱한 특질은 본질적으로 완전히 다르지만, 이렇게 차이가 나는 이유는 탄소 때문이 아니다. 탄소는 동일한데 다만 탄소 원자들이 결합하는 방식에 따라 특질이 달라진다. 그리고 그렇게 해서 탄생한 두 가지 물질의 특질은 탄소 원자 본연의 특질과 다르다. 그것은 결합물, 즉 탄소 원자들이 모이면서 형성된 특질이다. 따라서 구성 요소를 모아 더 큰 전체를 만들 경우 개별 요소에서는 찾을 수 없던 새로운 특질이 전체에서 나타날 수 있다.(니컬러스 크리스타키스Nicholas Christakis, 「소셜 네트워크 화학The Chemistry of Social Networks」, 2010)

인포텐션에서 집단지성까지, 이 책과 당신의 경험에서 배운 모든 것들은 인적 네트워크와 기술 네트워크에 고스란히 반영된다. 우리는 뇌세포에서 사회적 유대에 이르기까지 온통 네트워크로 지배되는 세상을 살아왔지만, 최근에 와서야 비로소 네트워크화된 우리의 본성이 실제로 우리에게 미치는 영향을 이해하기 시작했다. 1990년대 후반에 과학자들은 물리학과 생물학, 사회학의 네트워크 구조와 기술체계 사이의 관련성을 연구하여 몇 가지 사실을 발견했다.

- 네트워크에는 구조가 있고, 이 구조가 개인과 네트워크의 행동양식에 영향을 미친다.
- 표현 매체를 통해 유지되는 인적 소셜 네트워크의 역사는 우리 종種의 기원까지 거슬러올라간다. 기술적으로 네트워크화된 커뮤니케이션 미디어는 전통적 소셜 네트워크의 범위를 확장하여 새로운 양식의 사회성을 창조한다.
- 소셜 네트워크를 지원하는 온라인 네트워크는 인적 네트워크의 독특한 특질뿐 아니라 더 일반화된 네트워크 구조의 특질까지 공유한다.

1990년, 존 궤어John Guare의 브로드웨이 연극 〈6단계 분리 법칙Six Degrees of Separation〉의 대사 한 구절이 사람들의 입소문을 타기 시작했다. 이 개념은 새로운 네트워크 과학의 핵심이었다. "이 지구상의 누구든 여섯 사람만 거치면 알 수 있다는 글을 어디선가 읽은 적이 있소. 여섯 단계만 거치면 이 지구에 사는 누구라도 알 수 있다는 말이지요. 미합중국의 대통령이든, 베니스의 사공이든 누구든 이름만 대보시오."[1]

이 획기적인 아이디어는 사회심리학자 스탠리 밀그램과 제자 제프리 트래버스Jeffrey Travers가 1967년에 시행한 실험에서 발견했다. 밀그램은 오마하와 위치타 지역에서 300명의 피실험자들을 무작위로 선정한 다음, 각자에게 실험정보가 담긴 봉투와 함께 보스턴의 수취인 이름을 제시했다. 피실험자가 보스턴의 수취인을 알 경우에는, 봉투에 동봉된 명부에 자신의 이름을 기록한 후 보스턴에 있는 수취인에게 직접 보내도록 했다. 반대로 피실험자가 보스턴의 수취인을 모를 경우에는, 피실험자가 아는 사람들 중에서 수취인과 같은 성姓을 가진 사람 중에 그 수취인에게 가장 근접하게 전달할 수 있을 것으로 생각되는 사람에게 보내도록 했다. 연구진은 봉투가 수취인에게 도달하기까지의 '경로 길이path length'를 판단하기 위해, 봉투를 받은 사람들이 그 봉투를 다시 누군가에게 보내기 전에 동봉된 명부에 이름을 기록하도록 했다. 많은 봉투가 중간에서 실종되었지만 64통은 무사히 수취인에게 배달되었다. 그리고 평균 '경로 길이'는 5.5였다. 밀그램의 이 연구 결과는 『사이콜로지 투데이*Psychology Today*』에 실렸고 오늘날 이 개념은 '작은 세상 현상small world phenomenon'으로 잘 알려져 있다.[2]

1998년 컬럼비아 대학의 심리학 교수 덩컨 와츠Duncan Watts와 코넬 대학의 수학자 스티븐 스트로가츠Steven Strogatz는, 노드node의 수는 많지만 노드 사이의 평균적인 경로 길이는 매우 짧다는 모든 네트워크의 공통적인 기본 구조를 암시하는 「'작은 세상' 네트워크의 집단 역학」이라는 논문을 『네이처』에 발표했다. 두 사람은 벌레의 일종인 예쁜꼬마선충의 신경계와 미국 서부 송전망에도 이런 네트워크가 존재한다는 사실을 증명했다.[3] 그리고 물리학자 앨버트-라즐로 바라바시Albert-Lázló Barabási는 월드와이드웹과 신진대사 네트워크, 과학적 협업 네트워크, 생태학적 먹이사슬에도 이와 유사한 구조가 존재한다고 주장했다. 그뿐만 아니라 전염병 확산 경로에서 케빈 베이컨과 함께 영화에 출연한 배우들에 이르기까지, 과학자들이 관심을 갖기 시작한 모든 분야에서 작은 세상 네트워크의 증거가 속속 드러났다.[4]

2001년 와츠는 이메일을 이용하여 밀그램의 실험을 재현했다. 그는 157개 국가에서 4만 8000명의 발신자와 19명의 목표 수신자를 임의로 정했다. 이 실험에서의 평균 경로 길이도 역시 6이었다. 〈뉴욕타임스〉는 2010년 시행된 어느 소셜 미디어 분석 사례를 보도했다. 트위터 사용자들을 추적한 이 사례에서는 사용자의 98퍼센트가 다섯 다리만 건너면 서로 아는 사람들인 것으로 드러났다.[5] 2007년에는 주르 레스코벡Jure Leskovec과 에릭 호르비츠Eric Horvitz가 2억 4000만 명의 인스턴트 메시지 대화 300억 건을 조사하여 마이크로소프트 메신저 사용자들의 평균 경로 길이가 6.6이라는 사실을 밝혀냈다.[6] 소셜 사이버 공간은 이메일, 블로그, 하이퍼링크, 인스턴트 메시지, 트윗 등 어느 것으로 연결되어 있건 작은 세상 네트워크와 동일하다. 왜냐하면 사이버 세계에 형성된 이 공간 또한 접촉 수단만 전자적인 것으로 바뀌었을 뿐, 인적 소셜 네트워크 형성의 연장선에 있기 때문이다.

와츠와 스트로가츠는 거대한 네트워크가 어떻게 작은 세상이 될 수 있는지를 밝힘으로써 디지털 시민에게 유용한 지식을 창조했다. 연필과 종이만 있으면 당신도 이 원리를 직접 확인할 수 있다. 동그라미를 하나

그리고, 그 주변에 점을 찍는다. 그런 다음 각 점에서 양옆으로 이웃한 두 점으로 선을 긋는다. 이렇게 이으면 고도로 밀집된 네트워크가 만들어진다. 즉 사람들이 불을 끄기 위해 줄지어 늘어서서 양동이를 나르는 모습과 비슷한 형태의 네트워크가 형성된다. 이때 하나의 점에서 동그라미 반대편의 다른 점에 이르기 위해서는 몇 개의 점을 거쳐야 하는지(밀그램이 말한 경로 거리를 뜻한다) 세어보자. 이제 동그라미 주변에 70억 개의 점이 있다고 상상해보자. 그리고 몇 개의 점에서 시작하여 인접한 점이 아니라 동그라미를 가로질러 몇 개의 점까지 선을 임의로 그어보자. 고도로 밀집된 네트워크에서는 이렇게 임의의 선 몇 개를 긋는 것만으로 작은 세상 네트워크가 만들어진다. 당신은 이탈리아에 아는 사람이 있는가? 이제 당신과(또는 당신의 네트워크와) 이탈리아의 그 사람 사이의 경로 길이는 획기적으로 줄어들었다. 네트워크로 연결된 개인은 네트워크상에서 인접한 이웃보다 멀리 떨어진(그리고 이웃과는 다른) 사람들과 몇 번의 접촉만으로 서로 연결될 수 있다. 게다가 그 사람이 두 개의 서로 다른 네트워크를 통해 연결할 수 있는 유일한 사람일 때는 더더욱 유용하다.

앞으로는 사회학자들이 집단 중심의 사회(친구들 대부분이 서로 안다)에서 네트워크 중심의 사회(네트워크를 통해 만나는 사람들 대부분이 서로를 모른다)로 진화하는 과정을 연구하는 모습을 보게 될 것이다. 와츠와 스트로가츠가 밝힌 대로, 네트워크가 과도하게 밀집되면 세포나 사회구조에서 작은 세상 네트워크의 특징을 이루는 짧은 평균 경로 길이가 형성되지 않는다.

작은 세상 네트워크를 분석하여 각 노드가 네트워크의 다른 노드들과 연결되는 수를 지도화해보면, 대다수 노드들이 몇 안 되는 커넥션(접속)

으로 이어지지만 몇몇 노드(슈퍼노드)에는 많은 수의(고도의) 커넥션이 형성된다는 사실을 알 수 있다. 당신의 블로그에는 인바운드 링크가 그리 많지 않을 수도 있지만, 위키피디아의 링크는 엄청나게 많다. 인터넷은 구글과 페이스북, 위키피디아, 야후 같은 다수의 저밀도 노드와 소수

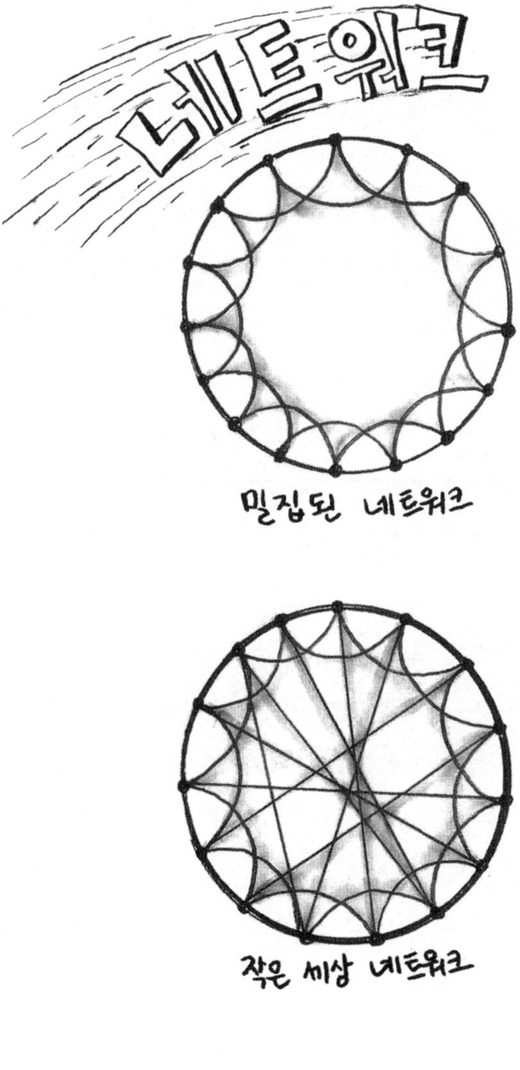

의 고밀도 슈퍼노드들이 얽혀 있다. 공항의 허브 앤드 스포크 구조와 고속도로 구조를 비교해보자. X축과 Y축으로 된 격자 형태의 그래프 위에 인바운드 링크와 연계된 노드의 수를 표시하면 거듭제곱 형태의 분포곡선이 만들어지는 것을 알 수 있다. 온라인으로 누군가에게 영향력을 행사하거나 비즈니스를 하기 위해서는 이 곡선을 이해할 필요가 있다.

한 가지 익숙한 통계 분포곡선은 당신도 이미 잘 알고 있을 것이다. 교사가 학생들에게 성적을 줄 때 A학점과 F학점은 적게 주고 B와 C, D학점은 많이 줄 때 만들어지는 곡선 말이다. 가우스곡선 또는 정규분포곡선으로 불리는 이 곡선을 그래프에 표시하면 종 모양을 닮았다고 해서 사람들은 이를 종형鐘形 곡선이라고 부른다. 이 곡선의 가운데에 자리하는 정점은 그 형태가 완만하며, 어떤 성향에서든 평균적인 사람들의 수가 가장 많다는 것을 의미한다. 그리고 곡선의 정점으로부터 양끝으로 떨어지는 꼬리 부분이 상대적으로 정점 가까이에 있다는 점도 주목할 필요가 있다. 예를 들어 사람의 키를 그래프에 표시할 때 15센티미터 이하나 5미터 이상에 해당되는 사람은 아무도 없다.

거듭제곱 분포곡선은 정규분포곡선과는 모양도, 의미하는 바도 다르다. 거듭제곱 곡선에서는 20퍼센트가 그래프 전체 면적의 80퍼센트를 차지한다. 바꾸어 말하면, 저밀도 노드의 수가 평균적이거나 많은 커넥션을 가진 노드보다 압도적으로 많다는 뜻이다. (부의 분배 형태를 연구한 경제학자의 이름을 딴) 파레토 분포는 '80대 20 법칙'으로도 불리며 부의 분배, 언어에서 단어 활용 빈도, 위키피디아 기여자들의 활동량, 블로거 인기도 등 다양한 분야에 접목할 수 있다. 클레이 셔키도 지적했듯이, 트래픽이 가장 많은 블로그 수는 얼마 안 되는 데 반해 대다수 블로그의 트래픽 양은 평균적이거나 적다.[7] 『와이어드』 편집자인 크리스 앤

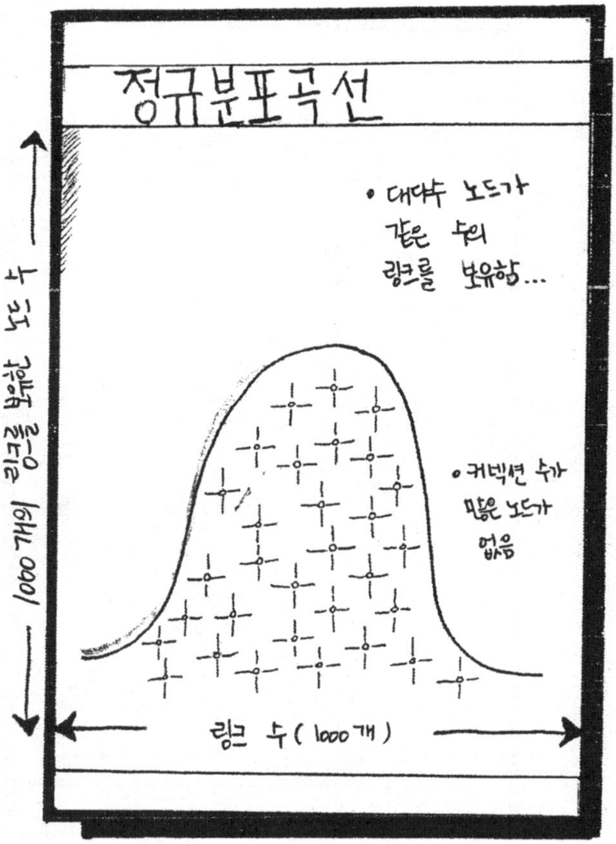

더슨Chris Anderson은 정규분포곡선과는 달리 거듭제곱 분포곡선의 꼬리는 끝까지 길게 이어지고 있음에 주목한다. 분포곡선 상단에는 노드 수가 적은 데 반해 앤더슨이 명명한 '긴 꼬리long tail' 부분에 훨씬 많은 노드가 몰려 있다.[8]

몇몇 블로그가 수많은 인바운드 링크와 접속자 수를 거의 독점하는 데 반해 대다수 블로그의 인바운드 링크와 접속자 수는 얼마 되지 않는다. 이 현상을 웹의 작은 세상 네트워크 구조와 접목하면, 영상을 비롯

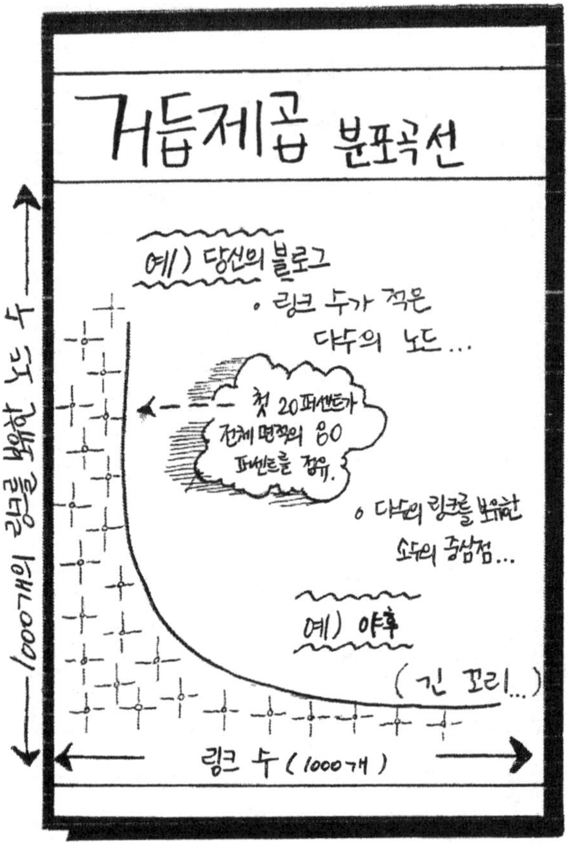

하여 다양한 인터넷 밈meme들이 어떻게 퍼져나가는지 이해할 수 있다. 이를테면 베브 해리스Bev Harris 같은 그리 유명하지 않은 블로거가 다이볼드Diebold 전자투표기의 문제점을 폭로한 후 다른 사람들이 그 소식을 링크하고, 그러다가 앤드루 설리번Anerew Sullivan 같은 슈퍼노드 블로거도 링크하는 식이다. 웹에 접속하는 대중의 수는 많을 수도 적을 수도 있지만, 여건만 조성되면 다수의 대중이 재빠르게 다른 공표자들을 찾는다. 허브 공항이 지역 거점을 먹여 살리듯이 슈퍼노드가 대중의 관심

을 '긴 꼬리'로 분산하기 때문이다. 앤더슨은 긴 꼬리에서 만들어지는 기회들을 눈여겨본다. 분포곡선 상층의 노드는 그 인기를 통해 이익을 창출할 기회를 찾겠지만, 앤더슨은 긴 꼬리의 인기 없는 노드 역시 그에 못지않게 소중하다고 주장한다.

아마존이 올리는 수익의 상당 부분은 베스트셀러가 아니라 전통적 형태의 상점에서는 접하기 어려웠던 비인기 서적이나 음반 등에서 창출된다. 넷플릭스Netflix에서 대여하는 영화 DVD의 대부분은 흥행과 무관한 작품들이다. 이름 없는 오페라 가수의 팬들, 희귀종의 애완견을 키우는 사람들, 고대 발칸제국의 납세증지를 수입하는 사람들이 모두 모이면 하나의 시장을 형성할 수도 있다. '긴 꼬리' 법칙은 소비자들뿐 아니라 생산자들에게도 적용된다. 모든 틈새niche 블로거, 큐레이터, 영상 제작자들은 검색과 큐레이션의 도움과 추천을 통해 잠재적 팬 및 대중과 연결할 수 있다. 그리고 유통능력이 떨어지는 문화 생산자들에게도 거듭제곱 곡선의 상단에 연결될 수 있는 기회가 있다.

최근의 공중보건 데이터의 소셜 네트워크 분석SNA 결과를 보면, 당신 친구의 친구(그중에 당신이 실제로 아는 사람은 몇 명뿐이거나 전혀 없을 수도 있다)가 비만이거나 흡연자이거나 우울한 상태라면 당신도 비만과 흡연, 우울증에 빠지기 쉬운 것으로 나타났다. 캘리포니아 대학 샌디에이고 캠퍼스의 정치학자 제임스 파울러James Fowler와 하버드 의과대학 교수이자 사회학자인 니컬러스 크리스타키스가 놀라운 연구 결과를 발표했다. 이들은 「대규모 소셜 네트워크에서 행복감의 역동적 확산: 20년간의 프레밍엄 심장 연구에 대한 종단 분석」이라는 논문에서 사람들이 느끼는 행복감이 친구와 이웃, 동료의 행복감 수준에 영향을 받는다고 강조했다.[9] 두 연구원은 20년에 걸쳐 사람들의 건강과 행복에 관해 연구한 프레밍엄 심장 연구 데이터와, 그 상관관계를 탐구하기 위한 소셜 네트워크 분석의 토대로 자신들의 소셜 네트워크 자료를 함께 활용했다. 파울러와 크리스타키스에 따르면, 친구의 친구의 친구들은 당신이 잘 아는 사람의 행복감에 3분의 1 정도의 영향을 끼친다고 한다. 이 놀라운 결과대로라면 적어도 당신이 느끼는 행복의 일부가 당신이 한 번도 만난 적 없는 사람들에 의해 좌우된다는 의미다. 최근에 사회적 전염social contagion이라 불리는 현상을 주제로 한 이 연구는 비만과 흡연, 약물 남용 및 기타 행동을 소셜 그래프로 연결했다.[10] 이 연구는 최근에 시행되었기에 다른 연구진이 더 많은 데이터를 확보할 때까지 연구 결과를 어느 정도 유보적으로 받아들여야겠지만, 연구에서 강조하듯 네트워크 인지력이 당신의 건강과 행복에 미치는 영향은 매우 클 수도 있다.

네트워크의 각 노드가 자유로운 정도는 다른 노드들과도 연결되며, 이는 결과적으로 네트워크 전체의 특징에도 영향을 미친다. "이 네트워크에서는 누가 누구와 소통할 권한을 갖고 있는가?" 이 질문에 어떤 답이 나오느냐에 따라 네트워크 구조의 유형뿐 아니라 네트워크 미디어로서의 상대적 가치(효용)도 파악할 수 있다. 인터넷 초창기 설계자의 한 사람이며 현재 MIT 교수인 데이비드 리드David Reed는 10년 전 미디어랩 근처에서 나와 식사를 함께 하며 사노프와 멧칼프, 리드가 정립한 법칙들에 대해 설명해준 적이 있다. 그 무렵 나는 협동기술에 대해 연구하는 중이었다. '사노프의 법칙'은 텔레비전 개척자인 데이비드 사노프David Sarnoff의 이름에서 비롯되었다. 텔레비전이나 라디오 같은 방송 매체에서는 시청자 수가 늘어나면 네트워크의 가치(효용)도 '산술적으로' 향상된다. 즉 시청자가 많아질수록 네트워크의 가치도 그에 비례하여 증가한다. '멧칼프의 법칙'은 인터넷의 모체인 이더넷Ethernet의 개발자 로버트 멧칼프Robert Metcalf의 이름에서 따왔다. 멧칼프는 이더넷이나 인터넷 같은 다대다 네트워크는 노드를 추가할 때마다 각 노드의 범위가 제곱으로 확장되기 때문에 그 가치가 방송 네트워크보다 훨씬 빨리 증가한다고 주장했다. 모든 노드가 다른 모든 노드와 소통(커뮤니케이션)이 가능해진다면, 각각의 새로운 노드를 통해 한 단위씩의 가치를 추가하는 것보다 노드의 수를 늘리는 것만으로도 연결 가능한 커넥션(접속)의 수를 결정할 수 있다. 즉 두 개의 노드가 네 단위의 의미적 또는 자산적 가치가 있다면, 세 개의 노드는 아홉 단위의 가치를, 열 개의 노드는 백 단위의 가치를 창출하는 것이다. 한 대의 팩스기만 존재할 때는 아무런 가치도 없었다. 그러나 두 대의 팩스기가 존재하면서부터는 사람들이 팩스기를 소유할 이유가 생겼고, 팩스기가 수백만 대로 늘어나면서 팩스 네트워크의 가치는 백만 곱하기 백만 단위로 높아졌다.

리드는 인터넷과 웹처럼 인적 집단 형성의 기반 역할도 하는 다대다 네트워크의 효용이, 멧칼프의 법칙보다 훨씬 급격하게 증가한다는 데 주목했다. 각 노드의 가치(효용)가 소통 가능한 다른 노드의 수뿐 아니라 역시 소통 가능한 잠재적 집단의 수에 의해서도 증가한다고 보았기 때문이다. 팩스기나 전화기가 집단과 소통할 수는 없지만 사람은 그럴 수 있다. 리드는 이베이의 성공 원인을 탐구하는 과정에서 '집단 형성 네트워크GFN'를 생각했다고 말했다. "이베이가 성공한 이유는 특정 관심사와 관련된 사회집단의 형성을 촉진했기 때문입니다. 찻주전자나 오래된 라디오 같은 것들을 사거나 팔려는 사람들을 중심으로 여러 사회집단이 만들어진 것이죠." 나는 2002년에 쓴 『참여군중』에서 리드와의 인터뷰를 소개했다. "나는 집단 형성 네트워크의 가치가 멧칼프의 법칙이 적용되는 네트워크보다 빠른 속도로, 아니 훨씬 빠른 속도로 증가한다고 봅니다." 리드가 냅킨에 가파른 기울기의 곡선을 그려 보이며 말했다. "'리드의 법칙'에서는 네트워크의 가치가 사용자 수의 제곱에 비례하는 것이 아니라 기하급수적으로 증가합니다."[11]

다시 말해 노드의 수를 제곱하는 데 그치지 않고 2에 노드 수만큼을 제곱한다는 뜻이다. 2의 10제곱은 10의 제곱의 10배와 비슷하다. 노드 2개의 가치는 멧칼프와 리드의 법칙 모두에서 4이지만, 노드 10개의 가치는 멧칼프의 법칙에서는 100(10의 제곱), 리드의 법칙에서는 1024(2의 10제곱)가 된다. 이 기울기 차이 때문에 리드의 법칙에서는 하키 스틱 모양의 곡선 형태가 만들어진다. 이 법칙은 이메일과 기타 소셜 커뮤니케이션에 의해 가능해진 소셜 네트워크가 엔지니어 커뮤니티를 넘어 모든 이해관계 집단을 아우를 정도로 인터넷을 확장한 과정을 설명해준다. 리드의 법칙은 컴퓨터 네트워크와 소셜 네트워크를 이어주며, 집단 형성과 집단 사이의 소통 등 모든 과정에 관련된다.

리드는 「부지불식간의 놀라운 성장: 멧칼프의 법칙을 넘어 커뮤니티 형성의 원동력으로That Sneaky Exponential」라는 글에서, 여러 분야의 네트워크가 창조하는 경제적, 문화적 가치 유형과 성장 법칙을 설명한다.

> 네트워크가 창출할 수 있는 가치를 간략하게는 세 가지 유형으로 나눌 수 있다. 개인 사용자들을 겨냥하는 서비스의 선형 가치linear value, 교류를 촉진하는 데서 비롯되는 평방 가치square value, 집단의 제휴를 촉진하는 데서 비롯되는 기하급수적 가치exponential value가 그것이다. 중요한 것은 네트워크의 규모가 커지면서 전형적인 네트워크의 지배적 가치도 하나의 카테고리에서 다른 방향으로 변화할 수 있다는 사실이다. 그 성장이 고객의 증가 때문이든 아니면 투명한 상호관계 때문이든, 규모의 성장은 새로운 카테고리의 킬러 앱*을 양산하여 경쟁구도를 새롭게 만들 수도 있다.

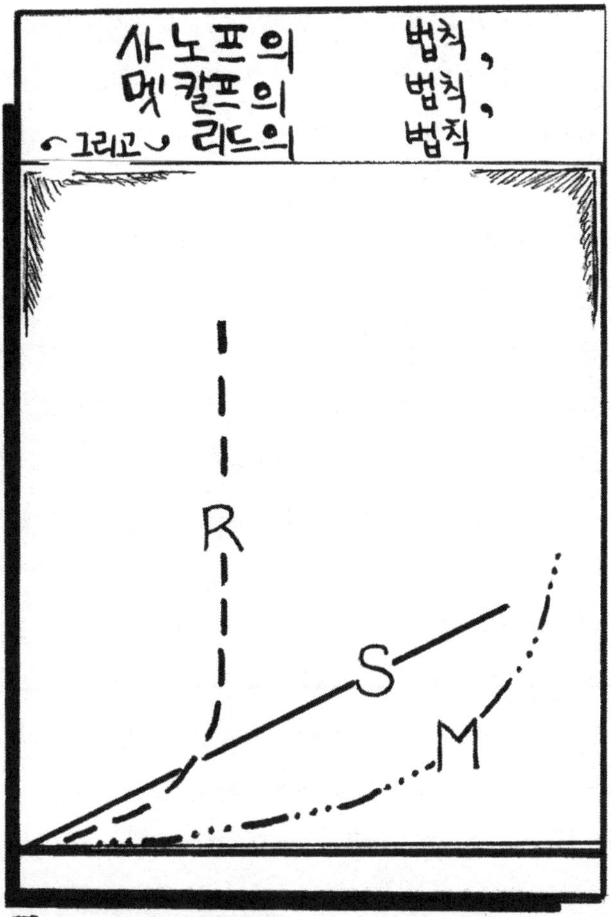

- 사노프의 법칙 = ————————
- 멧칼프의 법칙 = —··—··—
- 리드의 법칙 = — — — — — —

우리는 인터넷 역사에서도 이런 규모에 따른 가치 변화를 살펴볼 수 있다. 초창기의 인터넷 사용은 단말기들이 소수의 유료 시분할 호스트를 선택적으로 접속할 수 있게 하는 단말 네트워크로서의 역할이 위주였다. 인터넷이 점차 발전하면서 그 활용과 가치의 중심도 멧칼프의 법칙에 따라 이메일 메시지와 파일 등의 상호교환으로 이동했다. 그리고 1990년대 초에 접어들어 인터넷이 급성장하면서 뉴스그룹, 사용자 주도의 메일링 리스트, 특정 관심사에 특화된 웹사이트 등이 기하급수적 그룹 형성 네트워크GFN 법칙을 좇아 트래픽을 지배하기 시작했다. 인터넷의 규모가 증가하면서 기존의 지배적 기능들이 지녔던 가치가 사라지거나 축소된 것은 아님에도, 서비스의 가치와 효용은 새롭게 부상한 규모의 법칙들에 의해 더 빠르게 확장되고 있다. 이에 따라 과거에 인터넷 밖에서 이루어졌던 다양한 교류와 협력들이 확장된 인터넷 기능 범위 속으로 흡수되면서 새로운 경쟁의 장이 펼쳐졌다.*

네트워크에서 중요한 요소 또한 네트워크의 규모에 따라 달라진다. 선형 연결가치 성장에 좌우되는 네트워크에서는 '콘텐츠가 왕이다'. 다시 말해, 이런 네트워크에서는 사용자들이 선택할 수 있는 콘텐츠 소스(공표자 또는 제작자)의 수가 적다. 따라서 각 소스는 자기 콘텐츠(공표된 스토리, 공표된 이미지, 표준화된 소비재 등)의 가치를 기반으로 사용자들을 확보하기 위해 경쟁을 벌인다. 멧칼프의 법칙이 지배하는 영역에서는 교류가 핵심이다. 즉 교류되는 것들(이메일 또는 음성메시지, 돈, 증권, 계약된 서비스 등)이 왕이다. 그리고 기하급수적 그룹 형성 네트워크 법칙이 지배하는 곳에서는 공동으로 구축한 가치(전문 뉴스그룹, 제안 의뢰RFP에 대한 공동대응, 소문 등)가 핵심 역할로 부상한다.[12]

그루폰 같은 공동구매 서비스에서 플래시몹에 이르기까지, 새롭고 다

* killer app. 시장을 재편하는 상품이나 서비스.

양한 현상들도 네트워크 구조라는 렌즈를 통해 보면 얼마든지 이해할 수 있다. 커뮤니케이션 연구가인 마뉴엘 카스텔은, 오늘날 우리 일상은 '정보사회'라는 말보다는 '네트워크 사회'라는 용어로 표현하는 것이 훨씬 적합하다고 주장한다. 최소한 구텐베르크 이후로 우리는 정보사회를 살아왔다. 카스텔은 『네트워크 사회』를 통해 사회적, 기술적 네트워크가 교차하며 인간의 사회적, 정치적, 경제적 제도들을 근본적으로 변화시키는 방대한 통계자료와 기타 증거들을 제시했다.[13] 카스텔은 저서 『네트워크 논리: 서로 연결된 사회는 누가 지배하는가?*Network Logic: Who Governs in a Interconnected World?*』에서, 기술적으로 매개된 소셜 네트워크가 사회를 변혁하는 일곱 가지 방식에 대해 설명한다.[14]

첫째, 이 네트워크는 전 세계에 걸쳐 있으며 정보의 주행시간도 거의 순간에 가깝다. 여기서 카스텔이 강조하는 것은 세계화의 구조적 기반이다. 둘째, 네트워크화된 조직은 명령과 통제 위주의 관료주의를 압도한다. 셋째, 사회 및 정치적 제도의 네트워킹은 국민국가의 통치위기에 대한 긴급한 대응이다. 넷째, 사회운동가들의 네트워크는 지역적 차원과 전 세계적 차원에서 시민사회를 재건하고 있다. 다섯째, 네트워크화된 개인주의networked individualism, 가상 커뮤니티, 스마트폰이 사회성을 새롭게 정립한다. 여섯째, 이 시대의 공공 영역이라 할 수 있는 미디어 공간이 이제는 사람들의 사회적 관행 전반을 포괄한다. 마지막으로, 지금의 네트워크 사회에서 그 형태와 방향을 구성하는 근본은 권력이다. 하지만 그 권력은 제도에 있지 않고, 국가나 대기업에 있지도 않다. 그 권력은 사회를 구성하는 네트워크에 존재한다.[15] 오늘의 네트워크는 과거 파워엘리트의 그것처럼 단순하고 엄격하며 제한적이지 않다. 대체 네트워크는 기존의 권력구조를 무너뜨린다. 이 모든 변화가 민주적이거나 항상 이로운 것은 아니며 모두가 예측 가능한 것도 아니다. 그러나 카스텔은 누구나 원하는 사람들과 세상의 모든 정보에 언제든 접속할 수 있게 되면서 우리의 생활양식도 달라지고 있다는 확실한 증거를 제시한다.

작은 세상, 거듭제곱 법칙, 긴 꼬리, 리드의 법칙, 네트워크 전염, 네트워크 사회 등은 오늘날 네트워크화된 대중의 행동양식에서 확연히 드러나는 사회적, 경제적 현상의 상당수를 주도하는 '보이지 않는 힘'이다. 이런 현상을 알 때 비로소 우리의 환경변화를 유발하는 구조적인 변혁에 대해서도 이해하기 쉬워진다. 당신이 잘 활용하든 그렇지 못하든, 네트워크의 이런 특질들은 우리가 정보에 다가가고 또 우리의 메시지를 전파하는 방식, 무언가를 구매하고 판매하고 공유하는 방식, 권력을 운용하는 방식, 우리와 다른 사람들의 학습방식 등에도 계속해서 영향을 끼친다. 네트워크의 일반적 특징에서 더 나아가 인적 네트워크의 특수성을 이해한다면, 인적 소셜 네트워크를 형성하는 다양하고 활기찬 상호관계에 대한 연구가 인터넷이 등장하기 전부터 이미 진행돼왔다는 사실도 깨닫게 될 것이다.

다행히 사회학자들이 수십 년 전에 개발한 기법들 중 일부는 오늘날 온라인 공중公衆의 구조를 이해하는 데에도 매우 적합하다. 일찍이 사회학자들은 인간집단의 행동양식을 연구했지만, 집단이 인간의 관계가 형성되는 유일한 경로는 아니다. 그래서 일부 학자들은 사람이 속한 집단만을 연구하기보다는, 사람들에게 매일 교류하는 사람의 명단을 만들도록 한 다음 그들 사이의 관계를 조사했다. 사람들의 행동양식과 관련된 유용한 정보를 얻기 위해 이런 관계 네트워크에 수학적 분석을 접목하면서부터, 디지털 시민에게 유용한 도구인 소셜 네트워크 분석이 발전했다.

소셜 네트워크 분석

수십억 명의 사람들이 매일 소셜 미디어를 통해 수조 회의 커넥션을 만들어 내지만, 우리가 키를 누르고 클릭을 할 때마다 어떤 관계가 생겨나며 또 그런 관계가 모여 어떻게 방대한 소셜 네트워크가 형성되는지까지 생각하는 사람은 드물다. 이메일, 블로그, 마이크로블로그, 위키 같은 소셜 미디어 툴을 즐겨 사용하는 사람들은 사적이거나 공적인 메시지를 기꺼이 보내고, 파트너십을 형성하기 위해 자신의 생각을 게시하거나 커뮤니티에 지식을 보태고, 문화 유산을 증진하고, 개발을 촉진한다. 헌신적인 소셜 네트워커들은 디지털 미디어를 창조하고 공유하며, 자신들의 경험에 보탬이 되는 자원을 평가하거나 추천하고, 이웃과 동료를 도울 방안을 제시하며, 자신들의 창의성을 표출한다. 그 결과 사람과 사람, 문서, 장소, 개념 및 기타 객체를 연결하는 거대하고 복잡한 커넥션의 네트워크가 만들어진다. 이제는 수많은 메시지와 링크, 포스트, 편집, 업로드된 사진과 영상, 비평, 추천 등에서 형성되는 커넥션의 집합으로부터 비롯되는 통찰을 수집하고, 분석하고, 명시하고, 발생시키는 새로운 툴을 활용할 수 있다. 사람들 사이에 폭넓은 상호작용을 가능하게 해준 소셜 미디어가 등장하면서, 우리를 다른 사람들과 연결해주는 보이지 않던 유대가 더욱 선명해지고 컴퓨터를 통해 그 유대를 서로 주고받을 수 있게 되었다. 덕분에 내용과 규모 면에서 과거에는 상상도 할 수 없던 소셜 네트워크를 형성할 새로운 기회가 만들어졌다. 얽혀 있는 사회관계에서 비롯되는 복잡한 구조도 이제는 컴퓨터 프로그램과 그래픽 지도를 통해 연구할 수 있게 되었으며, 그로 인해 유대와 연결의 형태와 주요 거점을 찾아내는 소셜 네트워크 분석 분야가 꽃을 피우고 있다. 그리고 이 지도들은 과거에는 일찍이 누구도 이르지 못했던 사회적 지평 속으로 새로운 여정을 안내한다.(데릭 L. 핸슨Derek L.

Hansen·벤 슈나이더먼Ben Shneiderman·마크 스미스Marc A. Smith, 『노드엑셀을 통한 소셜 미디어 네트워크 분석*Analyzing Social Media Network with NodeXL*』, 2011)

소셜 네트워크 분석SNA의 역사는 시기적으로 웹보다 이르지만, 온라인 사회성과 관련된 의문을 탐구하기에 매우 효과적인 수단으로 확인되었다. SNA의 원리는 누구나 쉽게 배울 수 있을 정도로 간단하며, 온라인 세계에서 우리에게 발생할 수 있는 광범위한 현상들을 이해하는 데 도움이 될 수도 있다. 일단 연필과 종이부터 준비하자.

네트워크를 어떻게 그리는지 대부분 알 것이다. 먼저, 종이 한 장에 아무렇게나 점을 여러 개 찍는다. 그리고 몇 개의 점을 선으로 잇는다. 여기서 각 점(노드 또는 정점이라고 부른다)이 사람들이고 점 사이의 선(관계 형성 방식을 말할 때는 '유대'라고 하고, 네트워크의 구조적 특징으로 묘사할 때는 '모서리'라고도 한다)이 사람들의 관계라고 간주하면, 이제 당신은 SNA의 기본 요소를 이해한 것이다. 유대는 혈연관계, 친목관계, 알고 지내는 사람들과의 관계 등을 의미할 수도 있고, 상황에 따라서는 경제적 교류나 성적인 관계 또는 위계서열(조직도나 '직급' 서열 등)을 나타낼 수도 있다. 이처럼 유대를 만들어내는 관계의 유형은 다양하게 규정할 수 있나. 당신을 하나의 노드로 간주하고 당신과 당신이 아는 사람들 또는 당신과 관련된 사람들 사이에 선을 긋고, 당신이 아는 사람들 중에서 서로 유대가 있는 사람들도 선을 그어보자. 이렇게 만들어진 그림이 당신의 개인적인('자기중심적egocentric'이라고도 한다) 소셜 네트워크 그래프다.

페이스북 친구 네트워크를 '소셜 그래프'라고 부르는 사람도 있다. '페이스북 소셜 네트워크의 시각화 기법'을 검색해보면 페이스북 소셜 그래프의 시각적 도표를 자동으로 생성하는 다양한 툴을 찾을 수 있다.[16] 소셜 그래프의 구조와 그래프에서 개인이 차지하는 위치는, 사회집단을 의미하는 그래프뿐 아니라 노드, 곧 당신을 포함한 하나하나의 사람들에게도 많은 영향을 미칠 수 있다. 개인의 사업이나 사회적 성공, 전염병이 번지는 상황에서 생존할 수 있느냐의 여부, 건강과 관련된 행동, 메시지와 교류의 도달 범위, 정치운동과 시민조직 또는 사업의 성공 여부 등 이 모두가 네트워크 효과에 매우 민감하다. 소문, 소동, 행복과 우울함, 지식 등도 빠르든 느리든 네트워크를 통해 전파된다.

소셜 네트워크를 분석하는 방법은 여러 가지가 있지만, 그중에서 꼽을 수 있는 한 가지 방법으로 유대의 강도를 들 수 있다. 나중에 더 자세히 설명하겠지만, 우선은 소셜 네트워크를 구성하는 사람들이 어떤 관계로 이어져 있는지부터 파악해야 한다. 먼저 네트워크 구조에서 개인의 위치, 즉 당신의 위치를 생각해보자. 당신이 알고 있고 교류하는 사람들을 모두 적었다면(자기중심 네트워크ego network), 여기서는 당신이 그 중심이고 어떤 유대 유형에 있어서는 당신이 유일한 노드일 수도 있다. 당신의 어머니는 당신의 누이를 알지만, 당신이 이용하는 슈퍼마켓 주인은 당신의 교수를 모른다. 하지만 당신은 그 모두를 안다. 인적 네트워크의 종류는 자기중심 네트워크 외에도 아주 다양하다. 대학생들의 성관계, 기업의 혁신가, 특정 분야의 학자, 영화 협업자들(예를 들면 베이컨의 여섯 다리 이내 사람들 등), 테러리스트, 물고 물리는 기업 이사들의 관계도 SNA에서 연구 주제로 잡았던 것들이다. 사회체제에서는 중심성centrality(네트워크에서 중심점 노드가 다른 영역의 사람들과 얼마나 잘 이어져 있는지를 나타내는 개념)이 단계degree(유대의 수)보다 훨씬 위력적일 수 있다. 기업이나 연구가들의 네트워크에 속한 사람이라면 대부분 다양하고 많은 정보벡터information vector가 오가는 중심성 높은 위치를 원할 것이다. 전염병이 확산되는 상황에서 중심성이 높다는 것은 전염될 확률뿐 아니라 질병을 퍼뜨릴 위험성도 그만큼 높다는 뜻이다. 반대로 전염을 우려하는 사람이라면 네트워크 가장자리에 자리를 잡는 것이 상대적으로 안전하다. 이런 상황에서 중심성은 곧 치명적임을 뜻한다. 또하나의 중요한 SNA 용어인 다리bridge는 동떨어진 두 영역의 네트워크에서 앞으로 연결될 가능성이 있는 사람을 말한다. 다리에 해당되는 사람들은 그 위치를 차지하는 데서 득을 볼 수 있으며, 이들의 사회적 능력에 따라 두 네트워크가 모두 이로워지기도 한다.

내가 SNA라는 용어를 처음 들은 것은 마크 스미스 박사에게서였다. 내가 『참여군중』을 집필하던 1991년 무렵 사이버 공간에서의 행동양식을 연구하던 사회학자들은 몇몇에 지나지 않았다. 당시 캘리포니아 대학 LA 캠퍼스의 사회학과 대학원생이던 스미스는, 왜 온라인 세계에서는 서로 잘 알지도 못하는 사람들에게 굳이 시간을 투자해가며 정보를 제공하고 사회적인 도움까지 주는지를 묻는 내 질문에 답을 주었다. "사회자본, 지식자본, 공유를 통해 기여할 수 있기 때문입니다." 그의 짧은 대답으로 나는 시대의 검증에 맞설 수 있었다.[17] 최근에는 SNA 기법을 네트워크 리터러시에 접목할 방법이 없을지 스미스에게 물은 적이 있다. 그때 그가 소개해준 것이 마크 그라노베터Mark Granovetter의 연구 결과다. 그라노베터는 소셜 네트워크에서 사람들을 연결해주는 유대를 주제로 연구했다. (사실 내 연구방식은 아주 투박해 보일 수도 있다. 무언가에 부딪히면 혼자 궁금해하다가 누군가에게 질문하고, 그 사람이 들려주는 지점을 주목하는 식이다. 궁금한 것을 누구에게 물을지를 아는 것도 매우 중요하다. 실제로 조직에서의 소셜 네트워크 문제는 "누가 무엇을 아는지 누가 아는가?"라는 질문으로 압축되기도 한다. 그래서 이 장 뒷부분에서는 질문할 대상을 알아내는 효과적인 기법인 개인 학습 네트워크에 대해 소개할 예정이다.) 그리고 나는 스미스가 지적한 지점을 탐구하는 과정에서 「약한 유대의 힘The Strength of Weak Ties」이라는 그라노베터의 논문을 발견했다. 이 논문

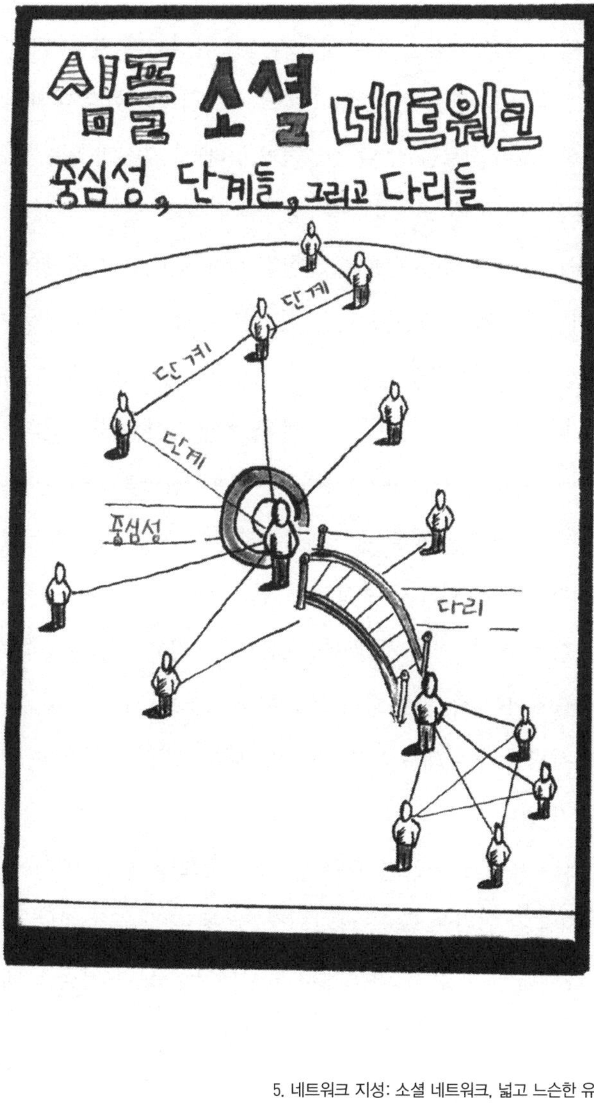

은 1973년 『미국 사회학 저널』에 실린 것으로, SNA 기법을 온라인 생활에 접목하기 전후 시기에 사회학자들 사이에서 큰 인기를 끌었다.[18]

그라노베터는 이렇게 기술했다. "유대의 강도는 감성적 농도와 친밀감(상호신뢰), 그리고 유대관계의 특징인 상호주의적 행동이 나타난 시간을 모두 (주로 선형으로) 합친 것과 같다."[19] 집이 무너졌다면 당신은 유대가 가장 돈독한 사람을 찾아가서 한동안 머무를 것이다. 하지만 우리 주변에는 유대가 약한 사람들과의 네트워크가 다양하게 만들어져 있다. 그라노베터는 강한 유대로 형성된 고밀도 네트워크(약한 유대의 네트워크에 비해 구성원들이 서로를 잘 알 개연성이 높다)에 자신과 비슷한 성향과 의견을 가진 사람들과 소통하려는 경향(동질성)이 결합될 때는, 오히려 서로에게서 얻을 수 있는 정보가 제한될 수도 있다고 지적한다. 고밀도의 동질 네트워크에 속한 사람들은 똑같은 뉴스에 관심을 갖기 쉬우며, 같은 파벌을 이루는 구성원들이 가진 견해나 정보도 동일한 경우가 많다. 그라노베터는 경험적 연구를 통해 중요한 사실을 발견했다. 새로운 정보를 얻고 혁신을 자극하기 위해서는 유대가 약하더라도 많은 사람들을 아는 것이 더 효과적일 수 있다는 사실이다. 그 근거로 그는 약한 유대의 방대한 네트워크가 구축되어 있는 사람이 일자리를 얻을 가능성이 너 높다고 했다. 작은 세상 네트워크의 인간관계에 주목하라. 고밀도 네트워크에서는 작은 세상의 특징이 잘 드러나지 않는다. 따라서 가장 친밀한 사람들과의 네트워크 외에 일정한 거리의 무작위 커넥션들을 이을 필요가 있다.

그라노베터는 유대가 사라진 사람들, 즉 고등학교 친구, 예전에 살던 곳의 이웃, 지금은 연락이 끊긴 과거의 직장 동료 같은 존재도 강조한다. 사라진 유대absent tie는 그라노베터가 살던 세상보다 지금의 네트워크 사회에서 훨씬 더 중요해졌다. 요즘은 예전과 달리 새로운 도시나 학교로 자리를 옮기더라도 페이스북 덕분에 사회 인맥을 유지하는 방식에 큰 변화가 생겼고, 온라인 미디어 덕분에 저렴한 비용으로 잠재적 유대 관계를 유지할 수 있게 되었다. 페이스북 사용자들이 흔히 하는 말처럼 축복이자 저주의 세상이 도래한 것이다. 요즘 인맥의 달인들은 돈독한 유대와 약한 유대, 잠재적 유대까지 모두 관리해야 한다고 강조한다.

스미스는 마이크로소프트 리서치의 연구원으로 있을 때에도 사이버 공간에 SNA 기법을 적용하면서 연구를 이어나갔다. 그리고 최근에는 SNA 기법을 디지털 및 소셜 네트워크에 적용하는 독립 컨설턴트로 활동하고 있다. 디지털 문화에서 SNA를 어떻게 현실적으로 적용할 수 있을지 조언을 부탁했을 때 스미스는 이렇게 말했다. "다리bridge가 되어보세요. 부동산에서 그렇듯, 소셜 네트워크에서도 가장 중요한 특징은 바로 위치입니다." 계속해서 그의 말을 들어보자.

다른 사람들과의 관계에서 당신의 위치는 어디입니까? 당신을 거쳐 어떤 사람들과 어떤 집단들이 서로 연결되어 있거나, 또는 연결될 수 있습니까? 사람들의 소셜 그래프를 관찰해보면, 팔로워나 커넥션이 가장 많은 사람들이라고 해서 그 네트워크에서 영향력이 가장 크다고 할 수는 없습니다. 예를 들어 온라인 사회성에 관심이 있는 많은 학자들의 네트워크에서, 어떤 사회학자와 유독 유대가 돈독한 컴퓨터 과학자가 한 명 있다고 가정해보지요. 사회학자와 컴퓨터 과학자들은 온라인 사회성 분야에서 같은 관심사를 공유하지만, 두 가지의 다른 공유지식으로 두 개의 독자적인 네트워크를 형성하고 있는 것입니다. 사이버사회학자들과 소셜 컴퓨팅 과학자들 모두를 알고 있는 이 사람은 두 네트워크의 다리가 될 수 있지요. 그 사람이 거기에 없다면 네트워크 사이의 연결이 끊어져 '구조적 공백structural hole'이 생깁니다. 만일 그 사람이 똑똑한 사람이라면 이를 연결할 방법을 찾겠지요. 다리가 되어보세요. 커넥션의 수에 집착하지 말고 커넥션의 질과 다양성을 생각해야 합니다. 이름도 없고 발도 넓지 않은 사람들과의 연결이 매우 소중할 때도 있습니다. 그들이 네트워크의 다른 사람들과 다르다면 말이죠.[20]

존 헤이겔John Hagel과 존 실리 브라운은 7000명의 인력을 보유한 연구단체 MITRE의 경영진이 "누가 무엇을 아는지 누가 아는가?"라는 질문에 대한 답을 얻기 위해 각종 토론방과 블로그를 통해 사내 소셜 미디어를 구축했다는 기사를 『이코노미스트』에 실었다. 헤이겔과 브라운은 MITRE의 경영진이 "이 방법을 통해 조직의 서로 다른 영역에 속한 집단 사이의 '중개자들'이 형성됐을 때 해답을 얻었다고 확신했다"고 전했다.[21] 스탠퍼드 대학의 프레드 터너 교수는 이런 중개자를 일컬어 '네트워크 기획자network entrepreneur'라고 명명했으며, 이 영역은 네트워크 사업 수완이 창출해내는 새로운 직업인 동시에 사회에 영향력을 미친다고 보았다.[22]

나는 "다리가 되어보라"는 스미스의 조언에 깊은 감명을 받았고, 그래서 한마디 더 해달라고 부탁했다. 그러자 그는 다소 갑작스러운 질문에도 미소를 지으며 이렇게 말했다. "고유벡터 중심성Eigenvector Centrality입니다!" 나는 이렇게 반문했다. "고유벡터 중심성이라고요? 그건 SNA를 아는 사람들이나 쓰는 용어 아닌가요?" 그가 다시 답했다. "요즘은 SNA와 무관한 분야에서도 이 원리에 익숙한 사람들이 많습니다. 굳이 기술용어라고 할 것도 없지요. 고유벡터 중심성은 구글 페이지랭크의 한 가지 요소이기도 하니까요." 구글과 SNA 기법에서는 모든 링크가 동일한 정도로 중요하다고 보지 않는다. 다수의 인바운드 링크를 가진 중심점

hub과 연결된 링크에는 권위가 더해진다. "따라서 두번째 조언은 사람들이 당신에게 연결하도록 하라는 것입니다. 당신에게 이어진 링크는 대리보증이라 할 수 있지요."[23]

스미스의 조언은 어떤 블로거라도 귀담아들을 만하다. 대다수 블로그에는 다른 사람들에게 제안할 수 있는 양식이 있다. 나도 내 블로그에서 소개할 만한 뉴스거리가 있을 때는 내 블로그 포스트에 링크를 달아 슈퍼노드 블로그로 연결한다. 그리고 대다수 블로거는 누가 자신의 포스트에 링크했는지를 알려주는 '핑백pingback'을 본다. 그렇다. 온라인 관심경제에는 구조적인 불평등이 존재한다. 하지만 그와 동시에, 활용하는 방법만 안다면 더 광대한 네트워크로 향하는 경로도 여러 가지로 열려 있다. 내 포스트로 슈퍼노드의 관심을 유도하고자 할 때 나는 스스로 한 가지 잣대를 적용해보곤 한다. 내 블로그 링크를 슈퍼노드 블로거나 트위터 사용자가 게시해서 공중에 연결했을 때 과연 유익하겠느냐는 것이 그것이다. 그렇게 해서 유익하겠다는 판단이 서면 그들의 관심을 받아들인다. 그런 식으로 반복적으로 믿을 수 있는 소스가 되면 당신과 슈퍼노드의 유대를 돈독히 할 수 있다. 정보의 먹이사슬에서는 기여자가 되어야만 사슬 위로 올라가 슈퍼노드의 관심을 끌 수 있다.

SNA에 대해 조금씩 알아가면서 나는 어쩌면 SNA가 내 일과 접목된 중대한 의문에 한 줄기 등불이 되어줄지도 모른다는 생각이 들었다. "온라인 생활이 우리 실체로서의 삶을 갉아먹을 것인가, 아니면 풍요롭게 할 것인가?" 물론 온라인으로 너무 많은 시간을 허비하는 사람들도 있다. 그리고 어떤 이들은 술이나 도박에 빠지고, 또 어떤 이들은 돈벌레가 되기도 한다. 소외는 분명히 존재하며, 이를 해결하기 위해 경제체제와 미디어도 수행해야 할 역할이 있다. 미셸 푸코, 테오도르 아도르

노, 막스 호르크하이머, 장 보드리야르 같은 학자들이 자본주의자들의 통제 메커니즘에 따라 정교하게 만들어진 미디어 환상론을 거론하며 미디어를 정치적으로 해석한 점도 기억해둘 필요가 있다. 그런데 철학적 분석뿐 아니라 몇몇 경험적 기법까지 개발된 최근까지도 여전히 남는 의문이 있다. "유대의 강하고 약한 정도와 상관없이, 디지털 네트워크에서 비롯된 새로운 관계는 어떤 이유로 실失보다 득得이 더 많을까?" 배리 웰먼이라는 사회학자 또한 이와 비슷한 의문을 품었다. 웰먼은 토론토 대학에서 네트워크 연구실의 학생들과 함께 온라인 생활의 사회학을 주제로 장기간에 걸쳐 광범위한 경험적 연구를 시행했다. 나는 이 연구 논문을 읽고 서로의 관심사를 논하기 위해 웰먼과 연구실 학생들을 만났다.

웰먼은 아주 친절하고 말투도 부드러운 사람이었다. 상냥하다는 수식어가 그 사람을 위해 만들어졌다는 생각이 들 정도였다. 웰먼은 미디어의 사회적 파급력을 주제로 한 연구를 진행해왔으며 그는 항상 철저히 경험적이고 엄격한 방법론으로 연구 주제에 천착해왔다. "온라인 활동이 유해하다거나 그렇지 않다는 당신의 주장을 뒷받침하는 데이터는 무엇인가? 그 데이터를 어떤 방식으로 수집해서 분석했는가?" 나는 그동안 온라인 활동이 인류에게 어떤 의미인지를 둘러싼 탁상공론을 오랫동안 관찰해왔으며, 솔직히 가끔은 나 역시 그런 탁상공론에 일부를 보태지 않았나 반성했다. 하지만 웰먼을 만나고서는 오직 과학적 관찰에 의해 뒷받침되는 주장들만이 새롭고 신선하다는 점을 발견했다.

웰먼과 나는 샌프란시스코와 토론토에서 저녁을 함께 하면서, 또 스카이프와 트위터를 통해서도 이 문제에 대해 많은 이야기를 나누었다. 웰먼은 온라인 애호가들의 비판적 태도가 중요하다는 나의 생각에 공감했다. 다시 말해, 아무리 즐겁고 의욕적인 활동이라도 우리의 모든 행동은 경제적, 정치적, 사회적 관계 속에서 이루어진다는 데 웰먼도 생각을 같이했다. 하지만 나와 달리 웰먼은 온라인 사회성과 관련된 의문에 사회과학 기법을 적용하는 방법을 알고 있었다. 웰먼과 학생들은 이 방대한 경험적 연구 결과를 해당 분야의 관계자들이 많이 보는 주요 저널에 실었다. 그들은 컴퓨터로 매개되는 인간관계 때문에 사람들이 소외된다는 우려에 의문을 제기했다. 내가 볼 때 가장 인상적인 부분은, 집단 중심의 사회성에서 웰먼이 명명한 네트워크화된 개인주의networked individualism로 이동하면서 생겨난 사회적 영향력을 웰먼의 연구진이 상세하게 설명한 방식이다.

디지털 사회화가 가져다준 가장 중요하고 놀라운 변화가 무엇이라고 생각하느냐는 질문에 웰먼은 이렇게 답했다. "우리 삶이 집단 중심에서 네트워크 중심으로 바뀐 거죠."[24] 집단은 조밀하게 얽혀 있고(대부분의 구성원이 서로를 안다) 제약이 심한 데(서로를 잘 모르는 사람들에게는 많은 커넥션이 존재하지 않는다) 반해, 네트워크는 듬성듬성 얽혀 있고(대다수 구성원이 서로를 잘 모른다) 제약도 적다(중심부에서 멀리 떨어진 사람들에게도 작은 세상을 만드는 원거리 커넥션이 많이 존재한다). 지금까지 공동체란 훈훈하고 따뜻한 언어로 포장된 불가침의 영역처럼 인식돼왔지만, 웰먼을 비롯한 일부 학자들은 사람들이 탄탄하게 얽힌 커뮤니티에서 채우기 힘든 욕구를 해결하기 위해 돈독한 유대 밖에 존재하는 약간은 이질적인 유대관계를 늘 유지해왔다고 지적한다. 웰먼은 오늘날의 사이버 소외 현상에 대한 두려움이 근대적 제도에 대한 오랜 반발에서 비롯된 것이라 설명하며, 요즘 사람들이 물리적 공동체뿐 아니라 디지털 네트워크 속에서도 지지와 정보, 소속감을 얻으려 한다는 근거를 제시한다.[25] 『사이언스』에서 그는 자신의 연구팀이 얻은 결과를 토론토의 '유선 네트워크 주택지구wired suburb'라 할 수 있는 '넷빌Netville'에서의 조사를 통해 설명했다. 그의 글을 보자.

컴퓨터 네트워크는 본질적으로 사람과 조직, 지식을 연결하는 소셜 네트워크다. 또한 일상생활과 분리하지 말고 결부시켜 연구해야 하는 사회제도이기도 하다. 컴퓨터 네트워크의 급격한 확산은 일과 커뮤니티에서 집단적 결속의 중요성을 축소시키는 결과를 초래했고, 제약이 덜하고 엉성하게 엮인 네트워크 사회로의 전환을 촉진했다. 인터넷은 가까이 있든 멀리 있든 친구와 친지의 접촉을 늘려 사회자본을 확장했다. 사람들이 이 복잡하고도 분산적이며 네트워크화된 사회를 탐사하며 지식을 얻기 위해서는 새로운 툴들을 개발해야 한다.[26]

'모두에게 똑같이 적용되는 방식'을 의미하는 규범적('모두에게 일정하게 적용되는 방식') 결론의 관점에서 지나치게 일반화하는 것은 적절치 않다. 나는 개인적으로 온라인을 통해 많은 지지와 정보, 소속감을 얻었다. 우리 모두가 유념해야 할 것은 미디어를 활용하면서 시간을 허비하고 있지는 않은지 정말 중요한 무언가를 놓치고 있는 건 아닌지 짚어보고 또 짚어보는 것이다.

하지만 개인적인 차이가 분명히 존재함에도 인간에 관련된 사회학의 기본 가정이랄 수 있는 보편적인 질문을 몇 가지 던질 수는 있다. 어느 개발업자가 토론토에 새로운 주택지역을 건설해서 주민들이 광대역 인터넷에 접속할 수 있게 됐을 때, 웰먼과 연구팀은 초고속 네트워크를 이용하는 주민과 그렇지 못한 주민을 비교할 기회가 있었다. 그리하여 다음과 같은 사실을 발견했다. "초고속 서비스를 이용하는 주민은 그렇지 않은 주민보다 평균 세 배나 많은 이웃들을 알았고 이웃을 방문한 횟수도 1.6배 더 많았다. 게다가 인터넷이 사교적인 목적에만 사용된 것도 아니다. 넷빌 주민들은 부동산 개발업체와 지역 인터넷 서비스업체에 집단적으로 대응하기 위해 지역 토론방 리스트를 효과적으로 활용했다."[27] 이 지역사회 하나만 놓고 본다면, 웰먼과 연구팀은 온라인 생활이 대다수 주민들의 오프라인 생활까지 윤택하게 만든다는 사실을 의미하는 신뢰성 있는 통계를 얻었다고 할 수 있다. 하지만 하이테크 주택지역으로 이사할 정도로 경제력이 있는 캐나다인들에게서 얻은 자료를, 문화와 경제적 환경이 다른 지역에서 살아가는 사람들의 행동양식을 예측하는 지표로 삼기에는 무리가 있다는 점도 고려해야 한다.

넷랩 외에 '퓨 인터넷 앤드 아메리칸 라이프 프로젝트'도 온라인 미디어의 사회적 영향을 주제로 미국에서 광범위한 여론조사를 실시한 적이 있다. 퓨 리서치 센터의 리 레이니와 존 호리건, 배리 웰먼, 제프리 보즈 등은「인터넷 유대의 위력」이라는 보고서에서 이렇게 밝혔다.

우리는 미국에서 사회관계, 그리고 공동체가 사라지고 있다는 우려에 이의를 제기하는 증거를 제시한다. 사람들로 이루어진 공동체는 사라지는 게 아니라 변화하고 있다. 다시 말해 공동체는 이웃과 마을에 기초한 집단을 지향하던 전통적인 형태에서 지리적으로 분산된 다양한 소셜 네트워크를 지향하는 형태로 바뀌고 있다. 사람들은 하나의 공동체에 얽매이기보다 이처럼 다양한 네트워크를 기반으로 소통하고 움직인다. 게다가 네트워크를 바탕으로 한 친구와 동료뿐 아니라 전통적 공동체의 기반인 친척과 이웃의 수도 크게 늘어나고 있다.

이처럼 분산된 소셜 네트워크를 영위하는 데 중요한 구실을 하는 것이 인터넷과 이메일이다. 인터넷은 사람들로 이루어진 공동체의 유대와 모순되는 것이 아니라 사람들과의 대면적인 만남이나 전화를 통한 만남과도 조화롭게 적응한다. 인터넷의 도움으로 사람들은 가까이 살지 않는 많은 구성원과도 방대한 소셜 네트워크를 통해 적극적인 만남을 유지할 수 있다. 나아가 미디어 다중성media multiplexity 효과도 있다. 즉 직접 만나거나 전화로 연락하는 사람들이 많아질수록 인터넷 사용자의 수도 늘어난다. 소셜 네트워크에서 인터넷과 다른 미디어가 결합되면, 누구든 도움이 필요할 때 인터넷을 통해 네트워크에서 원하는 누군가를 찾을 수 있다는 이로운 결과를 낳는다.

가족과 달리 개인은 각자 따로 연결되기 때문에 인터넷과 휴대전화도 '가구 대 가구'에서 '개인 대 개인' 커뮤니케이션으로 진화했다. 여기서 저술가 배리 웰먼이 '네트워크화된 개인주의'라고 이름 지은 새로운 공동체 기반이 만들어진다. 즉 개인들은 사회자본을 얻기 위해 하나의 공동체에 의존하기보다는 상황에 따라 적절한 사람들과 자원을 적극적으로 찾아나서야 한다.[28]

우리의 삶과 사회는 연결되어 있지만, 뒤집어 생각하면 네트워크 기술 때문에 장소나 집단의 전통적인 역할이 달라지면서 사람이 그 중심에 자리하게 되었다. 언제든 온라인에 접속할 수 있고 빠르게 변화하는 세상에서 네트워크화된 개인주의 개념을 유익하게 활용하려면 더 많은 연구가 필요한 동시에 새로운 규범과 기술체제도 필요하다. 농경생활에서 산업화된 도시생활로 넘어올 때 그랬던 것처럼 말이다. 터너와 숄츠, 셰퍼가 지적했듯이, 개인으로의 권력 이양personal empowerment 문제도 상업적 이해관계에 휩쓸려 묻혀버릴 위험이 늘 존재한다. 플레이버가 그 예다. 지난 3세기에 걸쳐 일어난 근대화 바람처럼, 최근의 변화에도 대가가 따르지만 이로운 점도 엄연히 존재한다. 늘 그렇듯이, 당신이 무엇을 알고 있느냐에 따라 소셜 미디어를 사용하면서 이용당하거나 고립될 수도 있고 동일한 미디어를 통해 당신의 삶과 커뮤니티를 더욱 풍요롭게 만들 수도 있다.

네트워크화된 개인주의

컴퓨터로 매개되는 커뮤니케이션의 본질이 달라지면 네트워크화된 사회에서 네트워크화된 개인주의의 발달에 대해서도 반성과 촉진 두 요소가 함께하기 마련이다. 방이나 집 등 한정된 공간에 벨을 울려 거기 있는 누가 받더라도 상관없는 유선전화와는 다르다. 나날이 발전하는 인터넷의 개인화와 무선 휴대성, 공간의 제약이 없는 연결성 등, 이 모두가 커뮤니티의 기반으로서 '네트워크화된 개인주의networked individualism'를 촉진한다. 커넥션이란 장소가 아니라 사람을 향하기 때문에, 기술도 직장과 커뮤니티의 유대를 좇아 사람과 장소를 이어주던 것에서 장소와 상관없이 사람들을 이어주는 것으로 진화한다. 컴퓨터가 지원하는 커뮤니케이션은 어디서나 가능한 반면에 어느 한 곳에 고착되지는 않는다. 그것은 '나만의' 것이므로 가정, 호텔, 사무실, 고속도로, 쇼핑몰 등 장소가 어디든 내가 가는 곳을 향하기 때문이다. 사람이 곧 커뮤니케이션의 중심점인 것이다. 이런 변화는 지지, 사교, 정보, 사회적 정체성, 소속감 등 커뮤니티의 필수요소들을 각 개인들에게 나누어 공급하는 개인적 커뮤니티를 촉진한다. 가구나 집단이 아니라 개인이 연결성의 기본 단위다.(배리 웰먼·애너벨 쿠안-하세·제프리 보즈·웬홍 첸·케이스 햄턴·이사벨 이슬라 데 디아즈·가쿠코 미야타, 「네트워크화된 개인주의에 기여하는 인터넷의 사회적 행동유도성The Social Affordances of the Internet for Networked Individualism」, 2003)

나는 웰먼의 넷랩 연구진이 네트워크화된 개인주의라고 지칭한 변화의 시기를 몸소 경험했다. 도쿄에 머무르며 일본의 젊은이들이 휴대전화를 통한 새로운 커뮤니케이션 양식을 받아들이던 과정을 관찰할 때였다. 한번은 자녀를 둔 일본인 친구가 내게 이런 불평을 했다. "요즘은 우리 아이들이 어떤 친구들을 만나는지 전혀 알 수가 없네요. 예전에는 아이 친구들이 아이들과 통화하려고 집으로 전화를 해서 곧잘 내게 인사도 했는데, 요즘은 휴대전화로 아이들과 직접 통화하거나 문자를 주고받으니 말입니다." 휴대전화가 등장하고서는 통화를 하거나 문자를 주고받을 때 주로 하는 첫마디는 "지금 어디야?"가 됐다. 통화자의 위치가 과거에는 유선전화기가 있는 바로 그곳이었지만 이제는 무선전화가 있는 그곳으로 변했기 때문이다.

내가 온라인 사회성을 주제로 글을 쓰기 시작하던 무렵만 해도 사이버 사회성의 중심을 차지하는 것은 주로 관심사 커뮤니티였다. AOL의 유방암 대화방, WELL의 미디어 대화방, 다양한 취미와 반려동물, 질병, 정치적 이해관계 등에 대한 뉴스그룹 등, 사람들은 저마다 관심사를 공유할 사람들을 찾을 수 있는 온라인 '공간'을 물색했다. 당시에는 온라인 대화방이나 전자게시판 등의 온라인 공간을 개설하려면 돈이 많이 들거나 기술적 지식이 필요했다. 하지만 지금은 발전된 기술 덕분에 그 중심이 커뮤니티에서 개인들에게로 옮겨졌다. 원하기만 한다면 누구나 손쉽게 블로그나 트위터, 유튜브 계정을 만들 수 있다. 나는 지금도 온라인 공간을 자주 찾으며 페이스북과 트위터에 종종 들어가고, 스마트폰에 지인들의 연락처를 저장하며, 주변 맛집을 알아볼 때 옐프Yelp 유저들의 평가를 살핀다.

네트워크화된 환경, 네트워크 기기의 확산, 문자메시지나 트위터를 통한 연락의 용이성, 우리의 주의를 집단에서 네트워크로 돌리는 미디어의 영향력 등, 이 모두가 레이니와 웰먼이 말한 '3중 혁명'의 사회적 변혁을 의미하는 신호다. 레이니와 웰먼의 공저『네트워크: 새로운 사회운영체제 *Networked: The New Social Operating System*』에서는 이 혁명의 견인차로 인터넷의 확산, 강력한 휴대 정보통신기기의 보급, 사회성의 초점이 집단에서 개인으로의 이동하는 경향 등을 꼽는다.[29]

기술의 역할과 온라인 미디어의 참여효과에 대해서는 앞에서 이미 설명했다. 웰먼과 동료 필자들은「네트워크화된 개인주의에 기여하는 인터넷의 사회적 행동유도성」에서 네트워크를 지향하는 사회적 변화에 대해 연구한 결과를 자세히 설명했다.

> 커뮤니티와 사회는 경계가 더 불분명해지고, 다양한 사람들과의 상호작용이 가능하며, 복합적 네트워크 속에서 다양하게 연계할 수 있고, 계층이 더욱 수평화되고 순환적인 네트워크 사회를 지향하는 쪽으로 변화해왔다. 그래서 많은 사람과 조직도 집단의 경계를 넘어 다른 사람, 또는 집단과 소통할 수 있게 되었다. 직장에서든 커뮤니티에서든, 이제는 고정된 한 집단과만 교류하는 게 아니라 다양한 대상과 순환하며 상호작용할 수 있게 된 것이다. 그들의 업무와 커뮤니티 네트워크는 조밀하지 않고 모호하며 서로 겹치는 사회적, 공간적 경계 너머로 더 넓게 확산된다.[30]

나의 일상을 들여다보면 네트워크화된 개인주의가 우리에게 어떻게 작용하는지를 관찰할 수 있다. 내 딸은 지금 아시아를 여행하는 중이어서 오늘 아침에 스카이프 서비스로 영상통화를 했다. 무언가를 매개로 우리의 강한 유대를 재확인한 것이다. 그러고 나서 내 인포텐션 대시보드를 점검하여 간밤에 RSS를 통해 이 장의 주제와 관련하여 유익한 정보가 들어온 게 있는지 확인했다. 그리고 이메일에 답하고 트위터를 훑어봤으며(예전에는 이렇게 온 세상 사람들로 구성된 네트워크를 통해 질문도 하고 답변도 할 수 있으리라곤 생각지 못했다), 내가 지도하는 온라인 강좌 토론회에도 참여했고, 검색엔진도 열 번 넘게 이용했다. 또 아내는 집에 돌아와 다른 방에서 인스턴트 메시지를 보내 내 주의를 끌었다. 저녁에 외식하고 싶은 장소의 링크를 보낸 것이다. 그래서 나는 두 가지의 온라인 평가 서비스를 이용하여, 아내가 소개한 식당을 우리 이웃들이 어떻게 평했는지도 살펴보았다. 이제 전화 한 통화로 그 식당에 이르는 경로까지 정확히 파악할 참이었다. 이 모든 행동은 전혀 특별할 게 없었다. 레이니와 웰먼이 방대한 경험적 자료를 통해 강조한 대로, 네트워크화된 개인주의는 이제 우리 생활 곳곳에 얽혀 있다. 웹은 이제 특별한 공간이 아니라 우리가 행하는 거의 모든 활동의 일부다.

레이니와 웰먼은 네트워크화된 개인주의가 막대한 영향을 미치는 새로운 환경에서 성공하는 사람들의 유형을 상세하게 기술한다. 네트워크화된 개인주의가 지배하는 세상에서 무언가를 얻고 싶은 사람들을 위해, 레이니와 웰먼이 기술한 내용을 발췌해 아래에 정리했다. 이는 현실적인 도움을 줄 것이다.

- 자신의 개인적 네트워크와 '개인적 브랜드'를 성장시키는 자율적 주체로 행동할 수 있는 사람: "유능한 세일즈맨이 고객을 '유치'하듯, 네트워크 유대를 '유치'할 수 있는 사람들에게 사회적 편익과 특권이 주어진다."[31] 마크 A. 스미스는 이 유치 프로세스를 자동화했다.[32] 그는 '#socialnetworkanalysis' 같은 해시태그를 이용하여 트윗챗TweetChat에 참여하는 사람들의 네트워크를 자신의 NodeXL SNA

소프트웨어로 확인한다. 그리고 단계degree와 중심성centrality 모두를 찾고, 그 사람들을 팔로우하며, 가장 중요한 아웃풋을 리트윗한다. 스미스는 이렇게 자신이 팔로우하는 사람들의 20~30퍼센트가 다시 자신을 팔로우한다는 사실도 발견했다.

- **더 넓고 다양한 네트워크를 보유한 사람**: "개인적 네트워크는 중심에서 가장 멀리 떨어져 있지만 여전히 의미 있는 관계인 사람들까지 감안하면 그 수가 수천 명에 이를 수도 있다. 크다고 무조건 좋은 것은 아니지만, 다양하고 폭넓은 네트워크는 작은 네트워크에 비해 사회적으로 더 균형 잡힌 형태일 뿐 아니라 문제를 해결하는 능력이 뛰어나다. 도움을 구하거나 문제를 해결할 때도, 작고 강한 유대로 얽힌 네트워크보다는 다수의 기능적이고 '약한 유대'로 형성된 네트워크가 더 효과적이다."[33] 인간의 말하기는 소문을 공유하고 친교를 형성하는 데서 시작되었을 것이라고 한 인류학자 로빈 던바를 기억하는가? 던바는 원시집단의 규모와 두뇌의 크기를 비교하여 연구한 결과, 인간이 관리할 수 있는 강한 유대관계의 최대 인원을 150명 전후로 추정했다. 이 수치가 이른바 '던바의 수'다. 더 많은 연구가 필요하겠지만, 상식적으로 생각하더라도 하루 중에 이메일이나 트윗, 문자메시지보다 깊이 있게 소통할 수 있는 시간은 제한적이다. 직접적인 소통이든 아니면 디지털로 매개되는 소통이든 간에, 유대를 강화하기 위해서는 이런 소통의 유형이 아니라 자신이 얼마나 몰입하느냐가 중요하다. 레이니와 웰먼은 네트워크 미디어 덕분에, 약하지만 더 넓고 다양한 유대의 네트워크를 유지할 수 있다고 강조한다. 그렇다고 긴밀한 인간관계가 모두 사라진다는 뜻은 아니다. 우리는 미디어를 통해 강한 유대든 약한

유대든 모든 종류의 인간관계를 지탱해나갈 수 있지만, 강한 유대를 이루기 위해서는 더 많은 시간과 경험을 나누는 일, 더 깊은 신뢰, 더 솔직한 자기노출이 필요하다.

- **다양한 환경과 '와해된 환경'에서도 효과적으로 역할을 수행할 수 있는 사람**: "저마다 다른 이력과 규범, 관습을 지닌 구성원으로 이루어진 다양한 그룹에 가입하고 소속되기 위해서는 그룹에 대한 이해나 지식의 습득이 필요하다. 이처럼 다양한 고집쟁이들을 하나로 묶는 방법을 배워야 한다. 이 역할을 품위 있게 수행할 수 있는 사람이라면 커뮤니티와 네트워크에서 곧 큰 역할을 맡으리라 기대할 수 있다."[34] 온라인 참여의 첫 단계는 참여하고자 하는 온라인 환경의 사회규범을 파악하는 것이라는 젠킨스와 나의 조언을 기억하기 바란다.
- **신뢰도와 지적자본 수준이 높은 사람**: "오프라인뿐 아니라 온라인에서도 마찬가지다. 인맥 형성의 기본 원칙은 자원을 제공할 수 있는 사람들을 찾아내어 관계를 형성하는 것이다. 인간은 상호주의의 원칙에서 자유롭기 어려운 존재다. 지적자본을 통해 우리는 개인 간의 관계나 집단 내부에서 명망을 얻고, 맡은 일을 완수하며, 우리의 자존감을 높이는 등 여러 가지 보상을 얻는다. 요컨대 네트워크화된 개인주의의 일차 요건이 바로 신뢰와 상호이익이다."[35]
- **경계를 관리하는 방법을 배우는 사람**: "공식적이고 결속력이 큰 집단의 위력도 개인 네트워크가 만들어지면서 점차 느슨해지고, 개인과 집단의 경계도 점차 불분명해진다. 내가 어젯밤에 한 일을 300명이나 되는 페이스북 친구에게 모두 알리고 싶은 사람이 있을까? 디지털 기술이 발전하면서 이런 사적인 정보가, 관심 있는 대중뿐 아니라 정부기관이나 감독기관으로까지 확산될 수 있는 세상이 되었

다. 네트워크 시대를 살아가는 개인은 이제 공개할 정보와 그 정보를 얻을 대중, 제한적 공개를 통해 프라이버시를 지키는 기술에 대해 더 고민해야 한다."[36] 이 내용에 대해서는 나중에 다나 보이드의 견해를 다시 살펴볼 것이다. 이 내용은 페이스북과 트위터에서 활동할 때 특히 유념해야 한다.

- 기술을 좋아하고, 그 기술을 적극적이고 재치 있게 활용하는 사람: "미디어 문명인이란 기술을 인지하고 활용하는 능력뿐 아니라 정보를 찾아내고, 평가하고, 이에 대응하고, 나아가 개인적인 목적에 따라 정보를 혼합하는 능력까지 겸비한 네트워크 속의 개인들이다."[37] 레이니와 웰먼이 이름 붙인 '미디어 문명인media literate people'은 비판하는 방법도 안다는 점에 주목해야 한다. 아무리 뜨거운 정보라도 허위정보 간파를 거쳐 열기를 누그러뜨려야 비로소 미디어 리얼리즘을 실현할 수 있다.
- 전략적 멀티태스커multi-tasker로서 시간을 잘 관리하는 사람: "과거 어느 때보다 주의력을 잘 관리해야 하는 세상이다. 유능한 네트워커networker는 정보의 홍수에 휩쓸리지 않고 새로운 디지털 환경을 더욱 효과적으로 이용한다."[38] 이것이 내가 말하는 분별 있는 인포텐션 개념이다.

또한 레이니, 웰먼과 더불어 스미스는 사회자본의 중요성을 역설한다. 사회자본이란 원래 디지털 시민 개인과 일반인 모두에게 가치를 창출하는 대면 네트워크에 적용되던 용어다.

온라인 사회자본

지금까지의 논의를 종합하면 어떤 정치, 사회, 경제에서든 집단행동의 딜레마 때문에 서로의 이익을 위해 협력하려는 노력이 방해받곤 한다. 이 문제를 해결하려고 제삼자가 강제력을 동원하는 것은 바람직하지 않다. (상호금융조합처럼) 자발적인 협력 여부는 사회자본에 달렸다. 보편적 상호주의 규범과 시민 참여 네트워크는 사회적 신뢰와 협력을 강화한다. 이탈의 유인이 줄어들고, 불확실성이 감소하며, 미래의 협력을 북돋우는 본보기로 작용하기 때문이다. 신뢰는 개인적 속성 못지않게 사회체제에 시급히 필요한 자산이다. 개인들이 서로 믿을 수 있는(한편으로 완전히 믿지 않는) 이유는 사회규범과 네트워크 속에서 자신들의 행동이 이루어지기 때문이다.(로베르트 레오나르디Robert Leonardi·라파엘라 나네티Rafaella Y. Nanetti·로버트 퍼트넘, 『사회적 자본과 민주주의*Making Democracy Work*』, 1993)

내가 온라인 사회자본이라는 용어를 경험한 것은 그 용어를 듣기 수십 년 전 어느 온라인 커뮤니티에서 활동할 때였다. 당시 열두 명이던 우리 커뮤니티의 회원은 백혈병 진단을 받은 아들을 둔 필캣이라는 회원을 돕기 위해 후원 네트워크를 조직하고 있었다. 나는 조장기 온라인 커뮤니티인 WELL에서 육아 토론에 참여하면서 필캣을 알게 되었다. 우리는 토론을 하며 아기 자랑도 많이 했고, 재미있는 이야기도 많이 주고받았다. 더러는 불평도 하고 공감하기도 했으며, 부모가 알아야 할 양육지식도 주고받았다. 그러다 필캣을 알게 되었다. 그 무렵 나는『홀 어스 리뷰*Whole Earth Review*』의 편집자였고 필캣은 꽤 유능한 자유기고가였다. 그에게 나는 몇 가지 일을 맡기기도 했다. 그리고 훗날 그가『요가 저널』의 편집자가 되었을 때는 내가 글을 써주기도 했다. 온라인에서 양육을 주제로 대화를 나눈 지 여러 달이 지났을 때, 필캣이 그동안 토론에 열심히 참여해서 서로 잘 알면서도 제대로 얼굴을 본 적이 없는 회원들을 위해 야유회를 주관했다. 이 야유회에 무려 100여 명의 부모와 자녀가 참석했다. 우리는 같이 요리하고 수다를 떨고 야구도 했다. 그날 이후로 WELL에서는 '양육모임 연례 야유회 및 소프트볼 대회'라는 행사가 자리잡았다.

야유회를 다녀온 지 몇 달 지난 어느 늦은 밤, 필캣이 양육모임에서 온라인 토론을 시작했다. 필캣은 그날 오후에 10대인 아들 게이브가 백혈병 진단을 받았다는 소식을 전했다. 담당 의사도 가족도 모두 잠든 한밤중이었기에 깊은 밤 필캣에게 찾아온 두려움을 그들은 나눌 수 없었지만, 다행히 그에게는 온라인 친구들이 있었다. 아침이 되자 대화 참여자는 30여 명으로 늘어났고 그중에는 의사와 간호사, 백혈병 생존자들도 있었다. 소문이 퍼지면서 후원 커뮤니티는 점점 더 커졌다. 온라인 의료 후원 커뮤니티가 몇십 년 후 이렇게 널리 퍼지리라고는 그때는 상상도 하지 못했다. 1989년 그해에 우리가 아는 것이라고는 필캣에게 우리의 도움이 필요하다는 것뿐이었다. 우리는 모금활동을 벌여 1만 5000달러가 넘는 돈을 필캣의 가족에게 전했다. 결국 게이브는 세상을 떠났고, 장례식이 열린 교회의 신도석은 WELL에서 필캣을 알게 된 사람들로 마지막 열까지 가득찼다.

20년이 흘렀다. 필캣과 나는 여전히 샌프란시스코 만 어딘가에 살고 있었지만 서로 부딪칠 일은 거의 없었다. 그러다 내가 암 진단을 받았다(지금은 완치되었다). 이때부터 블로그를 만들어 매일의 치료 일정을 올리기 시작했다. 온라인으로밖에 만난 적이 없는 10여 명을 포함해서, 내가 살아오면서 알게 된 많은 사람들이 그때부터 방사선 치료 때마다 운전을 자청했다. 필캣도 그중 한 사람이었다. 전자게시판과 뉴스그룹, 채팅방, 리스트서버 등 온라인을 통해 만난 사람들뿐 아니라 평소에 얼굴을 마주하며 알고 지내온 친구, 지인과도 병원을 오가며 새롭게 친분을 쌓을 수 있었다. 그동안 쌓아온 사회자본이 현실에서의 행동으로 실현되는 순간이었다. 더욱이 이 모든 우호적인 행동의 출발점은 예전에는 알지 못했지만 지속적인 온라인 토론으로 관심사를 나누어온 사람들이었다.

온라인 사회자본의 또다른 기능은 경험적으로 입증된 선행善行의 가치에 있다. 즉 직접적인 보답을 바라지 않고서도 네트워크의 누군가에게 선행을 베풀 수 있다는 뜻이다. 나는 전 세계의 가상 커뮤니티 연구생들에게서 받은 수많은 이메일에 답장을 보낸다. 물론 무언가를 바라고 하는 행동은 아니다. 트위터나 블로그에서 본 질문 중에서 내가 답변할 만한 것이 있을 때에도 짬을 내어 답장을 보낸다. 이렇게 하는 이유는 소셜 미디어와 관련된 논의의 질을 높이는 것이 나의 의무라고 생각하기 때문이며, 나와 동일한 의무감을 느끼고 행동하는 사람들에게서 나 역시 도움을 받을 때가 많기 때문이다. 일부러 짬을 내어 잘못된 정보를 수정하거나 낯선 사람들의 질문에 답하는 사람들에게 감사의 뜻을 전하는 동시에 그와 같은 선행이 계속되기를 바란다.

몇 년 전 사무용품을 생산하는 어느 대기업에서 주관한 미래 워크숍에 초대받아 참석한 적이 있었다. 워크숍에 도착했을 때 나를 초대한 사람이 이런 말을 했다. "10년 전에 제가 이메일로 선생님께 미래학자의 길을 여쭌 적이 있었습니다. 그때 선생님께서는 길고 상세하게 답변을 해주셨지요." 10년 전에 나는 아무런 대가 없이 그 대학원생의 질문에 답했지만, 사회자본 연구를 시작하면서부터는 학생들의 이메일에 답하고, 온라인 토론방에서 낯선 사람들의 질문에 답하고, 때로는 굳이 시간을 내어 온라인 활동에 참여하는 등의 행동이 네트워크 사회에서는 나 자신에게도 이로운 행동이라는 사실을 깨달았다.

가브리엘 플리커트Gabriele Plickert, 배리 웰먼, 로셸 코테Rochelle Côté는 공동 저술한 「중요한 것은 누구를 아느냐가 아니라 어떻게 아느냐다It's Not Who You Know, It's How You Know Them」에서, 토론토 도회지의 인간관계를 다방면으로 분석SNA하여 이런 결론을 얻었다고 한다. "이 주제에 대한 근거는 매우 확실하다. 상호주의를 유발하는 가장 직접적인 행동은 먼저 돕는 것이다."[39] 웰먼도 클린턴 공공정책 대학원Clinton School of Public Service에서 한 연설에서 이렇게 밝혔다. "도움을 받기 위해 가장 중요한 일은 다른 누군가를 돕는 것입니다. 미래에 도움을 받고 싶다면 지금 누군가를 도와야 합니다. 선행을 베풀어야 합니다. 우리는 그래야 하는 분명한 데이터를 갖고 있습니다."[40]

사회자본도 소셜 네트워크처럼 인터넷이 등장하기 훨씬 전부터 광범위하게 존재해온 인간 행동양식의 단면을 설명하는 한 가지 방식이지만, 이제는 온라인 미디어를 통해 가능해진 친교의 중요한 부분이기도 하다. 이웃한 두 농부집단이 처한 경제환경을 가상으로 살펴보자. 두 집단의 농부들은 더 많은 돈을 지출하기보다 벌어들이기 위해 노동을 투입하고, 그에 따라 수입과 지출이 결정된다. 먼저, 첫번째 집단의 농부들은 친교나 베풂에는 별 관심이 없다. 반면에 두번째 집단의 농부들은 비공식적으로 자주 만난다. 또 아이들도 같은 야구팀에서 활동하거나 같은 교회를 다니며 서로 돕기도 한다. 예를 들어 추수기에 어느 농부가 아프거나 다치면 다른 농부들이 번갈아서 농작물을 대신 수확하고, 조금 더 사교적인 농부들은 농기구를 서로 빌려주고 또 빌려 씀으로써 각자가 이용할 수 있는 농기구의 수를 늘릴 수 있다. 따라서 두번째 집단의 농부들이 보유한 자산은 금전적 수입과 지출의 합계만으로는 정확히 산출하기 어렵다. 그들에게는 사회자본이 존재하기 때문이다. 즉 이 집단의 농부들은 신뢰의 네트워크와 상호주의 규범을 통해 혼자서는 해결하기 어려운 문제라도 함께 힘을 모아 해낼 수 있다.

우리는 성문법이 존재하며 많은 것을 금전적 가치로 평가하는 시장경제 법치사회(이 장 첫머리에서 언급한 제삼자의 강제력을 뜻한다)에서 살아간다. 그러나 한편으로 이곳은 인간관계와 비공식적 규범을 공유하는 사회집단이기도 하다. 사람들은 금전 외에도 서로 간의 책임과 정보교환, 호의와 연대의식, 집단행동과 관련된 비공식적 제도 등을 활용한다. 또한 사회자본은 개인과 집단의 계발과 성장, 편익의 바탕인 온라인 소셜 네트워크의 핵심이기도 하다. 사회자본이란 용어의 역사는 아주 길다. 이 용어는 1916년 농촌 학교 커뮤니티 센터 사람들 사이에 형성된 호의, 친교, 연대감을 설명하는 연구에서 처음 사용되었다고 한다.[41]

하지만 내가 규정한 사회자본의 시작은, 사회학자 피에르 부르디외가 지속적인 인간관계의 결과물로서 사람들이 사용하게 된 자원을 설명하기 위해 1970년대부터 사용한 용어에 더 가깝다.[42] 1990년대에는 사회학자 제임스 콜먼James Coleman이 경제적 자본이 없는 비非엘리트 또는 비주류 집단의 요구를 충족시킬 방법론으로 사회자본의 가치를 탐구했다.[43] 또 1990년에는 웰먼과 스콧 워틀리Scot Wortley가 사회적 유대와 사회적 지지 측면에서 사회자본을 고찰했다.[44] (두 사람이 밝힌 대로 강한 유대가 없더라도 호의, 지지, 정보와 관련된 관계는 얼마든지 형성될 수 있다.)

퍼트넘은 2000년에 사회자본이 사회적 결속력을 가늠하는 척도이기도 하다는 주장을 폈다. 그의 유명한 저서 『나 홀로 볼링*Bowling Alone*』에

수록된 자료를 보면, 미국에서는 이 수치가 계속해서 하락하는 것으로 나타난다. 퍼트넘은 텔레비전의 확산과 더불어 최근 수십 년간 미국의 사회자본이 지속적으로 줄어들고 있음을 나타내는 일련의 인구학적, 행동과학적 수치(리그에 소속된 볼링 인구 감소치 등)를 제시했다.[45] 그러나 '퓨 인터넷 앤드 아메리칸 라이프 프로젝트'에서 2011년에 미국 전역을 대상으로 조사한 자료에서는 인터넷 사용이 오히려 퍼트넘의 우려와는 상반되는 결과를 낳는다는 근거를 제시한다. 예컨대 미국 성인 인구의 75퍼센트가 집단행동이나 자원봉사활동에 적극적으로 참여하고 있으며, 인터넷 사용자의 80퍼센트가 집단행동에 참여한 데 비해 인터넷을 사용하지 않는 사람들 중에서는 56퍼센트만이 참여했다. 소셜 미디어 사용자의 참여가 가장 활발했는데 소셜 네트워크 서비스 사용자의 82퍼센트, 트위터 사용자의 85퍼센트가 그러한 집단행동에 참여했다.[46]

온라인 생활이라는 측면에서 볼 때, 나는 부르디외와 콜먼, 웰먼과 워틀리, 퍼트넘의 연구 성과를 조합할 필요가 있다고 본다. 사회자본은 지속적인 사회관계와 집단행동을 가능케 하는 다수의 역량(네트워크 또는 커뮤니티) 모두에서 비롯되는 개별 자원의 총체라는 것이 내 생각이다. 개인은 타인들에게 이로운 행동을 하고 또 타인들의 행동에서 편익을 얻는 방식으로 사회자본에 접근할 수 있지만, 사회자본은 개인의 고립된 행동이 아니라 서로 관계된 집단과 네트워크의 상호작용에서 창출된다. 네트워크 구조를 다이아몬드나 흑연에 비유했듯이, 사회자본은 개인의 특성뿐 아니라 지속적인 인간관계의 형태에 의해서도 많은 영향을 받는다. 인간관계의 형태에 결정적인 영향을 미치는 두 가지는 서로 어느 정도 신뢰하는 사람들의 네트워크와 그 사람들이 공유하는 규범이며, 그 덕분에 대가 없는 기여와 상호주의도 가능해진다.

신뢰와 상호주의가 모호한 개념처럼 느껴지기도 하지만 이를 측정하는 방법이 있다. 사회자본을 주제로 1970년대 초에 시행된 몇몇 경험 연구는 지금까지도 최고의 연구 사례로 꼽힌다. 당시 이탈리아 정부는 도시정부와 중앙정부 사이에 새로운 단계의 지역정부를 두기로 결정했다. 퍼트넘은 이탈리아에서 벌어진 이 제도적 변화를 중요한 사회적 실험으로 판단했다. 그래서 이탈리아 국민의 태도와 행동의 다양한 측면을 측정해본 사회학자들로 연구팀을 구성해 시민사회와 경제환경과 관련된 통계자료들을 비교했다. 퍼트넘은 수십 년에 걸친 연구 결과를 정리하는 과정에서 "이탈리아 북부지역이 남부에 비해 경제적으로 훨씬 발전한 이유는 무엇인가?"를 비롯해 여러 가지 의문을 제기했다. 오랫동안 치밀하게 시행된 연구와 측정 결과를 바탕으로 그가 내린 결론은, 역사적으로 지속돼온 사회환경 덕분에 북부 시민들은 남부에 비해 새로운 시민사회제도와 더불어 자신들의 경제적 번영과 삶의 만족도 모두를 향상시킬 수 있는 사회자본을 형성할 수 있었다는 것이다. 퍼트넘의 연구팀은 경제적 지표에 머무르지 않고 오늘날의 사회적 차이를 유발하는 규범과 비공식적 제도의 바탕을 고찰했다.

도시국가가 발달했던 북부는 합창단과 협동조합, 동업조합(길드) 같은 비공식적이고 자발적인 시민연합을 수세기 동인 이어온 결과 수평적인 소셜 네트워크를 형성했다. 역사적으로 볼 때, 남부는 북부보다 몇백 년이나 더 긴 시간을 나폴리왕국의 봉건제도 아래에 있었다. 따라서 북부처럼 수평적인 연합체의 종류가 훨씬 적었고, 위로는 영주부터 아래로는 가신과 소작농으로 이어지는 수직적 의무관계가 지배적이었다. 퍼트넘과 연구팀이 내린 결론은 이렇다. "우리가 살펴본 이탈리아의 일부 지역은 활기찬 네트워크와 시민들이 자발적으로 참여하는 문화를 누린 반면, 수직적인 정치구조와 단편적이고 고립된 사회생활, 불신의 문화로 고통받는 지역도 있었다. 시민생활의 이런 차이가 바로 제도적 성공을 설명하는 중요한 열쇠라는 사실이 밝혀졌다."[47]

또한 퍼트넘의 연구진은 권위와 의존의 수직적 관계가 아니라 상호주의의 수평적 관계가 이루어질 때 비로소 시민사회가 성립된다고 강조한다. 이런 관계가 잘못되면 시민사회는 이른바 경제학에서 말하는 '기회주의' 때문에 오염될 수도 있다. 즉 고립된 개인들은 집단행동에서의 이탈을 부추기는 유혹에 쉽게 넘어갈 수 있기 때문에 공통된 관심사를 찾기 어렵다. (오스트롬은 이 사회적 딜레마를 '공공재 문제'라고 했다. 즉 자신은 무언가를 기여하는데 다른 사람들은 무임승차하지 않을까 하는 우려 때문에 기여를 꺼리는 사람들이 많아진다.) 그러나 시민조직에 참여하는 사람은 협동의 기술을 배울 뿐 아니라 책임의식도 공유하므로 신뢰가 쌓이고 무임승차의 우려도 줄어든다. 이런 집단에서는 정치적으로 행동할 필요가 없다. 합창단과 축구클럽은 사람들을 사회적, 문화적으로 결속시키며, 신뢰관계와 소셜 네트워크는 정치행위뿐 아니라 경제행위에서도 효과적인 방향타 구실을 한다.

제노바, 피사, 베니스, 피렌체 같은 이탈리아 북부 도시는 11세기와 12세기에 꽃을 활짝 피웠는데, 계약이 늘고 신용사회가 성장하면서 자본뿐 아니라 협력관계의 바탕이 되는 새로운 법제가 만들어진 것도 그 이유 중의 하나다. 자본주의 탄생의 필수요소인 은행업과 신용은 이탈리아 북부에서 그렇게 등장했다.

퍼트넘과 연구팀은 이런 현상을 결코 우연으로 생각하지 않는다. 유럽이 봉건제도를 기반으로 했듯이, 사람들 사이의 예속관계(영주와 소작농)는 이탈리아 남부지역에서 점점 강해진 반면에 북부에서는 점차 약해졌다. 따라서 북부 주민들이 시민으로 성장해갈 때 남부 주민들은 여전히 피지배자의 처지를 벗어나지 못했다. "북부의 도시에서는 동등한 사람들의 협조를 기반으로 하는 수평적 합의가 등장했다. 동업조합, 봉사단체, 대학, 코뮌(길드들의 길드) 등은 새로운 제도적 이상을 의미했다."[48] 이탈리아에서 상호부조를 바탕으로 한 조직들이 꽃을 피운 때는 통일 이전인 1850년 무렵이었다. 이것은 변화하는 사회 속에서 기여자들에게 협동을 통해 편익을 제공하는 실용적인 제도였다. 이탈리아의 협동조합은 이처럼 상호부조 조직을 기반으로 성장했다. "네트워크는 기술의 발전이나 장차 기획자로서의 자질이 엿보이는 사람 등에 대한 정보의 유입을 촉진한다. (…) 혁신은 카페와 술집, 거리에서의 지속적이고 일상적인 교류에 달렸다."[49]

소셜 네트워크는 타동적他動的인 확산에도 신뢰를 표시한다. 사람들은 서로를 신뢰하는 것이 유익하다는 것을 배우며 그 배움을 제도화한다. 금융자본과 달리 신뢰는 사용할수록 늘어나고 사용하지 않으면 고갈된다. 사회자본은 전통적인 자본과 달리 공공재이며, 그 혜택을 얻는 사람들만의 전유물이 아니다. 아울러 다른 사회활동의 부산물로서 만들어지는 경우가 많다. 반드시 공식적이지는 않지만 협동 또한 사회행동을 규제한다는 점에서 법과 비슷한 효력을 지닌 규범에 바탕을 둔 가벼운 강제력(따라서 비용도 적게 든다)이 동반되어야 한다. 규범이 있기에 엘리베이터에 탄 사람들은 보통 서로를 알은척하지 않는다. 사회학자 어빙 고프먼이 명명한 '시민적 무관심civil inattention'을 실천하는 것이다. 공중 탈의실에서도 사람들은 서로의 벗은 몸을 못 본 척한다. 사람들이 규범을 실천하는 이유는 금기를 깨뜨릴지 모른다는 우려와 비공식적 제재(불문율을 위반한 데 따르는 처벌)에서 비롯되는 수치심이 모두 작용하기 때문이다. “규범은 모방과 (시민교육을 포함한) 사회화를 통해, 그리고 제재를 통해 습득된다”고 퍼트넘의 연구팀은 서술했다.[50] 그리고 앞에서 언급했듯이, 오스트롬이 집단행동의 제도화에 필요한 규범의 하나로 단계적 제재를 들었다는 점도 기억하자.

상호주의를 준수하는 것도 사회자본 형성에 중요한 또하나의 규범이다. 상호주의, 즉 되갚기는 구체적인 보답이 될 수도 있고, 일반적이고 포괄적일 수도 있다. 보편적 상호주의는 개인뿐 아니라 네트워크나 커뮤니티를 대상으로 보답을 실현할 수 있다는 의미다. 보편적 상호주의 규범이 확고한 커뮤니티에서는 무임승차를 효과적으로 제지하며 집단행동의 문제들도 더 쉽게 해결할 수 있다. 시민 참여 네트워크는 미래의 교류에서 얻게 될 편익을 놓칠 위험을 무릅쓰는 배반자들이 치러야 할 잠재적 대가를 늘린다. 상호주의 규범을 북돋우는 시민 참여 네트워크는 평판정보의 확산도 촉진한다. 인간의 ‘말하기’는 소문, 즉 평판정보의 유포를 목적으로 친교를 형성하는 데서 시작되었다는 던바의 이론을 기억하는가? 당신의 네트워크에서 누군가 도움을 청할 때, 쉽게 해줄 수 있는 일이라면 설사 그 사람을 잘 모르더라도 돕는 것이 좋다. 그 사람을 도왔기 때문에 당신이 좋은 사람이라는 말이 퍼질 수 있기 때문이다. 확신할 수 없는 행위자에 대한 정보를 퍼뜨리는 것은 위험하다. 꼭 그래야 한다면 허위정보 간파력을 동원해서 확실하게 검증해야 한다. 낯선 사람이라도 당신의 네트워크 속에 있는 사람이라면 조금씩 신뢰하려 노력해야 한다. 그리고 믿을 수 있는 사람들에 대한 정보라면 널리 퍼뜨려야 한다.

이 모두는 전혀 어려운 일이 아니다. 실제로 지미 웨일스는 대다수 사람들이 훌륭한 위키피디언이 되기 위해 알아야 할 대부분의 것들을 놀면서 배운다고 내게 말한 적이 있다. 당신의 네트워크를 조율하라. 당신의 관심을 받을 만한 사람들이 누구인지 유의해서 살펴보아야 한다. 당신의 네트워크를 살찌우라. 당신이 알고 있는 것 중 다른 사람들에게도 필요한 정보가 있으면 대가 없이 제공하라. ("네트워크를 살찌우라"는 표현은 케빈 켈리Kevin Kelly의 1996년 저작인 『신경제의 새로운 규칙*New Rules for a New Economy*』에서 따왔다.)[51] 그릇된 행동을 억제하고 선한 행동에 대한 말을 퍼뜨려서 신뢰도를 높여라. 사회적 지성social intelligence이 네트워크의 지성을 향상시키며, 여성의 수가 늘어나면 네트워크의 사회적 지성도 향상된다는 집단지성 연구 결과를 상기하라. 네트워크는 점점 다양해지고 있다. 즉 개인의 성향은 제각기 다르며, 사람들은 서로 다른 네트워크를 통해 연결하고, 사회자본과 다양한 지식을 순환시킬 비옥한 환경을 제공한다. 일정 수준의 집단화clustering는 유익하다. 사람들은 서로 공유하는 관심사가 무엇인지 알 필요가 있으며, 전적이지 않더라도 신뢰를 형성해가는 과정에서 나는 다른 사람들이 믿을 만하다고 여기는 사람의 말도 신뢰할 수 있다. 그러나 지나친 집단화는 사회적 고립과 지식의 고립을 자초할 수도 있다.

유대의 강도가 다양하듯이 사회자본의 유대관계 역시 그 종류가 다양하다. 결속형bonding 사회자본이란 관계가 돈독한 친구나 가족, 이웃, 직장 동료처럼 공동의 환경을 공유하고 인간관계가 깊은 사람들의 유대를 말한다. 교량형bridging 사회자본은 약하고 거리가 있는 유대, 바꾸어 말하면 거리는 있지만 공통점이 많은 사람들 사이의 유대를 의미한다. 그리고 연결형linking 사회자본은 전혀 비슷하지 않은 상황이나 커뮤니티에 속한 사람들의 유대 또는 작은 세상 네트워크에 꼭 필요한 형태의 유대와 관련된다. 결속형 사회자본은 연대의식과 신뢰감, 특별한 상호주의

의식을 고취한다. 교량형 사회자본은 다양한 집단이 자신들만의 좁은 세계관에서 벗어나 외부 정보를 받아들이고 다양한 네트워크를 아우르며 정보를 퍼뜨리도록 돕는다. "교량형 사회자본이 사회적 윤활유 구실을 한다면, 결속형 사회자본은 강력접착제 같은 구실을 한다."[52]

최근 한 연구에서는 페이스북 사용과 사회자본의 형성 및 유지에 관한 상관관계를 분석했다. 이 연구에서는 대학생들의 인간관계와 페이스북에서의 활동 사이에 무슨 관련이 있는지 분석했는데, 페이스북을 자주 사용하는 학생은 위에서 말한 세 가지 사회자본 모두를 크게 향상시켰고 그중에서도 특히 교량형 사회자본 부문에서 그런 현상이 두드러진 것으로 나타났다. 또한 연구진은 온라인 네트워크가 전통적인 대면 네트워크와는 다른 방식으로 사회자본을 확장한다는 사실도 확인했다. "과거에 소속되었던 커뮤니티 구성원들과의 관계를 유지하는 능력을 우리는 '유지된 사회자본maintained social capital'이라고 부른다."[53] 물론 페이스북은 우리가 생각하는 것보다 더 많은 위험도 내포하고 있다. 나중에 다시 언급하겠지만, 프라이버시와 평판에 대한 우려가 사회자본의 편익을 상쇄하거나 때로는 압도하기도 한다. 그러나 이 연구는 페이스북을 어떻게 활용하느냐에 따라 사회자본을 촉진하고 수확하는 능력이 향상될 수 있다는 경험적 증거를 제시한다.

"다리가 되어보라"던 스미스의 조언과 '구조적 공백structural hole'을 메울 잠재적 힘이 어디에서 나오는지 생각해보자. 시카고 대학의 사회학자이며 미국의 대형 전자제품 회사인 동시에 방위산업체인 레이시언Raytheon의 임원인 로널드 버트Ronald S. Burt는, 조직의 혁신과 관련하여 구조적 공백의 중요성을 연구했다. 그는 SNA 기법은 물론이고 기록자료와 조사자료까지 활용하여 레이시언의 전 세계 공급망을 이끄는 사람들을 조사했고, 여기서 흥미로운 사실을 발견했다. 즉 구조적 공백을 효과적으로 메운 사람들은 자신에 관해서는 물론이고 자기가 속한 부서, 회사에 더 많은 아이디어를 제시함으로써 경쟁력을 강화한다는 것이다(버트는 이 연구 결과를 「훌륭한 아이디어의 사회적 기원Social Origins of Good Ideas」이라는 제목의 논문에 실었다). 버트는 수백 명의 관리자를 대상으로 레이시언의 공급망 관리를 향상시킬 수 있는 아이디어를 적게 한 다음, 다른 관리자들에게 그 아이디어를 평가하도록 했다. 그 결과 자신들의 작업집단 범위를 넘어 아이디어를 토론한 관리자들이 일관되게 최고의 아이디어를 제시한 것으로 드러났다.[54]

버트는 조직의 구성원들이 여러 네트워크의 중개자가 되어 가치를 창출한다는 점도 발견했는데, 그 수준을 네 가지로 구분했다.[55] 첫번째 중개 수준은 "구조적 공백을 겪고 있는 양측 사람들이 상대 집단의 관심사와 어려움을 인식하도록 하는" 것이다. 두번째는 한 네트워크의 모범 사례를 다른 네트워크에 전달하는, 이른바 '더 높은 차원의 중개' 역할이다(이를테면 "저 건너 골짜기에 사는 부족이 바퀴를 발명했으니, 우리도 같은 걸 발명하느라 애쓰지 말고 그냥 사용하면 돼"). 세번째 중개 수준은 전혀 관련이 없어 보이는 네트워크가 서로의 잠재적 공통점을 인식하도록 하는 것이다. 그리고 이질적인 네트워크가 가진 요소들을 결합하고 통합하는 것이 네번째 수준이다. 이처럼 중개기능을 강화하는 것이야말로 오늘날 도시에 꼭 필요한 문화적 가치일 것이다. 코넬 대학의 전산사회학자 새뮤얼 아베스먼Samuel Arbesman은 혁신을 주제로 버트보다 더 폭넓은 연구를 시행했다. 이 연구에서 아베스먼은, 대도시에서는 서로 다른 유형의 사람과 네트워크 사이에 더 많은 커넥션이 이루어지기 때문에 혁신의 수준도 더 높아진다는 SNA 증거를 제시했다.[56] "중요한 것은 무엇을 아느냐가 아니라 누구를 아느냐"이며, 여기에 "얼마나 다양한 사람들을 아느냐는 서로에게 달렸음을 깨달아야 성공할 수 있다"는 내용까지 덧붙여야 한다.

프레드 터너는 디지털 문화의 뿌리 중 일부를 『홀 어스 카탈로그*』의 '컴퓨터 이전의 대항문화'에서 찾기 위해 방대한 학술자원을 투입했다. 저서 『대항문화에서 사이버문화로From Counterculture to Cyberculture』에서 그는 스튜어트 브랜드Stewart Brand와 나를 들어 새롭게 부상하는 네트워크 기획자의 사회적 역할을 보여주는 사례로 소개했다. 터너는 브랜드가 창간한 『홀 어스 카탈로그』가 자주적인 대항문화주의자들을 위한 살아 있는 매체였을 뿐 아니라 그가 통합한 다양한 소셜 네트워크들, 이를테면 환경운동가, 새로운 PC와 같은 도구나 기술에 관심이 있는 사람들, 독자적 삶을 추구하는 사람들, 대체에너지와 통합건강관리를 중시하는 사람들의 교점이라고 주장했다.[57]

이 책에 수록된 네트워크 기획정신network entrepreneurship과 관련해, 나는 터너에게 온라인 세계에서 성공하려면 독자들이 무엇을 알아야 하는지 물었다. 터너는 이렇게 대답했다. "말로든 글로든, 온라인이든 오프라인이든, (네트워크) 기획자를 통해 서로 다른 네트워크가 만나는 지점을 설명하기 위해 나는 네트워크 포럼이란 용어를 고안했습니다."

기획자가 서로 다른 세계를 인식하고 어느 한 세계의 구성원이 될 수도 있지만, 그 사람들을 한데 엮을 공간을 마련하지 못하면 그 세계들이 실제로 만날 기회도 없겠

* Whole Earth Catalog. 미국의 성장과 함께한 히피들을 위한 잡지로, 스티브 잡스는 젊은 시절부터 이 잡지를 읽으며 영향을 받았다고 한다. 히피들의 자유정신과 개방정신이 현재 미국의 글로벌 기업들이 탄생한 밑거름이 되었다는 주장도 있다.

지요. 사람들이 만나기 위해서는 특정 공간도 필요하겠지만 함께할 무언가가 있어야 합니다. 스튜어트 브랜드는 그런 사람들을 지원하려고 1959년에 앨로이Alloy 같은 화려한 페스티벌을 만들었겠지요. 기술자와 대항문화주의자는 물론 여러 분야 사람들을 초대해서 주말 캠프를 열었습니다. 버닝 맨Burning Man도 또하나의 사례입니다. 누구나 모여 축제를 즐기지요. 그곳에 모인 서로 다른 사람들을 보는 것도 그 행사의 큰 즐거움입니다. 그러므로 네트워크 포럼이 성공하기 위해서는 분명한 공간이 필요합니다. 이는 물리적 공간일 수도 있고 온라인 공간일 수도 있으며, 카탈로그나 잡지처럼 지면이 될 수도 있습니다. 다양한 지적 커뮤니티에서 다양한 사람이 참여해야 하고, 많은 사람을 한데 결집시켜 자신들의 장점을 발휘하도록 돕는 주최자가 모임을 주도해야 합니다.

기획자, 즉 모임 주최자의 역할을 '바넘Barnum'이 수행한 역할과 비슷하다고도 볼 수 있습니다. 바넘은 서커스에서 특별히 보여줄 장기도 없이 서커스를 조직한 사람입니다. 바넘은 그네 묘기도, 코끼리 타기도, 말 등에 올라타기도 할 줄 모르는 사람이었지만 당대 서커스 세계에서 가장 막강한 목소리를 냈습니다. 그럼, 대체 바넘은 무엇을 한 걸까요? 바넘은 단지 무대를 만들고 기예자들을 찾아내어 무대로 끌어들였을 뿐입니다. 그러고는 무대를 돌며 이렇게 말했지요. "신사 숙녀 여러분, 곧 서커스가 시작됩니다. 저는 이 서커스단의 총감독입니다." 이렇게 바넘은 사람들에게 신기하고 재미있는 쇼를 보여주었고, 무대에서 벌어지는 모든 연기에 깊숙이 관여했습니다. 말 그대로 총감독 역할을 한 것이지요. 저는 그것이 바로 네트워크 기획자가 할 일이라고 생각합니다. 무대와 천막은 말하자면 네트워크 포럼인 셈이고요.[58]

나는 터너에게 대항문화 이외의 사례도 있는지 물었다. "온라인에 있는 이웃 사람들만 해도 우리에게 매우 유익합니다." 그의 대답이 이어졌다.

최근에 제가 새집을 구입했습니다. 이웃 사람들도 당연히 아직 잘 모르지요. 그런데 이웃의 온라인 대화방이 있다는 것을 알았습니다. 출신은 모두 제각각입니다. 기술 업계에 종사하는 사람도 있고, 은퇴한 사람도 있으며, 막 자녀를 출산했거나 학생 신분인 사람도 있습니다. 정말 다양한 사람으로 이루어진 커뮤니티지요. 그리고 거기서 우리가 관심 있어 하는 작은 것들을 온라인으로 얻을 수 있습니다. 식당, 화훼, 정원 관리 방법 같은 정보들 말입니다. 그렇게 소소한 주제로 이야기를 나누다보면 서로가 몸담고 있는 세상에 대해서도 꽤 많은 것들을 알게 됩니다. 그래서 이웃 중에 구글에서 일하는 사람에게서 많은 것을 배우기도 하고, 은퇴자를 위한 사회복지 정보도 얻습니다. 온라인 대화 덕분에 저도 더 좋은 이웃으로 발전하는 것이지요.[59]

실제로 사회학자 케이스 햄프턴Keith N. Hampton과 이철주, 허은자는 방대한 자료를 확보하여 「뉴미디어가 네트워크의 다양성을 창출하는 과정How New Media Affords Network Diversity」이라는 보고서를 작성했다. 이 보고서를 보면 터너의 말이 빈말이 아니라는 것을 알 수 있다.[60] 다시 터너의 말을 들어보자.

네트워크 포럼에서 네트워크 기획자의 모든 아이디어는 그 규모가 커질 수도 혹은 작아질 수도 있습니다. 스튜어트 브랜드는 상당히 큰 규모의 아이디어로 접근했지요. 하지만 친구들과 소소한 주제로 시작할 수도 있습니다. 훌륭한 네트워크 기획 정신을 실현할 때 가장 쉽지 않은 점은 당신과 전혀 다른 사람에게도 문을 열고 그들을 초대해야 한다는 사실이지요. 제 생각에도 그건 정말 쉽지 않은 일 같아요. 당신의 테두리 안에서만 살다가 전혀 다른 세상에서 온 사람도 받아들여야 하고, 또다른 세상의 사람들과 당신의 사람들을 한데 엮을지도 모르는 프로젝트도 받아들여야 한다니 말이죠.[61]

당신의 사회관계를 넓혀 사회자본을 극대화하는 일은 당신과 타인 모두에게 유용함을 넘어 실익을 가져다준다. 주의를 적절히 배분하고, 허위정보를 간파하며 온라인 정보에 접근하고, 온라인 참여자와 협력자가 되는 것이 어떤 의미인지를 이해하고, 남들도 협력하도록 설득하는 방법을 안다면 유용함을 넘어 실익을 얻을 수 있다. 그러나 인간의 행동은 단순히 경제학 용어로만 설명될 수 없으며, 많은 사회학자들은 '자본'이라는 용어를 쓰기에 신중을 기할 것을 당부한다. 자본이라는 용어를 사용하다보면 모든 사회관계까 실익을 추구하는 것은 아니라는 점을 간과하고 자칫 논의가 잘못된 방향으로 흐를 위험도 있기 때문이다. 한편, 사회자본이라고 불리는 현상은 경제적으로 성공한 사람에게만 국한되는 의미는 아니다. 경제적 수준이 낮은 사람이라 하더라도 친구와 이웃, 인맥을 동원하여 무언가를 완수하는 능력을 반드시 갖춰야 한다.

사회자본은 분명 유용한 도구지만 당신이 활용할 수 있는 도구가 그것뿐인 것은 아니다. 사용할 수 있는 도구가 돋보기뿐이라면 당신 눈에는 모든 사물의 확대된 모습만 보일 것이다. 또 당신 손에 오로지 망원경밖에 없다면, 당신 눈에는 먼 곳의 대상이 비현실적으로 가깝게 보일 뿐이다. 진실한 사람들이 만든 공감, 친목, 공동체 속에는 마음과 영혼이 자리한다. 지나친 계산은 마음을 굳게 만들고 영혼을 메마르게 한다. 딸이 먼 곳에 있을 때는 스마트폰으로 영상통화를 해야겠지만, 딸이 집에 있을 때는 스마트폰을 내려놓고 아이의 눈을 들여다보아야 한다. 지역 대화방에 가입한 '다음'에는 정원 울타리를 치는 방법도 같이 상의해야 한다. 당신의 소셜 네트워크를 더욱 분별 있고 생산적으로 바라보기 위한 렌즈로서 사회자본을 극대화하기 위해 내가 소개한 정보들을 곱씹어보기 바란다. 아울러 당신이 온라인 커뮤니케이션 채널의 모든 것을 알 수도 없고 그것에만 의존해서 살 수도 없으며, 가족이나 공동체 같은 모임에는 온라인 네트워크의 논리만으로는 규정할 수 없는 특성이 있다는 사실을 명심하기 바란다.

더 발전시킬 수 있고, 또 발전시켜야 하며, 진실하고 유익한 친교를 나눌 수 있는 네트워크의 본보기가 바로 개인 학습 네트워크다. 디지털 시민이라면 누구나 성장하고 지속하기 위해 개인 학습 네트워크를 배워야 한다.

개인 학습 네트워크

개인화된 학습individualized learning은, 서로 협력하면 모두에게 가장 큰 이익을 도출할 수 있음에도 자신의 이익만을 최대화하려는 '죄수의 딜레마prisoner dilemma' 식 합리성에 좌우되는 사회적 비전을 지향한다. 그러나 네트워크화된 학습networked learning은 사회성의 비전을 추구한다. 즉 네트워크화된 학습은 자신의 이익과 이를 위해 강력한 생산성을 창조해내기 위한 협력과 쌍방향성, 상호의존성, 사회적 참여를 강조한다. 상호 협력하는 열 사람의 힘은 다른 아홉을 물리칠 방법을 강구하는 한 사람의 힘을 거의 예외 없이 능가한다.(캐시 데이비슨·데이비드 테오 골드버그David Theo Goldberg, 『생각의 미래*The Future of Thinking*』, 2010)

강의실에서 소셜 미디어를 활용하기 시작할 무렵, 나는 기술적 지식은 어느 정도 있었지만 그 기술을 이용한 교수법에 대해서는 제대로 알지 못했다. 그래서 배움을 얻기 위해 나보다 경험 많은 교육자들을 찾아

나섰다. '교육 기법' '소셜 미디어 교수법' '강의실에서 위키 활용하기' 등의 용어를 입력하며 검색하다가 저자들의 이름이 보이면 곧바로 메모하고, 또 링크를 수집하고, 탭을 열고, 북마킹을 하고, 대시보드에 추가했다. 그리고 '교육 기술'이나 '교육 기법' 같은 태그로 여러 웹사이트를 북마킹한 사람들을 눈여겨보고, 그들의 다른 태그도 살펴보았으며, 가장 유명한 사이트를 제일 먼저 북마킹한 사람들을 찾아냈다. 그렇게 반복되는 이름을 정리하고, 그들의 블로그와 트위터를 찾아내어 읽기 시작했다. 나는 그들의 블로그를 자주 방문했고 더 많은 전문가의 목록도 만들었다. 아울러 그들의 블로그와 트윗에 좋은 댓글도 남기려 노력했다.

교육을 위한 소셜 미디어 활용법에 대해 누가 무엇을 알고 있는지 어느 정도 파악을 끝낸 다음에는 그들 중에서도 전문성이 가장 뛰어난 사람들로 점점 범위를 좁혔다. 그리고 최고의 소셜 미디어 교육자들이 어떤 사람들에게 관심을 쏟는지도 주의깊게 관찰했다. 이렇게 내 관심 네트워크에서 들려오는 목소리들을 더하거나 뺄 때도 있었고, 듣고 따르고, 댓글을 달고 대화방도 개설했다. 내가 생각한 무언가가 내게 가르침을 준 친구들이나 이름 모를 사람들에게도 이로울 것 같았을 때는 내 블로그와 트위터에 그 내용을 공개했다. 물론 리트윗도 했다. 아울러 질문도 하고, 도움도 구하고, 입문자에게는 답변을 하고 도움도 주기 시작했다.

내게 많은 가르침을 준 교육자들은 그때 내가 몰두하고 있던 일을 일컬어 '개인 학습 네트워크PLN의 확장'이라는 용어를 사용하고 있었다. 그때부터 나도 PLN의 확장에 대해 언급하는 사람들을 찾아 배움을 얻기 시작했다. PLN 기법의 진정한 권위자인 셸리 테렐Shelley Terrell은 내가 처음 소셜 미디어 강의 전문가를 검색하면서 찾아낸 사람으로, 교육자를 가르치는 교육자였다. 나는 맥아더재단의 디지털 미디어 학습 웹사이트인 DMLcentral.net에 테렐에 대한 블로깅까지 했다.[62]

테렐은 강의실에서 PLN의 위력을 확인할 수 있는 간단한 실험을 내게 가르쳐주었다. 나는 학생들에게 이 학과목 수업에서 알고 싶은 게 뭔지 두 사람씩 짝을 지어 서로 묻도록 시켰다. 이를테면 "블로그와 위키의 차이점이 무엇인가요?"나 "RSS란 약자는 무엇을 의미하나요?" 같은 질문이었다. 서로의 질문에 답을 하지 못했을 때는 그 질문 내용을 기록하게 했다. 그러고는 학급 전체를 대상으로 문제를 해결하지 못한 팀의 질문 내용을 크게 되묻게 했다. 그럴 경우 거의 대부분 학급의 누군가는 그 질문의 답을 알고 있었다. 이와 동일한 원리를 관심 분야의 전문성을 바탕으로 당신이 선택한 전 세계의 수많은 사람들로 이루어진 온라인 네트워크에 적용하면, 당신만의 개인 학습 네트워크가 만들어진다.

PLN은 내가 배움을 얻고 싶은 사람들을 개인적으로 엄선한 네트워크인 동시에 서로가 서로에게서 배우는 네트워크라는 사실도 PLN을 통해 깨달았다. 이 말은 PLN이 곧 학습 커뮤니티라는 뜻과 다를 바 없다. 또한 나와 학생들이 공동학습자colearner가 된다는 의미이기도 하다. 온라인 소셜 네트워크와 사회자본처럼, PLN도 사람들이 오랫동안 수행해온 무언가를 웹으로 확장한 버전이라 할 수 있다. 자율적 학습을 선호하는 사람은 다른 학생이나 교사, 정보 소스 등을 찾는다. 웹과 검색을 활용해 원하는 교사나 전문가를 찾을 수 있고 또다른 사람들의 조언을 통해 정보를 얻을 수 있는 지금은, 학습자들의 행동양식도 종이문서 시대의 그것과 분명 달라지게 된다. 자율적으로 배움을 찾아나서는 학습자들은 이제 온라인 소셜 네트워크와 지식저장소를 통해 변화와 확장을 도모한다. PLN은 온라인으로 접속할 수 있는 문서와 비디오, 공개강좌, 정보

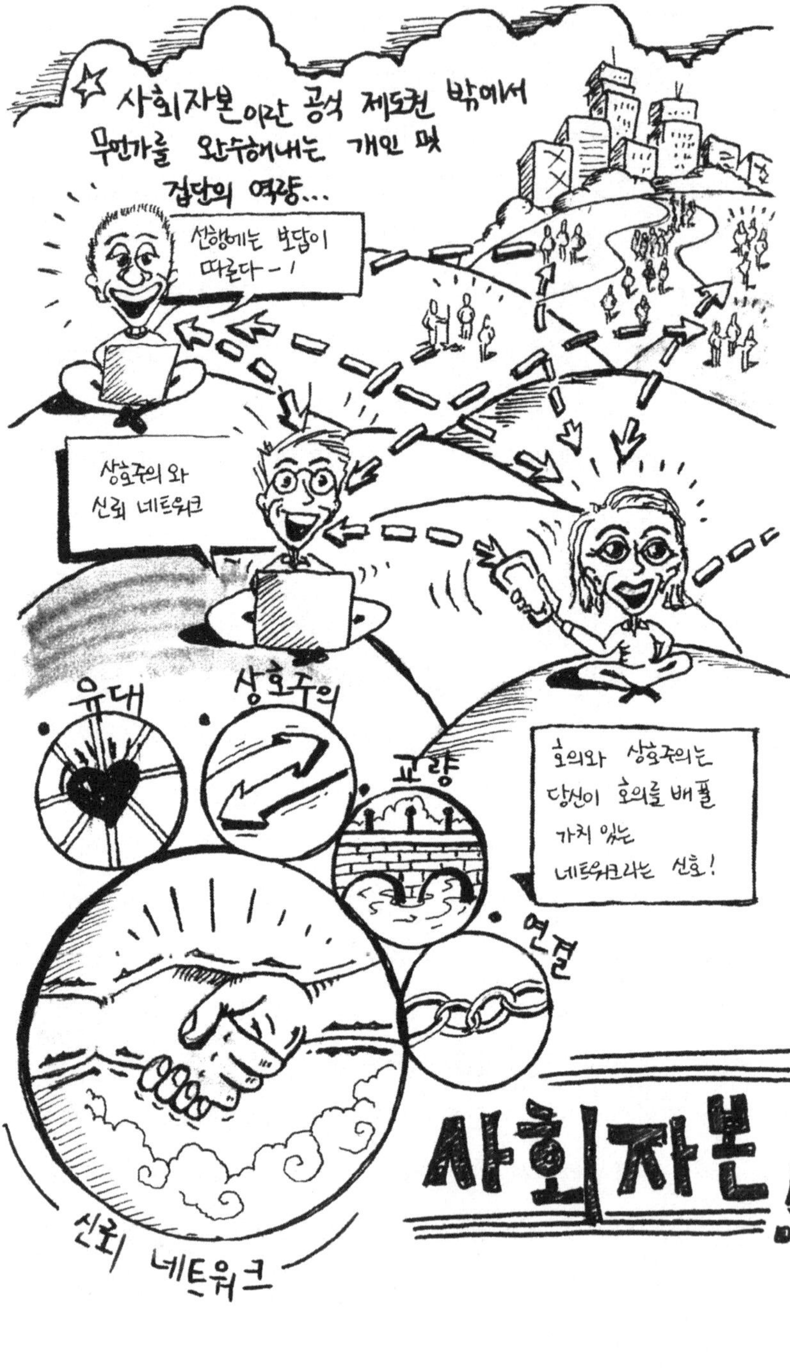

사회자본이란 공식 제도권 밖에서
무언가를 완수해내는 개인 및
집단의 역량…
선행에는 보답이
따른다~!
상호주의와
신뢰 네트워크
유대
상호주의
교량
호의와 상호주의는
당신이 호의를 베풀
가치 있는
네트워크라는 신호!
연결
신뢰 네트워크
사회자본!

레이더, 소셜 미디어 토론 프로그램으로 공동학습자를 연결하며, PLN을 더욱 효과적으로 활용하는 방법도 가르친다.

어느 날 밤, 나는 내 PLN을 통해 트위터 팔로워들과 생각을 주고받다가 어떻게 하면 PLN망을 만들 수 있을지 고민에 빠졌다. 내 경험을 공동학습자들에게 뭐라고 설명해줄 수 있을까? 140자까지만 올릴 수 있는 트윗으로 나는 PLN 육성과정을 탐구하기explore, 검색하기search, 팔로우하기follow, 조율하기tune, 기여하기feed, 관계하기engage, 질문하기inquire, 대답하기respond의 여덟 단계로 구분했다. 그러자 그 시간에 트위터에 접속해 있던 다른 사람들이 내 생각에 동의하거나 의견을 제시하는 등의 방식으로 반응하기 시작했다. 어떤 사람들은 큐레이션 툴을 활용하여 나의 PLN 노하우 트윗을 주소가 달린 하나의 페이지에 수집했고, 나는 그 페이지를 내 교육용 블로그에 첨부했다. 그리고 내가 엄선한 트윗들로 이어진 링크를 내 트위터 팔로워들의 네트워크에 리트윗했다. 단편적인 정보와 그 의미가 루프와 네트워크로, 링크와 컬렉션으로 이전되는 과정에서 지식으로 변형된다. 내가 PLN을 통해 지식을 발산하고, 거기에 다른 사람들이 보내온 제안까지 더해져 지식이 강화되는 과정을 소개하면 이렇다.

블로그, 트위터, 페이스북, 소셜 북마킹 사이트, 질의응답 사이트, 직접 만나는 사람들 등 다양한 미디어를 **탐구**하라. 당신이 찾아낸 것에 주목하되, 그 목적은 당신의 관심 주제를 탐구하기 위한 것임을 기억해야 한다. PLN 후보들은 충분히 탐구한 후에야 모습을 드러낸다. 탐구를 진행하는 동안 다른 사람들도 만나게 된다. 우연히 만난 이들에게도 문을 활짝 열어야 한다.

해당 분야나 커뮤니티, 하위문화 등에 대해 어느 정도 탐구를 마쳤다면 이제 **검**

색할 차례다. 그동안 찾아낸 검색어들을 이용하여 전문가 웹과 블로그, 트위터를 검색하라. 트위터 리스트와 리스토리어스 같은 트위터 리스트 개요 서비스를 이용하여 후보를 물색하면 효과적이다. 학문적 전문성을 추구한다면 구글 스칼라Google Scholar와 'Harzing's Publish or Perish' 등을 이용하라.[63, 64]

이제 RSS와 트위터, 유튜브, 쿼라, 텀블러Tumblr, 포스터러스Posterous,* 스쿱잇scoop.it, 디고, 플리커 같은 소셜 네트워크 서비스를 통해 후보들의 활동 스트림을 **팔로우**해야 한다. 후보들의 포스트나 트윗, 사진, 북마크, 영상 등을 볼 때마다 그것들이 당신의 주의를 끄는 이유와 당신이 그들의 아웃풋을 덧붙이는 이유를 스스로 생각해야 한다.

주기적으로 당신에게 불필요한 사람들을 제외시켜 네트워크를 **조율**해야 한다. 스트림을 팔로우할 때는 상호주의를 고려할 필요가 없다. 주의를 기울였을 때 당신의 지식을 확장하거나 의욕을 북돋우고 즐겁게 해줄 수 있는 사람들을 팔로우해야 한다. 자주 새로운 후보를 추가하라. 누군가의 아웃풋이 인상적이라고 판단될 때는, 그 사람이 또 어떤 사람들에게 관심을 갖고 있는지를 관찰해야 한다. 검증하고 제외해야 한다. 더하고, 관찰하고, 유지하고, 삭제해야 한다. '작은 결정microdecision'과 인포텐셜에 대해 배운 것들을 당신의 PLN에 적용하라.

정보로든 혹은 사회적으로든 오락적으로든 가치 있는 무언가를 발견하거나 창조했을 때, 그 가치를 당신이 팔로우하는 사람들과 공유함으로써 **기여**할 수 있다. 그들이 소중하게 여기는 특정 정보를 제시함으로써 기여해야 한다.

당신이 팔로우하는 사람들과 **관계를 형성**하라. 그들의 주의를 끌 때는 신중하고 예의발라야 한다. 그들의 기여가 당신에게 주의를 기울이는 사람들에게 소중하다고 판단될 때는 리트윗한다. 또 당신에게 유익하거나, 정보로서 가치가 있거나, 재미있는(당신이 사적으로 잘 모르는 사람들에게도 재미있을지는 판단하기 어려울 수도 있

* 2013년 4월 서비스 종료.

지만) 무언가가 있을 때는 그들의 블로그에 댓글을 남기거나 트윗에 화답해야 한다.

당신이 팔로우하거나 당신을 팔로우하는 사람들에게 **질문**하라. 질문은 언제나 사람들과 관련된 것이어야 한다. 그리고 그 답변이 당신의 네트워크에 있는 사람들에게 유익하다면 더없이 좋다. 조율이 잘되고 기여가 많은 PLN은 놀라울 정도로 유익하다. 그러나 잠시 검색하거나 위키피디아에서 흘끗 본 내용을 가지고 질문해서는 안 된다.

사람들이 당신에게 한 질문에 **대답**하라. 대답할 때는 정중해야 한다. 예의바른 것은 언제나 좋은 일이며, 그래야 당신이 훌륭한 기여자라는 신호를 보낼 수 있다. 상호주의를 실천하고 또 기여하라. 상대방에게서 비슷한 형태의 직접적인 보답을 기대하든 하지 않든, 당신이 그들에게 필요하다고 생각되는 정보를 갖고 있을 때는 서로 공유함으로써 네트워크에 기여해야 한다.

미즈코 이토가 조언하듯이, 트위터나 채팅방, 메시지보드, 유튜브 채널, 유명 블로그의 코멘터 커뮤니티 등을 통해 사람들과 어울려야 한다. 그러면서 여러 가지를 배우고 사람들도 만나게 될 것이다. 재미를 위해 다른 사람들과 다양한 방식으로 시도하고 협력하면서 즐길 필요도 있다. 그러고 나서 (괴짜 같은) 독특한 행동으로 사람들의 조언을 이끌어내어 당신의 PLN을 성장시켜야 한다.

네트워크 인지력을 주제로 이야기하면서 전 세계 5억 명 이상의 가입자를 거느린 소셜 네트워크 페이스북을 빼놓을 수 없다. 정체성, 커뮤니티, 친목, 프라이버시, 평판, 감시 같은 중요한 이슈들이 부각된 것은 이 사이트 때문이며, 이런 현상은 앞으로도 계속될 것이다. 점점 더 많은 세계인들이 영위하고 있는 페이스북의 본질을 파악하는 것이야말로 21세기에 꼭 필요한 생존기술이다.

동료의 집무실을 둘러보는데 사무실 직원들의 작은 사진이 가득 붙어 있는 벽이 눈에 띈다. 그 사진은 '친구'와 '적'으로 구분되어 순위별로 붙어 있는데, 최상위 친구 여덟 명의 사진을 포스트잇 장미와 하트로 장식하여 신주神主처럼 따로 모아두었다면, 보는 사람들이 얼마나 오싹할까? 그런데도 우리가 아는 친구와 가까운 지인들 모두를 인간관계 수준에 따라 구분하고 싶은 마음을 피하기 어려운 것도 사실이다. 이것은 어쩌면 오랜 진화에 의해 신피질에 약간의 변화가 생겨서일 수도 있다. 그 시작은 오래전으로 거슬러올라간다. 영장류가 사회적 동물로 진화하면서 생존 노력의 분담이라는 이득도 생겼지만, 한편으로는 서로를 감시해야 하는 골치 아픈 일도 해야 했다. 나무 꼭대기에서 약탈자를 감시하라는 임무를 잊은 채 졸고 있다가 동료들이 애써 구해온 과일을 먹을 때만 얌체처럼 나타나는 경우를 방지하고 모두가 제 역할을 다하도록 하기 위해서였다.

우리의 사회관계를 유지하는 일은 상당한 인식의 부하가 수반되는 부담스러운 일이다. 온갖 신경을 써야 하는 이런 일들에 도움을 받기 위해 두뇌를 도와줄 비서를 찾는 것도 어찌 보면 당연하다. 한 지인은 내게 '사교 일정 관리' 애플리케이션이란 것을 제안했다. 당신의 전화와 이메일, 인스턴트 메시지를 주시하며 당신의 친구들을 파악하고, 그들과 너무 오래 뜸했다 싶을 때는 수그러드는 관계의 불꽃을 되살리기 위해 작은 경보를 울려주는 시스템이었다. 40대에 이르면 주기적으로 연락하는 지인보다 그렇지 못한 사람들이 훨씬 많아진다. 옛날 여름캠프 친구, 고등학교 동기, 전前 배우자와 그 가족, 예전 직장 동료, 대학 기숙사 친구, 닷컴dot-com의 주역…… 그 모두를 당신의 삶 속으로 다시 불러들이는 것이 당신이 쉼 없이 해야 할 일이며, 그 밖에도 할 일은 더 있다.

이 문제들을 해결하는 데는 페이스북이 완벽한 수단이라고 생각할지도 모른다. 하지만 그렇지 않다. 오랫동안 연락이 끊겼다가 페이스북으로 나와 연락이 닿은 사람 중에는 7학년 내내 일주일이 멀다 하고 나를 괴롭히다가 지금은 친구가 되자는 사람도, 대학에 다닐 때는 미친 듯이 웃겼지만 지금은 미친 듯이 우울해 보이는 친구도, 예전에 내가 피하려고 일부러 길까지 건너다녔는데 나를 궁금해 하는 이전 직장의 끔찍한 동료도 있을 것이다. "내 친구가 되고 싶다고?" 지금 당장 '예' 또는 '아니요'로 결정하란다.(코리 닥터로 Cory Doctorow, 「끔찍한 옛 직장 동료가 페이스북을 망가뜨리는 방식How Your Creepy Ex-Co-Workers Will Kill Facebook」, 2007)

페이스북을 제대로 알면 당신뿐 아니라 친구들의 사회자본까지 늘릴 수 있다. 페이스북으로 디지털 포트폴리오를 만들어 취업과 승진에 도움을 얻을 수 있다. 당신의 새 회사를 시장에 알리거나 그럴 계기를 만들 수 있다. 혁명을 계획할 수도 있다. 하지만 페이스북으로 무엇을 할 수 있는지 모른다면 당신의 회사에, 사법기관에, 신용관리기관에, 옛 배우자에게, 말 많은 이웃들에게, "대학에 다닐 때는 미친 듯이 웃겼지만 지금은 미친 듯이 우울해 보이는 친구"에게 당신의 개인정보를 뿌리고 다니게 될 것이다.[65] 취업이나 승진 기회에서 탈락할 것이다. 사회적으로 곤란한 상황에서 벗어나기 위해 수많은 변명을 해야 할 것이다. 당신이 계획하는 혁명에 대해 비밀경찰이 오히려 당신보다 많은 것을 알고 있게 될 것이다. 더욱이 어려운 점은 페이스북의 난관을 헤쳐나가게 깨우쳐줄 분명한 지침이 없다는 사실이다. 페이스북의 개인정보 보호정책은 가입자들이 서로 교류하도록 허용하거나 유도하는 방식을 바꿀 때마다 계속 달라지기 때문이다.

한 예로 이 글의 초고가 완성되던 날 〈뉴욕타임스〉에도 소개되었듯이, 페이스북은 사진에서 사용자의 얼굴을 자동 식별하고 사용자의 페이스북 친구들에게도 태그하도록 알리는, 얼굴인식 알고리즘을 활용한 기능을 덧붙여 사용자 개인정보 보호정책을 변경했다.[66] 새로운 기능이 보도된 다음날, 페이스북은 이 기능 때문에 혼란이 발생했다고 인정했다.[67] 나날이 복잡해지는 페이스북의 설정 페이지에서 어디로 가야 이 기능을 끌 수 있는지 사용자들이 헷갈려했기 때문이다. 사전 동의나 지식이 없으면 사진에 자동으로 태그된다. 따라서 그 사실을 알고 난 후에야 비로소 당신 사진의 '디태그detag'가 가능하다. 이런 혼란은 페이스북의 오랜 개인정보 보호정책 역사에서 빚어진 여러 사건들 중 최근의 일에 지나지 않는다. (페이스북은 2011년 8월에 다시 정책을 변경했다. 아마도 구글에서 시작한 '구글플러스Google+' 소셜 네트워크 서비스에 대한 대응으로 여겨진다. 새로운 환경이 만들어지자 페이스북 사용자들은 자신의 업데이트를 공유할 사람들에 대한 관리 권한을 크게 강화할 수 있었다.)

페이스북에서 '뉴스 피드News Feed'를 처음 시현하자, 자신들의 상태정보 업데이트와 다른 활동들이 즉각 소셜 그래프로 공개된다는 사실을 사전에 알지 못했던 많은 사용자들의 항의가 이어졌다.[68] 뉴스 피드가 생겨난 2006년 이전에는 페이스북을 '스토커북Stalkerbook'이라고 부르며 친구들의 활동이 지속적으로 노출된다고 주장하던 사용자들의 심한 반발도 있었다.[69] 노스웨스턴 대학의 한 학생이 뉴스 피드를 거부하는 페이스북 그룹을 조직하자 하루 만에 그 구성원 수가 28만 4000명으로 급증했다. 다시 하루가 지났을 때 페이스북 설립자인 마크 저커버그는 어쩔 수 없이 사과문을 발표해야 했다.[70]

그로부터 5년이 지난 후 뉴스 피드는 페이스북 생활의 현실로 자리잡았고, 새로운 페이스북 세대는 친구들이 어디서 무엇을 하는지 지켜보는 것을 일상적인 일로 받아들이게 됐다. 2007년, 페이스북은 회원들의 구매 이력까지 공개하기 시작했다. 이것이 그 악명 높은 '페이스북 비컨 Facebook Beacon'으로, 이를테면 배우자, 혹은 배우자가 아닌 누군가를 위해 값비싼 다이아몬드 팔찌를 구입한 사실이 세상에 알려지기를 원치 않는다며 수많은 사람들이 페이스북을 상대로 항의하여 철회된 기능이다.[71] 더 자세한 내용은 '페이스북 개인정보 보호정책'이나 '페이스북 개인정보 보호정책 논란' 등의 용어로 검색하면 된다. 계속 페이스북 회원으로 활동할 생각이라면 구글과 빙, 야후 뉴스 검색에서 같은 검색어로 RSS 피드를 만들어두는 편이 좋겠다.

페이스북을 다루면서 프라이버시 문제를 제일 먼저 언급하는 이유는 이 문제가 그만큼 우리 생활에 많은 영향을 끼치기 때문이다. 그러나 동시에 페이스북은 친구의 의미를 다시 정의하도록 우리를 압박할 뿐 아니라, 공중이 달라지면 우리의 대응도 달라져야 하지만 이 페이스북 때문에 그것이 여의치 않은 것도 사실이다(고전적인 사례로, 다나 보이드는 "무너진 (전후)상황 collapsed context[72]"을 얘기하면서 학생들이 친구들을 대할 때와 부모를 대할 때 다르게 행동한다는 점을 들었다. 이런 상황이 페이스북에서는 수도 없이 펼쳐진다). 또 방대한 데이터 추출과 마이크로타기팅 광고는 페이스북이 열린 인터넷을 상업화된 '좋아요' 속에 가두는 플레이버를 부추긴다는 혐의를 낳기도 한다.

다행히 우리가 이미 배우기 시작한 기술들은 페이스북이 지배하는 세상에서 유용하게 사용될 것이다. 예컨대 소셜 미디어에 대한 분별력을 발휘해보자. 그러면 페이스북을 운영하거나 아예 하지 않는 데서 수반되는 개인적 비용을 따져볼 수 있다. 페이스북 계정을 삭제하거나 처음부터 아예 만들지 않는 것도 매우 적절한 선택이며, 페이스북에 열광하든 회의적이든 그 활동이 가져다주는 득실을 정리해보는 것도 좋은 방법이라고 나는 사람들에게 말한다.

여기서 나는 페이스북을 효과적으로 이용하는 방법을 조언할 뿐이며, 페이스북이 우리 생활에 필수라고 설득할 의도는 전혀 없다. 나 역시 페이스북을 사용하면서 어느 수준까지는 페이스북이 나를 사용하도록 내버려둔다. 그것이 내게도 유익하기 때문이다. 언젠가 내 페이스북 계정을 삭제할 날이 올 수도 있다. 그때는 내 정보의 상당 부분은 페이스북의 동의를 구한 다음에야 삭제할 수 있을지도 모르겠다. 허위정보 간파와 네트워크 인지력은 페이스북 세상에서 특히 쓸모가 많다. 프로필 작성의 미묘한 차이, 친구 신청을 받아들이거나 거절할 때의 예절(페이스북에서는 전통적인 의미에서와는 다른 방식으로 친구들과의 관계에 적용되는 관습이 형성됐다), 댓글을 다는 이유와 그 방식, 상태정보 업데이트의 활용 방식, 다른 사람들의 뉴스 피드를 추적하는 법을 아는 것은 이제 막 디지털 족적을 남기기 시작한 젊은이뿐 아니라 온라인에 남긴 진술이 생각보다 오래 유지되고, 검색도 가능하며, 노출된다는 사실을 이해하게 된 부모 세대 및 페이스북 초보자에게도 꼭 필요한 지식이다.

당신의 이력을 정리할 때는 친구의 친구까지 포함한 모든 사람에게 이를 공개할 것인지 아니면 당신의 친구들에게만 공개할 것인지부터 판단해야 하며, 그다음에는 페이스북의 개인정보 보호 설정에서 허용하는 수준을 고려하여 그 범위를 신중하게 조정해야 한다. 프로필 사진에 유머나 빈정거림 같은 요소를 넣으려 할 때는 신중하게 생각해야 한다. 자칫 본래의 의도가 온라인에서 잘못 해석될 여지가 있기 때문이다. 친구

신청을 수락할 때도 그 사람에게 허용할 범위를 어떻게 설정할 것인지 자문해야 한다. 지금 막 페이스북에 가입했든 이미 페이스북 활동을 해왔든 간에 계정 관리로 들어가 개인정보 보호 메뉴와 그 아래의 서브메뉴들까지 신중하게 검토함으로써 이점을 누릴 수 있다. 당신의 이력과 당신이 공유한 링크 및 사진들, 당신의 상태정보 업데이트, 당신의 생일 등을 볼 수 있는 대상을 살펴보고, 이 내용을 볼 수 있는 사람을 제한할 것인지 생각해봐야 한다. '신상털이범identity thief'의 시각에서 내 프로필을 유심히 살펴볼 필요도 있다. 친구들에게 당신의 소재와 전화번호, 엄마의 결혼 전 성姓을 알리는 것이야 상관없을지 모른다. 하지만 당신 친구의 친구가 마약판매상인데 당신의 정보를 너무 많이 알고 있다면 어떨까?

개인정보 옵션을 정리하려면 '맞춤 설정'에서 당신이 과거에 올린 사진들을 볼 수 있는 대상을 다시 설정할 필요도 있다. 다른 사람들이 당신이 있는 장소를 수시로 세상에 알리는 것을 제한하기 위해 페이스북 친구들이 나와 함께 있는 장소를 올릴 수 있는 범위를 한정하는 것도 고려해야 한다. '페이스북에 연결하기' 설정에서는 당신을 검색하고, 메시지를 보내고, 친구 신청을 할 수 있는 사람의 범위를 통제할 수 있다. 페이스북 '앱' 항목은 개인정보를 보호하기 위한 판단이 필요한 또 하나의 영역이다. 페이스북과 연동된 앱과 게임을 통해 당신의 개인정보가 다른 사람들과 공유될 수 있으며 더러는 상업적으로도 이용된다. 이처럼 페이스북 계정의 개인정보 메뉴 및 서브메뉴와 관련된 모든 옵션을 살펴보고 결정함으로써 '친구들이 접근할 수 있는 정보'와 '공개 검색'의 범위를 제한할 수 있다. 그리고 또하나 중요한 것은 공개된 장소에서 와이파이를 이용해 랩톱컴퓨터나 스마트폰으로 페이스북에 접속할 때, '안전한 브라우징' 옵션을 이용하면 당신의 비밀번호와 기타 정보를 훔치려는 사람들로부터 방어할 수 있다.

친구를 통해 내 친구가 아닌 다른 사람에게 내 이야기가 노출될 수 있으며 그것을 내가 통제할 수 없다는 점도 알아야 한다. 한 예로 우리 학생들이 말하는 '페이스북 스토킹'이 어떻게 벌어지는지 살펴보자. 내 친구가 아닌 누군가를 스토킹하고 싶을 때 페이스북에서 동원할 수 있는 방법은, 내 친구들 중에서 그 스토킹 대상과 연결된 사람을 찾아 그 사람의 어깨 너머로 스토킹 대상의 프로필을 살펴보는 것이다. 당신의 가계도를 공표하는 것은 당신의 어머니와 친척 어머니들의 결혼 전 성(비밀번호 복구 서비스의 질문으로 자주 사용된다)을 신상털이범들에게 알려주는 일이 될 수도 있다. 귀여운 아이들의 사진을 올리는 것도 자칫 아이들의 디지털 프로필을 영원히 그들에게 넘기는 꼴이 될 수 있으니 주의해야 한다.

페이스북은 사회적, 정치적 위험으로 가득하지만 페이스북 회사는 그 위험에 대해 사람들에게 경고하지 않는다. 얼마나 분별 있게 행동하느냐는 오로지 당신에게 달렸다. 아울러 페이스북에 대한 통제력은 당신의 통제 범위 밖에 있다는 사실도 명심해야 한다. 페이스북을 쓰기는 해야겠는데 다른 사람들로부터 받는 영향을 차단하고 싶다면 로그아웃할 때마다 페이스북 계정을 비활성화하는 것도 방법이다. 로그오프한 시간 동안은 누구도 당신의 담벼락에 메시지를 올리거나, 당신의 콘텐츠를 훑어보거나, 당신에게 메시지를 보낼 수 없고, 다시 로그인하면서 당신의 페이스북을 도로 활성화할 수 있다. 친구들과 네트워크, 그룹의 규범과 경계에 대한 사회적 이해가 뒷받침되어야 당신의 사회적 통제력도 높일 수 있다. 반면에 페이스북을 포함한 여러 소셜 미디어에 대한 기술이 당신의 정보와 인간관계에 끼치는 영향을 조절하는 것은 늘 제한적일 뿐 아니라 수시로 바뀐다는 점도 기억해야 한다.

페이스북을 효과적으로 활용한 이들은 중동과 북아프리카의 변혁을 이끌어내려 했던 사회운동가들뿐만이 아니다. 권위주의 정부들 또한 페이스북을 효과적으로 활용해왔다. 꽤나 그럴듯하게 들리는 음모론으로는 미국 중앙정보국CIA이 비밀리에 페이스북을 지원한다는 추측이 있다. 페이스북을 이용하면 상세한 개인정보를 파악할 수 있는 것은 물론이고 소셜 네트워크 분석SNA 기법으로 촘촘한 인간관계망까지 접근할 수 있기 때문이라는 것이다. 그 배후에 정보요원이 있는지 상업적 이득을 노리는 손길이 있는지는 정확히 알 수 없지만, 간혹 매력적인 여자 사진을 걸어놓고 활동하는 정체 모를 계정을 볼 때가 있다. 아무도 그 사람을 아는 것 같지 않은데 그 사람은 모든 사람에 대해 아주 잘 알고 있는 듯한 계정 말이다.[73] 아니면 이런 자극적인 보도는 어떤가? "위키리크스를 옹호하는 온라인 해커집단 어나니머스Anonymous는, 미군이 개인들을 '추적하고 신원을 확인하기 위해' 다수의 허위 프로필을 이용하여 페이스북과 기타 소셜 네트워크에 침투시킬 수 있는 소프트웨어를 개발하고 있다"고 보도했다.[74] 영국의 유력 일간지 〈가디언〉도 이 사실을 확인했다.[75]

그리고 이런 추측과 폭로가 암시하는 세상의 단면은 일면 타당한 구석이 있으며 기억할 가치도 있다. 최근 페이스북에 적용된 얼굴인식 기능은 음모론에나 나오는 게 아니라 현실이며, 이는 감시 목적으로 활용될 개연성이 충분하다. 수단과 이란에서는 비밀경찰이 페이스북을 이용해 반정부주의자들을 추적하여 체포했다는 설이 절대 헛소문이 아니다. 모든 국가가 이와 같은 방식으로 국민을 감시한다고 생각할 필요는 없겠지만, 그러한 가능성을 염두에 두고 행동하는 것은 나쁜 생각이 아니다. 나는 웹에 해박한 사기꾼들이 얼마든지 내 상태정보 업데이트와 위치 서비스를 들여다볼 수 있고, 정보기관에서 내 친구들이 누구인지 파악하고, 내게 뭔가를 팔려는 수많은 기업이 내가 선호하는 것들에 대해 다양한 정보를 축적해두었으리라 짐작한다.[76, 77]

내 딸이 페이스북을 사용하기 시작한 2004년에는(내가 교육을 시작한 해이기도 하다) 솔직히 페이스북을 어떻게 사용하고 또 무엇을 삼가야 하는지에 대해 해줄 말이 별로 없었다. 내가 페이스북에 가입하자 오히려 딸이 내게 무엇을 해야 하고 또 하지 말아야 하는지를 속속들이 가르쳐주었다. 내가 페이스북을 시작한 그 무렵에 같이 페이스북을 시작했던 스탠퍼드 대학원생들은 술 취한 모습을 페이스북에 올렸다가 대학원에서 내쫓기거나 일자리를 구할 때 어려움을 겪기도 했다. 그후로 나는 나의 경험을 통해서, 학생들과의 토론을 통해서(학생들은 조별 프로젝트 주제로 페이스북을 종종 선택했다), 보이드를 비롯한 연구원들과의 대화에서 많은 것을 배웠다. 특히 보이드는 "네트워크화된 대중의 네 가지 고유한 속성이 세 가지의 중요한 역학을 낳는다"고 지적한다. 먼저 네 가지 속성을 소개하면 이렇다.

1. 영속성Persistence

당신이 한 말은 계속해서 그 자리에 남는다. 따라서 비동시적 상호작용에는 더없이 좋지만, 당신이 과거 1980년대에 유즈넷에 남긴 글을 지금의 상사가 읽는 상황이라면 썩 달갑지 않을 수도 있다.

2. 복제 가능성Replicability

'복사'해서 '붙이기'를 통해 여기서 있었던 일을 복제해서 다른 데로 옮길 수 있다.

인스턴트 메시지로 주고받은 사적인 대화도 소셜 네트워크 사이트에 올라올 수 있다. 또한 이 속성은 괴롭힘의 빌미가 될 수도 있다. 정치인들이 어떻게 문맥은 아랑곳없이 필요한 것만 따다 쓰는지 보라.

3. 확장성Scalability

보통 블로그의 독자 수는 평균 여섯 명에 불과하다. 무언가가 공개되어 있다고 해서 시공을 가리지 않고 모든 사람들이 제 발로 찾아온다는 뜻은 아니다. 그러나 그 범위는 가변적이며, 가끔은 가장 내보이기 싫은 내용이 가장 널리 알려지기도 한다.

4. 검색성Searchability

예전에 우리 어머니가 검색어 사용법을 알았다면 내 뒤를 캐며 소리를 질렀을지도 모른다. 그렇지 않았던 것이 나로서도 무척이나 다행스럽다. 요즘은 소셜 미디어를 통해 엄청나게 많은 정보를 검색할 수 있는 세상이다.

이 네 가지 속성이 소셜 미디어 환경에서 세 가지 역학을 형성하며 사람들의 상호작용 방식까지 바꿔놓는다. 세 가지 역학은 이렇다.

1. 보이지 않는 독자들Invisible Audiences

지금 이 방을 둘러보면 누가 옆에 있는지 곧바로 알 수 있지만, 카메라 저편에 누가 있는지는 전혀 알 수 없다. MIT에 있을 때 나는 유닉스 명령어를 활용한 우스갯소리도 곧잘 했다. 듣는 사람들이 모두 내 말을 알아들었기 때문이다. 하지만 온라인 독자들도 나와 같은 관점을 갖고 있을지는 장담할 수 없다. 온라인에서는 언제나 이런 보이지 않는 독자들을 생각해서 이야기를 조절해야 하며 이것은 상당히 까다로운 일이다.

2. 상황의 충돌Context Collisions

보이지 않는 독자들을 힘들게 하는 이유에는 달라지는 사회적 상황도 포함된다.

네트워크화된 대중의 속성이 현재의 상황을 무너뜨리고, 사람들로 하여금 그와 다른 (보통 충돌하는) 새로운 사회적 상황에 직면하게끔 압박한다. 이것은 매우 어려운 문제다.

3. 공과 사의 뒤섞임Public and Private Convergence

공公과 사私를 이야기할 때 흔히 동원하는 공간에 대한 은유는, 사적인 공간이 집이라면 그 바깥에 있는 나머지 공간은 모두 공적이라는 것이다. 그런데 소셜 미디어는 이 구분을 모호하게 만들기 때문에 공과 사는 다른 어떤 것보다도 조율이 필요한 개념이다. 이것은 여전히 집단적 차원의 문제이며, 앞서 소개한 속성들 때문에 사람들은 주어진 상황에서 여러 가지 다른 관점을 가진 사람들이 존재할 때는 그 상황을 조율하기가 어려워진다.

4. 이런 역학들은 사회적, 문화적으로 중대한 의미를 내포한다.

새로운 역학은 사람들이 자신들을 둘러싼 사람들과의 관계를 규명하는 방식에 많은 영향을 끼친다. 새로운 역학은 사회적 상호작용의 새로운 구조를 형성한다. 새로운 역학은 힘의 논리와 주체성, 자유의 관념을 복잡하게 만든다. 나아가, 이 모든 어려움을 헤쳐나갈 방법을 찾는 것은 전례 없이 복잡하게 변화하는 세상에 대처하는 방법을 배우는 것을 의미한다. 어른들이 공황상태에 빠져 있던 사이에 10대들은 계속해서 무언가를 배웠다. 10대들은 대중의 세상이 빠르게 재구성되고 있음을 이해하며 여기에 대처할 메커니즘을 개발한다.[78]

보이드가 지적한 속성과 역학은 페이스북의 모든 측면에서 발견할 수 있다. 브루스터 카일Brewster Kahle이 인터넷의 모든 기록을 보존하려고 처음으로 웨이백 머신Wayback Machine을 만들면서 모든 온라인 행동의 영속성이 획기적으로 신장되어, 지금은 '되돌릴 수 없는 웹'이 일반화되었다.[79] 초창기에 인터넷 애호가들이 전화에 모뎀을 연결할 때는, 우리가 올린 모든 말과 이미지가 영원히 저장되어 검색까지 되리라는 사실을 누구도 상상하지 못했다. 이제는 웹에서 무언가를 삭제한다는 게 가능하기나 할까? 보이지 않는 독자들은 이미 공과 사의 구분을 무너뜨려놓았다.

누군가의 사회행동 대부분을 목격할 수 있는 사람은 소수에 불과하다던 기존의 가정은, 온라인에서의 모든 행동이 자신은 모르는 많은 사람들에게 목격된다는 가정으로 대체되었다. 독일의 한 소녀가 파티 이벤트를 위한 개인정보 설정에서 적절한 옵션을 택해야 한다는 사실을 잊는 바람에 무려 1500명의 초대받지 않은 손님들이 몰렸고, 현장을 통제하기 위해 100여 명의 경찰관이 출동하는 바람에 파티가 엉망이 된 사건을 생각해보자.[80] '상황의 충돌' 때문에 한 가족의 휴가가 망가지기도 하고, 알몸이 찍힌 버닝 맨 축제 사진에 이름이 태그된 학자들이 곤경에 처한 것도 그 때문이었다. 영상을 실시간으로 전송하는 스마트폰이 우리 주변에 널려 있고 그 빈틈을 공공 감시카메라들이 채운 환경에서 살아가는 우리는, 우리의 모든 사적인 행동이 언제든 만천하에 공개될 수 있음을 알아야 한다.

당신이 페이스북 프로필을 만들거나, 프로필을 업데이트하거나, 친구 요청을 수락하거나 신청할 때 이 네 가지 속성과 세 가지 역학을 고려해야 한다. 가끔은 원치 않는데도 다른 사람에게 상처 주고 싶지 않아서 혹은 사회적 압력 때문에 친구 신청을 받아들이기도 한다. 하지만 친구 신청을 받아들인다는 것은 이제 당신의 행동이 여기에 영향을 받을 수 있다는 것을 의미하며 세상이 당신에 대해 아는 것도 더 많아진다는 것을 의미한다. 친구 신청을 무작정 전부 다 받아들이든 아니면 신중하게 선별하든, 그 일을 하는 이유부터 알아야 한다. 누군가가 당신의 정보에 접근할 수 있도록 허락했다면, 그 사람의 친구들에게도 당신의 정보에 접근하도록 허락해준 것과 같다.

페이스북 사용자들의 상당수가 모르는 페이스북의 또다른 측면이 있다. 친구들의 업데이트 중 어느 것을 당신의 뉴스 피드에서 볼 수 있는지를 결정하는 숨은 공식이 있다는 사실이 그것이다. 네트워크에 포함된 모든 사람을 늘 볼 수 있는 것은 아니다. 페이스북에는 사람들에게 보여줄 특정 친구의 업데이트를 선별하는 알고리즘이 있다. 하지만 우리가 그 알고리즘에 영향을 미칠 수도 있다. 페이스북이 아니라 페이스북을 하는 친구들이 그런 영향을 미칠 수 있다는 뜻이다. 친구들의 링크와 업데이트, 사진이 나에게 더 자주 나타나게 하고 싶다면 그들의 프로필을 더 자주 방문하고, 담벼락에 더 자주 글을 남기며, 업데이트와 링크에 '좋아요'를 눌러야 한다. 페이스북은 링크와 영상, 사진을 선호하는 일종의 데이터 마이닝 기업이므로 당신의 상태정보 업데이트나 담벼락 글보다는 링크와 영상, 사진이 친구들과 더 자주 공유되는 경향이 있다. 또 사진에 태그된 사람들이 더 자주 당신의 눈에 띈다.

당신의 통제력을 높이고 싶다면 페이스북 홈 뉴스 피드 아이콘 왼쪽에 있는 '설정 편집'으로 들어가야 한다. 볼 수 있는 피드의 사람들 범위를 설정할 수 있다. 얼굴 인식 기능이 불편하다면 계정 개인정보 설정의 '타임라인과 태그달기'에서 '회원님처럼 보이는 사람이 나온 사진이 업로드되었을 때 태그 추천을 볼 수 있는 사람'을 '받지 않음'으로 하면 된다. 복잡한가? 당분간 이보다 단순하기를 기대하기는 어려울 것이다.

설정과 관련하여 이처럼 구체적으로 조언하는 이유는 변화가 계속해서 일어나기 때문이다. 페이스북은 개인정보 설정과 알고리즘을 자주 바꿔왔지만, 그것이 우리의 삶을 어떻게 바꾸었는지에 대해서는 별다른 설명이 없었다. 페이스북은 마치 번져나가는 불길이 그러하듯 당신과 당신 소셜 네트워크에 연결된 사람들에게 위험할 수 있다. 동시에 페이스북은 매우 이로운 영향을 여기저기에 미칠 수도 있다. 그러니 페이스북 활동을 하면서 항상 내 활동이 미칠 여파를 유념해야 한다. 링크를 공유하고, 상태정보를 업데이트하고, 체크인하고, 사진을 올리고, 친구신청을 요청하거나 허락하고, 페이지에 '좋아요'를 누르고, 게임 참여 요청이나 새로운 앱의 사용 요청을 받아들이는 등 페이스북과 관련된 모든 활동을 할 때 항상 유념해야 한다. 오늘날 우리에게 꼭 필요한 리터러시들을 다룬 이 책을 마무리해가는 지금, 나는 주의력 리터러시의 원리를 다시 한번 강조하고 싶다. 분별은 차이를 만든다. 온라인 세계는 누구도 통제할 수 없기에 이로울 수도 해로울 수도 있지만, 우리의 행동과 그 행동이 우리 개인과 네트워크에 가져올 결과를 인식하고 못하고는 그때마다 우리의 선택에 달렸다.

주의력, 허위정보 간파, 참여, 협업, 네트워크 리터러시를 향한 나의 여정도 이제 막바지에 이르렀다. 하지만 마무리에 앞서 나는 사고실험 하나를 제안하고 싶다. 니콜라스 카의 "구글이 우리를 바보로 만드는가?"라는 질문을 상상력을 동원하여 뒤집어보자. "분별 있게 사용한다면 디지털 미디어가 우리를 어떻게 더 현명하게 만들어줄 수 있을까?" 오랜 연구와 경험을 통해 나는, 인간이 인간인 이유는 생각하고 소통하는 도구를 개발하여 우리 모두를 더 크고 힘 있는 존재로 거듭나게 하기 때문이라고 결론지었다.

6

사람이 스마트해질 때 기술은 우리를 도와준다

디지털 시민이 온라인을 잘 활용하기 위해 갖춰야 할 능력을 습득할 수 있도록 그동안 나는 그럴 만한 가치가 있다고 판단되는 많은 주제를 다뤘다. 여기서는 프라이버시, 공론장, 리믹스 문화, 자녀의 소셜 미디어 사용과 관련해 부모가 알아야 할 것을 다룬 다음 우리가 앞에서 배운 리터러시를 다시 한번 요약해서 훑어보겠다.

데이터 감시를 감시하라

그동안 나는 플레이버("당신의 참여로 누가 이익을 얻는지 아는가?")와 페이스북("당신의 프로필과 사진, 업데이트에 누가 접근 가능한지 제대로 아는가?")과 관련하여 프라이버시 문제를 거론했지만, 온라인에서의 프라이버시 침해 문제는 내가 언급한 수준보다 훨씬 심각하다. 개인정보 유출, 국가 주도의 감시체계, 당신의 선호도를 추정할 수 있는 행동 데이터 마이닝 등 프라이버시 관련 문제는 하루가 멀다 하고 헤드라인에 나오는 이야긴데 이것이 다 우리 삶의 모든 영역과 관련된다. 나는 소셜 미디어가 우리 사생활에 어떻게 영향을 미치는지를 조금이나마 조명하고자 애썼다. 그래서 당신이 이 책에서 배운 지식을 통해, 다른 사람들이 습득할 당신의 정보에 대해 더 큰 통제력을 발휘할 수 있기를 바란다. 아울러 당신의 개인정보에 대해 발휘할 수 있는 통제의 한계에 대해서도 더 많은 것을 배웠기를 바란다.

더 깊이 있는 내용을 알고 싶은 독자를 위해 조지 워싱턴 대학 법학과 제프리 로젠Jeffrey Rosen 교수가 쓴 『반갑지 않은 시선*The Unwanted Gaze*』과 옥스퍼드 대학 인터넷연구소의 빅토르 마이어 쇤베르거Viktor Mayer-Schönberger 교수가 쓴 『잊혀질 권리*Delete*』를 추천한다.[1,2] 믿을 만한 소스로 입증된 웹사이트인 매셔블Mashable은 "당신의 페이스북 프라이버시를 관리할 상시 최신 가이드"가 있어야 한다고 주장한다.[3]

정책을 통해 데이터 감시dataveillance를 통제할 수 있는 시대는 끝났다. 프라이버시 보호를 지지하는 사람들 대부분은 프라이버시 침해를 부추기는 사람들의 로비에 맞설 금전적, 정치적 영향력이 부족하다. 물론 그렇다고 이런 법률적, 사법적 기류에 그냥 굴복하라는 뜻은 아니다. 다만 여기서 내가 강조하는 것은 매 순간 개인들에게 최선의 방패는 바로 노하우라는 점이다. 웹사이트가 당신의 컴퓨터에 심은 쿠키를 찾아 없애는 방법을 알아야 한다. 새로운 서비스에 가입하거나, 앱을 내려받거나, 페이스북 게임 초대에 응할 때 어떤 위험이 따르는지도 알아야 한다. 사용하고 있는 소셜 미디어에서 어디로 가면 개인정보 설정을 할 수 있는지 알아야 한다. 당신은 앞으로도 계속 감시당할 수 있다. 하지만 적어도 그런 사실 정도는 알고 있어야 한다.

인터넷 시대의 공론장

개인정보 설정을 어디서 할 수 있는지 아는 것만으로는 부족하다. 기술로 매개되는 행동이 이루어지는 정치적, 경제적 환경부터 이해할 필요가 있다. 다른 사람들이 알고 있는 것에 당신은 어디까지 통제력을 행사할 수 있는가? 당신에 대해 알고 있는 정보를 볼모 삼아 당신을 통제할 수 있는 힘을 가진 사람들은 누구인가? 그리고 그런 힘을 지닌 사람들이나 집단이 그 힘을 유지하는 방식은 무엇인가? 당신을 통제할 힘을 가진 사람들에게 영향력을 미칠 방법은 없는가? 무엇을 믿고 믿지 말아야 할지 안내하는 언론의 역할은 어떠해야 할 것인가? 이 모든 것들을 깊이 생각해보자. 이를 통해 우리의 사고는 개인적인 영역을 벗어나 공적인 영역으로 확장된다.

우리를 통제할 힘을 가진 사람들에게 과연 시민으로서 우리가 영향력을 행사할 수 있을까? 이 의문은 프랑크푸르트학파 정치철학자 위르겐 하버마스가 언급한 '공론장public sphere' 개념과 그 맥락을 같이한다.[4] 나는 1991년 『가상 커뮤니티』를 집필하면서 공론장 이론을 알게 되었다. 그리고 당시로서는 막 싹을 틔우는 단계였던 컴퓨터 매개 커뮤니케이션의 가장 큰 의미가 무엇일지에 대해 고민을 거듭했다. 마침내 나는 정치적 자유와 민주주의의 실현이 다른 문제들을 압도한다는 결론을 얻었다. 정책에 반하는 국민에게 재갈을 물리거나 국민을 살해할 수도 있는 국가에서는 재산권이나 프라이버시에 대한 언급조차 무의미하다.

18세기 유럽과 미국에서는 군주제 치하의 피지배자들이 왕정을 뒤엎고 의회를 건설하고 헌법을 제정했다. 하버마스의 공론장 이론은 이 과정이 어떻게 이행될 수 있었는지를 설명하려는 시도였다. 사람들이 피지배자가 아닌 시민이 되어 자치를 시작하려면 무엇보다 필요한 것이 정확한 정보에 대한 접근권, 특히 국가 정책에 대한 정보가 필요하다. 그래서 언론의 자유가 중요한 것이고, 그것을 알기에 언론의 자유를 통제하려는 세력도 있는 것이다. 한때는 의회에서 있었던 발언을 의회 밖에서 발설할 경우 교수형에 처해질 수도 있었지만 피 흘려 투쟁한 끝에 획득한 '정부의 투명성'이 이제는 제도화되었다. 하지만 그것 말고도 또 반대 방향으로도 정보는 자유롭게 흐를 수 있어야 한다. 시민이 정책에 관한 정보를 얻을 수 있어야 할 뿐 아니라 정보를 가진 시민들이 정책과 정책입안자들에게 영향을 미칠 방법도 있어야 한다는 뜻이다. 하버마스는 공론장을 형성함으로써 이것이 가능해진다고 주장했다. 이성적이고 공개적인 토론을 통해 다양한 문제에 대한 여론이 형성되고, 그러면 입법가들이 그 여론에 귀를 기울인다는 것이다. 단순화하여 이야기했지만 이것이 이론의 골자다.

인터넷이 등장하여 방송 미디어의 본질을 뒤바꿔놓기 전에는 하버마스가 말했듯 막강한 자금 지원을 받는 선전기술이 여론 형성을 방해하고 조작하는 문제가 있었다. 같은 프랑크푸르트학파의 아도르노와 호르크하이머는 1944년 공저 『계몽의 변증법*Dialectic of Enlightenment*』에서 '문화산업'과 그것의 '대중 기만으로서의 계몽' 관념을 강조했다.[5] 더 최근에는 몇몇 학자들이 교묘한 '동질감의 날조'와 더불어 언론사들의 부패와 합종연횡을 주제로 글을 쓰기도 했다.[6,7] 어쩌면 이 시대의 민주주의에 대한 미디어 중심적 비판의 가장 극단적인 사례는 우리가 '구경거리의 사회society of the spectacle'에 살고 있다는 비판일지도 모른다. 구경거리의 사회란 대중적 열광주의mass enthusiasm가 확산되며 권력자와 부자가 대중의 인식을 고도로 조작하는 사회를 가리킨다. 이런 세상에서는 디지털화되고 초현실적인 현대판 '빵과 서커스*'가 시민들에게 제공되는데, 이것이 너무 사실 같은 나머지 가짜 세상이 시뮬라크르가 되고 환영 속에 세상은 가려진다.[8,9]

나는 이런 비판들이 나름대로 근거가 있다고 생각한다. 사려 깊은 사람이라면 미디어를 어떻게 사용할지, 그리고 미디어는 우리를 어떻게 이용하는지 제대로 알아야 한다. 하지만 나라는 존재는 대중을 무력화하는 심리적 조작에 무기력한 객체에 지나지 않는 걸까? 오늘날에는 정보를 생산하고 배포할 수 있는 수단에 누구나 접근할 수 있게 됐고, 이는 가히 정보 접근권에 대한 급진적 민주화나 다름없다. 이러한 변화가 앞으로 어떤 영향력을 미칠지는 지극히 예측하기 힘들다. 다대다 미디어는 막강한 자금력을 바탕으로 정치적, 경제적 이해관계를 대변하는 집단에 효과적으로 맞설 수 있을까? 나는『참여군중』에서도 이런 질문을 제기했으며 이는 여전히 유효하다. 2011년 봄 아랍에서 소셜 미디어가 어떤 역할을 했는지 돌이켜보자. 나는 그 같은 현상이 아직 제대로 설명되지 않았다고 생각한다.

몇 년 전 하버마스가 스탠퍼드 대학에서 연설을 했는데 나는 그 기회를 이용하여 그에게 공개적으로 질의했다. 자신의 공론장 이론에 대해 어떻게 생각하는지, 그리고 널리 알리고 논쟁할 수 있는 힘이 수많은 사람들에게 주어진 지금 이 유력한 이해관계자들에 의해 변형된 또다른

* bread and circus. 고대 로마의 통치술을 가리키는 비유로, 백성에게 먹을거리와 오락거리만 제공하면 대중을 손쉽게 다스릴 수 있다는 의미를 내포한다.

공론장 개념에 대해서는 또 어떻게 생각하는지 물었다. 하지만 그는 내 질문을 회피했다. 나는 그 내용("하버마스는 인터넷과 공론장에 관한 질문을 피했다")을 블로그에 올리고, 하버마스의 이론과 직결되지만 고착되지는 않은 우리 미디어 관행의 중요한 측면에 대해 새로운 사고가 필요하다고 결론지었다.[10] 오늘날의 온라인 공론장 개념을 이해하기에 가장 적절한 읽을거리로 나는 피터 보더Pieter Boeder의 「하버마스의 유산Habermas' Heritage」을 추천한다.[11]

나는 인터넷 시대에 공론장이 왜 필요하고 그 역사는 어떤지를 주제로 온라인 멀티미디어 단기강좌도 열었다. 이 강좌에는 나와 몇몇 사람이 등장하는 짤막한 동영상 강의 몇 편과 온라인 텍스트로 연결되는 링크, 'public_sphere' 태그로 북마크한 링크 스트림 등 여러 가지가 망라되어 있다.[12] 이 글을 쓰는 지금, 이 강좌를 시청한 사람들 수는 5만 7000명을 넘어섰다. 되풀이하는 말일 수도 있지만, 나는 무엇이 옳은지를 알고 지금 당장 실천하는 것이 중요하다는 강한 믿음을 갖고 있다. 대부분의 경우 여론에 영향을 끼치는 유력한 세력들이 존재한다. 그리고 그 힘의 구도를 바꾸려고 도전하는 또다른 반대세력이 등장한다. 그 싸움의 결과가 이미 정해져 있다고 가정하는 것은 공론장을 통제할 방법을 찾는 사람들, 즉 사익을 추구하는 개인과 기업, 권위주의 국가, 허무주의자 등 누가 되었든 그들에게 항복하는 것과 다름없다. 우리의 행동을 통해 진일보한 온라인 공론장을 만들어갈 수 있다고 생각하는 나의 관점이 어쩌면 이상주의에 가깝다는 것을 나도 잘 안다. 그리고 이상주의를 경계해야 한다는 사실도 20세기에서 얻은 교훈을 통해 잘 알고 있지만, 법치의 등장과 노예제도 폐지 역시 이상주의에서 비롯되었다는 점을 상기할 필요가 있다.

당신이 공론장을 발전시킬 수 있는 기회에 주목해야 한다. 모든 사람들에게 기회가 주어지는 것은 아니다. 특히 온라인에서 정치적 주장을 마주했을 때는 그 내용이 당신이 동조하는 내용이라 하더라도 허위정보 간파술을 적용하라. 온라인 정치토론에 참여하는 방법을 익히고, 소셜미디어 공론장에서 벌어지는 토론의 품격을 높이도록 노력해야 한다. 서로의 견해를 내세우되 다른 사람을 공격해서는 안 된다. 즉 주장의 근거를 제시해야 하며 기꺼이 생각을 바꿀 줄도 알아야 한다. 남들과 힘을 모아 주장하고, 설득하고, 단결한다. 지식으로 무장한 집단행동에 참여하라. 민주주의 시대에 적극적으로 참여하지 못하면 피동적인 존재가 될 수밖에 없다. 권력과 반권력의 네트워크가 어떻게 작동하는지 이해하고, 그 속에서 당신이 어떤 위치를 차지하는지도 알아야 한다. 공론장 이론은 근본적으로 작은 한 가지 의문에서 출발한다. "나는 서로 힘을 모아 어떤 식으로든 정책에 영향력을 행사하고자 하는 시민으로서 행동할 것인가? 아니면 나의 권리를 다른 사람들에게 넘겨줄 것인가?"

저작권법의 그늘과 리믹스 문화의 가능성

참여 리터러시 중에서도 중요한 부분이며 적어도 고등학교 수준의 정보 리터러시 교과목에 포함되어야 할 것이 바로 '리믹스 문화remix culture'다. 이 용어는 모방작업을 허용하고 북돋우는 사회를 일컫는 용어로, 로런스 레식Lawrence Lessig의 저서 『리믹스』에서 유래했다.[13] 디지털 기술이 확산되면서 지적재산을 둘러싸고 어마어마한 갈등이 계속 발생했다. 개인용 컴퓨터가 인쇄기, 오디오 스튜디오, 비디오 편집기, 복사기의 역할까지 대신하게 되면서 인터넷은 지적재산의 유통비가 거의 들지 않는 세계적인 보급 네트워크가 되었다. 냅스터는 광범위한 저작권 침해 위협으로 음악산업과 영화산업계를 긴장시켰다. 음악이나 영화를 복사하여 업로드하는 일이 잦아지자, 음반과 영화관람권 같은 물질적 상품의 판매에 의존하던 두 업계는 비즈니스 환경이 위기에 처했다고 판단했다. 너무나 많은 사람들이 저작권이 엄연히 존재하는 음악과 영상을 아무런 대가도 지불하지 않고 내려받아 사용한 것이다. 이것은 의심의 여지 없는 좀도둑질의 일종이며 이미 대규모 절도죄로 확산되고 있었다. 애플의 아이튠즈가 등장하며 온라인으로 음악을 손쉽게 구입할 수 있게 되기 전까지, 만연한 디지털 도둑질을 막기 위해 영화계와 음악계에서 택한 대응은 법률의 힘에 의지하는 것이었다.

불행히도 두 업계의 대응은 저작권자의 권리를 보호하는 수준을 뛰어넘었다. 이 거대한 인포테인먼트* 거물들은 저작권 개념을 확장하고 디지털 영역에 적용할 '디지털 밀레니엄 저작권법'을 제정하기 위한 로비를 통해, 부상하고 있는 중요한 문화에 범죄의 족쇄를 채웠다. 즉 기존의 콘텐츠에 새로운 정치적, 미학적 의미를 담아 창조해내는 리믹스 문화를 범법화한 것이다. 그뿐만 아니라 이 법적이고 정치적인 수단으로 과학지식의 공표와 발행을 사유화함으로써 지식의 확장을 위험에 빠뜨리고, 이미 보편화된 '공정 사용fair use' 개념에 허가의 족쇄를 덧붙여 가뜩이나 흔들리던 교육경제학을 더욱 위축시켰고, 그동안 공유지로 간주되던 영역을 에워싸려는(물, 게놈, 세포주, 초목 등을 사유화하려는) 시도를 더욱 공고하게 만들었다. 나는 2002년 출간한 『참여군중』에서 이런

* infotainment. '정보'를 뜻하는 인포메이션(information)'과 '오락'을 뜻하는 '엔터테인먼트(entertainment)'의 합성어.

문제를 제기했고, 레식도 저서 『자유 문화*Free Culture*』에서 이 부분을 신랄하게 다루었다.[14, 15] 루이스 하이드Lewis Hyde는 2010년에 발간한 『공기처럼 흔한*Common as Air*』에서 광범위한 문화적 공유지를 옹호하고 이를 지키려는 캠페인에 대해 썼다. 이 책을 추천한다.[16] 또 음악적 표현의 진화과정을 상세히 설명한 에이럼 신라이크Aram Sinnreich의 『매시업*Mashed Up*』도 좋은 읽을거리다.[17]

여기서의 리믹싱remixing 개념은 음악의 일부를 가져오고 리믹스해서 새로운 예술을 창조하는 디스크자키나, 유명한 대중문화 영상에 시사적 사건을 덧붙여 편집, 논평함으로써 권력구도를 해부하고 정치적 위선을 폭로하는 비디오 리믹서들만을 일컫는 용어가 아니다. 레식을 비롯한 '자유 문화' 옹호자들(나도 그중 하나라고 자부한다)은 뉴스코프나 디즈니 같은 다국적 지적재산 보유기업들이 등장하기 전에는 대중문화와 학술, 과학 등의 업적이 협조체제를 통해 상호 이용됨으로써 창작자들이 타인의 업적을 바탕으로 자신의 업적을 구축하거나, 자신의 업적을 타인들이 사용하도록 하는 경우도 많았다고 주장한다. 따라서 공익과 사익 중 어느 한쪽으로만 치우치는 일 없이 둘 사이의 균형이 유지되었다. 그러나 저작권이 미국 헌법에 명기된 이후로 많은 시간이 흐르고 저작권의 규모가 점차 커지면서 기존에 균형을 이루던 스펙드럼이 사익 쪽으로 급격히 기울었다. '공산주의자들'은 공산주의자들이 아니다. 우리는 지적재산권에서 사익을 없애기를 원치 않는다. 우리가 바라는 것은 지적재산권에서 비롯되는 이익이 소수의 다국적 문화 생산자들에게로 쏠리는 것이 아니라, 그 가치가 모두를 향해 흘러가도록 하기 위해 다시 균형을 회복하는 일이다.

미국 헌법에 명기된 저작권 조항의 원래 의도는 창작자에게 일정 기간의 독점권을 부여하여("원작자와 개발자들에게 각각의 저작과 창작물에 대한 배타적 권리를 한시적으로 보장함으로써 과학과 유용한 기술의 발전을 장려함") 저작자의 노력에 대한 대가를 제공하고 미래의 새로운 창작을 북돋우는 것이었다. 다른 한편으로 저작권법은 창작자들이 일정 기간 배타적 권리를 향유한 후에는 그 권리를 모두에게 허용함으로써 공공 영역을 비옥하게 한다는 의도도 깔려 있었다. 이후로 미국 의회는 세계 지적재산권기구WIPO와 보조를 맞추어 저작권 기한을 원저작자의 평생으로 늘려(최근에는 저작자의 사후 70년으로, 또는 법인저작권의 발효 이후 120년으로 늘어났다), 조직화된 지적재산권 소유자들('법인 저작자들')이 상대적으로 힘없는 작가나 음악가, 과학자, 교육자, 영화제작자들에 비해 더 유리한 처지에 섰다. 독자적으로 활동하는 학자인 나도 이미 대중화된 저작물과는 달리 유료화된 과학연구 보고서나 학술 논문 등을 참조할 때마다 이런 벽에 부딪히곤 한다. 암 치료법을 연구하는 학자가 남들이 창작한 유용한 연구자료를 활용하고 싶어도 무료로는 불가능하다. 그 연구를 지원한 영리후원자들이 자료를 무료로 공개하지 않는 한 말이다.

사유화enclosure의 위험은 단순히 문화적 표출을 억눌러 지식의 진보를 늦추는 문제보다 훨씬 심각하며, 위협적인 만큼 중요한 문제이기도 하다. 지적재산을 창조하고 보급하기 위해 디지털 미디어를 사용할 권리가 누구에게 있느냐를 둘러싸고 벌어지는 갈등은 정보를 알리고, 설득하고, 교육하고, 논쟁하고, 혁신할 힘의 정치적 통제를 둘러싼 싸움을 의미한다. '네트워크 중립성' 또는 전자기 스펙트럼의 허용에 대해 논하려면 먼저 그 내용부터 이해하기 위해 기술과 정책 모두를 알아야 하겠지만, 지금 만들어지고 있는 법률적, 사법적 결정으로 인해 미래의 혁신가들은 기숙사에서 월드와이드웹을 개발하거나 검색엔진 회사를 세우기 전에 허가를 받아야 할지 말지부터 결정해야 할 것이다. 앞에서 소개한 나와 레식의 저술 외에도 조너선 지트레인Jonathan Zittrain의 『인터넷의 미래와 이를 멈출 수 있는 방법*The Future of Internet—and How to Stop It*』을 추천한다. 지트레인은 이 책에서 기술적 사유화의 위험을 적나라하게 묘사했다.[18]

부모를 위한 조언

여기까지 이 책을 읽은 당신이 부모라면, 디지털 문화를 바라보는 시야가 부디 많이 넓어졌기를 바란다. 그리고 당신이 10대 자녀를 둔 부모라면 아이가 온라인에 접속해서 친구들과 노닥거리느라 집안일도 내팽개칠 것이라고만 생각하지 않고, 아이가 온라인 공중公衆을 형성하고, 새로운 아이덴티티를 형성하고, 서로 기술사회학적인 기술에 대한 배움을 주고받고, 적극적인 문화창조자가 되는 법을 배우고 있다고 더 넓게 생각할 수도 있을 것이다. 아울러 이 책을 열심히 읽은 부모라면 웹은 천박하며 아이들에게 해롭다는 인식에 대해서도 다시 생각해보게 될 것이라고 믿는다. 웹은 종종 무책임한 언론이 자극적인 사진을 도배해 호도하는 바람에 유해한 공간으로 인식되곤 했지만 10대들은 자기 존재를 실험하고 다양한 개성을 가진 사람들과도 어울릴 필요가 있다. 가족 말고도 다양한 사람을 만날 필요가 있다는 뜻이다. 청소년들이 활동할 수 있는 공적 공간은 사설화, 감시와 감독, 금지 등에 의해 대폭 줄어들었다. 공동체를 위한 공간은 계속 줄어드는 데 반해 상업적인 공간은 계속 늘어났고, 청소년들이 어울릴 공간도 줄어들다보니 온라인 공간에서 새로운 또래집단을 형성하게 된 것이다. 그들이 서로 가르치고 배우는 것들도, 그들이 성인이 되어서 건설하려는 사회도 무조건 해로운 것은 아니다.

더 깊은 내용을 원하는 부모들을 위해서는 미국 청소년들의 온라인 활동과 그 동기를 실험을 통해 연구하고 근거를 밝힌 보이드의 논문 맥락 없는Taken Out of Context」을 추천한다.[19] 앞에서 소개한 미즈코 이토의 저서『어울리고, 즐기고, 괴짜 짓 하기』도 근거가 풍부한 좋은 읽을거리로, 이 책은 젊은이들이 소셜 미디어를 활용하는 방식과 관련하여 긍정적인 관점을 제시한다.[20] B. J. 포그가 린다 포그 필립스와 공동으로 저술한『부모를 위한 페이스북*Facebook for Parents*』은 신중한 접근법이 돋보인다.[21] 런던 경영대학원의 미디어 커뮤니케이션학과 교수이며 국제커뮤니케이션 학회장을 지낸 소냐 리빙스턴Sonia Livingstone은『아이들과 인터넷*Children and Internet*』이란 책에서, 경험에 기초한 명쾌한 시각을 드러낼 뿐 아니라 인터넷이 청소년에게 미칠 수 있는 잠재적 위험에 대해서도 설명한다.[22] 커먼센스미디어 사이트commonsensemedia.org에는 청소년에게 디지털 시민정신을 교육할 때 필요한 지침과 무료 강의가 올라와 있어 유익하다. 이 모든 소스를 효과적으로 활용하면, 아마도 당신은 세상의 어떤 부모보다 10대 자녀의 행동을 슬기롭게 이끄는 지성을 갖추게 될 것이다.

나는 이 분야에서 뛰어난 전문성을 갖춘 다나 보이드에게 부모를 위한 조언을 부탁했다. 그녀가 해준 말은 이랬다.

나는 부모들과 대화할 때 기술 자체에 치중하기보다는 부모로서 걱정하는 여러 가지 문제에 집중하도록 유도합니다. 소통이 가장 중요합니다. 아이들이 신기술로 말미암아 겪게 되는 여러 가지 어려움을 헤쳐나가도록 돕기 위해 부모에게 가장 중요한 것은 바로 소통, 소통, 또 소통입니다. 당신을 힘들게 하는 것이 있거나 아이가 당신이 이해 못할 행동을 할 때는, 먼저 물어보아야 합니다. 이야기를 차근차근 듣고 아이의 관점을 먼저 파악한 다음, 당신의 생각이 다른 이유를 설명해야 합니다. 이를테면 이런 식으로 말할 수 있겠지요. “하지만 네 행동을 아빠가 다르게 해석할 수도 있다는 것도 생각해봤니?” 이런저런 이야기를 나누다보면 아이가 온라인 행동에 대해 어떤 생각을 하고 있고 또 당신의 생각을 나누어야 할 지점이 어디쯤인지도 파악할 수 있습니다. 중요한 것은 대화입니다. 가장 피해야 할 행동은 “그러면 안 돼. 이건 너한테 해로운 짓이야. 그건 아무런 도움도 안 돼”처럼 말하면서 어른이 직접 간섭하는 것입니다. 그러면 10대들은 마음을 닫아버립니다. 어떤 문제든 서로 대화하고 공유할 기회를 만드는 것이 중요합니다. 그래서 내가 어른들에게 가장 많이 하는 조언이 바로 아이의 말을 들으라는 것입니다. 10대가 하는 말을 주의깊게 들어보면, 대다수 10대가 경험하는 문제들이 당신이 인식하는 문제들과 거의 흡사하다는 사실을 곧 깨닫게 됩니다. 신기술이 생활 속으로 파고들며 달라지는 생활양식 때문에 혼란스럽다 하더라도 사람 자체가 크게 달라지지는 않는 법이지요.[23]

다섯 가지 리터러시

주의력

- 소셜 미디어 때문에 주의가 산만해질 수도 있지만, 주의력은 훈련이 가능하다.
- 우리의 호르몬은 정보를 추구하고 사회적 접촉을 시도하는 행동에 대해 보상을 한다. 또 경고를 보내는 자극이 그다지 위협적이지 않

더라도, 호르몬은 '싸움 혹은 도주'의 생리반응을 유발하기도 한다. 소셜 미디어에 대한 우리의 주의와 반응을 무작정 방치하는 것은 건강에 해로울 수도 있다.

- 심호흡을 하자! 그런 다음 당신의 주의가 어디로 향하는지 자문하라. 간단한 이 두 가지 행동을 연이어 실행하는 것이 첫 단계이자, 소셜 미디어와 관련해 주의를 제어할 수 있는 효과적인 수단이다.
- 학습은 누군가에게 주의를 기울이는 것에서 시작된다. 당신이 자녀에게 신경을 쓰고 있다는 사실을 느낄 수 있게끔 하자. 자녀가 바랄 때는 스마트폰을 내려놓고 시선을 마주해야 한다.
- 다중작업은 대부분 개인의 업무 효율을 떨어뜨린다. 다중작업은 사실상 업무의 전환을 의미하며, 업무를 전환하기 위해서는 정신적인 대가를 치러야 한다.
- 스티브 잡스는 "집중이란 '아니요'라고 말할 수 있다는 뜻이다"라고 했다.[24] 무엇에 주의를 기울일지를 사려 깊게 결정하기 위해서는, 웹이 우리에게 선사하는 흥미로운 기회를 모두 다 거머쥐는 사람은 아무도 없다는 사실부터 인식해야 한다. '아니요'라고 말할 줄 알아야 한다. 무엇에 대해 '아니요'라고 할 것인지 알아야 한다. 그리고 왜 그래야 하는지도 알아야 한다.
- 분별과 초인지는 온라인에서든 오프라인에서든 주의를 기울이는 방법을 안다는 의미다.
- 심호흡은 의식과 두뇌, 신체를 연결한다. 호흡에 주의를 집중하면 분별력을 기르는 데 도움이 된다.
- 의도에 주의를 기울이면 의식으로 두뇌를 바꿀 수 있다. 특정 패턴을 반복하면 뇌세포와 조직이 네트워크를 자극하여 신경회로를 강

화하는 방향으로 조화를 이끌어낸다. 이는 신경세포들이 활성화되고 함께 회로를 이루기 때문이다. 예를 들어 읽기를 학습해나가는 과정을 생각해보면, 이는 의식적인 일련의 행동이 자동적으로 조합되는 원리다. 그리고 똑같은 원리로 소셜 미디어에 관해서도 주의를 관리하는 법을 배울 수 있다. 소셜 미디어가 주의를 산만하게 만든다는 말은 기술이 의식을 통제한다는 뜻이 아니다. 오히려 반복적이고 의식적인 노력으로 기술을 통제할 수 있다.

- 심호흡을 하자! 반복할수록 좋다. 주의가 어디로 향하는지 관조하면서 신체의 움직임도 관찰할 필요가 있다. 너무 오랫동안 앉아 있어서는 안 된다. 휴식도 없이 너무 긴 시간을 앉아 있으면 주의와 신체가 따로 움직이기 쉽다. 심호흡을 하면서 스스로의 호흡을 느끼고, 또 주기적으로 자리에서 일어나 움직여야 한다.
- 소셜 미디어와 관련해 주의를 훈련하기 위해서는 당신의 목표와 우선순위를 먼저 알아야 하며, 지금의 행동이 목표나 우선순위에 부합하는지를 주기적으로 자문해야 한다.
- 명상과 마찬가지로, 소셜 미디어의 분별 있는 활용 역시 주의가 산만해지는 시점을 포착해 원래의 우선순위로 부드럽게 되돌리는 것에서 시작된다.
- 가끔은 친구를 만들고 그들에게서 배우는 것이 가장 중요한 목표가 될 수도 있다. 친구들과 즐기고, 잡담하고, 여러 친구들의 관계를 탐구하는 것은 매우 중요하다.
- 새로운 주의 습관을 형성하기 위해서는 작은 것부터 시작하고, 일상에서 새로운 행동을 받아들일 영역을 찾아야 하며, 주의를 기울이는 것이 습관이 될 때까지 반복해야 한다.

허위정보 간파

- 검색하는 방법을 알면 거의 모든 질문에 답할 수 있다.
- 검색할 때는 내가 찾는 페이지에 사용되었을 단어를 생각하고, 질문할 때는 가능한 답변을 미리 생각하자. 지침이나 대안을 찾을 때는 '방법'이나 '비판' 등의 단어를 추가하면 된다.
- 가까운 피자가게를 찾는 것이 아니라 특정 주제를 학습할 생각이라면 한 번의 검색으로 끝내서는 안 된다. 검색을 학습 과정의 한 단계로 간주해야 한다. 가끔은 단순히 결과를 얻기 위한 검색이 아니라 발견을 위한 검색을 하자.
- 검색 결과의 세번째, 네번째, 다섯번째 페이지도 살펴보아야 한다. 검색 결과 페이지의 적절한 문구에서 얻은 단어를 이용해서 새로운 방향으로 다시 검색해보는 것도 좋다.
- 온라인에서 검색이나 여타 다른 방식으로 얻은 자료가 정확한지, 부정확한지, 의도적으로 현혹하는 내용을 담고 있는지를 판단할 책임은 당신에게 있다.
- 회의적인 태도로 시작하여 '수사관' 같은 사고방식으로 정보를 스스로 검증하자.
- 작성자를 찾자. 그리고 작성자의 이름을 검색하자. 후이즈를 비롯한 여러 가지 툴을 활용하여 웹사이트의 이면을 바라볼 줄 알아야 한다.
- 사이트에서 내세우는 출처를 확인하자. 그 출처에 대한 평가는 어떤지도 살펴볼 필요가 있다.
- 검색어 'link: http://~'(~부분에 주소를 입력하면 된다)를 이용하여 특정 페이지에 연결된 모든 링크를 확인하자.

- 정치 부문에서 벌어지는 다양한 주장을 검증하려면 '팩트체크factcheck.org'를 이용하자. 도시 전설과 의료정보 날조 사이트를 확인하는 방법을 익히자. 인포텐션을 발휘하여 허위정보를 간파하려면, 다양한 신뢰성 검증 툴로 당신만의 대시보드를 구축하고 관련 툴을 활용하는 방법을 스스로 익히자.
- 의료정보를 검색하려면 'HONHealth on the Net Foundation'을 포함하여 이 책에 소개된 여러 가지와 추천 내용을 살펴보자. 당신의 기본 소스를 전적으로 신뢰할 수 있을 때 비로소 그와 관련된 것들도 함께 신뢰할 수 있다.
- 소셜 미디어를 통해 속보를 접했을 때는 삼각검증 기법을 적용하자. 소문을 다른 곳으로 나르기 전에 세 가지 소스를 통해 검증하자.
- 필터 버블filter bubble(정보 편식)과 반향실echo chamber 효과를 인지해야 한다. 동의하는 견해에도 의문을 품어야 하며 동의하지 않는 내용이라도 주의를 기울여 살펴보자. 정보 편식에서 벗어나게 해주는 것으로 알려진 검색엔진으로 덕덕고DuckDuckGo가 있다.[25]
- 인포텐션은 주의력 원리와 정보처리 기술이 결합된 것이다. 대시보드, 필터, 레이더를 활용하고, 우선순위를 반영하여 대시보드를 적절히 배치하자.
- 특정 정보에 주의를 기울일 것인지, 나중에 브라우저 탭을 개설할 것인지, 북마크나 큐레이션 대상에 포함시킬 것인지 등의 작은 결정들을 신속하게 내리는 방법을 배우자. 결정한 목표에 잠재적 방해가 될 수 있는 요소들을 감안하여 신중하게 시작하고, 의사결정 과정을 자동적으로 처리하는 방법도 강구하자.

참여

- 스마트폰뿐 아니라 모든 개인용 컴퓨터는 인쇄기이자 방송국이며, 정치적 조직화의 도구이자 커뮤니티나 시장을 형성하는 사이트 구실을 한다. 지식, 권력, 이익, 친교, 영향력은 문화를 수동적으로 소비하는 사람이 아니라 참여하는 방법을 아는 사람에게서 나온다.
- 웹의 참여 아키텍처는 모두를 위한 가치를 창출하는 동시에 사익을 추구할 수 있게 해준다. 참여는 안과 밖 모두를 향한다. 즉 개인의 역량을 강화하는 동시에 무언가를 함께 만들도록 한다.
- 지금 우리는 참여문화의 태동기를 살아가고 있다. 이제는 소비할 뿐 아니라 창조의 능력까지 겸비한 시민이 되어야 하며, 우리의 집단행동이 모여 지금과는 다른 사회를 건설한다.
- 참여는 태깅, 링크하기, 북마킹, 위키 편집 같은 가벼운 행동에서 시작되어 큐레이션, 의견 남기기, 블로깅, 커뮤니티 형성 등 더욱 차원 높은 관여로 이어진다.
- 큐레이션(엄선)은 당신이 포착한 정보를 다듬어 맥락화된 지식으로 전환하고, 당신의 평판을 높이며, 동시에 타인의 정보 욕구에도 기여하는 참여 형태다.
- 의식적인 온라인 참여에 앞서 먼저 당신의 디지털 풋프린트와 디지털 프로필의 영향력부터 인식해야 한다. 온라인으로 무언가를 올리기 전에 신중하게 생각해야 한다. 당신의 디지털 활동은 공개되고 재생산되며, 당신이 모르는 사람이 볼 수도 있고, 범위의 제한 없이 세상 모든 사람들이 그 글을 접할 수 있기 때문이다.
- 가상 커뮤니티에서든 온라인 하위문화에서든, 온라인 문화의 규범과 한계를 배우는 것이 참여의 전제조건이다.

- 일단 선의로 받아들여야 한다. 누군가 당신을 공격한다는 생각은 오해일 수도 있다. 그럴 때는 정중하게 해명을 요구하자.
- 텍스트로만 이어지는 커뮤니케이션에서는 비꼬거나 빈정거리는 행동이 오해를 낳기 쉽다. 어조와 표정, 몸짓언어가 뒷받침되지 않을 때는 본래의 뜻이 제대로 전달되기 어려울 수도 있다는 점을 기억하자.
- 당신이 즐기는 온라인 활동 덕분에 다른 누군가가 이득을 보는 경우도 있다. 당신의 플레이버를 이용하여 누가 이익을 얻는지 파악할 필요가 있다.
- 무언가를 공표하기에 앞서 스스로 허위정보가 없는지 간파해보고 사실을 재확인하자.

협업

- 인간이 인간인 이유는 소통을 통해 집단행동을 조직할 수 있기 때문이다.
- 생물학, 경제학, 나아가 우리 일상에서도 기본적으로는 경쟁과 갈등을 피할 수 없지만, 최근 연구에서는 협력적 합의를 위한 다양한 역할이 존재한다는 근거들이 등장하고 있다.
- 춤을 배우려면 누군가 협조해줘야 하고, 파트너와 춤추려면 서로 협동해야 하며, 플래시몹으로 춤추려면 다른 사람들과의 협업이 필요하다.
- 협조는 해충을 구제하기 위해 인접한 논의 농부들이 동시에 물을 대는 것처럼 가장 단순한 형태다.
- 협동에는 협조가 필요하며, 공동의 이익을 위해 자원을 공유하고

공동으로 행동하는 것도 협동에 포함된다.

- 협업을 위해서는 공동의 목표에 대한 합의가 필요하다. 모두가 개인의 이익을 추구할 수 있지만, 공동의 이익을 달성하기 위해서는 소통과 협의가 필요하다.
- 대규모 협업을 목적으로 자원자를 유치하거나 크라우드소싱할 때는 겸손해야 하고, 다양한 기여방식을 소개하며 자발적 추천을 북돋워야 하며, 기여자를 인정하고, 기여자들이 서로 소통할 수 있는 방법을 제시해야 한다.
- 가상 커뮤니티를 호스팅하려면 처음부터 규칙을 분명히 하고, 참여자들이 주인의식을 갖도록 힘써야 한다. 또 파티의 주최자처럼 사람들을 환영하고, 서로 소개하고, 싸움은 말리고, 남들에게 기대하는 행동을 먼저 사람들에게 보여주어야 한다.
- 디지털 미디어와 네트워크는 경제적 생산과 분배의 새로운 수단으로, 회사와 시장에 영향을 미칠 뿐 아니라 소셜 프로덕션도 가능케 한다. 오늘날 자원자들은 소프트웨어와 백과사전, 시민과학, 공개 교육자료, 미개발 상품 등에 엄청난 가치를 창조할 수 있다.
- 사람들은 배우고, 평판을 얻고, 사람을 만나고, 공익에 기여하기 위해 비시장형 사회적 생산에 기여한다.
- 사람들이 소셜 미디어를 소비하는 데 그치지 않고 협업을 통한 창조에 나서고, "전통적인 공유, 물물교환, 대출, 거래, 임대, 증여, 교환이 네트워크를 통해 새롭게 거듭나면서 규모와 방식에서 과거와는 비교조차 불가능할 정도로 폭발적으로 성장한다".[26]
- 집단지성은 그 집단 구성원 지능지수의 평균치나 최고치와는 무관하며, 소통하는 구성원의 다양성과 재능과 관련된다.

- 일상적인 대화는 신뢰를 형성하며, 네트워크화된 모든 협업에서 더욱 효과적인 협력을 이끌어낸다.

네트워크 지성

- 네트워크에는 개인과 집단의 행동양식에 영향을 미치는 구조가 존재한다.
- 작은 세상 네트워크는 여러 사람을 간단히 연결해준다. 이것이 성립되기 위해서는 소수의 무작위, 원거리 커넥션이 필요하다. 작은 세상 네트워크는 온 세상으로 확산된다. 온라인 소셜 네트워크, 세포의 화학반응, 송전선망 등이 모두 이러한 속성을 띤다.
- 작은 세상 네트워크에서는 소수의 허브(중심점)에 다수의 커넥션이 연결된다. 대다수 노드는 소수의 커넥션을 가진 긴 꼬리 부분으로 몰린다. 온라인 소셜 네트워크에서는 긴 꼬리 부분에 위치한 콘텐츠와 가치가 트래픽이 몰리는 허브로 이어질 수도 있다.
- 다수 대 다수의 커뮤니케이션을 가능케 하는 네트워크의 가치는 방송 네트워크보다 훨씬 빨리 성장한다. 더불어 집단 형성을 가능케 하는 네트워크의 가치는 집단 형성과 무관한 다대다 네트워크보다 더 빨리 성장한다.
- 인간의 사회관계망social network은 우리 종種의 기원에서부터 시작된 '말'이라는 매체를 통해 유지된다. 기술적으로 연결된 커뮤니케이션 매체는 전통적인 사회관계망을 확장하여 새로운 형태의 사회성 형성에 기여한다.
- 사회관계망을 북돋우는 온라인 네트워크는 인적 관계망의 특별한 속성뿐 아니라 일반적인 네트워크 구조의 속성도 공유한다.

- 소셜 미디어는 사람들로 하여금 도움을 얻고, 정보를 찾고, 전통적으로 결속력 높은 집단뿐 아니라 비교적 결속이 느슨한 네트워크에서도 소속감을 얻을 수 있게 도와준다.
- 네트워크 사회를 살아가는 개인들에게는 강한 유대와 약한 유대의 조합이 필요하다. 소셜 미디어는 약한 유대로 이어진 방대한 네트워크를 유지하는 데 도움을 주지만, 미디어가 확장해주는 가능성과 무관하게 인간이 관리할 수 있는 강한 유대의 인간관계 수는 제한적(150명 정도)이다. 졸업이나 이사, 이직 등으로 멀어진 사람들과의 인간관계도 소셜 미디어를 통해 지속적으로 이어나갈 수 있다.
- 소셜 네트워크에서는 위치가 중요하다. 얼마나 많은 사람, 또는 네트워크가 당신을 중심으로 서로 연결되는지를 나타내는 중심성centrality이 커넥션의 수보다 더 중요할 수 있다.
- 다양한 네트워크는 집합적이기에 더 스마트하며, 참여자(노드)들에게 더 풍부한 자원을 제공한다.
- 네트워크 사이에 다리를 놓는(구조적 공백을 메우는) 사람들이 이득을 볼 수 있다.
- 신뢰의 네트워크와 상호주의 규범을 통해, 개인과 집단 모두에 유익한 사회자본이 더욱 확장된다. 결속형 사회자본은 개인들 사이에 신뢰를 형성한다. 교량형 사회자본은 개인과 집단을 연결함으로써 더 큰 네트워크를 형성한다.
- 잡담이 신뢰를 낳고, 신뢰는 교류를 촉진한다.
- 선행을 베풀자. 온라인으로 누군가에게 호의를 베풀면 나중에 타인들로부터 호의를 되돌려받을 가능성이 매우 높아진다.
- 페이스북 개인정보 설정에는 주의가 필요하다. 누구와 무엇을 공유

할지 분명히 해야 한다.

- 페이스북을 비롯한 소셜 네트워크 서비스의 네 가지 고유한 속성이 세 가지의 중요한 역학을 낳는다.[27] 소셜 네트워크 서비스는 영속적이고, 복제와 확장, 검색이 가능하다. 따라서 보이지 않는 독자들, 상황의 충돌, 공과 사의 융합이라는 결과물로 이어진다.

아는 것이 힘이다

책머리에서도 밝혔듯이, 앞으로의 디지털 문화는 개인의 역량을 강화하고 집단행동의 효율을 높이는 사람과 그러지 못하는 사람 사이에 뚜렷한 차이점을 만들 것이다. 미래의 필수 덕목인 다섯 가지 리터러시를 탐구하면서 나는 개인으로의 권력 이양과 공유지에 대한 기여 모두를 강조했다. 이것이 소셜 미디어의 역할이다. 다시 말해 소셜 미디어를 통해 우리 자신을 발전시키는 동시에, 사람들의 주의가 머무는 곳의 환경을 개선해야 한다. 집단행동(사익과 공익의 균형을 위해 인간이 창조한 사회적 수단) 단체의 능률은 구성원들이 얼마나 조화롭게 행동하느냐에 달렸다.

소셜 미디어는 분명 '아랍의 봄'으로 알려진 개혁적 변화에서 결정적인 역할을 했지만 그것만으로는 충분치 못했으며, 유익하고 믿을 수 있는 정보가 가득하고, 시민들 사이에 생산적인 토론이 이루어지며, 네트워크화된 협력으로 사회자본을 창출하는 소셜 미디어 공유지도 만들어질 수는 있지만 항상 그 존재가 보장되는 것은 아니다. 사람의 힘을 통해 독재정권을 무너뜨리려는 용감하고 헌신적인 사람들이 있어야 하기 때문이다. 소셜 미디어 노하우를 세상에 퍼뜨리기 위해서도 헌신적인 지식인들이 필요하다.

교육기관은 디지털 문화의 변화 속도를 따라잡기에는 그 속도와 변화의 폭이 아직 부족하다. 게다가 공교육의 문제점도 많다. 공교육 과정에서 허위정보를 간파하는 최소한의 기능이라도 가르치기를 바란다. 교육기관이 대응을 고민하는 사이에 게이머 네트워크와 위키피디언, 텀블로거 등 P2P 학습자들로 구성된 많은 가상 커뮤니티들이 디지털 리터러시를 확산시킬 새로운 방법들을 실험하고 있다. 연구에 따르면, 온라인 정보가 유익한지 해로운지를 구별하는 자녀의 능력에 가장 긍정적인 영향을 미치는 요소가 바로 부모의 교육 수준이라고 한다. 사회경제적 요소가 온라인에서도 여전히 중요한 영향을 미친다는 뜻이기도 하다.

하지만 좋은 소식도 있다. 지식과 노하우는 온라인 네트워크를 통해 입소문보다 더 빠르게 더 널리 확산될 수 있다. 또 그렇게 할 수 있느냐는 전적으로 우리 손에 달렸다. 작은 세상 네트워크를 우리의 강점으로 활용하자. 당신의 네트워크에서 배운 것들을 퍼뜨리고, 그 내용을 당신과 연결된 다른 네트워크에도 전파할 수 있는지도 살펴보자. 이 책을 다른 사람들에게 소개하는 것도 한 가지 방법이며, 그것이 이 책에서 배운 내용을 실천하는 길이기도 하다.

나는 지금 세상에서 가장 중요하다고 판단되는 리터러시를 다섯 가지로 정리했지만, 그것이 전부는 아니다. 우리가 배워야 할 것들은 여전히 많다. 예를 들어 과학 리터러시의 필요성도 점점 커지고 있다. 과학 리터러시란 과학적 탐구 방법에 대한 기본적 이해를 뜻한다. 특히 강력한 정치세력이 등장하여 근거나 경험 같은 계몽주의적 가치를 억압하는 요즘은 과학 리터러시가 더욱 절실하다. 더글러스 러시코프Douglas Rushkoff

가 『통제하거나 통제되거나*Program or Be Programmed*』에서 지적한 대로, 오늘날 지식을 갖춘 사람이라면 프로그래밍 방법 정도는 반드시 알아야 한다.[28] 정보 리터러시와 미디어 리터러시 모두 내가 소개한 다섯 가지 리터러시와 중복되는 부분이 있으며, 두 가지 용어로 검색하다보면 결국 사람과 자원으로 이루어진 풍부한 네트워크에 도달하게 될 것이다. 사회지능과 감성지능도 일종의 리터러시일 수 있다. 습득해야 할 리터러시가 다양해질수록 우리가 배워야 할 것들도 늘어난다. 읽고 쓰는 기본적인 리터러시를 수준 높게 유지하는 것도 쉽지 않다. 또다른 리터러시를 배우고 여기에 투자하는 것이 모두 엘리트만의 일은 아니다. 다방면에 능한 대중, 즉 네트워크화된 대중일 수도 있다.

지금 우리는 네트워크화된 대중이 선과 악을 위해 무엇을 할 수 있는지를 막 배우기 시작했다. 나는 네트워크화된 대중도 실천할 수 있도록 선의 양을 늘리는 방향으로 자원을 투자하겠다고 결정했다. 배워야 할 리터러시의 증가와 대중의 문제들을 이것만으로 충분히 해결할 수 있다고 주장할 생각은 없다. 나는 지나친 낙관론자가 아님에도 사람들로부터 그런 따가운 시선을 많이 받았다. 갑판에는 앞장서서 위험을 헤쳐가기에는 불안한 사람들로 가득하다는 사실도 잘 안다. 그럼에도 나는 희망을 품기로 했다. "여기서 벗어날 방법은 분명히 있다!" 더러 처한 상황이 힘겨워 희망을 포기한 친구들도 있었지만, 그래도 우리는 이런 생각을 갖고 꿋꿋이 살았던 선조들의 후예다. 미래는 누구도 보장하지 않는다. 지식과 노력 없이는 어떤 영향력도 얻을 수 없다. 지금까지 나는 독자 여러분이 그 지식을 얻을 수 있도록 툴을 제공하려 애썼다. 이제 남은 것은 독자 여러분의 몫이다.

주

한국어판 서문

1. http://www.koreaherald.com/view.php?ud=20131121000691

2. http://blog.ningin.com/2011/05/23/anchorwoman-song-ji-sun-commits-suicide

3. http://www.cjr.org/behind_the_news/the_tale_of_dog_poop_girl_is_n.php

서문

1. 초창기 기술 활용의 영향에 대해 더 알고 싶다면 랭던 위너(Langdon Winner)의 저작 *The Whale and the Reactor: A Search for Limits in an Age of High Technology*(시카고 대학교 출판부, 1986년, 19~39쪽)에서 "인공물에도 정치학이 존재하는가(Do Artifacts Have Politics)" 편을 읽어보기 바란다. 나는 물리적 메커니즘 유형, 공급 및 소모 구조, 정치적 규제, 경제적 착취, 문화적 규범, 사회적 편익, 기술의 폭넓은 수용에 따르는 부정적 효과 등을 설명하면서 위너의 어휘체계를 채택했다. 나는 위너에게 "Questioning Technology"에 수록될 『홀 어스 리뷰*Whole Earth Review*』 기고문을 부탁한 일을 계기로 이런 어휘들을 배우게 되었다(당시에는 내가 편집장이었다). 랭던 위너의 "Artifacts/Ideas and Political Culture"(『홀 어스 리뷰』 73, 1991년 겨울호), 18~26쪽 참조.

2. Tim O'Reilly, "The Architecture of Participation", 2004, http://oreilly.com/pub/a/oreilly/tim/architecture_of_participation.html

3. Elizabeth Eisenstein, *The Printing Press as an Agent of Change: Communications and Cultural Transformations in Early Modern Europe*, 2 vols.(Cambridge: Cambridge University Press, 1979).

4. Claude S. Fischer, *America Calling: A Social History of the Telephone to 1940*(Berkeley: University of California Press, 1994).

5. "Gutenberg's Legacy", Harry Ransom Center, University of Texas at Austin, http://www.hrc.utexas.edu/educator/modules/gutenberg/books/legacy.

6. 이 구절은 미즈코 이토(Mizuko Ito)의 *Hanging out, Messing Around, and Geeking Out: Kids Living and Learning with New Media*(Cambridge, MA: MIT Press, 2009)에서 인용했다.

7. Howard Rheingold, *Tools for Thought*(New York: Simon and Schuster, 1985).

8. Howard Rheingold, "Virtual Communities", *Whole Earth Review 57*(winter 1987): pp. 78~82 reprinted in *Journal of Virtual Worlds Research* 1, no. 1(July 2008), http://journals.tdl.org/jvwr/article/view/293/247.

9. Cathy Davidson, "This Is Your Brain in the Internet, Part2", blog submission, January 9, 2009, http://www.hastac.org/node/1926.

10. Jenkins에 관해서는 http://www.henryjenkins.org/2006/10/confronting_the_challenges_of.html 참조. Ito에 관해서는 http://www.networkedpublic.org/book/introduction 참조.

11. Rheingold, "Virtual Communities", 3.

12. http://www.patientslikeme.com, http://mdjunction.com에서 이용 가능.

13. Yochai Benkler, *The Wealth of Networks: How Social Production Transforms Markets and Freedom*(New Havem, CT: Yale University Press, 2006), p. 63.

14. "The Library of Congress' Photostream", 2011년 2월 11일 최종 수정, http://www.flickr.com/people/library_of_congress.

15. Steve Silberman, "Inside the High Tech Search for a Missing Silicon Valley Legend", *WIRED* 15, no. 8(July 2007), pp. 130~139, pp. 154~155.

16. Manuel Castells, "Why Networks Matter", in *Network Logic: Who Coverns in an Interconnected World?* ed. Helen McCathy, Paul Miller, Paul Skidmore, pp. 221~224(London: Demos, 2004).

17. Nicholas Carr, "Is Google Making Us Stupid?" *Atlantic*, July-August 2008, pp. 56~63; Carr, *The Shallows*(New York: W. W. Norton, 2010), p. 64.

18. Mary Madden and Lee Rainie, "Adults and Cell Phone Distractions", report data

set, May 2010 cell phones (Washington, DC: Pew Internet and American Life Project, June 2010), http://pewinternet.org/Reports/2010/Cell-Phone-Distractions.aspx.

19. Amanda Lenhart, Mary Madden, Paul Hitlin, "Teens and Technology: Youth Are Leading the Transition to a Fully Wired and Mobile Nation"(Washington, DC: Pew Internet and American Life Project, July 2005), http://www.pewinternet.org/~/media/Files/Reports/2005/PIP_Teens_Tech_July2005web.pdf.

20. Amanda Lenhart and Mary Madden, "Teen Content Creators and Consumers"(Washington, DC: Pew Internet and American Life Project, November 2005), http://www.pewinternet.org/Reports/2005/Teen-Content-Creators-and-Consumers.aspx.

21. Jay Rosen, "The Legend of Trent Lott and the Weblogs", *Pressthink Weblog*, March 2004, http://archive.pressthink.org/2004/03/15/lott_case.html; Howard Kurtz, "After Blogs Got Hits, CBS Got a Black Eye", *Washington Post*, September 20, 2004, http://www.washingtonpost.com/wp-dyn/articles/A34153-2004Sep19.html; "George Allen Introduces Macaca," zkman 게재, August 15, 2006, http://www.youtube.com/watch?v=r90z0PMnKwI.

22. "The End of Universal Rationality: A Talk with Yochai Benkler", interview, *Edge*, March 31, 2009, http://www.edge.org/documents/archive/edge279.html.

23. South-East Asia Earthquake and Tsunami Blog, 2009년 8월 11일 최종 수정, http://tsunamihelp.blogspot.com.

24. R.I.M. Dunbar, "Coevolution of Neocortical Size, Group Size, and Language in Humans", *Behavioral and Brain Sciences* 16, no. 4(1993): pp.681~735.

25. Howard Rheingold, "A Slice of Life in My Virtual Community", June 1992, http://www2.fiu.edu/~mizrachs/virt-comm.html.

26. 각각 다음 사이트에서 이용 가능. http://www.diigo.com; http://www.delicious.com; http://www.quora.com; http://www.formspring.me.

27. Eric Steven Raymond, "The Origins and History of Unix, 1969~1995," in *The Art of Unix Programming*(Boston: Addison-Wesley, 2003), http://www.faqs.org/docs/artu/ch02s01.html.

28. Howard Rheingold, "The Loneliness of the Long-distance Thinker", in *Tools for Thought: The History and Future of Mind-Expanding Technology*(New York: Simon · Schuster, 1985), p.174.

29. Stanley Milgram, "The Small World Problem", *Psychology Today* 2 (1967): pp. 60~67.

30. Duncan J. Watts, *Six Degrees: The Science of a Connected Age*(New York: W. W. Norton, 2003).

31. Nicholas Christakis · James Fowler, *Connected: The Surprising Power of Social Networks*(Boston: Little, Brown, 2009).

32. David P. Reed, "That Sneaky Exponential: Beyond Metcalfe's Law to the Power of Community Building", *Context*(Spring 1999), http://www.reed.com/dpr/locus/gfn/reedslaw.html.

33. Castells, "Why Networks Matter".

34. "About Us", fliers' rights, 2011년 3월 31일 최종 수정, http://flyersrights.org/about.php; Eli Lake, "Hacking the Regime: How the Falung Gong Empowered the Iranian Uprising", *New Republic*, September 3, 2009, pp. 18~20.

35. Robin Dunbar, *Grooming, Gossip, and the Evolution of Language*(Cambridge, MA: Harvard University Press, 1997), p. 79.

36. 2010년 6월 15일, 스카이프를 통한 다나 보이드(danah boyd)와의 대화에서.

37. Robert Leonardi, Rafaella Y. Nanetti, and Robert Putnam, *Making Democracy Work: Civic Traditions in Modern Italy*(Princeton, NJ: Princeton University Press, 1993), p. 163.

38. "Charity: Water", Twestival, 2009년 2월 12일 최종 수정, http://www.charitywater.org/twestival.

39. Douglas Engelbart, "Augmenting Human Intellect: A Conceptual Framework", Stanford Research Institute, October 1962, http://www.invisiblerevolution.net/engelbart/full_62_paper_augm_hum_int.html; J. C. R. Licklider, "Topics for Discussion at the Forthcoming Meeting, Memorandum For: Members and Affiliates of the Intergalactic Computer Network", Washington, DC, Advanced Research Projects Agency, April 23, 1963, http://www.kurzweilai.net/articles/art0366.html.

40. 하워드 라인골드(Howard Rheingold), 『생각의 도구*Tools for Thought*』, 150쪽. 군사 관련 기관들이나 PC의 진화에 끼친 영향에 대해서는 폴 에드워즈(Paul Edwards)의 *The Closed World: Politics and*

Discourse in Cold War America(Cambridge, MA: MIT 출판부, 1996년) 참조.

41. Peter F. Drucker, "Knowledge-Worker Productivity: The Biggest Challenge", *California Management Review* 41, no. 2(Winter 1999), pp. 79~94, http://rfrost.people.si.umich.edu/courses/527-1/Drucker2.pdf.

42. Ted Nelson, *Computer Lib: You Can and Must Understand Computers Now / Dream Machines: New Freedoms through Computer Screens.A Minority Report*, 1st ed. (South Bend, IN: the distributors, 1974), p. 159; Fred Turner, *From Counterculture to Cyberculture: Stewart Brand, the Whole Earth Network, and the Rise of Digital Utopianism*(Chicago: University of Chicago Press, 2006), p. 133.

43. Dineh Moghadam, "The New York Times Information Bank in an Academic Environment and a Computer-Assisted Tutorial for its Non-Specialist Users"(PhD diss., University of Pittsburgh, 1974), http://www.eric.ed.gov/ERICWebPortal/detail?accno=ED135373.

44. Alan Kay, "Microelectronics and the Personal Computer", *Scientific American*, September 1977, 230~244, http://www.guidebookgallery.org/articles/microelectronicsandthepersonalcomputer.

45. Ibid., p. 230.

46. Michael A. Hiltzik, *Dealers of Lightning: Xerox PARC and the Dawn of the Computer Age*(New York: Harper Business, 2001).

47. Engelbart, "Augmenting Human Intellect".

48. "The Demo", MouseSite, http://sloan.stanford.edu/mousesite/1968Demo.html.

49. Engelbart, "Augmenting Human Intellect".

50. Rheingold, "Virtual Communities".

1장

1. "Attention in the Classroom," video clip, howardrheingold 게재, August 27, 2010, http://blip.tv/howardrheingold/attention-in-the-classroom-4073002.

2. Clifford Nass · Eyal Ophir · Anthony D. Wagner, "Cognitive Control in Media Multitaskers", in *Proceedings of the National Academy of Sciences*, vol. 106, no. 37(April 2, 2009), pp. 15583~15587.

3. Matt Richtel, "Only a Few Can Multitask", *New York Times Bits Blog*, March 30, 2010, http://bits.blogs.nytimes.com/2010/03/30/only-a-few-can-multi-task.

4. Jason M. Watson · David L. Strayer, "Supertaskers: Profiles in Extraordinary Multitasking Ability", *Psychonomic Bulletin and Review* 7, no. 4(2010): pp. 479~485.

5. "Study Finds Fighter Pilot Brains Are Unique", *RedOrbit*, December 15, 2010, http://www.redorbit.com/news/health/1966900/study_finds_fighter_pilot_brains_are_unique/index.html.

6. Heleen A. Slagter, Antoine Lutz, Lawrence L. Greischar, Andrew D. Francis, Sander Nieuwenhuis, James M. Davis, Richard J. Davidson, "Mental Training Affects Distribution of Limited Brain Resources," *PLoS Biology* 5, no. 6, http://www.plosbiology.org/article/info:doi/10.1371/journal.pbio.0050138.

7. George A. Miller, "The Magical Number Seven, Plus or Minus Two", *Psychological Review* 63(1956): pp. 81~97.

8. P. Sven Arvidson, "A Lexicon of Attention: From Cognitive Science to Phenomenology",

Phenomenology and the Cognitive Sciences 2, no. 2(2003): pp. 99~132.

9. Maggie Jackson, "May We Have Your Attention, Please?" *Bloomberg Businessweek*, June 12, 2008, http://www.businessweek.com/magazine/content/08_25/b4089055162244.htm.

10. David G. Myers, *Psychology* 7th ed. (Holland, MI: Worth Publishers, 2004).

11. Giacomo Rizzolatti and Laila Craighero, *"The Mirror-Neuron System", Annual Review of Neuroscience* 27(2004): pp. 169~192.

12. Stanislas Dehaene, *Reading in the Brain: The Science and Evolution of a Human Invention*(New York: Viking, 2009), p. 149.

13. 이 책을 읽을 것을 추천한다. Cathy Davidson, *Now You See It: How the Brain Science of Attention Will Change the Ways We Live, Work, and Learn*(New York: Viking 2010).

14. Cathy Davidson, "Here's How the Brain Science of Attention Really Works", *HASTAC Weblog*, October 9, 2010, http://www.hastac.org/blogs/cathy-davidson/heres-how-brain-science-attention-really-works.

15. Ibid.

16. Nelson Cowan, Emily M. Elliot, J. Scott Saults, Candace C. Morey, Sam Mattox, and Anna Hismjatullina, and Andrew R. A. Conway. "On the Capacity of Attention: Its Estimation and Its Role in Working Memory and Cognitive Aptitudes", *Cognitive Psychology* 51(2005): pp. 42~100.

17. Barry Arons, "A Review of the Cocktail Party Effect", MIT Media Lab, http://xenia.media.mit.edu/~barons/html/cocktail.html.

18. "Selective Action Test", profsimons 게재, March 10, 2010, http://www.youtube.com/watch?v=vJG698U2Mvo.

19. Maggie Jackson, *Distracted: The Erosion of Attention and the Coming Dark Age*(Amherst, NY: Prometheus Books, 2008).

20. Nicholas Carr, "Is Google Making Us Stupid?" *Atlantic*, July~August 2008: pp. 56~63.

21. Alison Gopnik, "Diagnosing the Digital Revolution", *Slate*, February 7, 2011, http://www.slate.com/id/2283467.

22. Linda Stone, "Just Breathe: Building the Case for Email Apnea", *Huffington Post*, February 8, 2008, http://www.huffingtonpost.com/linda-stone/just-breathe-building-the_b_85651.html.

23. Ibid.

24. Matt Richtel, "Driven to Distraction: Drivers and Legislators Dismiss Cellphone Risks", *New York Times*, July 19, 2009, A1.

25. Matt Richtel, "In Study, Texting Lifts Crash Risk by Large Margin", *New York Times*, July 27, 2009, A1.

26. David L. Strayer, Frank A. Drews, and Dennis L. Crouch, "A Comparison of the Cell Phone Driver and the Drunk Driver", *Human Factors: The Journal of the Human Factors and Ergonomics Society* 48, no. 2(Summer 2006): pp. 381~391.

27. Tony Schwartz, "Breaking the Email Addiction," Harvard Business Review, June 29, 2010, http://blogs.hbr.org/schwartz/2010/06/breaking-the-email-addiction.html.

28. Atsunori Ariga and Alejandro Lleras, "Brief and Rare Mental 'Breaks' Keep You Focused:

Deactivation and Reactivation of Task Goals Preempt Vigilance Decrements", *Cognition* 118, no. 3(2011): pp. 439~443.

29. Matt Richtel, "Attached to Technology and Paying a Price", *New York Times*, June 6, 2010.

30. Emily Salvaterra, K. T. Hanson, Gonzalo Brenner, and Hannah Jackson, "Caught in the Net: The Internet and Compulsion", *Neuroanthropology Blog*, May 28, 2009, http://neuroanthroplogy.net/2009/05/28/caught-in-the-net-the-internet-compulsion.

31. Youmasu J. Siewe, "Internet Addiction: When the Computer Becomes a Problem", Stillwater News Press, June 9, 2009, http://forum.psychlinks.ca/internetbehavior/17928-internet-addiction-when-the-computer-becomes-a-problem.html.

32. Richtel, "Attached to Technology, A1".

33. Adam L. Penenberg, "Social Networking Affects Brain Like Falling in Love", *Fast Company*, July 1, 2010, pp. 78~113.

34. Ibid.

35. Ellen Reagan, "Stuck in the 'BlackBerry Zone': Kids Feel Neglected by Media-Obsessed Parents, But Some Trying to Change Ways", *Chicago Sun-Times*, November 11, 2010, S10.

36. 같은 글에 수록.

37. Daniel J. Siegel, *The Mindful Brain: Reflection and Attunement in the Cultivation of Well-being*(New York: W. W. Norton, 2007), p. 26.

38. Katie Hafner, "Texting May Be Taking a Toll", *New York Times*, May 26, 2009, D1. 수록.

39. Reagan, "Stuck in the 'BlackBerry Zone'" 수록.

40. Sherry Turkle, 2011년 1월 3일, 저자와의 인터뷰에서.

41. Sharon Jayson, "2010: The Year Technology Replaced Talking", *USA Today*, June 30, 2010, http://www.usatoday.com/yourlife/parenting-family/2010-12-30-1AYEAR30_CV_N.htm. 수록. 또한 Claude Fischer, *America Calling: A Social History of the Telephone to 1940*(Berkeley: University of California Press, 1991)를 참조.

42. Sherry Turkle, *Alone Together: Why We Expect More from Technology and Less from Each Other*(New York: Basic Books, 2011).

43. Jayson, "2010" 수록.

44. Turkle, Interview.

45. Ibid.

46. Carr, "Is Google Making Us Stupid?": p. 60.

47. Ibid., 60.

48. Carr, *The Shallows*, p. 118, p. 138.

49. Ibid.

50. Gregory M. Lamb, "Are iPads, Smartphones, and the Mobile Web Rewiring the Way We Think?" *Christian Science Monitor*, July 24, 2010, http://www.csmonitor.com/Innovation/Tech/2010/0724/Are-iPads-smartphones-and-the-Mobile-Web-rewiring the way-we-think 수록.

51. Clay Shirky, *Encyclopaedia Britannica Blog*, July 17, 2008, http://www.britannica.com/blogs/2008/07/why-abundance-is-good-a-reply-to-nick-carr.

52. Naomi S. Baron, *Always On: Language in an Online and Mobile World*(New York: Oxford University Press, 2008), 5.

53. Andrew Keen, *The Cult of the Amateur: How Today's Internet Is Killing Our Culture*(New York: Crown, 2007).

54. Meredith Melnick, "Is Technology Making Us Lonelier?" *Time*, January 10, 2011, http://www.time.com/health/article/0,8599,2041714,00.html 수록.

55. Maggie Jackson, *Distracted: The Erosion of Attention and the Coming Dark Age*(Amherst, NY: Prometheus Books, 2008), p. 13.

56. Ibid, 14.

57. Ibid, 34.

58. Maggie Jackson, "Attention Class," Boston.com, June 29, 2008, http://www.boston.com/news/education/higher/articles/2008/06/29/attention_class.

59. Steve Lohr · Miguel Helft, "Google Gets Ready to Rumble with Microsoft", *New York Times*, December 16, 2007, p. 31.

60. Linda Stone, "Beyond Simple Multi-tasking: Continuous Partial Attention"(November 30, 2009), http://lindastone.net/2009/11/30/beyond-simple-multi-tasking-continuous-partial -attention.

61. Linda Stone, 2010년 8월 9일, 저자와의 인터뷰에서.

62. Maryanne Wolf, *Proust and the Squid: The Story and Science of the Reading Brain*(New York: HarperCollins, 2007), p. 3.

63. Ibid., 5.

64. Dehaene, *Reading*.

65. Wolf, *Proust and the Squid*, p. 12.

66. 스티븐 핑커(Steven Pinker)의 *Why Our Children Can't Read*의 서문, 다이앤 맥귀니스(Diane McGuinness)의 *What We Can Do about It: A Scientific Revolution in Reading*(New York: Simon and Schuster, 1997년) 9장, 매리언 울프(Maryanne Wolf)의 『책 읽는 뇌*Proust and the Squid*』 19쪽에서 인용.

67. Dehaene, *Reading*, p. 121.

68. Wolf, *Proust and the Squid*, p. 71.

69. Mark Whipple, "The Dewey-Lippmann Debate Today: Communication Distortions, Reflective Agency, and Participatory Democracy", *Sociological Theory* 23, no. 2(June 2005), pp. 156~178.

70. Wolf, *Proust and the Squid*, p. 221.

71. Ibid., p. 226.

72. Soren Gordhamer, "The LAKERS Meditate?" Mind-Body Awareness Project, May 17, 2006, http://www.mbaproject.org/4Youth/the-chicago-bulls-meditate-so-do-the -lakers.

73. Gary Wolf, "What It Is, Is Up to Us," *Reed Magazine*, February 2002, pp. 10~13.

74. Joe Kamiya, "Operant Control of the EEG Alpha Rhythm and Some of Its Reported Effects on Consciousness," in *Biofeedback and Self-Control: An Aldine Reader on the Regulation of Bodily Processes and Consciousness*(Piscataway, NJ: AldineTransaction, 1971).

75. Lester Fehmi and Jim Robbins, *Open Focus: Harnessing the Power of Attention to Heal Mind and*

Body(New York: Trumpeter, 2007).

76. Steven Johnson, *Mind Wide Open: Your Brain and the Neuroscience of Everyday Life*(New York: Scribner, 2004).

77. Jon Kabat-Zinn, "Mindfulness-based Interventions in Context: Past, Present, and Future," *Clinical Psychology: Science and Practice* 10, no. 2(June 2003): p. 145.

78. Soren Gordhamer, *Wisdom 2.0: Ancient Secrets for the Creative and Constantly Connected*(New York: HarperCollins, 2008). 특히 이 책을 추천한다.

79. Gordhamer, "The LAKERS Meditate?" http://www.mbaproject.org/4Youth/thechicago-bulls-meditate-so-do-the-lakers.

80. Jennifer A. Livingston, "Metacognition: An Overview", http://gse.buffalo.edu/fas/shuell/cep564/metacog.htm.

81. "Metacognition", Wikipedia, http://en.wikipedia.org/wiki/Metacognition.

82. Livingston, "Metacognition".

83. Norman A. Farb, Zindel V. Segal, Helen Mayberg, Jim Bean, Deborah McKeon, Zainab Fatima, and Adam K. Anderson, "Attending to the Present: Mindfulness Meditation Reveals Distinct Neural Modes of Self-reference", *Social Cognitive and Affective Neuroscience* 2, no. 4 (June 23, 2007): pp. 313~322.

84. David Rock, "The Neuroscience of Mindfulness", *Psychology Today*, October 11, 2009, http://www.psychologytoday.com/blog/your-brain-work/200910/the-neuro science-mindfulness.

85. Amishi P. Jha, Jason Krompinger, and Michael J. Baime, "Mindfulness Training Modifies Subsystems of Attention", *Cognitive and Affective Behavioral Neuroscience* 7, no. 2(June 2007), p. 109.

86. Thom Shanker and Matt Richtel, "In New Military, Data Overload Can Be Deadly," *New York Times*, January 16, 2011, A1.

87. Michael I. Posner · Brenda Patoine, "How Arts Training Improves Attention and Cognition", Dana Foundation, September 14, 2009, http://www.dana.org/news/cerebrum/detail.aspx?id=23206.

88. Pamela D. Hall, "The Effect of Meditation on the Academic Performance of African American College Students", *Journal of Black Studies* 29, no. 3(January 1999): pp. 408~415.

89. Jonah Lehrer, "Don't! The Secret of Self-control", *New Yorker*, May 18, 2009, p. 27. 수록.

90. Ibid., p. 29.

91. 같은 글 27쪽 수록.

92. Norman Doidge, *The Brain That Changes Itself: Stories of Personal Triumph from the Frontiers of Brain Science*(New York: Penguin, 2007), p. 63.

93. Ole Paulsen and Terrence J. Sejnowski, "Natural Patterns of Activity and Longterm Synaptic Plasticity", *Current Opinion in Neurobiology* 10, no. 2(2000): pp. 172~179, http://www.ncbi.nlm.nih.gov/pubmed/10753798.

94. Siegel, *The Mindful Brain*, p. 176.

95. Stephen LaBerge and Howard Rheingold, *Exploring the World of Lucid Dreaming*(New York: Ballantine, 1988).

96. Richard Seven, "Life, Interrupted", *Pacific Northwest: The Seattle Times Magazine*, November 28, 2003, http://seattletimes.nwsource.com/pacificnw/2004/1128/cover.html.

97. David Levy, "Syllabus: Information and Contemplation", Information School, University of Washington, spring quarter 2006, http://www.contemplativemind.org/programs/academic/syllabi/levy.pdf.

98. David Levy, "No Time to Think", Google tech talk, March 5, 2008, http://www.youtube.com/watch?v=KHGcvj3JiGA.

99. Linda Stone, "Continuous Partial Attention", http://lindastone.net/qa/continuous-partial-attention.

100. Linda Stone, "Is It Time to Retire the Never-ending List?" *Huffington Post*, June 11, 2008, http://www.huffingtonpost.com/linda-stone/is-it-time-to-retire-the_b_106624 .html.

101. Peter Bregman, "An 18-Minute Plan for Managing Your Day", *Harvard Business Review*, July 20, 2009, http://blogs.hbr.org/bregman/2009/07/an-18minute-plan-formanaging.html.

102. B. J. Fogg, "Three Steps to New Habits", http://www.slideshare.net/captology/3-steps-to-new-habits.

103. "Pomodoro Technique", http://www.pomodorotechnique.com.

2장

1. http://www.martinlutherking.org에서 이용 가능.

2. "About the Pacific Northwest Tree Octopus", http://zapatopi.net/treeoctopus에서 이용 가능.

3. http://www.thepregnancytester.com에서 이용 가능.

4. http://www.archive.org/web/web.php에서 이용 가능.

5. http://genochoice.com에서 이용 가능.

6. http://hetracil.com에서 이용 가능.

7. "Crap Detection", http://www.diigo.com/user/hrheingold/crap_detection

8. Richard McManus, "Detecting Bull: How to Identify Bias and Junk Journalism in Print, Broadcast, and on the Wild Web", http://www.detectingbull.com.

9. http://www.easywhois.com에서 이용 가능.

10. http://www.alexa.com에서 이용 가능.

11. http://network-tools.com에서 이용 가능.

12. Scott Rosenberg, "In the Context of Web Context: How to Check Out Any Web Page", *Wordyard Blog*, September 14, 2010, http://www.wordyard.com/2010/09/14/in-the-context-of-web-context-how-to-check-out-any-web-page.

13. Eyder Peralta and Andy Carvin, "'Gay Girl in Damascus' Turns Out to Be an American Man", *Two-Way: NPR's News Blog*, June 13, 2011, http://www.npr.org/blogs/thetwo-way/2011/06/13/137139179/gay-girl-in-damascus-apologizes-revealsshe-was-an-american-man.

14. Jessie Daniels, "Cloaked Sites Key to Right-wing Propaganda", *Racism Review*, September 25, 2009, http://www.racismreview.com/blog/2009/09/25/cloaked-siteskey-to-right-wing-propaganda.

15. "Center for Consumer Freedom", http://en.wikipedia.org/wiki/Center_for_Consumer_

Freedom.

16. "Center for Consumer Freedom," http://www.sourcewatch.org/index.php?title=Center_for_Consumer_Freedom.

17. B. J. Fogg and Hsiang Tseng, "The Elements of Computer Credibility", in Proceedings of the SIGCHI Conference on Human Factors in Computing Systems: The CHI Is the Limit, pp. 80~87(Pittsburgh: ACM Press, 1999).

18. B. J. Fogg, Jonathan Marshall, Othman Laraki, Alex Osipovich, Chris Varma, Nicholas Fang, Jyoti Paul, Akshay Rangnekar, John Shon, Preeti Swani, and Marissa Treinen, "What Makes Web Sites Credible? A Report on a Large Quantitative Study", in *Proceedings of ACM CHI 2001 Conference on Human Factors in Computing Systems*, 1:61~68(New York: ACM Press, 2001).

19. Carolyn Y. Johnson, "Author on Leave after Harvard Inquiry", *Boston Globe*, August 10, 2010, B1.

20. Dan Barry, David Barstow, Jonathan D. Glater, Adam Liptak, and Jacques Steinberg, "Correcting the Record: Times Reporter Who Resigned Leaves Long Trail of Deception", *New York Times*, May 11, 2003, N1.

21. Eszter Hargittai, Lindsay Fullerton, Ericka Menchen-Trevino, and Kristin Yates Thomas, "Trust Online: Young Adults' Evaluation of Web Content", *International Journal of Communication* 4(2010): pp. 468~494.

22. R. David Lankes, "Trusting the Internet", *Journal of Software Technology* 14, no. 3(August 2011), http://journal.thedacs.com/issue/58/191.

23. Lindsay Pettingill, "Trust without Knowledge: How Young Persons Carry Out Research on the Internet", GoodWork Project Report Series, no. 48(Cambridge, MA: Harvard University, 2006), 6.

24. Soo Young Rieh and Brian Hilligoss, "College Students' Credibility Judgments in the Information-Seeking Process", in *Digital Media, Youth, and Credibility*, ed. Miriam J. Metzger and Andrew J. Flanagin, 49.72, John D. and Catherine T. MacArthur Foundation Series on Digital Media and Learning(Cambridge, MA: MIT Press, 2008).

25. Clay Shirky, "A Speculative Post on the Idea of Algorithmic Authority", 2009, http://www.shirky.com/weblog/2009/11/a-speculative-post-on-the-idea-of-algorithmic-authority.

26. Miriam J. Metzger, Andrew J. Flanagin, and Ryan B. Medders, "Social and Heuristic Approaches to Credibility Evaluation Online", *Journal of Communication* 60, no. 3 (September 2010): pp. 413~439.

27. Mizuko Ito, Heather A. Horst, Matteo Bittanti, danah boyd, Becky Herr-Stephenson, Patricia G. Lange, C. J. Pascoe, and Laura Robinson, "White Paper—Living and Learning with New Media: Summary of Findings from the Digital Youth Project", *Digital Youth Research*, http://digitalyouth.ischool.berkeley.edu/report.

28. Mizuko Ito, 2009년 12월 17일, 저자와의 인터뷰에서.

29. Metzger, Flanagin, and Medders, "Social and Heuristic Approaches", p. 29.

30. 크리스 호이어(Chris Heuer), 소셜 미디어 클럽(the Social Media Club, http://socialmediaclub.org)을 창립한 소셜 미디어 마케팅 전문가(1980년대 초에 내가 BBS 시스템을 탐구하기 시작할 무렵

에 있었더라면 좋았을 직함이다).

31. "Basic Search Help", http://www.google.com/support/websearch/bin/static.py?hl=en&page=guide.cs&guide=1221265&answer=134479&rd=1.

32. "Even More about Dan", http://sites.google.com/site/dmrussell2/dmr-bio-info.

33. Interview with Russell on March 7, 2011.

34. Betsy Aoki, "Critical Thinking Roundup: Howard Rheingold, Bing at ISTE", *Huffington Post*, January 27, 2010, http://www.huffingtonpost.com/betsy-aoki/critical-thinking-roundup_b_642945.html.

35. "Welcome to the Critical Thinking Compendium", http://critical-thinking.iste.wikispaces.net.

36. Bing and the Microsoft Education Team, "From Search to Research: Developing Critical Thinking through Web Research Skills", http://download.microsoft.com/download/A/6/4/A645E848-4937-4564-9CF6-16A57EF8BF48/CriticalThinking.pdf.

37. "Critical Thinking in the Classroom", http://www.microsoft.com/education/en-us/teachers/guides/Pages/critical_thinking.aspx.

38. "Productivity Stats", http://chronicle.com/stats/productivity.

39. "Pop", http://www.harzing.com/pop.htm.

40. "Scholar Index", http://interaction.lille.inria.fr/~roussel/projects/scholarindex/index.cgi.

41. http://factchecked.org에서 이용 가능.

42. http://www.factchecked.org에서 이용 가능.

43. "Politics and Government", http://urbanlegends.about.com/od/government/Politics_and_Government.htm.

44. "Conspiracy Theories", http://www.america.gov/conspiracy_theories.html.

45. http://www.lasikathome.com에서 이용 가능.

46. "Lasik at Home Hoax", http://www.usaeyes.org/lasik/library/lasik-home-hoax.htm.

47. http://www.sciencedirect.com에서 이용 가능.

48. http://www.hon.ch에서 이용 가능.

49. https://www.hon.ch/HONcode/Plugin/Plugins.html에서 이용 가능.

50. http://scienceroll.com/2009/05/20/health-information-onlinehow-to-check-the-quality에서 이용 가능.

51. "A User's Guide to Finding and Evaluating Health Information on the Web", http://www.mlahq.org/resources/userguide.html.

52. Susannah Fox, "Health Topics", Pew Internet and American Life Project, February 1, 2011, http://pewinternet.org/Reports/2011.HealthTopics/Part-3/Specific-disease-or-medical-problem.aspx.

53. Zachary F. Meisel, "Googling Symptoms: How it Can Help Patients and Doctors", *Time*, January 19, 2011, http://www.time.com/time/health/article/0,8599,2043125,00.html.

54. Ibid.

55. "Guides for Patients and Consumers", http://www.effectivehealthcare.ahrq.gov/index.cfm/guides-for-patients-and-consumers.

56. 딘 스티븐스(Dean Stephens), "소셜 미디어와 검색엔진에서 스마트하게 건강 해법 찾기

(Turning to Social Media and Search Engines for Smart Health Answers)", 웹사이트 '서치 엔진 워치(Search Engine Watch)에서. http://searchenginewatch.com/article/2065755/Turning-to-Social-Media-Search-Engines-for-Smart-Health-Answers.

57. http://www.medhelp.org에서 이용 가능.

58. http://www.justanswer.com에서 이용 가능.

59. http://www.sharecare.com에서 이용 가능.

60. http://www.healthline.com에서 이용 가능.

61. Susannah Fox, "Cancer 2.0", Pew Internet and American Life Project, December 13, 2010, http://www.pewinternet.org/Reports/2010/30--Cancer-20/Report/Section-5.aspx.

62. http://www.patientslikeme.com에서 이용 가능.

63. http://curetogether.com에서 이용 가능.

64. Rachel Zimmerman, "Patient-Driven Social Network Refutes Study, Publishes Its Own Results", *CommonHealth*, April 26, 2011, http://commonhealth.wbur.org/2011/04/social-network-conducts-medical-research.

65. http://organizedwisdom.com/home에서 이용 가능.

66. http://www.talkabouthealth.com에서 이용 가능.

67. James Madison, "James Madison to W. T. Barry", *Founder's Constitution* 1, no. 18, document 35(August 4, 1822), http//press-pubs.uchicago.edu/founders/documents/v1ch18s35.html.

68. Jay Rosen, "The Legend of Trent Lott and the Weblogs", March 15, 2004, http://archive.pressthink.org/2004/03/15/lott_case.html.

69. Yuki Noguchi, "Cameraphones Lend Immediacy to Images of Disaster", *Washington Post*, July 8, 2005, A16.

70. Helena Deards, "Twitter First Off the Mark with Hudson Plane Crash Coverage", *Editorsweblog*, January 19, 2009, http://www.editorsweblog.org/multimedia/2009/01/twitter_first_off_the_mark_with_hudson_p.php.

71. "Death of Neda Agha-Soltan", Wikipedia, http://en.wikipedia.org/wiki/Death_of_Neda_Agha-Soltan; Matthew Ingram, "It's Not Twitter or Facebook, It's the Power of the Network", GigaOm, January 29, 2011, http://gigaom.com/2011/01/29/twitterfacebook-egypt-tunisia.

72. Ashley Parker, "Twitter's Secret Handshake", New York Times, June 10, 2011, ST1.

73. Chris Messina, "Twitter Hashtags for Emergency Coordination and Disaster Relief", *FactoryCity*, October 22, 2007, http://factoryjoe.com/blog/2007/10/22/twitter-hashtags-for-emergency-coordination-and-disaster-relief.

74. "Scandalous Scoop Breaks Online", *BBC News*, January 25, 1998, http://news.bbc.co.uk/2/hi/special_report/1998/clinton_scandal/50031.stm.

75. Ben Parr, "Mindblowing *IranElection Stats: 221*, 744 Tweets per Hour at Peak", *Mashable*, June 17, 2009, http://mashable.com/2009/06/17/iranelection-crisis-numbers.

76. Marc Ambinder, "Follow the Developments in Iran Like a CIA Analyst", *Atlantic*, June 15, 2009, http://www.theatlantic.com/politics/archive/2009/06/follow-thedevelopments-in-iran-like-a-cia-analyst/19381.

77. Dan Gillmor, We the Media: Grassroots Journalism by the People, for the People(Sebastopol, CA: O'Reilly Media, 2006).

78. 댄 길모어(Dan Gillmor), 『메디액티브*Mediactive*』(저자 출간, 2010년), http://mediactive.com.

79. Ibid., p. 15.

80. Cass Sunstein, "The Daily We", *Boston Review*(Summer 2001): pp. 4~9.

81. Eli Pariser, *The Filter Bubble*(New York: Penguin, 2011).

82. http://globalvoicesonline.org에서 이용 가능.

83. Gillmor, *Mediactive*, pp. 16~24.

84. http://fairspin.org에서 이용 가능.

85. http://newstrust.net에서 이용 가능.

86. "Craig Shergold", http://www.snopes.com/inboxer/medical/shergold.asp.

87. M. G. Siegler, "Eric Schmidt: Every 2 Days We Create as Much Information as We Did up to 2003", *TechCrunch*, August 4, 2010, http://techcrunch.com/2010/08/04/schmidt-data.

88. Giselle Tsirulnik, "More Than 7 trillion SMS Messages Will Be Sent in 2011: ABI Research", *Mobile Marketer*, December 30, 2010, http://www.mobilemarketer.com/cms/news/research/8631.html.

89. Mike Stenger, "Facebook Serves 1 Trillion Display Ads a Year Shows Stats", *Indy-Posted*, November 8, 2010, http://www.indyposted.com/125282/facebook-serves-1-trillion-display-ads-a-year-shows-stats.

90. Roger E. Bohn and James E. Short, "How Much Information? 2009 Report on American Consumers", Global Information Industry Center, University of California at San Diego, December 2009, http://hmi.ucsd.edu/pdf/HMI_2009_Consumer-Report_Dec9_2009.pdf.

91. 드니 디드로(Denis Diderot), *Encyclopedie ou dictionnaire des sciences, des arts et des metiers, par une societe, de gens de lettres*, 키스 베이커(Keith M. Baker)의 *The Old Regime and the French Revolution*(1987년, 85~86쪽)에 번역본 수록, 제르미 노먼(Jeremy Norman)의 "정보 과잉과 디드로(Diderot on Information Overload)"(1755년), 『동굴벽화에서 인터넷까지*From Cave Paintings to the Internet*』에 인용, http://www.historyofinformation.com/index.php?id=2877.

92. Ann Blair, "Strategies for Coping with Information Overload, ca. 1550-1700", *Journal of the History of Ideas* 64, no. 1(January 2003), 11.

93. Brian W. Ogilvie, "The Many Books of Nature: Renaissance Naturalists and Information Overload", *Journal of the History of Ideas* 64, no. 1(January 2003): 30.

94. Robin Good(Luigi Canali de Rossi), "Real-time News Curation.The Complete Guide, Part 6: The Tools Universe," *MasterNewMedia*, http://www.masternewmedia.org/real-time-news-curation-the-complete-guide-part-6-the-tools-universe.

95. http://paper.li에서 이용 가능.

96. http://www.aggregage.com에서 이용 가능.

97. http://www.google.com/alerts에서 이용 가능.

98. http://www.netvibes.com에서 이용 가능.

99. Howard Rheingold, "Meet Meredith Stewart: Teacher··· Innovator··· Collaborator",

DMLcentral, December 3, 2009, http://dmlcentral.net/blog/howard-rheingold/meet-meredith-stewart-teacherinnovatorcollaborator.

100. http://wikitrust.soe.ucsc.edu에서 이용 가능.

101. http://en.wiki-watch.de에서 이용 가능.

102. Jesse Johan, "Aggregated Trustworthiness: How Social Dynamics Redefine Online Credibility and Help Develop the Ethos Engine". 미출간 석사 논문, IT University of Copenhagen, August 2010, 43.

103. Clay Shirky, "A Speculative Post on Algorithmic Authority", *Clay Shirky Weblog*, November 15, 2009, http://www.cjr.org/overload/interview_with_clay_shirky_par.php.

104. Russ Juskalian, "Interview with Clay Shirky, Part I", *Columbia Journalism Review*, December 19, 2008, http://www.cjr.org/overload/interview_with_Clay_Shirky_par.php.

105. http://digg.com/news에서 이용 가능.

106. Ole Olson, "Digg Patriots Censorship, Part 2: The Evidence", *News Junkie*, October 15, 2010, http://newsjunkiepost.com/2010/10/15/digg-patriots-censorship-part-2-the-evidence.

107. Shirky, "A Speculative Post".

108. Ibid.

109. Lee Rainie, 2010년 9월, 저자와의 인터뷰에서.

110. http://www.sulia.com에서 이용 가능.

111. Michael G. Noll, Ching-man Au Yeung, Nicholas Gibbins, Christoph Meinel, and Nigel Shadbolt, "Telling Experts from Spammers: Expertise Ranking in Folksonomies", *Proceedings of the 32nd International ACM SIGIR Conference on Research and Development in Information Retrieval*, pp. 612~619(New York: ACM Press, 2009), http://portal.acm.org/citation.cfm?id=1571941.1572046.

112. http://truthy.indiana.edu/about에서 이용 가능.

113. "The Word: Wikiality", *Colbert Report*, video clip, July 31, 2006, http://www.colbertnation.com/the-colbert-report-videos/72347/july-31-2006/the-word---wikiality.

114. http://truthy.indiana.edu/about에서 이용 가능.

115. http://datasift.net에서 이용 가능.

116. http://zerozero88.com에서 이용 가능.

117. http://ushahidi.com/products/swiftriver-platform에서 이용 가능.

3장

1. Peter Wolchak, "Meet Heather Lawver, Internet Hero", *Channelworld India*, April 5, 2001, http://www.itworldcanada.com/news/meet-heather-lawver-internet-hero/129365.

2. Bev Harris, "Inside a U.S. Election Vote Counting Program", *Scoop Independent News*, July 8, 2003, http://www.scoop.co.nz/stories/HL0307/S00065.htm.

3. David D. Kirkpatrick and David E. Sanger, "A Tunisian-Egyptian Link That Shook Arab History", *New York Times*, February 13, 2011, A1.

4. Lee Rainie, "Networked Creators: How Users of Social Media Have Changed the Ecology of Information"(2010년 2월, 멜버른에서 개최된 'VALA Libraries 2010 Conference'에 제출된 논문),

http://www.pewinternet.org/Presentations/2010/Feb/~/media/Files/Presentations/2010/Feb/Lee%20Rainie%20VALA%20paper%201%2026%2010.pdf.

5. Tim O'Reilly, The Architecture of Participation, March, June 2004, http://oreilly.com/pub/a/oreilly/tim/architecture_of_participation.html.

6. Henry Jenkins, Ravi Puroshotma, Katherine Clinton, Margaret Weigel, and Alice J. Robison, "Confronting the Challenges of Participatory Culture: Media Education for the 21st Century"(2005), http://www.newmedialiteracies.org/files/working/NMLWhitePaper.pdf.

7. Tim O'Reilly, The Architecture of Participation, *O'Reilly About*, June 2004, http://oreilly.com/pub/a/oreilly/tim/articles/architecture_of_participation.html.

8. RU Sirius, "Sheep That Shit Grass, or the End of Scarcity: Interview with Cory Doctorow", *h+magazine*, March 18, 2009, http://hplusmagazine.com/2009/03/18/sheep-shit-grass-or-end-scarcity.

9. Jenkins et al., "Confronting the Challenges of Participatory Culture: Media Education for the 21st Century".

10. Ibid., p. 7.

11. Alvin Toffler, *The Third Wave*(New York: Bantam, 1980).

12. "A Whopping 35 Hours of Video Uploaded to YouTube Every Minute, 2 Billion Videos Watched Daily", *HotAirPundit*, March 11, 2011, http://www.hapblog.com/2011/03/whopping-35-hours-of-video-uploaded-to.html.

13. "5,000,000,000," *Flickr Blog*, September 19, 2010, http://blog.flickr.net/en/2010/09/19/5000000000.

14. Henry Jenkins, 2010년 8월 26일, 저자와의 인터뷰에서.

15. Henry Jenkins, "Critical Information Studies for a Participatory Culture", Henryjenkins.org, April 8, 2009, http://henryjenkins.org/2009/04/what_went_wrong_
with_web_20_cr.html.

16. Mizuko Ito, Heather A. Horst, Matteo Bittanti, danah boyd, Becky Herr-Stephenson, Patricia G. Lange, C. J. Pascoe, and Laura Robinson, *Living and Learning with New Media: Summary of Findings from the Digital Youth Project*(Cambridge, MA: MIT Press, 2009).

17. Ito Mizuko, "Amateur Cultural Production and Peer-to-Peer Learning"(2008년 7월 2일, 뉴욕에서 개최된 미국 교육연구협회 연차총회에 제출된 논문), http://digitalyouth.ischool.berkeley.edu/node/114.

18. Ibid.

19. Mizuko Ito, "New Media and Its Superpowers: Learning, Post Pokemon"(2010년 2월 27일, 덴버에서 개최된 미국 사립학교협회에 제출된 논문), http://www.itofisher.com/mito/publications/new_media_and_i_1.html.

20. Ibid.

21. Ito et al., "Living and Learning with New Media."

22. Fred Turner, "Where the Counterculture Met the New Economy: The WELL and the Origins of Virtual Community", *Technology and Culture* 46, no. 3 (July 2005): pp. 485~512, http://www.

stanford.edu/~fturner/Turner%20Romantic%20Automatism%20Journal%20of%20Visual%20Culture.pdf.

23. Howard Rheingold, *Tomorrow*(1998), http://www.rheingold.com/rants.

24. Scott Rosenberg, *Say Everything: How Blogging Began, What It's Becoming, and Why It Matters*(New York: Crown, 2009), http://www.sayeverything.com.

25. Scott Rosenberg, "Blogging, Empowerment, and the 'Adjacent Possible'", October 8, 2010, http://www.wordyard.com/2010/10/08/blogging-empowerment-andthe-adjacent-possible.

26. Phil Agre, "Finding Your Voice: Writing for a Webzine", July 30, 1999, http://polaris.gseis.ucla.edu/pagre/zine.html.

27. Erving Goffman, *Presentation of Self in Everyday Life*(New York: Anchor, 1959).

28. Will Richardson, *Blogs, Wikis, Podcasts, and Other Powerful Web Tools for Classrooms*(Thousand Oaks, CA: Corwin, 2010).

29. Will Richardson, "Connective Writing", *Web-logged*, November 6, 2005, http://weblogg-ed.com/2005/11/06.

30. Ken Smith, "CCCC Waves and Ripples", March 30, 2004, http://www.mchron.net/site/edublog_comments.php?id=P2636_0_13_0.

31. Don Hazen, "Sinclair's Shame", *AlterNet*, October 18, 2004, http://www.alternet.org/media/20208.

32. Dave Eberhart, "How the Blogs Torpedoed Dan Rather", Newsmax.com, January

31, 2005, http://www.alternet.org/media/20208.

33. Ross Mayfield, "Power Law of Participation", *Ross Mayfield's Weblog*, April 27, 2006, http://ross.typepad.com/blog/2006/04/power_law_of_pa.html.

34. Steve Rosenbaum, "Why Curation Is Just as Important as Creation", *Mashable*, March 17, 2011, http://mashable.com/2011/03/17/curation-importance 수록.

35. Howard Rheingold, "Virtual Communities", *Whole Earth Review*(Winter 1987), http://journals.tdl.org/jvwr/article/view/293/247.

36. 큐레이션에 대해 오랫동안 관심이 많았고 내 자신도 큐레이터로 알려진 탓에 (hrheingold라는 사용자명으로 나의 Diigo.com과 Delicious.com 북마크를 찾을 수 있으며, Flickr.com에서는 Johnny Shoepainter로, Scoop.it에서는 Howard Rheingold로, 유투브에서는 howardrheingold로 검색하면 된다), 큐레이션 기술과 관련하여 누구와 대화를 나눠야 하는지 곧바로 알 수 있었다.

37. Robert Scoble, 2010년 8월 11일, 저자와의 인터뷰에서.

38. Ibid.

39. Ibid.

40. Robert Scoble, "Seven Needs of Real-time Curators", Scobleizer.com, March 27, 2010, http://scobleizer.com/2010/03/27/the-seven-needs-of-real-time-curators.

41. Ibid.

42. http://masternewmedia.org에서 이용 가능.

43. Robin Good, "Real-time News Curation, Newsmastering, and Newsradars: The Complete Guide, Parts 1-6", MasterNewMedia.com, September 7, 2010, http://www.masternewmedia.org/

real-time-news-curation-newsmastering-and-newsradars-thecomplete-guide-part-1.

44. Ibid.

45. Ibid.

46. Ibid.

47. Ibid.

48. David Weinberger, *Everything Is Miscellaneous*(Cambridge, MA: Perseus, 2007).

49. Andrew Dermont, "The Data-Driven Economy", *Big Think*, November 17, 2010, http://bigthink.com/ideas/24807.

50. Marshall Kirkpatrick, "FreeRice: Legit or Not, It's Fun", *ReadWriteWeb*, November 7, 2007, http://www.readwriteweb.com/archives/freerice_legit_or_not_its_fun.php.

51. Clay Shirky, "Making Digital Durable: What Time Does to Categories", Long Now Foundation, Seminars about Long-term Thinking, November 14, 2005, http://longnow.org/seminars/02005/nov/14/making-digital-durable-what-time-does-tocategories.

52. Michael Wesch, "Participatory Media Literacy: Why It Matters", *Digital Ethnography @ Kansas State University*, January 3, 2009, http://mediatedcultures.net/ksudigg/?p=192.

53. Mirko Tobias Schäfer, *Bastard Culture! User Participation and the Extension of Cultural Industries*(Amsterdam: Amsterdam University Press, 2011), p. 22.

54. Ibid.

55. Trebor Scholz, "Introduction", Internet as Playground and Factory: A Conference on Digital Labor, http://digitallabor.org.

56. Angela Saini, "Solving the Web's Image Problem", *BBC News*, May 14, 2008, http://news.bbc.co.uk/2/hi/technology/7395751.stm.

57. Julianne Pepitone, "AOL Cuts 900 Jobs after *HuffPo* Buy", *CNNMoney.com*, March 10, 2011, http://money.cnn.com/2011/03/10/technology/aol_layoffs_armstrong/index.htm.

58. Goffman, *Presentation of Self in Everyday Life*, 209, 208, 4.

59. "Factsheet", https://www.facebook.com/press/info.php?statistics.

60. Ewen Callaway, "A Facebook Profile Can Reveal the Real You", *New Scientist*, May 26, 2009.

61. Amy L. Gonzales · Jeffrey T. Hancock, "Mirror, Mirror on My Facebook Wall: Effects of Exposure to Facebook on Self-esteem", *Cyberpsychology, Behavior, and Social Networking*, June 24, 2010, http://www.ncbi.nlm.nih.gov/pubmed/20575709.

62. danah boyd, "Living and Learning with Social Media"(2009년 4월 18일, 스테이트 칼리지에서 개최된 'Penn State Symposium for Teaching and Learning with Technology'에 제출된 논문).

63. Fred Wilson, "Self-expression Matters", *AVC Musings of a VC in NYC*, November 13, 2010, http://www.avc.com/a_vc/2010/11/self-expression-matters.html.

64. Erick Schonfeld, "Why All the Interest in Tumblr? Try 1,540 Percent Pageview Growth", *TechCrunch*, November 12, 2010, http://techcrunch.com/2010/11/12/tumblr-1540-percent-pageview-growth.

65. Greg Marra, "Decide What the World Sees When It Searches for You", *Google Social Web Blog*, March 2, 2011, http://googlesocialweb.blogspot.com/2011/03/decide-what-world-sees-when-it-

searches.html.

66. Ashley Parker, "Twitter's Secret Handshake", *New York Times*, June 10, 2011.

67. "Charity: Water", Twestival, 2009년 2월 12일 최종 수정, http://www.charitywater.org/twestival.

68. Larisa Epatko, "Haiti Quake Propels Use of Twitter as Disaster-Relief Tool", *PBS Newshour*, February 16, 2010, http://www.pbs.org/newshour/rundown/2010/02/haiti-quake-propels-twitter-community-mapping-efforts.html.

4장

1. Tim Berners-Lee, "The World Wide Web: A Very Short Personal History", May 7, 1998, http://www.w3.org/People/Berners-Lee/ShortHistory.html.

2. http://www.worldwidewebsize.com에서 이용 가능.

3. Howard Rheingold, "Howard Rheingold on Collaboration", TED talks, February 2005, http://www.ted.com/talks/howard_rheingold_on_collaboration.html.

4. "Best of Cooperation Lectures—Key Insights from Each Lecture", Howard Rheingold 게재, 2005, http://ia600506.us.archive.org/6/items/HowardRheingoldIFTF/bestofclips.mov.

5. http://cooperationcommons.com에서 이용 가능.

6. David Sloan Wilson, *Evolution for Everyone: How Darwin's Theory Can Change the Way We Think about Our Lives*(New York: Delacorte, 2007), p. 168.

7. Robin Dunbar, "Coevolution of Neocortex Size, Group Size, and Language in Humans", *Behavioral and Brain Sciences* 16, no. 4(1993): pp. 691~692.

8. Ibid., p. 682.

9. Robert Boyd, Joseph Henrich, and Peter Richerson, "Cultural Evolution of Human Cooperation: Summaries and Findings", *Genetic and Cultural Evolution of Cooperation*, ed. Peter Hammerstein(Cambridge, MA: MIT Press in cooperation with Dahlem University Press, 2003).

10. Ibid., p. 383.

11. Ernst Fehr and Simon Gächter, "Altruistic Punishment in Humans", *Nature* 415(January 2002): p. 137.

12. Garrett Hardin, "The Tragedy of the Commons", *Science* 162, no. 3859(1968): pp. 123~124.

13. Elinor Ostrom, *Governing the Commons: The Evolution of Institutions for Collective Action*(Cambridge: Cambridge University Press, 1990), p. 90.

14. Arthur T. Himmelman, "Collaboration for a Change: Definitions, Decision-Making Models, Roles, and Collaboration Process Guide", Himmelman Consulting, http://depts.washington.edu/ccph/pdf_files/4achange.pdf.

15. Ibid.

16. Jane McGonigal, *Reality Is Broken: Why Games Make Us Better and How They Can Change the World*(New York: Penguin, 2011), pp. 98~99.

17. Ibid., p. 293.

18. Jane McGonigal, "Gaming Can Make a Better World", TED talks, February 2010, http://www.ted.com/talks/jane_mcgonigal_gaming_can_make_a_better_world.html.

19. McGonigal, *Reality Is Broken*, pp. 277~278.

20. Mike Fahey, "Foldit Makes Protein-Folding a Game", *Kotaku*, May 8, 2008, http://kotaku.com/388753/foldit-makes-protein-folding-a-game.

21. Clive Thompson, "Clive Thompson on How Games Make Work Seem Like Play", *Wired*, March 2011, http://www.wired.com/magazine/2011/02/st_thompson_living_games.

22. McGonigal, *Reality Is Broken*, p. 52.

23. Douglas Thomas and John Seely Brown, "You Play World of Warcraft? You're Hired! Why Multiplayer Games May Be the Best Kind of Job Training", *Wired*, April, 2006, http://www.wired.com/wired/archive/14.04/learn.html.

24. Joi Ito, 2010년 3월 20일, 저자와의 인터뷰에서.

25. H. G. Wells, "The World Brain: The Idea of a Permanent World Encyclopedia", in *The New Encyclopedie Francaise*(August1937), https://sherlock.ischool.berkeley.edu/wells/world_brain.html.

26. Howard Bloom, *Global Brain: The Evolution of Mass Mind from the Big Bang to the 21st Century*(New York: Wiley, 2001).

27. Pierre Lévy, *Collective Intelligence: Mankind's Emerging World in Cyberspace*, trans. Robert Bonnono(New York: Basic Books, 1999).

28. Pierre Lévy, 2010년 9월 3일, 저자와의 인터뷰에서.

29. http://climatecolab.org/web/guest에서 이용 가능.

30. Anita Williams Wooley, Christopher F. Chabris, Alexander Pentland, Nada Hashmi, and Thomas W. Malone, "Evidence for a Collective Intelligence Factor in the Performance of Human Groups", *Science*, September 30, 2010, http://www.sciencemag.org/content/330/6004/686.abstract.

31. Barry Wellman, Anabel Quan-Haase, Jeffrey Boase, Wenhong Chen, Keith Hampton, Isabel Isla de Diaz, and Kakuko Miyata, "The Social Affordances of the Internet for Networked Individualism", *Journal of Computer-Mediated Communication* 8, no. 3(April 2003), http://jcmc.indiana.edu/vol8/issue3/wellman.html.

32. Andrew Slack, "Dumbledore Has Landed: 5th Flight That We Funded for Haiti Reaches Destination", HPAlliance.org, June 22, 2010, http://thehpalliance.org/2010/06/dumbledore-has-landed.

33. Kody, "EVE Online Players Organize for Japanese Relief Effort", Curse.com, March 14, 2011, http://www.curse.com/articles/eve-en-news/935973.aspx.

34. Henry Jenkins, 2010년 9월, 저자와의 인터뷰에서.

35. Howard Rheingold, "The Art of Hosting Good Conversations Online", 1998, http://www.rheingold.com/texts/artonlinehost.html.

36. Jeff Howe, "The Rise of Crowdsourcing", *Wired*, June 2006.

37. http://www.innocentive.com에서 이용 가능.

38. "Innocentive: Crowdsourcing Ideas", *Finding Petroleum*, January 10, 2011, http://www.findingpetroleum.com/n/Innocentive_crowdsourcing_ideas/2bf5f9a7.aspx.

39. Don Tapscott, and Anthony Williams, "Innovation in the Age of Mass Collaboration", Bloomberg *Business Week*, February 1, 2007, http://www.businessweek.com/innovate/content/feb2007/id20070201_774736.htm.

40. http://www.threadless.com에서 이용 가능.

41. "Mechanical Turk Is a Marketplace for Work", https://www.mturk.com/mturk/welcome.

42. Jacob Colker, "New @Extraordinaries Mission: Save Lives! Help @firstaidcorps Map AED Defibrillators around the World", *SparkedBlog*, August 25, 2009, http://blog.sparked.com/2009/08/25/new-extraordinaries-mission-save-lives-help-firstaidcorps-map-aed-defibrillators-around-the-world.

43. http://setiathome.berkeley.edu에서 이용 가능.

44. "Folding@home: Distributed Computing", http://folding.stanford.edu.

45. Noah Rimon, "Folding@home Petaflop Barrier Crossed", *Playstation Blog*, September 19, 2007, http://blog.us.playstation.com/2007/09/25/foldinghome-petaflopbarrier-crossed-update.

46. Jeffrey R. Young, "Crowd Science Reaches New Heights", *Chronicle of Higher Education* 56, no. 37, June 4, 2010:A14.

47. "Help Map Mars", http://beamartian.jpl.nasa.gov/maproom.

48. "About Us", http://www.genmapp.org/about.html.

49. Barend Mons et al., "Calling on a Million Minds for Community Annotation in WikiProteins", *Genome Biology* 9, R89 (2008), http://genomebiology.com/2008/9/5/R89.

50. John Markoff, "RNA Game Lets Players Help Find a Biological Prize", *New York Times*, January 10, 2011, D4.

51. Paul M. Aoki et al., "Citizen Science", Common Sense Research Project, 2008, http://www.urban-atmospheres.net/CitizenScience.

52. Eric Paulos, "Enabling Citizen Science", O'Reilly Emerging Technology Conference, March 11, 2009, http://en.oreilly.com/et2009/public/schedule/detail/5565.

53. "CrisisWiki", http://wiki.crisiscommons.org/index.php?title=Crisis_Wiki.

54. "Main Page", http://www.hurricanewiki.org/wiki/Main_Page.

55. South-East Asia Earthquake and Tsunami Blog, 2009년 8월 11일 최종 수정, http://tsunamihelp.blogspot.com.

56. Megha Bahree, "Citizen Voices", *Forbes*, December 8, 2008.

57. Kate Greene, "Crowdsourcing Jobs to a Worldwide Mobile Workforce", *Technology Review*, November 24, 2010, http://www.technologyreview.com/business/26651/?p1=A5.

58. Ibid.

59. Lindsey Hoshaw, "Afloat in the Ocean, Expanding Islands of Trash", *New York Times*, November 9, 2009, D2.

60. Daniel G. Maxwell, Raphael Sofaer, and Ilya Zhitomirskiy, "Decentralize the Web with Diaspora", Kickstarter.com, 2010년 6월 21일 최종 수정, http://www.kickstarter.com/projects/196017994/diaspora-the-personally-controlled-do-it-all-distr.

61. "The Age of Stupid", http://en.wikipedia.org/wiki/The_Age_of_Stupid.

62. Carlye Adler, "How Kickstarter Became a Lab for Daring Prototypes and Ingenious Products", *Wired*, March 18, 2011, http://www.wired.com/magazine/2011/03/ff_kickstarter/all/1.
63. http://www.donorschoose.org에서 이용 가능.
64. Ankit Sharma, "Crowdsourcing Critical Success Factor Model: Strategies to Harness the Collective Intelligence of the Crowd", Working Paper 1-2010, May 2010, http://irevolution.files.wordpress.com/2010/05/working-paper1.pdf.
65. "Apache HTTP Server", http://en.wikipedia.org/wiki/Apache_HTTP_Server.
66. Yochai Benkler, "Coase's Penguin, or Linux and the Nature of the Firm", *Yale Law Journal*(November 2002): p. 369.
67. Steven Weber, *The Success of Open Source*(Cambridge, MA: Harvard University Press, 2004).
68. Ibid., pp. 73~81.
69. Rishab Aiyer Ghosh, "Cooking Pot Markets: An Economic Model for the Trade in Free Goods and Services on the Internet", *First Monday* 3, no. 3 (March 1998), http://firstmonday.org/htbin/cgiwrap/bin/ojs/index.php/fm/article/view/580/501.
70. Weber, *Success of Open Source*, pp. 73~81.
71. Rachel Botsman and Roo Rogers, *What's Mine Is Yours: The Rise of Collaborative Consumption*(New York: Harper Business, 2010), http://collaborativeconsumption.com.
72. "Antoine de Saint-Exupery Quotes", http://thinkexist.com/quotation/if_you_want_to_build_a_ship-don-t_drum_up_people/170927.html.
73. Lee Rainie, "Wikipedia: When in Doubt, Multitudes Seek It Out", Pew Research Center Publications, April 24, 2007, http://pewresearch.org/pubs/460/wikipedia.
74. Dan Carlin, "Corporate Wikis go Viral", *Bloomberg BusinessWeek*, March 12, 2007, http://www.businessweek.com/technology/content/mar2007/tc20070312_476504.htm.
75. "Policing Act Launched", New Zealand Police, September 25, 2007, http://www.police.govt.nz/news/release/3370.html.
76. http://www.futuremelbourne.com.au/wiki/view/FMPlan에서 이용 가능.
77. Beth Simone Noveck, "Wiki Government", *Democracy* 7(Winter 2008): pp. 31~43.
78. Ibid., p. 38.
79. John Seigenthaler, "A False Wikipedia 'Biography'", *USA Today*, November 29, 2005, http://www.usatoday.com/news/opinion/editorials/2005-11-29-wikipediaedit_x.htm.
80. John Timmer, "Wikipedia Hoax Points to Limits of Journalists' Research", *ars technical*, May 7, 2009, http://arstechnica.com/media/news/2009/05/wikipediahoax-reveals-limits-of-journalists-research.ars.
81. "The Word: Wikiality", *Colbert Report*, video clip, July 31, 2006, http://www.colbertnation.com/the-colbert-report-videos/72347/july-31-2006/the-word---wikiality.
82. "Wikipedia", http://en.wikipedia.org/wiki/Wikipedia.
83. Jim Giles, "Internet Encyclopaedias Go Head to Head", *Nature* 438(December 15, 2005): pp. 900~901.
84. danah boyd, "Information Access in a Network World"(2007년 11월 2일, 캘리포니아 주 팰

러앨토에서 개최된 'Pearson Publishing'에 제출된 논문), http://www.danah.org/papers/talks/Pearson2007.html.

5장

1. Six Degrees of Separation(play), http://en.wikipedia.org/wiki/Six_Degrees_of_Separation_(play).

2. Stanley Milgram, "The Small World Problem", *Psychology Today* 2(1967): pp. 60~67.

3. Duncan Watts and Steven Strogatz, "Collective Dynamics of 'Small World' Networks", *Nature* 393(June 1998): pp. 440~442.

4. "The Oracle of Bacon", http://oracleofbacon.org.

5. Frederic Lardinois, "On Twitter, It's Just Five Degrees of Separation", April 29, 2010, http://www.readwriteweb.com/archives/six_degrees_of_seperation_on_twitter.php.

6. Jure Leskovec and Eric Horvitz, "Planetary-Scale Views on an Instant Messaging Network". *arXiv.org*, March 6, 2008, http://arxiv.org/abs/0803.0939v1.

7. Clay Shirky, "Power Laws, Weblogs, and Inequality", *Clay Shirky's Writings about the Internet*, February 8, 2003, http://shirky.com/writings/powerlaw_weblog.html.

8. Chris Anderson, "The Long Tail", *Wired*, October 2004, http://www.wired.com/wired/archive/12.10/tail.html.

9. James H. Fowler and Nicholas Christakis, "Dynamic Spread of Happiness in a Large Social Network: Longitudinal Analysis over 20 Years in the Framingham Heart Study", *British Medical Journal* 337, no. a2338(2008): pp. 1~9.

10. Nicholas Christakis and James Fowler, *Connected: The Surprising Power of Social Networks*(Boston: Little, Brown, 2009).

11. Howard Rheingold, *Smart Mobs*(Cambridge, MA: Perseus, 2002): pp. 59~60 수록.

12. David P. Reed, "That Sneaky Exponential: Beyond Metcalfe's Law to the Power of Community Building", http://www.reed.com/dpr/locus/gfn/reedslaw.html.

13. Manuel Castells, *The Rise of the Network Society(The Information Age: Economy, Society, and Culture, Volume 1)*(London: Wiley-Blackwell, 2000).

14. Manuel Castells, "Why Networks Matter", in *Network Logic: Who Governs in an Interconnected World?* ed. Helen McCarthy, Paul Miller, and Paul Skidmore, pp. 221~224(London: Demos, 2004): pp. 222~223.

15. Ibid., p. 224.

16. Mark Hollander, "Tools to Visualize Your Facebook Network", *Group 80/20 Mobile Medical Media Blog*, January 31, 2009, http://group8020.com/social-media/facebook-visualization-2034.

17. Howard Rheingold, *The Virtual Community*(Cambridge, MA: Perseus Books, 1993), p. 13 수록.

18. Mark S. Granovetter, "The Strength of Weak Ties", *American Journal of Sociology* 78, no. 6(May 1973): pp. 1360~1380.

19. Ibid., p. 1361.

20. Marc Smith, 2010년 4월 10일, 저자와의 인터뷰에서.

21. John Hagel III · John Seely Brown, "The Multiplier Effect", *Economist*, May 25, 2011, http://

ideas.economist.com/blog/multiplier-effect.

22. Fred Turner, "Where the Counterculture Met the New Economy: The WELL and the Origins of Virtual Community", *Technology and Culture* 46, no. 3 (July 2005): pp. 485~512.

23. Smith, interview.

24. Barry Wellman, 2010년 9월 23일, 저자와의 인터뷰에서.

25. Barry Wellman, "The Network Community", in *Networks in the Global Village: Life in Contemporary Communities*, ed. Barry Wellman(Boulder, CO: Westview Press, 1998).

26. Barry Wellman, "Computer Networks as Social Networks", *Science* 293, no. 5537(September 2001): p. 2031.

27. Ibid., p. 2033.

28. Lee Rainie, John Horrigan, Barry Wellman, and Jeffrey Boase, "The Strength of Internet Ties", Pew Internet and American Life Project, January 25, 2006, http://www.pewinternet.org/Reports/2006/The-Strength-of-Internet-Ties.aspx: 1.

29. Lee Rainie · Barry Wellman, *Networked: The New Social Operating System*(Cambridge, MA: MIT Press, 2012). [Quotes and paraphrases from prepublication draft.]

30. Barry Wellman, Anabel Quan-Haase, Jeffrey Boase, Wenhong Chen, Keith Hampton, Isabel Isla de Diaz, and Kakuko Miyata, "The Social Affordances of Networked Individualism", *Journal of Computer Mediated Communication* 8, no. 3 (April 2003).

31. Rainie · Wellman, *Networked*.

32. Marc Smith, "How to Build a Collection of Influential Followers in Twitter Using Social Network Analysis and NodeXL", ConnectedAction.net, March 5, 2011, http://www.connectedaction.net/2011/03/05/how-to-build-a-collection-of-influential-followers-in-twitter-using-social-network-analysis-and-nodexl.

33. Rainie · Wellman, *Networked*.

34. Ibid.

35. Ibid.

36. Ibid.

37. Ibid.

38. Ibid.

39. Gabriele Plickert, Barry Wellman, and Rochelle Cote, "It's Not Who You Know, It's How You Know Them: Who Exchanges What with Whom", http://homes.chass. utoronto.ca/~wellman/publications/reciprocity05/reciprocity3-5.pdf.

40. Barry Wellman, "Connected Lives: The New Social Operating System", Clinton School Speaker Series, April 14, 2009, http://www.clintonschoolspeakers.com/lecture/view/connected-lives-new-social-network-operating-syste.

41. Lyda J. Hanifan, "The Rural School Community Center", *Annals of the American Academy of Political and Social Science* 67(1916): pp. 130~138.

42. Pierre Bourdieu, *Outline of a Theory of Practice*(Cambridge: Cambridge University Press, 1972).

43. James Coleman, "Social Capital in the Creation of Human Capital", *American Journal of Sociology*

Supplement 94(1988): S95~S120.

44. Barry Wellman · Scot Wortley, "Different Strokes from Different Folks: Community Ties and Social Support", *American Journal of Sociology* 96, no. 3(1990): p. 558~588.

45. Robert Putnam, *Bowling Alone: The Collapse and Revival of American Community*(New York: Simon and Schuster, 2000).

46. Lee Rainie, Kristen Purcell, and Aaron Smith, "The Social Side of the Internet", Pew Internet and American Life Project, January 18, 2011, http://pewinternet.org/Reports/2011/The-Social-Side-of-the-Internet.aspx.

47. Robert Leonardi, Rafaella Y. Nanetti, and Robert Putnam, *Making Democracy Work: Civic Traditions in Modern Italy*(Princeton, NJ: Princeton University Press, 1993).

48. Carlo M. Cipola, *Before the Industrial Revolution*(New York: W. W. Norton, 1976), p. 131.

49. Leonardi, Nanetti, and Putnam, *Making Democracy Work*, p. 174.

50. Ibid., p. 171.

51. Kevin Kelly, *New Rules for the New Economy: 10 Radical Strategies for a Connected World*(New York: Viking, 1998), p. 73.

52. Mark K. Smith, "Social Capital", in *The Encyclopedia of Informal Education*, pp. 2000~2009, http://www.infed.org/biblio/social_capital.htm.

53. Nicole B. Ellison, Charles Steinfield, and Cliff Lampe, "The Benefits of Facebook 'Friends': Social Capital and College Students' Use of Online Social Network Sites", *Journal of Computer-Mediated Communication* 12(4)(August 2007): p. 1143.

54. Ronald S. Burt, "Social Origins of Good Ideas", 초고, January 2003, http://www.prosocia.thinkingarts.myzen.co.uk/application/workfiles/social_networking/arran_SOGI.pdf.

55. Ibid.

56. Samuel Arbesman, "Social Melting Pots Foster Technological Innovation", 『뉴사이언티스트*New Scientist*』 199호(no. 2677, 2008년 10월 14일)에 "Social Melting Pot Makes Cities More Innovative"라는 표제로 실린 기고문 23쪽.

57. Fred Turner, *From Counterculture to Cyberculture: Stewart Brand, the Whole Earth Network, and the Rise of Digital Utopianism*(Chicago: University of Chicago Press, 2006).

58. Fred Turner, 2010년 7월, 저자와의 인터뷰에서.

59. Ibid.

60. Keith N. Hampton, Chul-joo Lee, and Eun Ja Her, "How New Media Affords Network Diversity: Direct and Mediated Access to Social Capital through Participation in Local Settings", *New Media and Society*, June 6, 2011, http://www.mysocialnetwork.net/downloads/NetDiversity19-diss.pdf.

61. Turner, interview.

62. Howard Rheingold, "Shelley Terrell: Global Netweaver, Curator, PLN-Builder", DMLcentral.net, blog, October 15, 2010, http://dmlcentral.net/blog/howard-rheingold/shelly-terrell-global-netweaver-curator-pln-builder.

63. http://scholar.google.com에서 이용 가능.

64. "Publish or Perish", http://www.harzing.com/pop.htm.

65. Cory Doctorow, "How Your Creepy Ex-Co-Workers Will Kill Facebook", *InformationWeek*, November 26, 2007, http://www.informationweek.com/story/showArticle.jhtml?articleID=204203573.

66. Nick Bilton, "Facebook Changes Privacy Settings to Enable Facial Recognition", *New York Times Bits Blog*, June 7, 2011, http://bits.blogs.nytimes.com/2011/06/07/facebook-changes-privacy-settings-to-enable-facial-recognition.

67. Ed Oswald, "Facebook on Face Recognition: Sorry, We Screwed Up!" *PCWorld*, June 8, 2011, http://www.pcworld.com/article/229831/facebook_on_face_recognition_sorry_we_screwed_up.html.

68. Christopher M. Hoadley, Heng Xu, Joey J. Lee, and Mary Beth Rosson, "Privacy as Information Access and Illusory Control: The Case of the Facebook News Feed Privacy Outcry", *Electronic Commerce Research and Applications*(2009), http://tc.academia.edu/JoeyLee/Papers/453411/Privacy_As_Information_Access_and_Illusory_Control_The_Case_of_the_Facebook_News_Feed_Privacy_Outcry.

69. Alexander Hotz, "Facebook Privacy: 6 Years of Controversy", *Mashable*, August 25, 2010, http://mashable.com/2010/08/25/facebook-privacy-infographic.

70. Tracy Samantha Schmidt, "Inside the Backlash against Facebook", *Time*, September 6, 2006, http://www.time.com/time/nation/article/0,8599,1532225,00.html.

71. Om Malik, "Is Facebook Beacon a Privacy Nightmare?" *GigaOM*, November 6, 2007, http://gigaom.com/2007/11/06/facebook-beacon-privacy-issues.

72. danah boyd, "Taken Out of Context: American Teen Sociality in Networked Publics"(PhD diss., University of California, Berkeley, 2008), http://www.danah.org/papers/TakenOutOfContext.pdf.

73. Henry Copeland, "Are You Also Exposing Your Private Parts to Strangers on Facebook?" *blogads*, June 8, 2011, http://blog.web.blogads.com/2011/06/08/are-youalso-exposing-your-private-parts-to-strangers-on-facebook.

74. James Nixon, "Anonymous: US Army of Fakes Tracks Facebook Users", *Thinq*, March 17, 2011, http://www.thinq.co.uk/2011/3/17/anonymous-us-army-fakestracks-facebook-users.

75. Nick Fielding and Ian Cobain, "Revealed: US Spy Operation That Manipulates Social Media", March 17, 2011, http://www.guardian.co.uk/technology/2011/mar/17/us-spy-operation-social-networks.

76. Alan Boswell, "How Sudan Used the Internet to Crush Protest Movement", *McClatchy*, April 6, 2011, http://www.mcclatchydc.com/2011/04/06/111637/sudansgovernment-crushed-protests.html.

77. Goinaz Esfandiari, "In Iran, Beware of New Facebook 'Friends'", *Radio Free Europe/Radio Liberty*, June 8, 2011, http://www.rferl.org/content/if_youre_iranian_beware_of_new_facebook_friends/24228798.html.

78. danah boyd, "Understanding Socio-Technical Phenomena in a Web 2.0 Era"(2008년 9월 22일, 매사추세츠 주 캠브리지에서 개최된 'Microsoft Research New England Lab Opening'에 제출된 논문), http://www.danah.org/papers/talks/MSR-NE-2008.html.

79. "The Wayback Machine", http://www.archive.org/web/web.php.

80. Kirsten Grieshaber, "Facebook Party Gets out of Control after German Girl Forgets Privacy Settings", *Huffington Post*, June 5, 2011, http://www.huffingtonpost.com/2011/06/05/facebook-party-out-of-control_n_871473.html.

6장

1. Jeffrey Rosen, *The Unwanted Gaze: The Destruction of Privacy in America*(New York: Random House, 2000).

2. Viktor Mayer-Schönberger, *Delete: The Virtue of Forgetting in the Digital Age*(Princeton, NJ: Princeton University Press, 2009).

3. Whitson Gordon, "The Always Up-to-date Guide to Managing Your Facebook Privacy", *Mashable*, June 21, 2011, http://lifehacker.com/5813990/the-alwaysup+to+date-guide-to-managing-your-facebook-privacy.

4. Jürgen Habermas, *The Structural Transformation of the Public Sphere: An Inquiry into a Category of Bourgeois Society*, trans. Thomas Burger(Cambridge, MA: MIT Press, 1989).

5. Theodor Adorno and Max Horkheimer, *Dialectic of Enlightenment*(Stanford, CA: Stanford University Press, 2002).

6. Robert McChesney, *Rich Media, Poor Democracy: Communication Politics in Dubious Times*(Chicago: University of Illinois Press, 1999).

7. Noam Chomsky, *Manufacturing Consent: The Political Economy of the Mass Media*(New York: Pantheon, 1988).

8. Guy Debord, *The Society of the Spectacle*, trans. Donald Nicholson-Smith(New York: Zone Books, 1994).

9. Jean Baudrillard, "Simulacra and Simulations: I. The Precession of Simulacra", trans. Sheila Faria Glaser, http://www.egs.edu/faculty/jean-baudrillard/articles/simulacra-and-simulations-i-the-precession-of-simulacra.

10. Howard Rheingold, "Habermas Blows Off Question about the Internet and the Public Sphere", *SmartMobs*, November 5, 2007, http://www.smartmobs.com/2007/11/05/habermas-blows-off-question-about-the-internet-and-the-publicsphere.

11. Pieter Boeder, "Habermas' Heritage: The Future of the Public Sphere in the Network Society", *First Monday* 10, no. 9 (September 2005), http://firstmonday.org/htbin/cgiwrap/bin/ojs/index.php/fm/article/view/1280/1200.

12. Howard Rheingold, "Howard Rheingold's Public Sphere in the Internet Age Widget", *Howard Rheingold's Posterous*, February 6, 2009, http://howardrheingold.posterous.com/howard-rheingolds-public-spher.

13. Lawrence Lessig, *Remix: Making Art and Commerce Thrive in the Hybrid Economy*(New York: Penguin, 2008).

14. Howard Rheingold, *Smart Mobs*(Cambridge, MA: Perseus Books, 2002).

15. Lawrence Lessig, *Free Culture: How Big Media Uses Technology and the Law to Lock Down Culture*

and Control Creativity(New York: Penguin, 2004).

16. Lewis Hyde, Common as Air: Revolution, Art, and Ownership(New York: Farrar, Straus and Giroux, 2010).

17. Aram Sinnreich, *Mashed Up: Music, Technology, and the Rise of Configurable Culture*(Amherst: University of Massachusetts Press, 2010).

18. Jonathan Zittrain, *The Future of the Internet.and How to Stop It*(New Haven, CT: Yale University Press, 2008).

19. danah boyd, "Taken Out of Context: American Teen Sociality in Networked Publics"(PhD diss., University of California at Berkeley, 2008), http://www.danah.org/papers/TakenOutOfContext.pdf.

20. Mizuko Ito, Heather A. Horst, Matteo Bittanti, danah boyd, Becky Herr-Stephenson, Patricia G. Lange, C. J. Pascoe, and Laura Robinson, "White Paper.Living and Learning with New Media: Summary of Findings from the Digital Youth Project", *Digital Youth Research*, http://digitalyouth.ischool.berkeley.edu/report.

21. Linda Fogg Phillips and B. J. Fogg, *Facebook for Parents*(Stanford, CA: Captology Media, 2010).

22. Sonia Livingstone, *Children and the Internet*(Cambridge, UK: Polity, 2009).

23. danah boyd, 2010년 7월 15일, 저자와의 인터뷰에서.

24. Betsy Morris, "Steve Jobs Speaks Out", *CNNMoney*, March 7, 2008, http://money.cnn.com/galleries/2008/fortune/0803/gallery.jobsqna.fortune/6.html 수록.

25. "Escape Your Search Engine Filter Bubble: An Illustrated Guide", DuckDuckGo.com, http://dontbubble.us.

26. Rachel Botsman and Roo Rogers, *What's Mine Is Yours: The Rise of Collaborative Consumption*(New York: Harper Business, 2010).

27. boyd, "Taken Out of Context."

28. Douglas Rushkoff, *Program or Programmed: Ten Commands for a Digital Age*(New York: OR Books, 2010).

옮긴이 **김광수**
중앙대학교 문과대학을 졸업하고 미국 인디애나 주립대학에서 연수 프로그램을 이수했다. 2000년부터 경제경영서 및 자기계발서 전문 번역가로 활동하고 있다. 주요 역서로는 『미친 듯이 심플』 『우리는 어떤 사람에게 끌리는가』 『서번트 리더십』 『우리는 왜 실수를 하는가』 『순간 설득』 등이 있다.

넷스마트

초판 인쇄 2014년 10월 10일
초판 발행 2014년 10월 17일

지은이 하워드 라인골드 | 옮긴이 김광수 | 펴낸이 강병선

기획·책임편집 구민정 | 편집 방재숙 | 독자모니터 김정민
디자인 김현우 최미영 | 손글씨 유인호 | 저작권 한문숙 박혜연 김지영
마케팅 정민호 이연실 정현민 지문희 김주원
온라인 마케팅 김희숙 김상만 한수진 이천희
제작 강신은 김동욱 임현식 | 제작처 미광원색사(인쇄) 경원문화사(제본)

펴낸곳 (주)문학동네
출판등록 1993년 10월 22일 제406-2003-000045호
주소 413-120 경기도 파주시 회동길 210
전자우편 editor@munhak.com | 대표전화 031)955-8888 | 팩스 031)955-8855
문의전화 031)955-8889(마케팅) 031)955-2671(편집)
문학동네카페 http://cafe.naver.com/mhdn | 트위터 @munhakdongne

ISBN 978-89-546-2564-7 03300

www.munhak.com